シエラレオネにみる
人脈ネットワークの
生成と変容

アフリカの内戦と
武装勢力

岡野英之

昭和堂

まえがき

　本研究はシエラレオネ内戦（1991 ～ 2002 年）の政府系勢力カマジョー /
CDF の形成から解体までのプロセスを追っている。5 章以降にあたるその
記述は，エキサイティングで読みものとしても楽しんでいただけると自負し
ている。

　ただしその理解を深めるため，本書には長い前置きがある。その部分，4
章までの記述はいささか面白みに欠けるためシエラレオネ内戦の経緯のみに
関心がある読者は，序章の第 1 節を読んだ後，5 章まで飛ばしていただいて
構わない。

　4 章までは本研究の学術的な位置づけや，内戦に至るまでの背景を確認し
ている。いうまでもなく，この部分を読むと 5 章以降の理解はさらに深ま
る。本研究の学術的意義も記してある。この部分の記述がいささか単調なの
は筆者の力量不足による。読者には 5 章以降の記述を心待ちに忍耐強く読ん
でいただければと思う。

　さて，研究は個人の主観的な動機から始められることが多い。しかし，ほ
とんどの場合，研究書ではそうした主観的な動機を脇に置き，いかに自分
の研究が人類の知識に貢献しているかを主張することになる。もちろん本書
も例外ではない。筆者がいかなる人間で，いかなる動機をもって本研究に取
り組んだのかを知ることは，その研究を理解する上でも重要であろう。そこ
で，まえがきでは私がどのようなきっかけで本研究を始めたかを述べておこ
う。

　私は武力紛争に「魅せられた」人間の一人といえる。過去にシエラレオネ
で起こった内戦に関心を持ち，現地へと調査に出かけた。本研究はその成果
である。かつて，内戦についての学術研究は，内戦に調査地を奪われ，内戦

i

の研究をせざるをえなくなった研究者によって取り組まれた。その後，国連の取り組みや平和構築プロセスなど，「平和」への取り組みを考察する研究者も現れた。私と同世代の研究者もそうした研究者が多い。

それに対して，私は紛争地で起きたことに関心を持ち，そこで何が起こったのかに関心を持った。紛争という「悲劇」そのものに関心を持ち，そこで何が起きたかを知りたかったのだ。私のこれまでの研究は，内戦を経験した人々の記憶をほじくり返すことで自分の知的関心を充足させてきたものだったといえる。そのため，常に人の不幸をネタにして研究しているという罪悪感がある。

その研究の成果が，私が 2013 年 12 月に大阪大学大学院人間科学研究科に提出した博士論文『人脈ネットワークとしての武装勢力——シエラレオネ内戦におけるカマジョー /CDF の生成と変容に関する研究』であり，本書はこの博士論文をもとにしたものである。シエラレオネ内戦で台頭した政府系勢力カマジョー /CDF が，いかに生まれ，いかに変容し，解体されたのかを論じたものだ。

内戦の中で何が起こっているのかを知りたい。その関心が頭をもたげたのは，2001 年 10 月のことであった。大学生であった私は，バックパッカーとしてカンボジアを訪れた。内戦や政変を繰り返し，長期にわたる政情不安を経験したカンボジアはその頃，今のような繁栄を見せていなかった（今もそれほど繁栄しているとはいえないが，それでも大きく変わっている）。この頃のカンボジアは治安には問題があるものの，ある程度の落ち着きを見せ始め，観光客が入り始めたところだった。観光の際には地雷に気をつけなければならない，たまに強盗が出るという状況だ。それでもガイドブックはすでに出版されており，「普通に」観光すれば問題はないという状況であった。旅行者である私はカンボジア第二の都市バッタンバンを訪れた。ガイドブックに書いてあるオススメの宿では，バイクタクシーのドライバーが観光客を待ち構えていた。明日の観光のためバイクをチャーターしろというのだ。群がるドライバーの一人ひとりに一日チャーターの値段を聞き，一番安い値を提示

した人物と約束をした。数ドルだったように記憶している。こうして翌日の観光につきあってくれるドライバーが決まった。

　翌日，そのドライバーとともにその町の名所を観光した。その中には内戦の爪痕ともいえる場所も含まれている。「虐殺の洞窟」（Killing Cave）と呼ばれるポルポト政権期に処刑場だった場所で，そのドライバーはつぶやいた。「多分，僕のおじさんはここに眠っている」。彼のおじさんは家族ごと連れ去られて行方不明になったという。彼もその後の内戦で兵士となり，軍事訓練を受けた。虐殺の洞窟がある山の上から小さな丘を指差し，「あの丘のふもとで軍事訓練を受けた」と話し始めた。その後，彼は自分の人生を淡々と語った。波乱万丈で，そして，悲劇にあふれたストーリーに私は聞き入ってしまった。それが内戦そして国家のもたらした悲劇に直面した私の最初の経験である。それ以来，私は内戦や国家に関心を抱くようになった。

　私が修士課程へと進学したのは，国際協力，中でも平和構築の勉強がしたいからであった。将来のキャリアも，その方面に行くと決めていた。大学生だった私はカンボジアから帰ってから，世界各地で発生している内戦について「勉強」した。自然と関心は，内戦が現在進行形で発生しているアフリカへと移っていった。研究を進めるうち，シエラレオネの内戦の特異さに関心を持つようになった。平和構築の成功例といわれているからという理由もあった。

　国連の平和維持部隊の研究をし，修士課程を修了した後，私はキャリアに迷うことになった。日本国際協力機構でインターンをした経験から，実際に国際協力が現地で役立っているのかを疑問に感じたからだ。少なくとも私には，二国間援助が外交の手段にしか見えなかった（もちろん反論があるのは，わかっている）。博士課程に進学し，研究を続けることも考えつつ，自分の能力に自身がなかった。国際協力のキャリアも捨てがたく，いくつかのポストに応募した。

　海外の援助機関で働くとあるポストに受かったという電話を受け取った時，かなり迷った。どちらの道に進むべきだろうか。その電話がきっかけで

まえがき　iii

私の心は決まった。私は国際協力で働くよりも現地で何が起こったかを知りたい。むしろその道の方が，自分が社会に貢献できると考えた。こうして私は研究者の道を選ぶことにし，大阪大学大学院の人間科学研究科へと進学した。そこでの一定の研究成果が本書のもととなった博士論文である。

　本研究は「時代の産物」だということができる。この時代だから書けたのだ。私が調査を始めたのは，シエラレオネとリベリアが平和となり，「和解」の取り組みも終わった頃である。この頃だからこそ，語ろうとする者は自分の経験を私に語ってくれたといえる。「語り手」を見つけるために何人もの現地の人々に助けを借りた。中には「君たちのような研究者がちゃんと調べないと間違った情報が世界に流れてしまう」と言い，何度も聞き取りに応じてくれた者もいた。私の身勝手な関心に応じてくれた彼らには頭があがらない。

　最後に断っておく。本研究における誤解や間違いの責任は筆者に帰属する。もしそれらを読者が気づいた場合，筆者にご連絡いただければ幸いである。

目　　次

まえがき …………………………………………………………………… i

凡　　例 …………………………………………………………………… ix

略語一覧 …………………………………………………………………… x

図・写真リスト …………………………………………………………… xiii

序　論　シエラレオネ内戦を学際的に考察する

1　問題の所在 ……………………………………………………… 3

2　本研究の位置づけ(1) ………………………………………… 4
　　──地域研究としてのシエラレオネ内戦の研究

3　本研究の位置づけ(2) ………………………………………… 6
　　──政治科学，文化 / 社会人類学

4　本研究の主張 …………………………………………………… 10

第1章　シエラレオネ内戦とカマジョー /CDF の概要

1　シエラレオネおよびメンデ人について ………………………… 15

2　定義──カマジョー，CDF ……………………………………… 26

3　シエラレオネ内戦の展開 ………………………………………… 29

4　カマジョーの特徴 ………………………………………………… 40

5　CDF の特徴 ……………………………………………………… 47

第2章　仮説の構築と分析枠組みの設定

1　アフリカ国家論，現代アフリカの紛争についての
　　先行研究 ………………………………………………………… 57

2　本研究の仮説 …………………………………………………… 72

3　3つの着眼点 …………………………………………………… 75

v

4　シエラレオネという事例 ……………………………………… 77

5　仮説の検証の方法 ………………………………………… 80

6　議論の進め方 ……………………………………………… 83

第3章　調査・研究の手法

1　現地調査の概要 …………………………………………… 89

2　聞取調査の方法 …………………………………………… 89

3　「語り」に対する2つの位置づけと本研究の
記述方法 …………………………………………………… 90

4　筆者の調査協力者スパロー …………………………… 94

5　本研究が依拠する文献・資料 ………………………… 95

第4章　歴史的背景

1　カマジョー動員の基盤となったチーフダム ………… 101

2　土着信仰とイスラムの混交 …………………………… 113
　　　　──カマジョーの呪術的側面の背景

3　内戦への突入直前のシエラレオネの状況 …………… 120

第5章　内戦勃発とカマジョー形成以前の展開

モモ政権期からNPRC政権期前半【1991～93年】

1　シエラレオネ政府による反乱への対応 ……………… 125

2　リベリア人難民の動員 ………………………………… 127

3　国軍による地域住民の動員 …………………………… 134

第6章　小さなネットワークの誕生

NPRC政権中期【1994～95年頃】

1　狩人民兵形成の背景 …………………………………… 145
　　　　──RUFのゲリラ戦略と「ソベル」

2 狩人民兵の形成 ……………………………………………… 150

3 ボンス地域における加入儀礼の考案 ……………………… 159

第7章 統合を重ねる PC ネットワーク

NPRC 政権後期から前期カバー政権【1995 ～ 97 年 5 月】

1 狩人民兵のチーフダムを越えた連携 ……………………… 171

2 加入儀礼の拡大とイニシエーターの拡散 ………………… 175

3 カマジョーの増加と，定式化された動員パターン ……… 186

4 部隊を持ち始めるイニシエーター ………………………… 191

5 チーフダムを越えたカマジョーの組織化 ………………… 195

第8章 優位な PC ネットワークの台頭（ジェンデマ・カマジョー）

AFRC 政権期①【1997 年 5 月～ 98 年 11 月】

1 「525 事件」の背景とその発生の経緯 …………………… 208

2 リベリア国境に集結するカマジョー ……………………… 218

3 モンロビアの地下組織と ECOMOG …………………… 227

4 ジェンデマでの軍事活動 …………………………………… 237

5 スパローと CDF 特別部隊 ………………………………… 244

第9章 入れ替わった優位な PC ネットワーク

AFRC 政権期②【1997 年 11 月～ 98 年 3 月】

1 ジェンデマ・カマジョーを離れたノーマン ……………… 259

2 ベース・ゼロの活動 ………………………………………… 269

3 カマジョー /ECOMOG の蜂起——カバー政権の復権 … 278

第10章 政府系勢力 CDF という PC ネットワークの確立と解体

後期カバー政権【1998 年 3 月～ 2002 年内戦終結】

1 カバー政権の復帰 …………………………………………… 295

目 次 vii

2　CDF の組織化 ……………………………………… 297

3　CDF 内の権力闘争——スパローの経験を中心に ……… 315

4　後期カバー政権にあった大きな戦闘 ……………… 324

5　CDF の解体——PC ネットワークの消失 ………………… 333

第11章　内戦を生きる人々
カマジョーたちのライフヒストリー

1　CDF 特別部隊から見る PC ネットワークの機能 ……… 351

2　3 人のライフヒストリー ……………………………… 352

終　章　人脈ネットワークとしての武装勢力

1　仮説の検証 ……………………………………………… 365

2　政治科学でのアフリカ紛争研究に対する貢献 ………… 370

3　文化 / 社会人類学に対する貢献 ……………………… 372

4　シエラレオネ内戦研究への貢献 ……………………… 374

5　本研究の問題点 ………………………………………… 378

6　本研究の展望 …………………………………………… 379

7　本研究が投げかける倫理上の問題 …………………… 380

おわりに ……………………………………………………… 383

参考文献 ……………………………………………………… 385

謝　辞 ………………………………………………………… 405

索　引 ………………………………………………………… 409

凡　例

① 本書における国名，地名，エスニック集団名，人名のカタカナ表記は，現地での発音に最も近いと思われるものを採用した。したがって，先行研究の表記とは異なる場合がある。たとえば，県名である Pujehun は英語表記に則してカタカナ表記すると「プジェフン」となるが，シエラレオネの人々による発音は「プジュン」に近い。この場合「プジュン」と記した。

② シエラレオネは 1961 年に独立しているが，独立以前のことを論じる際も，後にシエラレオネとなる地域を「シエラレオネ」と表記している場合がある。

③ 国軍の戦闘員については「兵士」という用語を使用した一方，国家の正規軍以外の武装集団については「戦闘員」という用語を用いた。

④ 語りや引用の中で補足が必要な場合〔　〕内で補足してある。特に断りがない限り，〔　〕内はすべて筆者による補足である。

⑤ 語りは，表現を変えて使用している場合がある。たとえば，「この町」と発言したのを，固有名詞に置き換えたり，個人名を「彼」と置き換えたりした。

⑥ 本書はシエラレオネ内戦についての研究であるため，統計資料については内戦が始まった 1991 年に近い資料を引用した。

⑦ 本研究は，人権問題や犯罪にかかわるテーマを論じている。そのため聞取調査を行った者の名前を提示するのはできるだけ避けた（あえて聞き取った場所も提示しなかった場合もある）。本研究で名前が登場するのは，内戦で重要な役割を果たした人物，および筆者が注目して調査した人物である。後者は仮名の場合もある。

略語一覧

AFRC（Armed Force Revolutionary Council）

国軍革命評議会

APC（All People's Congress）

全人民会議党

BBC（British Broadcasting Corporation）

英国放送協会

CDF（Civil Defense Force）

市民防衛軍

CMRRD（Commission for the Management of Strategic Resource, National Reconstruction and Development）

戦略資源管理国家再建開発委員会

DDR（Disarmament, Demobilization and Reintegration）

武装解除・動員解除・社会再統合

ECOMOG（ECOWAS Monitoring Group）

西アフリカ諸国経済共同体監視団

ECOWAS（Economic Community of West African State）

西アフリカ諸国経済共同体

EO（Executive Outcomes）　＊EO 社と表記

エクゼクティブ・アウトカムズ社

EREDECOM（Eastern Region Defense Committee）

東部地方防衛委員会

HDI（Human Development Index）

人間開発指標

HRW（Human Rights Watch）

ヒューマン・ライツ・ウォッチ

IMF（International Monetary Fund）

国際通貨基金

ICG（International Crisis Group）

国際危機グループ

ISU（Internal Security Unit）

国家治安部隊

JCL（the Justice Coalition of Liberia）

リベリア正義連合

LUDF（Liberian United Defense Force）

リベリア人連合防衛軍

LURD（Liberian United for Reconciliation and Democracy）

リベリア民主和解連合

MRM（Movement for the Redemption of Liberian Moslem）

リベリア・ムスリム救済運動

NCC（National Coordinating Committee of CDF）

CDF 国家調整委員会

NCDDR（National Commission of DDR）

DDR 国家委員会

NPFL（National Patriotic Front of Liberia）

リベリア愛国戦線

NPRC（National Provisional Ruling Council）

国家暫定統治評議会

NPWJ（No Peace Without Justice）

正義なければ平和なし（NGO 名）

OAU（Organization of African Unity）

アフリカ統一機構

略語一覧　xi

OBHS（Organized Body of Hunting Society）
狩人結社組織団
ODL（Organization of Displaced Liberians）
リベリア人避難民組合
RUF（Revolutionary United Front of Sierra Leone）
シエラレオネ革命統一戦線
SCSL（Special Court for Sierra Leone）
シエラレオネ特別裁判所
SLPP（Sierra Leone People's Party）
シエラレオネ人民党
SSD（Special Security Division）
特別治安部門
SSS（Special Security Service）
特別治安軍
TDF（Territorial Defense Force）
領土防衛隊
TRC（Truth and Reconciliation Commission）
真実和解委員会
UDL（Union of Democratic Forces of Liberia）
リベリア民主部隊連合
ULIMO（United Liberation Movement of Liberia for Democracy）
リベリア民主統一解放運動
UNAMSIL（United Nations Mission in Sierra Leone）
国連シエラレオネ派遣団
UNDP（United Nations Development Programme）
国連開発計画

図・写真リスト

図 0-1　シエラレオネの位置

図 0-2　シエラレオネ全図

図 0-3　本書に登場するシエラレオネのチーフダム

図 1-1　シエラレオネの民族分布

図 1-2　メンデ語が話されている地域

図 1-3　都市・町・村の配置のイメージ

図 1-4　狩人民兵の成員数の変化

図 1-5　狩人民兵の出身民族

図 1-6　誰に動員されたのか

図 2-1　PC ネットワーク

図 2-2　分裂する PC ネットワーク

図 2-3　本研究の仮説

図 6-1　RUF による人権侵害報告件数

図 6-2　国軍による人権侵害報告件数

図 8-1　ジェンデマ，ジンミの位置

図 8-2　CDF 特別部隊の組織構造

図 9-1　フリータウン周辺地図

図 10-1　内戦地図報告書に提示された CDF の組織構造

写真 1-1　ブッシュ

写真 1-2　ブッシュ小道

写真 1-3　カマジョー

写真 2-1　サムエル・ヒンガ・ノーマン

写真 2-2　アリウ・コンデワ
写真 2-3　モイニナ・フォファナ
写真 6-1　「テルの大虐殺」を伝える当時の新聞
写真 7-1　ママ・ムンダとカマジョー
写真 7-2　大規模儀礼の様子
写真 8-1　ジェンデマ
写真 8-2　筆者の調査協力者スパロー（左）とエディ・マサレー（右）
写真 8-3　ホテル・アフリカの廃墟
写真 8-4　リックス学園
写真 9-1　タリア
写真 9-2　ヘリポートとして使われた学校の校庭（タリア）
写真 10-1　本を指し，スパローと会話をする元カマジョー

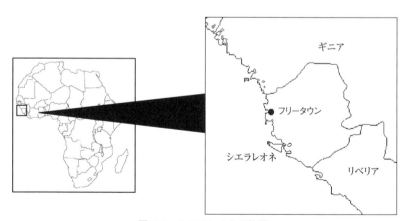

図 0-1　シエラレオネの位置
（出典）http://www.mofa.go.jp/mofaj/area/s_leone/index.html に基づき筆者作成。

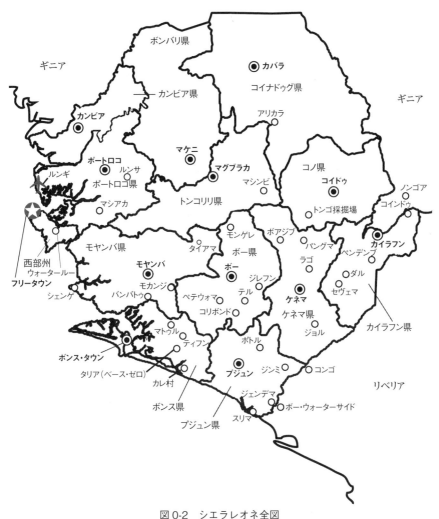

図0-2　シエラレオネ全図

図 0-3　本書に登場するシエラレオネのチーフダム

序　論

シエラレオネ内戦を
学際的に考察する

1　問題の所在

　西アフリカに位置するシエラレオネは 11 年にもわたる長期の内戦を経験した。この内戦は反政府組織「革命統一戦線」(Revolutionary United Front: RUF) が 1991 年 3 月にシエラレオネ領内へと侵攻することにより始まった。11 年続いたこの内戦によって約 7 万人もの者が死亡し，約 260 万人が難民あるいは国内避難民となった。この数字は，当時の人口 400 万人のうち半分以上が住んでいた土地を追われたことを物語っている (Kaldor with Vincent 2006)。この内戦に幕が下ろされたのは 2002 年 1 月に出された公式の内戦終結宣言をもってであった。

　本研究の考察対象はこの内戦で見られた政府系勢力「カマジョー /CDF」である。「カマジョー」(kamajor) とは，RUF に対処するためにメンデ人 (Mende) によって作られた自警組織である。チーフダム (chiefdom) と呼ばれる農村自治体を守るために各地で組織された。内戦に巻き込まれた地元住民が，自前の知識や制度，入手可能な資源（資金や資源，人脈）を用いて自らの身を守ろうとしたのである。カマジョーとは，ひとつの組織を指すのではない。メンデ人によって作られた自警組織の総称である。

　一方，CDF とは，「市民防衛軍」(Civil Defense Force) の略称である。それぞれのチーフダムを基盤に活動していたカマジョーは，内戦の中で統合と拡大を繰り返した。シエラレオネ政府も，カマジョーを動員し RUF との戦いに用いるようになった。こうした経緯から，カマジョーが中心となり，他民族の自警組織をも統合した政府系勢力が作り上げられることになった。その政府系勢力が CDF である。各地で形成された自警組織カマジョーは，いわば内戦の中でひとつの政府系勢力 CDF へと収斂していったといえよう。本研究で取り組むのは，内戦の中でカマジョーがいかに形成され，統合・拡大し，CDF へとまとまっていったのか，そして，内戦が終息する中で CDF がいかに解体していったのかである。本研究はその変容を記述した上で，そ

序論　シエラレオネ内戦を学際的に考察する　3

の変容への説明を試みる。

　CDF はカマジョーだけで作られているのではない，他民族の自警組織を
も組み込んでいる。しかし，CDF の中核をなすのはカマジョーであり続け
た。ゆえに，本研究は，カマジョーが CDF へとまとまっていくプロセスを
中心に描くことにした。以降，本研究の研究対象を指す際，「カマジョー /
CDF」と表記することとする。

　カマジョー /CDF の変容を理解するために用いたのが「人脈ネットワー
ク」を追うという手法である。アフリカの政治現象や社会現象を考察する研
究では，制度や組織に縛られない私的な人脈が重要な役割を果たしていると
する議論がある（武内 2009, Reno 1995a; 1995b）。本研究はその議論を踏襲し，
カマジョー /CDF の変容を人脈ネットワークを追うことで把握することに
した。カマジョー /CDF の変容は，さまざまな人脈が活用されながら進展
している。カマジョーから CDF への変容も，複数の人脈ネットワークが結
合され，組み上げられるプロセスと捉えることができる。

2　本研究の位置づけ(1)
——地域研究としてのシエラレオネ内戦の研究

　1990 年代のサブ・サハラ・アフリカ（以降「アフリカ」と表記）では数多
くの内戦が勃発した。その中でも，シエラレオネ内戦は比較的研究の蓄積が
多い内戦である。その理由はシエラレオネ内戦の過度の残虐性にあるといえ
よう。その残虐性が研究者の目を引き，研究蓄積を増やしていったのだ。あ
る研究者は以下のように述べる。

　　世界各地で展開されている今日の武力紛争において，非戦闘員としての一般
　　市民が戦闘員による掠奪，拉致，脅迫，強制労働，放火，強姦，殺害といっ
　　た多種多様な暴力行為の被害者となることは決して珍しいものではない……
　　しかし，シエラレオネ紛争でみられた民間人への暴力の残虐性は，『(紛争にお

ける）暴力とはどれも残虐なもの』といった理解では到底納得しえないもの
であった。 （落合 2003b: 337; 2003c: 1）

　反政府勢力 RUF は一般市民への暴力行為を執拗なまでに繰り返した。村々
を襲撃しては金品の略奪や住宅の放火を行い，無抵抗の老人や身体障害者を
焼き殺した。また，多数の児童を拉致して人夫や戦闘員として使役した。さ
らに，女性への性的暴力も広範に加えている。そうした RUF の残虐性でもと
くに有名なのが四肢切断である。RUF により，多くの市民が上肢，とくに手
首周辺部を斧や山刀で切断された。両腕を切断された者も多い[*1]（落合 2003b）。
　内戦下で見られる暴力については少なからず研究蓄積があり，いくつかの
解釈が付与されている。しかし，RUF の暴力性は，これまでの研究が付与
した説明では，とうてい理解しえないものであった。たとえば，従来の研究
では内戦中の残虐行為に対して，戦闘員の物質的および性的欲求の充足，目
的達成のための戦略，政治イデオロギーに主導された暴力といった説明を与
えている。しかし，RUF の残虐行為はそうした説明を拒むほどに不条理だっ
た。こうした不可解な残虐性を理解するため，多くの研究者が RUF につい
て理解を試みてきた（Abudullah 1998, Abdullah ed. 2004, Hoffman 2004b, Keen
2005, Richards 1996）。その結果，シエラレオネ内戦についての研究は蓄積さ
れた。内戦のメカニズムもある程度解明され，内戦の要因についての議論も
煮詰まってきたように思える。
　ただし，シエラレオネ内戦の研究蓄積は RUF についての理解の上に成り
立っている。RUF がいかに形成されたのか，RUF が内戦中いかに行動した
のかなど，シエラレオネ内戦は RUF の考察に基づいて理解されてきた。た
しかに，RUF がいなければ内戦は発生しえなかった。そのため，RUF の研
究が多いのは当然である。

　＊1　1999 年 1 月だけをとっても，フリータウン西部にある 3 つの主要な病院で治療を受
　　　けた被害者の数は少なくとも 97 人に上る（落合 2003b: 343, Human Rights Watch
　　　1999）。

序論　シエラレオネ内戦を学際的に考察する　5

しかし，RUF に抵抗するために台頭したカマジョー /CDF を考えずにシエラレオネ内戦を論じるのは不十分といえる。第一に，内戦が勃発してから収束するまでの経緯を理解するには，内戦を勃発せしめた RUF だけではなく，それに対抗する勢力を理解することが必要になってくる。CDF は，内戦末期，RUF を凌駕する人員を有するようになっている。武装解除（disarmament）を受けた戦闘員の数は，RUF が約 2 万 4000 人なのに対して，CDF は約 3 万 7000 人である（Toki 2004: 74）。RUF に勝る数の戦闘員を擁した CDF はシエラレオネ内戦でも最大の武装勢力となり，平和構築の段階でも，平和構築に従事する諸機関を悩ませている。

　第二に，カマジョー /CDF は，RUF と同様，シエラレオネを取り囲む社会・経済・政治的環境に置かれている。RUF の考察からシエラレオネの社会・経済・政治を理解することはこれまで試みられてきた（Fanthorp 2001, Peters and Richards 1998, Richards 1996）。では，それをカマジョー /CDF から見た場合，いかに捉えられるのであろうか。このことを問う必要があろう。こうした 2 つの理由から，カマジョー /CDF の考察には一定の意義がある。

3　本研究の位置づけ⑵
──政治科学，文化 / 社会人類学

　本研究は，シエラレオネ内戦の研究への貢献だけを意識しているわけではない。本研究はもう 2 つの大きな研究潮流への貢献を意図している。

⑴政治科学におけるアフリカ紛争研究

　そのうちのひとつが政治科学（political science）[2]におけるアフリカ紛争研

　＊2　通常，Political Science は「政治学」と訳される。しかし，本研究ではあえて政治科学と表記した。本研究では，政治科学を「政治現象についてその因果関係を追究し，現象の起こるメカニズムを解明する学問」という意味で用いている。政治学というと

究である。1990年代のアフリカでは大規模な武力紛争が各地で発生している。それを受けてさまざまな分野の研究者が，「武力紛争はなぜ起こったのか」，そして「それはいかに持続したのか」を論じてきた。その中でも政治科学からアフリカの紛争を論じる研究者たちは，個々の事例から共通性を取り出し，アフリカの武力紛争に対して広く一般的にあてはまる説明を追究してきた。すなわち，どの紛争とも完全に合致するわけではないが，どの紛争にも共通に見られる特徴をできるだけ掴んだ「一般化された説明モデル」を探し求めてきたのである。

　こうした説明モデルは，アフリカの武力紛争を理解するための「ひな形」となる。ある事例を検討する時，どの紛争の特徴もある程度掴んだ説明モデルを手がかりにすれば，より深くその事例を検討するスタート地点になる。

　いうまでもなく，シエラレオネ内戦もそうした説明モデルと合致する部分としない部分がある。本研究では，シエラレオネ内戦と合致する部分が多い説明モデルを手がかりに，シエラレオネ内戦を検討することにした。とくに，本研究が注目したのが，人脈ネットワークが持つ役割を論じる研究群である。この研究群で培われていった説明モデルを手がかりに本研究ではカマジョー/CDFを理解するための仮説を抽出し，実証することとなる。

(2)文化/社会人類学

　本研究が流れを汲む2つ目の研究潮流が文化/社会人類学（以降「人類学」とする）における内戦に関する記述である。かつて「未開社会」を記述する営みから始まった民族誌が，いまや現代の諸相を描き出すひとつの手法となっている。主な研究テーマとして，労働移動，観光，エスニシティ，ナショナリズム，開発，環境，ジェンダー，老人問題，青少年の非行と犯罪などがあげられよう（栗本 2001）。内戦も例外ではない。1990年代以降に著さ

　政治哲学や特定の政治現象の記述も政治学の範疇に含むため，それらを除外するため政治科学という用語を用いる。

れてきた内戦に関する民族誌は，政治科学のアプローチでは理解することのできない内戦のミクロな動態を明らかにしてきた。本研究は政治科学の分析枠組みに依拠した仮説立証型の構成となっているが，記述においては仮説の立証だけにはとどまらない内戦のミクロな側面を描いている。その記述は民族誌と呼べなくはない。

　筆者は内戦後のシエラレオネに入り，聞取調査に基づいてカマジョー/CDF の変容を理解しようとした。すなわち過去の再構成を試みたのである。人類学でも，過去に起こった出来事を再構成する民族誌が数多く出版されており，内戦に関するものもいくつか存在する（栗本 1996, James 2007, Peters 2006; 2011, Utas 2003）。本研究もそうした研究のひとつである。

　ただし本研究が他の民族誌と違うのは，調査対象として人脈ネットワークを設定したことである。通常民族誌は，特定の集団，あるいは特定の場所を調査対象として設定している。その弊害は，その集団（あるいは場所）と外部とを明確に分けてしまうことだ。武装勢力の構成員は多くの場合，外部とも接触を持っている。本研究の対象であるカマジョー/CDF も例外ではない。CDF は政府系勢力であることから国家（シエラレオネ政府）が密接に関わっている。政治家も多く CDF に加担している。さらに，CDF は国際社会や西アフリカの大国ナイジェリアの意向にも左右されている。こうした「外部アクター」との関係を論じる場合，特定の集団を研究対象として設定するという研究手法は向いていない。そこで本研究では，人脈ネットワークを考察の対象として設定した。すなわち，研究対象を特定の集団として囲い込むのではなく，いくつかの人物に的を絞り，その人物が持つ人脈ネットワークを追うことでカマジョー/CDF という集団を論じることにしたのである。

　ひとりの人物の人脈ネットワークは集団内だけでなく，集団の外側にも存在する。そのため，特定の人物とその人物をとりまく人脈を追うことで，カマジョー/CDF という組織を描くだけでなく，CDF がナショナル，トランスナショナル，グローバルな次元へと接合しているあり方も記述できると考えたのである。こうした手法から本研究の記述部分は，人脈ネットワークを

研究対象に設定した「人脈の民族誌」とも位置づけることができよう。

(3)人類学と政治科学を架橋する

　本研究は，人類学に貢献する，あるいは，政治科学に貢献するといった特定の学問分野への貢献を意図したものではない。それよりも，むしろ，ひとつの現象を理解するためにいかなる手法を取ればいいのかを考えた。その結果，筆者が選び取ったのが人類学と政治科学であった。これらの学問分野が，武装勢力がいかに変容するのかを論じるために必要な手法を培っていたのである。

　人類学者である栗本英世は，内戦を研究する際の人類学の限界を語っている。その栗本の主張は以下のように要約できる。

　　「未開社会」が消失してしまったいまや，人類学は現代世界を対象としている。
　　そのため，現代世界の諸問題についての考察が迫られている。そのひとつが
　　武力紛争である。武力紛争は，伝統的には国家が主体であったため政治学・
　　国際関係論からアプローチされてきた。ミクロでローカルな次元の記述と分
　　析に関わってきた人類学は，マクロな次元を語る言語を持ち合わせていない
　　ため，政治学・国際関係論からのアプローチを援用せざるをえない。ただし，
　　ローカルなアプローチを取ることでそれらの成果を批判的に検証し，修正す
　　ることも可能である。
　　　　　　　　　　　　　　　　　　　　　　　（栗本 2001。引用者による要約）

　栗本が主張することのひとつは，人類学者にとって内戦を理解するには政治学や国際関係論の知見が必要なことである。たしかに伝統的には，戦争の研究は政治科学や国際関係論が担ってきた。内戦もその延長でこれらの学問分野で論じられることが多い。さらに，内戦には，それらの学問分野が範疇とする国家や国際機関が密接に関わっている。ゆえに，政治科学や国際関係論の知見は，内戦を理解するためには不可欠である。

　実際，内戦や人道危機を研究対象にしている人類学者の中には，政治科学・

国際関係論の知見を兼ね備えることにより質の高い研究を行っている者がいる。たとえば，1980 年代にスーダンのダルフールで猛威を振るった飢饉を研究した 2 人の研究者がそうである。デヴィッド・キーン（David Keen）やアレックス・デワール（Alex de Waal）は，マクロな視点で研究をしつつも，ミクロな観察から得られたデータを用いている（Keen 2008 [1994], de Waal 1989）。また，人類学的な調査を行い続けている研究者の中にも，調査地で起きた事象を理解するために国家へと注目し，国家に関する論考を著した者もいる（Richards 1996, 栗本 2000a; 2000b, Ellis 1999）。彼らの研究が示すのは，内戦を理解するためには，人類学の知見と政治科学の知見の，両方が必要とされることである。

　筆者は政治科学および人類学で用いられてきた手法を応用し，シエラレオネ内戦，中でもカマジョー/CDF の分析を行った。それぞれの学問分野が培ってきた「知」を用いて，これまで特定の学問分野が扱えなかった現象に取り組んだのである。本研究は学際的な研究であるが，学際的な研究とは依拠する学問分野がないことを意味するわけではない。たまたま本研究の対象を分析するために必要な「知」が複数の学問分野にまたがっていたに過ぎない。なお，道具は，使ったことにより問題点が見えてくる。終章では，使ったものの視点として人類学および政治科学の知見にフィードバックを与えている。

4　本研究の主張

　筆者はカマジョー/CDF の変容を理解するため西アフリカでの現地調査を行い，日本では過去の研究や文書資料を参照した。現地で行ったのは，主に聞取調査である。カマジョー/CDF の関係者にライフヒストリーを聞き，それを重ね合わせることでカマジョー/CDF の全体像を徐々に掴んでいった。

　そこから見えてきたのは，人脈を駆使しながら内戦を生きる戦闘員，および幹部たちの姿であった。カマジョーで重要な役割を果たした人物たちは，

ローカル，ナショナル，トランスナショナル，グローバルな人脈を有しており，それらを駆使することによって活動してきた。彼らは人脈を利用し，現状に対する打開策を模索する。その過程で，それまでは無縁であった人々が接合されていった。それを繰り返すことで複数の人脈ネットワークが統合を重ね，CDF というひとつの人脈ネットワークとなった。CDF のリーダーとして登り詰めた者は，勢力を運営するための資源を獲得し，それを私的に従属する戦闘員に分配することによってその立場を保った。さらに，自らを中心とした人脈ネットワークを維持するため，脅威となる人物を遠ざけ，排除しようとした。一方，戦闘員となった人々は，各地の人脈ネットワークを渡り歩いた。カマジョー /CDF の中で上官を変えたり所属する部隊を変えたりしたのだ。彼らは直接の上官にのみ忠誠をつくす。彼らは，より多くの資源の分配にあやかることのできる上官を探した。

　CDF は政府系勢力として形を整えていったものの，その戦闘員は流動性にあふれていた。

第1章

シエラレオネ内戦と
カマジョー /CDF の概要

カマジョー/CDF を論じる前に，シエラレオネおよびシエラレオネ内
戦について基本的な事項を確認しておく。第1節では，シエラレオネおよ
び，カマジョーを作り上げたメンデ人について概観する。第2節では，カマ
ジョーや CDF について，その特徴を簡単に踏まえ，定義を与える。第3節
で，シエラレオネ内戦の展開を確認し，第4節と第5節では，それぞれカマ
ジョーおよび CDF について詳細に検討する。

1　シエラレオネおよびメンデ人について

(1)シエラレオネの成り立ち

　シエラレオネは西アフリカに位置する小国である。大西洋に面し，ギニア
およびリベリアと国境を接する。面積は約7万1000㎢であり，北海道より
やや小さい。かつてはイギリス領植民地であったが，1961 年に独立を遂げ
た。その首都はフリータウンである。大西洋に突き出た半島にあり，その町
は丘陵に張り付くように広がっている。

　シエラレオネの歴史は，ヨーロッパ人による「発見」から始められる場合
が多い。1462 年，雷鳴轟く中，フリータウンの丘陵地帯を見たポルトガル
人は，その地を「ライオンの丘」(Sierra Lyoa) と名づけた。この名が後に
この地域全体を指すようになり，シエラレオネの国名の由来となった。当時
のシエラレオネは小さな首長国が点在する場所であった。15 世紀後半以降，
シエラレオネはヨーロッパ人が立ち寄る場所となる。奴隷の獲得場所となっ
たのだ。当初，ヨーロッパ人が奴隷を獲得する方法は，沿岸部で襲撃をかけ
ることだった。しかし，次第に地元の首長から奴隷を買い取る交易という形
を取るようになった。シエラレオネは 19 世紀中頃まで奴隷の送り元であり
続けた（赤坂 2000a）。

　シエラレオネの近代国家としての歴史は，「解放奴隷」の入植に始まる。
18 世紀後半，ヨーロッパでは奴隷廃止の動きが高まっていた。そんな中，

第1章　シエラレオネ内戦とカマジョー/CDF の概要　15

イギリスの奴隷廃止論者が中心となり，自由労働によるプランテーションを建設する事業が進められた。そのプランテーションの設立地として選ばれたのがシエラレオネであった。入植者の募集はロンドンで行われた。

当時，ロンドンには貧民黒人が少なからず存在し，社会問題にまで発展していた。彼らは，アメリカ独立戦争の時，イギリス軍に協力した逃亡奴隷である。アメリカが独立を勝ち取った後，彼らはイギリスに行くことを許され，イギリスで自由民となった。ロンドンで黒人の存在が目立ち始めた。18世紀終わりのロンドンの黒人人口は5000人以上だという推計もある。彼らは職に就くことができず，貧しい暮らしを強いられた。シエラレオネへの入植者は，こうした「解放奴隷」をターゲットに募られたのである。ただし，入植者は黒人に限られていたのではなく，海外で幸運を掴もうとする白人も含まれていた。この事業は民間による商業的意図に基づいたものであり，イギリス政府が関与したわけではない。イギリスはプランテーションを運営しようとする事業主に認可を与えただけである。

この民間ベースの入植をきっかけにフリータウンは形作られることになる。まず，1787年にロンドンから派遣された約400人が，テムネ人（Temne）の首長から購入した土地に入植した。その中には100人あまりの白人も含まれていた。しかし，長い航海で弱っていた最初の入植者たちは次々と病気の犠牲となった。さらに，原住民との衝突もあり，最初の入植地は1789年には原住民の襲撃で焼き払われることとなった。入植から数えて4年後に残っていた入植者はたったの60人だったという。

しかし，その後，1800年までに解放奴隷の入植が次々と行われた。入植したのはノヴァ・スコシア（現在のカナダ東海岸部）にいた1100人，ジャマイカからの逃亡奴隷400人であった（布留川2006）。

1791年には，シエラレオネを安定した入植地にし，アフリカでの合法貿易を推進するためシエラレオネ会社（Sierra Leone Company）が設立された。しかし，病気の蔓延，入植者の反乱，原住民との衝突などの障害に阻まれ，経営は悪化した。経営悪化を受け，入植地はイギリス政府の手に渡ることに

なった。当時, イギリス政府はイギリスの会社を管理する責任を持つという考えがあった。たとえば, 1600 年代初頭に, ロンドンの商人が中心となって作られた東インド会社は, アジアでの貿易を推進する中で, インドの諸侯と関係を持ち, 領土を下賜された。しかし, その領土経営 (あるいは統治) に失敗したことで, 1700 年代後半には急速に経営が悪化した。その責任をイギリス政府が引き受けたことが, イギリスによるインド植民地経営の始まりであった (羽田 2007: 312-325)。同じように, シエラレオネ会社の後を引き継ぐ形でイギリス政府が介入し, 1808 年, フリータウン周辺はイギリスの直轄植民地 (crown colony) となった (布留川 2008)。

直轄植民地となって入植が終わったわけではない。入植は別の形で繰り返され, 多様な文化的背景を持つアフリカ人が混ざり合って住むことになった。1807 年, イギリスは奴隷貿易禁止法 (An Act for the Abolition of the Slave Trade) を制定する。この法律により, イギリス帝国全体で奴隷貿易は違法となった。この法律に基づいて, イギリス政府はアフリカ沿岸での奴隷貿易を取り締まった。フリータウンはその拠点として使われる。拿捕された奴隷貿易船はフリータウンへと向かわされた。その積み荷であった奴隷はフリータウンで解放されることとなった (彼らは「奪還奴隷」と呼ばれる)。奪還奴隷らは新しい入植者としてフリータウンに定住する (布留川 2008: 40)。1808 年から 1864 年にかけて 8 万 4000 人もの人々が入植したという (Pham 2005: 12)。この新しい入植者はアフリカ各地から来ており, 初期に入植した解放奴隷とは文化背景が大きく異なる。当初は深刻な軋轢や確執が見られたものの, 1870 年代頃になると対立関係もある程度解消され, 彼らは自らをひとつのまとまった集団と見なすようになった。その結果,「クリオ」(Krio) というアイデンティティを持つ人々が形成されることになった (落合 2011a: 185-187)。

ちなみに, クリオという名称はヨルバ語の「アキリオ」(akirio) が語源だという。「歩き回って満足する」という意味である。奪還奴隷には, 現在のナイジェリア周辺から来た者が多く, 彼らが最初に入植した解放奴隷を指し

て「アキリオ」と呼んだのだという。クリスチャンのクリオは日曜礼拝の後，友人を訪ねて歩きまわった。ムスリムへと帰依したクリオも金曜礼拝の後，同じように歩き回った。彼らがアキリオと呼ばれ，それがクリオに転じたのである（Cole 2013: 18）。

　クリオが住む場所は，直轄植民地であるフリータウン周辺に限られていた。その外側には原住民による首長国が林立する地域が広がっていた。クリオはヨーロッパ商人との交易および内陸部の原住民との交易によって財をなし，次第に内陸部へと進出することとなった。教師，伝道師，商人がそれぞれの目的で首長国へと入っていった。植民地政府はそれに追随し，イギリス臣民の保護という名目で首長国へと影響力を拡大する。1896 年には直轄植民地の外側に広がる内陸部を保護領（protectorate）とした。現在のシエラレオネは，直轄植民地および保護領とされた地域が独立することで誕生した国家である（首長国および保護領については第4章で詳述する）。

(2)シエラレオネの民族

　上述した歴史的背景からもわかるように，シエラレオネの人口は主にクリオと土着の民族からなる。クリオは人口の2%を占め，現在まで首都フリータウンやその周辺に多く居住し続けている（赤坂 2000b）。内戦が始まる1年前，1990 年時点での推計ではシエラレオネの人口は約 400 万人とされている（United Nations 1992: 144）。

　シエラレオネの人口の過半数を占めるのが2つの民族である。本研究の対象でもあるメンデ人，および北部に住むテムネ人である。この2つの民族は，それぞれ人口の約 30％を占めている。その他の民族は人口の数％を占める形で分布している。リンバ人（Limba）（9％），コノ人（Kono）（8％），クランコ人（Kuranko）（3.7％），シェルブロ人（Sherbro）（3.4％），スス人（Susu）（3.1％），フラ人（Fullah）（3.1％），ロコ人（Loko）（3.0％），マンディンゴ人（Mandingo）（2.3％），キッシ人（Kissi）（2.2％），ヤルンカ人（Yalunka）（0.7％），クリム人（Krim）（0.4％），ヴァイ人（Vai）（0.3％），ゴラ人（Gola）

(0.3%)，クル人（Kroo）（0.2%），ガリナス人（Gallinas）（0.2%）などである（"Sierra Leone" 1992）。民族のおおまかな分布については図1-1を参照してほしい。[3]

(3)クリオ語と英語

それぞれの民族は言語を持つが，共通語として広く使われているのがクリオ語（Krio）である。クリオ語とは，英語を基盤にしたクレオール言語であり[4]，クリオの母語である。クリオ語は，直轄植民地を中心に，19世紀を通して徐々に醸成された。

イギリスからフリータウンへと送られた解放奴隷は英語を話した。彼らに加えて，フリータウンには，アフリカ各地から連れて来られた奪還奴隷が入植することになった。彼らはアフリカにある様々な言語を話した。入植した者同士が意思疎通したり，原住民と意思疎通を図ったりすることの必要性から簡略化された英語が用いられ始めた。そこに複数の言語が混じり，クリオ語ができあがった（Oyètádé and Fashole-Luke 2008: 128-131）。クリオ語は，クリオ（の人々）の母語となっただけではなく，原住民の間でも共通語として用いられるようになった。現在ではシエラレオネの人々の95%が理解できるといわれている（Heath 2005）。

イギリスの植民地であったことからシエラレオネの公用語は英語である。また，クリオ語は英語と近い。そのため，シエラレオネでは英語を解する人も多い。[5]英語は，初等教育から教授言語となっているし，巷でもしばしば使われている。たとえば，筆者が調査中にしばしば目にした風景をあげよう。小学校に通う子どもに大人が英語で声をかけるのだ。「今日は学校どう

＊3　この民族分布はあくまでも傾向を表したものであり，実際には民族が混在して居住している地域もある。また，マンディンゴ人とフラ人は，長距離交易を通してシエラレオネ各地に定住したため，全土に分散している。

＊4　クレオール語とは，異なる母語を持つ者の間で意思疎通のために簡略化して使われた言語が社会に広がり，人々の母語となったもの。

＊5　シエラレオネにおける英語については Johnson（1986）を参照。

第1章　シエラレオネ内戦とカマジョー /CDF の概要　19

だった？　何を勉強したの？」と英語で話しかけ，子どもに英語で返事をさせる。教育のためにあえて英語を使うのだという。こうした風景が日常生活には見られる。

　文字が読めなくとも，英語を話す者も少なからずいる（シエラレオネの識字率は23.6％と低い）（"Sierra Leone" 1992）。小屋の中にテレビを置いただけの「映画館」では，DVD プレイヤーを使ってハリウッドの映画が流されたり，ヨーロッパサッカーの中継が放映されたりしている（賭けるのだ）。このようにシエラレオネの日常（とくに，都市部の日常）では英語が欠かせない。話せなくとも，聞いて理解できる者も多い。

　英語を理解できるということは，国際社会の動向を吸収したり，国際社会のアクター（外交官，軍人，国連職員）と難なく会話できることを意味する。シエラレオネの人々は英国放送協会（British Broadcasting Service: BBC）のラジオ放送にもよく耳を傾けている。内戦中はBBCを通じて，武装勢力が声明を発表することもしばしばあった。

　なお，調査で筆者が使った主な言語は英語である。調査ではしばしば「おまえの英語は下手だ。それでも博士候補生（Ph. D candidate）か」と言われ続けた。大きなお世話である。クリオ語は，調査を通して徐々に学んでいった。

(4)メンデ人とメンデ・ランド

　内戦中にカマジョーを組織したメンデ人について詳しく述べる。メンデ人は，シエラレオネの人口の約30％を占め，人口は約146万人ほどである。シエラレオネの南部および東部に居住している。メンデ人の分布域はシエラレオネ領にほとんど限られる（隣国リベリアにも2万人ほど居住している）（赤坂 2000: 923）。メンデ人の分布域は図1-1でも確認できるが，実際には周辺民族のメンデ化が進んでいる[*6]。図1-2は，現在メンデ語が話されている地

　＊6　メンデ語は，ニジェール・コンゴ語族マンデ語派西マンデ語に属する。

20

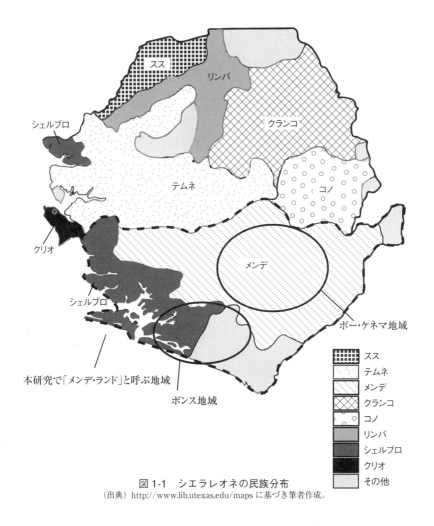

図 1-1　シエラレオネの民族分布
（出典）http://www.lib.utexas.edu/maps に基づき筆者作成。

域を示す。図1-2の民族分布よりもメンデ語の話者の分布域の方が広いことが見て取れる。その理由は，メンデ語がシエラレオネ東部・南部で共通語として用いられていること，および，周辺民族が「メンデ化」していることに求められる。

　メンデ人の伝承に基づくと，メンデ人は15世紀から16世紀にかけてマン

ダング人から分離し，現在の地に落ち着いた。19世紀から20世紀前半には周辺民族のメンデ化が進んだ。図1-1でシェルブロ人の分布域になっている部分も，図1-2ではメンデ語地域に含まれていることがわかるだろう。すでに19世紀にはメンデ人はシェルブロ人の地域へと流入している。19世紀末のヨーロッパ人の手記にも，「メンデ人は他の民族を吸収しており，シェルブロ人はもはや独自性を持たず，メンデ人と融合している」と記されている（Vivian 1896 cited at Abraham 1978: 1-2）。また，筆者がシェルブロ人分布域で調査した際も，カマジョーとなったシェルブロ人が「シェルブロ人はメンデ化しており，シェルブロの言葉は失われている。もはや老人のみしか話すことができない」と話していた。

こうした状況から，本研究では図1-1の中でも破線に囲まれた地域を「メンデ・ランド」（Mende land）とする（「メンデ・ランド」とはメンデ人の地という意味）。県（District）でいうと，カイラフン県（Kailahun），ケネマ県（Kenema），ボー県（Bo），ボンス県（Bonthe），モヤンバ県（Moyamba），プジュン県（Pujehun）である。メンデ・ランドの中心は，ボー（Bo）やケネ

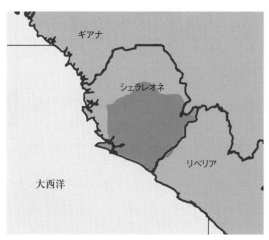

図 1-2　メンデ語が話されている地域

（出典）"Mende,"（n.d.）UCLA Language Material Project［cited at 21 April, 2012］
<http://www.lmp.ucla.edu/Profile.aspx?LangID=15&menu=004>

マ (Kenema)(いずれも都市名)が位置するあたりだと考えられている。

　図 1-1 にある黒い線で囲んだ 2 つの部分(楕円の部分)はカマジョーを論じるにあたり重要な地域である。それぞれ「ボー・ケネマ地域」「ボンス地域」と呼ぶことにする。

(5)内戦を論じるにあたり踏まえるべきシエラレオネの4つの特徴

　次に,内戦を論じるにあたり必要な事柄を 4 つあげておこう。

　第一に,シエラレオネの地理的特性である。シエラレオネでは,人の背丈以上の草や低木で覆われた植生が広範に分布している。シエラレオネの人々は,こうした植生を「ブッシュ」と呼ぶ(写真 1-1)。自然地理学ではこの植生を「農耕ブッシュ」(farming bush)と呼ぶ。かつて熱帯雨林であった場所で焼畑が行われた後,再び樹木が生えてきた状態である。アブラヤシがしばしば見られるため「アブラヤシ・ブッシュ」(oil-palm bush)と呼ばれること

写真 1-1　ブッシュ(ウォータールー,2011 年,筆者撮影)

もある（Gwynne-Jones et al. 1978: 61-62）。メンデ・ランドの大半が農耕ブッシュにあたる[*7]。

　第二に，シエラレオネの都市や町，村の規模である。シエラレオネの都市，町，村は日本人が通常想起するものとはかなり異なる。都市や町，村はブッシュの中に点在しており，その間には無人地帯が広がっている。人口が1万人を超える集落をシエラレオネの人々は「都市」（city）と呼ぶ。1985年の調査によると人口1万人を超える「都市」は7か所である。その筆頭が人口約47万人のフリータウンである。その他に，ボーが2万6000人，コイドゥ（Koidu）が8万人，ケネマが1万3000人，マケニ（Makeni）が1万2000人を擁していた（"Sierra Leone" 1992: 1711）。

　「町」（town）とは，人口が1000人を超える規模の集落を指す。およそ160の町がシエラレオネにはある（Gwynne-Jones et al. 1978: 131）。次に，村（village）では通常70人から250人程度の住民がいる。村は通常1.5〜5kmの間隔で点在している（Olson 1996: 391）。こうした規模を見ると，フリータウンを除けば，都市であっても住民は顔見知りであり，噂が瞬く間に広がる規模であることがわかる[*8]。

　ブッシュの中に点在する町や村は，人が歩けるだけの細い小道，すなわち「ブッシュ小道」（bush path）で結ばれている（Little 1967: 60）。シエラレオネには，車が通れる幹線道路の他に，こうしたブッシュ小道が張り巡らされている（写真1-2）。車道に面していない集落や耕作地は，ブッシュ小道を利用してアクセスする。図1-3は都市・町・村の分布をイメージしたものである。

　第三に，シエラレオネの町や村では自給自足に近い生活が営まれている。集落から歩ける距離に焼畑の耕作地が設けられ，米やキャッサバ，ヤム，

＊7　その他，一部，熱帯雨林が広がっている地域やマングローブ湿地帯がある。
＊8　内戦中の避難民の流入や，内戦後の都市化により都市や町では，人口が急増した。内戦後である2003年の推計では，コイドゥの人口は11万3000人，マケニの人口は11万700人である（Heath 2005）。また，内戦中，人々が放棄することで，町や村が一時期「消失」する場合もあった。

ラッカセイ，トウモロコシ，パイナップル，ココヤシ，トマト，トウガラシが育てられている。食料油も自給である（アブラヤシから採れるヤシ油を用いる）。狩猟・採集・漁労も行う。こうした状況のため，内戦中に車道が使え

写真1-2　ブッシュ小道（カイラフン県，2009年，筆者撮影）

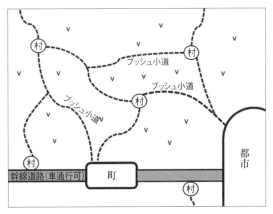

図1-3　都市・町・村の配置のイメージ

第1章　シエラレオネ内戦とカマジョー/CDFの概要　25

なくなり，町や村が孤立した場合でも，極度な食料難に陥る場合は少なかっ
た。通常の生業活動が行えた場合，不足するのは塩やコンソメ顆粒くらい
だったという（これらは現金で購入する必要がある。また，シエラレオネでは，
調理の際にコンソメ顆粒を必ずといっていいほど用いる）。

　第四に，シエラレオネの経済はダイヤモンドに大きく依拠している[9]。ダ
イヤモンドは総輸出額の半分を占める（中村 1989）。シエラレオネのダイヤ
モンド鉱床は川沿いに広がっており，鉱石は川底の土砂に混ざって埋蔵さ
れている。そのため採掘は，労働者を使った単純労働で可能である。川底
の土砂をさらってふるいにかけ，ダイヤモンド原石を探せばよいのだ（武内
2001; 2003）。簡単にダイヤモンドを採掘できることから，内戦期には各勢力
が活動資金を得るために採掘を行った。

　以上，シエラレオネ内戦を理解するために必要な背景情報を提示した。

2　定義——カマジョー，CDF

(1)カマジョーとは，CDF とは

　本研究が研究対象とするカマジョーとは，内戦中に作られたメンデ人の自
警組織およびその構成員を指す。カマジョーはメンデ・ランド各地のチーフ
ダムで形成された。カマジョーが組織された背景には，反政府勢力 RUF の
襲撃だけでなく，国軍からもコミュニティを守らなければならないという事
情もあった。国軍の一部が内戦に乗じて住民から略奪を繰り返したからであ
る。カマジョーは，RUF や国軍からコミュニティを守るために自警組織と
して誕生した。そして徐々に勢力を拡大し，積極的に戦闘を繰り返すように
なる。

　＊9　シエラレオネの経済はダイヤモンドに限らず，一次産品に依存している。ダイヤモン
　　　ドの他，ボーキサイト，鉄鉱石，金紅石（チタンの原料鉱）の採掘も主要な産業であ
　　　る。また，農業に目を向けると，カカオ，コーヒーノキ，アブラヤシの栽培が主要な
　　　経済活動となる（中村 1989）。

CDF（市民防衛軍）とは，内戦の後期（1997年頃）以降，カマジョーが中心となって形を整えていった政府系勢力である。最終的には，メンデ人のカマジョーのみならず，その他の民族の自警組織をも傘下に置いた組織となった。ただし，その形成はカマジョーが中心になって実施され，CDFの幹部もほとんどがカマジョーである。カマジョー以外の自警組織は副次的な存在であったに過ぎない。

　このことからCDFの形成プロセスは，各地の自警組織であったカマジョーが統合されると同時に，他の民族の自警組織を取り込むものであったという理解が妥当であろう。

(2)先行研究における用語の混乱

　先行研究を見ると，カマジョーという用語は，大部分が重なるものの，異なる3つの主体を指す語として使われている。従来の研究はその3つを区別しなかったために，カマジョー /CDFの時系列での変化を十分に把握しきれていない。

　第一に，カマジョーは，メンデ人の「狩人」あるいは「伝統的狩人」とされる場合がある。メンデ語では伝統的狩人のことを「カマジョイ」（*kamajoi*）[10]と呼ぶ。カマジョイは，いわば，専門的な知識を持ち合わせた技術の高い狩人である。カマジョイという呼称が英語化したのが「カマジョー」である。

　内戦中の自警組織カマジョーと伝統的狩人（カマジョイ）は同一ではない（ただし，クリオ語では英語では伝統的狩人と指す場合も，自警組織を指す場合と同様，英語化したカマジョーという語が用いられることが大半である）。ゆえに本研究では，伝統的狩人の意で「カマジョー」という語を用いる場合，「狩人カマジョー」と表記する。先行研究の中には，内戦中に活動したメンデ人

＊10　カマジョイ（*Kamajoi*）は単数形であり，複数形はカマジョージア（*Kamajorsia*）となる（Hoffman 2011a: 63）。

の自警組織「カマジョー」を狩人カマジョーと同じものとみなす研究があるが，それは正確とはいえない（cf. Fereme 2001: 27）。

第二に，内戦中に組織されたメンデ人の自警組織そのものを指してカマジョーと称する場合がある。こうした自警組織はチーフダムを基盤に組織され，伝統的狩人，すなわちカマジョイ（狩人カマジョー）がリーダーシップを担った。

内戦中に自警組織を作ったのはメンデ人だけではない。その他の民族も自警組織を作り上げた。そのいずれもで伝統的狩人が主導的な役割を負っている。なぜなら，彼らは狩猟のために単発銃を使え，地理に精通していたからである。伝統的狩人に率いられた自警組織を，シエラレオネの新聞は「狩人民兵」（hunter militia）と呼んだ。また伝統的狩人は民族ごとに特色を持つため，各民族の言語で伝統的狩人を指す語がそのまま，その民族の狩人民兵を指すために使われた。メンデ人も例外ではなく，メンデ人の自警組織は「カマジョイ」と呼ばれることになった（cf. Keen 2005: 90）。

ただし，メンデ人の狩人民兵をカマジョーと呼ぶには語弊がある。なぜなら，自警組織を率いた伝統的狩人（狩人カマジョー）の数はごくわずかであり，ほとんどの成員はチーフダムに住む普通の若者であったからである。彼ら自身は自らをカマジョイと名乗っているわけではなく，「民兵」（militia）あるいは「自警員」（vigilante）と名乗っていた。カマジョイという呼称は他称に過ぎない。本研究では，この分類，すなわち，狩人カマジョーがリーダーシップを担い，普通の若者を組織して作られた自警組織のことを「狩人民兵」と呼ぶことにする。

第三に，狩人民兵の中でも，「カマジョー」の加入儀礼を経て「カマジョー結社」（Kamajor Society）に入った者をカマジョーと呼ぶ場合がある。「結社」とは，職能集団としての性質を持った閉鎖的な集団であり，西アフリカの諸民族に見られる社会制度である（真島 1997）。結社に入るには加入儀礼を受ける必要があり，結社の中では職能に関する知識が伝達される。その知識は結社外に漏らしてはならない。カマジョーの加入儀礼を受けた者は，自らを

カマジョー結社の成員であると認識し，「カマジョー」を自称した。

カマジョー結社とは，狩人民兵の一部が作り出したものであり，いわば，内戦の産物であり，「伝統的」な社会制度とはいえない。カマジョー結社に入ると呪術的な力によって銃弾を跳ね返したり，姿を消したりすることができると信じられた。カマジョー結社を作り出した狩人民兵はチーフダムの防衛に大きく成功する。それにより，カマジョー結社はメンデ人に広く採用されるようになった。数年のうちにメンデ人の狩人民兵の中でカマジョー結社の加入儀礼を受けることが慣習化し，メンデ人の狩人民兵はおしなべてカマジョーと呼べる存在になった。第二と第三の違いはカマジョー結社の加入儀礼を受けているかいないかである。

本研究では「カマジョー」という語を用いる時，この第三の意味で用いることとする。狩人カマジョーとの区別を強調する必要がある場合には「内戦カマジョー」という語を便宜的に用いた（「内戦カマジョー」「狩人カマジョー」という名称は本研究のために筆者が便宜的に名づけたのであり，現地で用いられているわけではない）。

用語の整理をしておこう。第一に，メンデ人の伝統的狩人を指す時，「狩人カマジョー」という用語を用いる。第二に，内戦中に作られたメンデ人の自警組織を指す時は「狩人民兵」という呼称を用いる。第三に，メンデ人の狩人民兵の中でもカマジョー結社の加入儀礼を受けた者を「カマジョー」ないし「内戦カマジョー」と呼ぶことにする。

3　シエラレオネ内戦の展開

本研究ではカマジョー/CDF の変容を時系列に追っていくことになる。カマジョー/CDF の考察へと踏み込む前に，シエラレオネ内戦の全体像について大まかに理解する必要があろう。シエラレオネ内戦は1991年に始まり，2002年に公式な内戦終結宣言で終わっている。その内戦を端的に説明すると，学生運動の急進派によって引き起こされた反乱に国家が対処できな

かった結果，無秩序が無秩序を生む形でエスカレートしたものといえる。

(1) RUF の成り立ち

反政府組織 RUF の成り立ちは，1980 年代に発生した学生運動に遡ることができる。1980 年代前半，首都フリータウンでは学生運動が隆盛を極めた。一党支配を続ける全人民会議党（All People's Congress: APC）への抵抗である。シエラレオネ大学ファラー・ベイ校（Fourah Bay College, University of Sierra Leone）を中心に展開された学生運動は大学を飛び出し，在野の運動家を輩出するまでに至った。そうした運動家の中でも，急進的な考えを持つ者が RUF の形成へと至る道筋を作ることになった（岡野 2011b, Abdullah 1998, Abdullah and Muana 1998, Gberie 2005）。

急進派の中には，APC の一党支配を終わらせるためには武力の使用も辞さないという姿勢の者もいた。彼らは当時，反政府勢力を支援することでアフリカでの影響力を高めようとしていたリビアから協力を取り付け，リビア国内にて軍事訓練を受けた（Ibrahim 2009）。その軍事訓練に参加したのはシエラレオネ大学から放校処分にあった急進派の学生や，その考えに賛同する無職の若者たちあわせて 35 名である。その中には後に RUF のリーダーとして頭角を現すフォディ・サンコー（Alfred Foday Saybana Sankoh）の姿もあった。

サンコーは国軍での経験を有する元軍人であり，もともと革命思想の強い人物だったという。彼はシエラレオネ独立前の 1956 年，イギリス植民地政府軍に入隊した[11]。植民地政府軍は 1961 年の独立によってシエラレオネ国軍へと改編されることになった。1971 年，国営のシエラレオネ放送サービス（Sierra Leone Broadcasting Service）へと出向していたサンコーは，ジョン・バングラ准将（Brigadier John Bangura）の起こしたクーデターを称賛する放

---

*11　正式には「王立西アフリカ前線部隊シエラレオネ大隊」(Sierra Leone Battalion, Royal West African Frontier Force) という名称である。

送を行った。しかし，このクーデターは未遂に終わる。クーデターへの関与
が疑われたサンコーは逮捕された。しかし，彼はクーデターに関与していた
わけではない。その後，容疑はクーデターの発生を知っていたものの報告義
務を怠ったことに切り替えられたが，結局，サンコーは7年間服役すること
となった。サンコーは1978年に釈放された後，在野の運動家として上述の
学生運動へと身を投じることとなった（岡野 2011b, Godwin 1999）。

　リビアで軍事訓練を受けた学生運動の急進派がRUFの起源とはいうもの
の，彼らすべてがRUFに参加したわけではない。軍事訓練を受けた35名
のうち，サンコーを含む8名が隣国リベリアへと渡り，武装蜂起を準備する
ことになった。彼らは第一次リベリア内戦（1989〜96年）の武装勢力「リ
ベリア愛国戦線」（National Patriotic Front of Liberia: NPFL）に参加し，実戦
経験を積んだ。その間に，彼らは戦闘員を集めるなど蜂起の準備を重ねた。
実際にRUFが蜂起したのは1991年3月後半である。RUFは内戦中のリベ
リアからシエラレオネ領内へと国境を越えて侵攻した。

　以降では，シエラレオネ内戦の展開をいくつかの時期に区分して概観する
ことにする。

(2)モモ政権期──1991年3月〜92年4月

　RUFはシエラレオネへと侵攻する時，武装勢力NPFLの人員を借りた。
そのため侵攻した勢力の大半がリベリア人だった。リベリア人戦闘員が前線
を切り開き村々を掌握し，その後からRUFのシエラレオネ人がやってきた。
彼らが村々を統治し，村人を戦闘員として動員することで，RUFは戦闘員
を増やしたのである（岡野 2011b）。NPFLが人員を提供したのは，その指導
者チャールズ・テイラー（Charles Taylor）がシエラレオネで産出されるダ
イヤモンドを掌握しようとしたからだと考えられている（Reno 1995a）。

　当時，シエラレオネ政府は反乱鎮圧に十分な兵員・装備を持ち合わせてい
なかった。軍隊も形式的なものに過ぎなかった。時のジョセフ・サイドゥ・
モモ政権（Joseph Saidu Momoh）（在任期間 1985〜92年）は反乱に対処する

第1章　シエラレオネ内戦とカマジョー/CDFの概要　31

ため，いくつかの方策を試みた。その中には，相互防衛協定を結んでいるギニアやナイジェリアへの援軍の要請，シエラレオネ国軍の性急な増員，リベリア人難民の武装化が含まれている。突然の侵攻により RUF は優勢を極めた。1991 年 6 ～ 7 月までにシエラレオネ南部および東部を中心に，国土の 5 分の 1 を掌握するまでに至った。しかし，モモ政権が徐々に態勢を整えたことにより，RUF は劣勢を強いられることになる。

　この頃，内戦はリベリアとの国境地帯で起きている事態に過ぎなかった。首都フリータウンでは戦闘行為は見られず，日常が繰り返されていた (Richards 1996: 5)。1992 年 4 月，モモ大統領は突然のクーデターで，その座を追われることになる。まずは，内戦が開始してから，モモ大統領がクーデターにより失脚する 1992 年 4 月までの期間を「モモ政権期」と呼ぶことにする。

(3) NPRC 政権期——1992 年 4 月～ 96 年 3 月

　モモ政権に対してクーデターを起こしたのは，反乱鎮圧のために前線へと派遣された若手下級将校らであった。1992 年 4 月 28 日，給料の遅配や前線の窮状に不満を持った彼らは，部下とともにトラックに分乗し，一晩かけてフリータウンへとやってきた。総勢約 50 名であったといわれる（Wai 2012: 100）。4 月 29 日早朝には，首都で銃撃戦が発生し，クーデター首謀者らは大統領官邸およびラジオ局を占拠した。モモ大統領は家族とともにギニアへと亡命した。それによりモモ大統領は失脚することになる。

　モモ大統領の失脚は APC の一党支配の終わりを意味した。先代の大統領シアカ・スティーブンズ（Siaka Probyn Stevens）（在任期間 1971 ～ 85 年）から続く 20 年以上もの一党支配が終わりを迎えたのだ（Gberie 2005: 68, Pham 2005: 89）。シエラレオネの新しい門出を期待した人々はクーデターを支持した。クーデターを起こした若手下級将校らは軍事政権「国家暫定統治評議会」（National Provisional Ruling Council: NPRC）を設立した。NPRC の議長に就任したのはクーデター首謀者の中で最も地位が高かったヴァレンタイ

ン・ストラッサー大尉（Captain Valentine Esegragbo Melvine Strasser）である。弱冠 27 歳であった。

　NPRC は内戦の終結を約束し，国軍の強化に踏み出した。大幅に人数を拡大したのだ。内戦開始時には 3000 人強に過ぎなかった兵士数は，1993 年末には 1 万 5000 〜 2 万人の規模にまで膨れ上がった。軍事費も増大し，多くの軍事物資が前線へと送られることになった（Peters 2004: 9）。その成果はすぐにあがり，RUF は後退を迫られた。1993 年末までに RUF はリベリア国境付近まで追い詰められ，その活動は見られなくなった。一見，内戦は終わったかに見えた（Amnesty International 1995）。

　しかし，1994 年 11 月から新たな襲撃が見られるようになった。RUF は戦略を変えて活動を再開したのである。それまで支配地域を拡大しながら進軍を続けていた RUF はゲリラ戦略へと転換した。すなわち，村や町を襲撃しては撤退する戦略に変えたのである。ゲリラ戦略はシエラレオネの地理を活かしたものであった。RUF はブッシュの中に複数の拠点を設け，ブッシュ小道を用いて数十名からなる小隊を移動させた。ブッシュ小道を通ることで，小隊は人目に触れることなく移動できる。RUF は政府の支配地域に奥深く入り込み，村や町への襲撃を繰り返した。その戦略は功を奏し，1995 年初頭にはフリータウン近郊でも襲撃が見られるようになった（ICG 2001）。

　RUF のゲリラ戦略により，シエラレオネの人々は RUF の急襲に怯えることになった。RUF の襲撃は人口が多い都市ではなく，農村部で多かった。農村部において人々は自警組織を作り，自らを防衛するようになる。自警組織では，伝統的狩人がリーダーシップを取り，チーフダムの若者を率いた。上述のように，こうした自警組織は，シエラレオネの新聞で「狩人民兵」と呼ばれたり，各民族の伝統的狩人の名称で呼ばれたりした。メンデ人の「カマジョイ」もそのうちのひとつである。

　とくにメンデ・ランドは，RUF の襲撃が最も多かった地域である。そのため，メンデ人による狩人民兵が数多く組織された。とくに，ボー・ケネマ地域にその特徴が顕著に見られる（図1-1）。当初，狩人民兵は農村部で形成

されていた。しかしその後，狩人民兵は農村をつなぐ横の連携を持つように
なった。国内避難民が集まる国内避難民キャンプや都市部を結節点とするこ
とで狩人民兵は徐々に横の連帯を持つようになった。

　この頃，カマジョー結社も産み出された。他称であったカマジョーとい
う名称を，自警組織の成員自らが名乗るようになったのは，ボンス地域（図
1-1 参照）でカマジョー結社が考案されてからである。カマジョーはボンス
地域から RUF を駆逐した。その成果を受けてボンス地域で始められたカマ
ジョーの加入儀礼はメンデ・ランド全体へと広がり，メンデ人の狩人民兵は
おしなべてカマジョーとなった。

　カマジョーと国軍の関係は一様ではない。国軍では全体のコーディネー
ションはなされず，各地の部隊がそれぞれの活動地域で独自に RUF 掃討作
戦に当たっていた。そのため，地元の協力を募り，若者を対反乱作戦に動員
する部隊もあれば，内戦の混乱に乗じて村々を襲撃し，略奪を繰り返す部隊
もいた（こうした兵士は，昼には「国軍兵士」（ソルジャー soldier），夜には「反
徒」（rebel）ということから「ソベル」[sobel] と揶揄された）（Gberie 2005: 82,
Richards 1996: 13）。地元からの協力を募った国軍部隊の中には，カマジョー
を用いて RUF 掃討作戦を実施する部隊もあった。

　RUF の襲撃が首都近郊でも見られるようになった 1995 年，ストラッサー
政権（NPRC 政権）は起死回生を図るべく民間軍事企業と契約をする。その
中でも，エグゼクティブ・アウトカムズ社（Executive Outcomes: EO 社）に
よる成果は大きかった。EO 社は南アフリカ共和国第 32 大隊出身者を中心
として 1989 年に創設された。その業務内容は，戦闘地域や戦闘空域の監視，
狙撃兵や歩兵の訓練や偵察が含まれている。シエラレオネで業務を開始す
るまでにアンゴラでの活動実績を持っていた。EO 社は 1995 年 5 月からシ
エラレオネで活動を続けることとなる。同社は，通信傍受によってゲリラ拠
点を特定し，ロシア製 Mi-17 ヘリコプターを用いて攻撃を繰り返すことによ
り，RUF 側に甚大な被害を与えた（落合 2001b: 208）。

　1996 年 1 月，再び軍事クーデターが発生し，ストラッサーは政権の座を

奪われる。クーデターで政権の座を得たのは NPRC でナンバー・ツーであっ
たジュリアス・マーダ・ビオ准将（Brigadier Julius Maada Bio）である。こ
のクーデターは民政移管を先延ばしにしていたストラッサーを追いやるため
ビオ准将が起こした「善意のクーデター」だったともいわれている。NPRC
政権はすでに 1993 年 11 月，民主化移行の工程表を発表していた。しかし，
大統領選挙に立候補することのできる年齢に達していないストラッサーは民
政移管プロセスを操作し，なんとか立候補しようとした。憲法で規定されて
いる被選挙権は 45 歳以上だったが，ストラッサーは当時 30 歳だった（Gberie
2005: 94, Hirsh 2001: 42）。ビオ准将はクーデターの後，すでに表明されてい
た選挙を予定通り同年 2 月に実施した。その選挙によりシエラレオネ人民党
（Sierra Leone People's Party: SLPP）が第一党となり，同じく SLPP のアハマ
ド・テジャン・カバー（Ahamad Tejan Kabbah）が大統領に選出された（落
合 2001b: 208）。

　NPRC によるクーデターが発生した 1992 年 4 月からカバー政権が成立す
る 1996 年 3 月までを「NPRC 政権期」と呼ぶことにする。

⑷前期カバー政権期——1996 年 3 月〜97 年 5 月

　カバーが大統領に就任した 1996 年 3 月からカバー大統領がクーデターで
亡命することになる 1997 年 5 月までを「前期カバー政権期」とした。「前
期」としたのは，後にカバー大統領が復帰を遂げるからである。

　1996 年 3 月に就任したカバー大統領は，ビオ准将によって始められた
RUF との交渉を引き継ぎ，交渉による和平を目指した。しかしその一方で，
国防副大臣（deputy minister of defense）に任命されたサムエル・ヒンガ・
ノーマン（Samuel Hinga Norman）は各地のカマジョーに支援を与え，RUF
との戦闘を継続した。10 月にはカマジョーを中心とした部隊が RUF の本拠
地「ゾゴダ」（Zogoda）を落とした。こうした軍事的圧力により 1996 年後半
までに RUF は弱体化し，交渉の姿勢も軟化した。とくにゾゴダの陥落は，
RUF にとって大きなダメージとなったともいわれている。和平交渉の結果，

11月にはカバー政権とRUFとの間でアビジャン和平合意（Abidjan Peace Accord）が結ばれることになる。アビジャン和平合意では，武力紛争の即時停止，EO社の撤退，RUFの武装解除，RUFの政党化が約束された。しかし，その後も武力衝突は続いた。RUFは和平合意に積極的ではなく，EO社を撤退させることが目的だったのではないかともいわれている（ICG 2001: 11）。

カバー大統領は在任中，国軍の影響力を削いでいった。内戦で膨れ上がった国軍の改革に着手し，その人員および既得権益を削減したのである。その結果，国軍とカバー政権の関係は悪化する（Hoffman 2011a: 2）。さらにノーマンの支援によって勢力をつけたカマジョーは各地で国軍と衝突するようになった。それにより国軍とカバー政権との関係はさらに悪化し，新たな軍事クーデターが発生した。

(5) AFRC政権期──1997年5月〜98年3月

クーデターが発生したのは1997年5月25日である。5月25日という日付から，この軍事クーデターはシエラレオネの人々の間で「525事件」（May-twenty-five）と記憶されている。このクーデターをきっかけにカバー大統領は隣国ギニアへと亡命し，亡命政権を樹立する。一方，フリータウンではジョニー・ポール・コロマ少佐（Major Jonny Paul Koroma）を首班とする「国軍革命評議会」（Armed Forces Revolutionary Council: AFRC）が設立され，軍事政権による統治が再び始まることになる。このクーデターから，AFRC政権が転覆し，カバー政権が復権を果たす1998年3月までを「AFRC政権期」と呼ぶことにする。

クーデターで政権を奪取したAFRCは，内戦を終わらせることで自らを正当化しようとした。こうした意図からAFRCは，RUFを共同政権運営者として迎え入れる用意があることをラジオで発表する。その声明を受けたRUFは各地で次々と国軍と合流し，フリータウンにも入城することとなった。

しかし，それは内戦の終わりではなく，新たな展開を意味した。国際社会
を味方につけたカバー政権は，交渉による復帰を模索すると同時に武力によ
る復帰も試みた。525事件に対して国連やコモンウェルス，西アフリカ周辺
諸国から強い非難の声が上がった。とくに，当時大詰めを迎えていたリベリ
ア和平にクーデターが悪影響を及ぼすことを懸念したナイジェリア政府は，
カバー政権の即時復帰を求め，独自の判断でシエラレオネへの軍事介入を実
施した。ガーナ軍とギニア軍もそれに加わって，AFRCと対峙する事態と
なった。これらの国は独断で軍事介入を行ったにもかかわらず，その正当
化のため「ECOWAS監視団」(Economic Community of West African States
Monitoring Group: ECOMOG) の名を用いた。ECOMOGとは，西アフリカ諸
国から構成される地域機構「西アフリカ経済共同体」(Economic Community
of West African State: ECOWAS)[*12]から内戦中のリベリアへと派遣されていた
平和維持部隊の名称である。その名称をそのままシエラレオネでも用いたの
である。
　周辺諸国がカバー政権の側に立ち軍事介入をする一方，カマジョーもカ
バー政権の復帰を掲げてAFRC/RUFと対峙した。彼らに対して支援を行っ
たのが，ECOMOGとしてシエラレオネおよびリベリアに駐留していたナイ
ジェリア軍である。AFRC/RUFとの戦いの中，カマジョーは，各民族の狩
人民兵にも連帯を訴え，国民の総意として民主主義を取り戻すという大義
を掲げた。そして，その大義に合うようにカマジョーという民族色の強い
名称の代わりに「CDF」(市民防衛軍) と名乗るようになった。1998年2月，
ECOMOG (ナイジェリア軍) 主導の軍事作戦によってAFRC/RUFはフリー
タウンから敗走した。

＊12　ECOWASは，関税同盟の結成や共同市場の創設を目指す純粋な経済共同体として
　　　1975年に創設された。当時の加盟国はナイジェリア，ギニア，ガーナ，シエラレオネ，
　　　リベリアを含む15か国である。第一次リベリア内戦以来，域内の安全保障に対する
　　　活動も行い，平和維持部隊を派遣している。

(6)後期カバー政権期——1998 年 3 月〜2002 年 1 月

ECOMOG がフリータウンを奪還したその翌月，カバー大統領は帰国し大統領職に復帰した。カバー政権が復帰した 1998 年 3 月から内戦終結宣言が出される 2002 年 1 月までを「後期カバー政権期」とする。

国軍の大半が AFRC として敗走したため，カバー政権には国軍兵士がほとんど残されていなかった。新国軍を再建する間，さしあたり軍事力として用いられたのが ECOMOG および CDF であった。ECOMOG および CDF はシエラレオネの内陸部へと敗走した AFRC/RUF の掃討作戦に従事した。この頃，カマジョーは AFRC 政権期に掲げた「他民族の狩人民兵との連帯」という CDF の構想を実現に移していく。他民族の狩人民兵を CDF として動員する試みが実施され，武器が供与された。そして各地に支部が作られた。CDF は政府系勢力としての組織を全国レベルで構築していった。

1999 年 1 月，フリータウンは再び戦禍に巻き込まれることになった。そのきっかけは 1998 年 10 月に遡る。すでに身柄を拘束されていた RUF のリーダー，サンコーに対して反逆罪による死刑判決が下されたのである（1997 年 3 月，銃の不法所持によりサンコーはナイジェリアで逮捕され，カバー大統領復帰後に引き渡された）。サンコーの救出のため AFRC/RUF は大規模な反撃作戦を開始する。「生存者殲滅作戦」（Operation No Living Things）と銘打った作戦により，各地で RUF および AFRC が活動を再開し，フリータウンへと向かい始めた。そして，ついに 1999 年 1 月 6 日，彼らはフリータウンへと侵攻する。フリータウン市内では，攻防戦が数週間にわたり続けられた。カバー政権側は当初は劣勢を強いられたものの ECOMOG の増派によって体勢を立て直した（落合・ブラ 2011: 10-11）。それにより AFRC/RUF はフ

＊13　AFRC 政権期，ECOMOG は正規にシエラレオネへと派遣されていたのではない。ナイジェリア軍が ECOWAS 諸国の合意なしに ECOMOG を名乗ったのである。ECOMOG はカバー政権復帰後に，ECOWAS 諸国の合意のもと正式にシエラレオネへと派遣されることになった。

リータウンから追い返され，地方へと撤退した。1月6日に始まったこの戦闘は「16事件」(January-six) としてフリータウンの人々の間で記憶されている。

16事件の後，和平交渉が進展し，内戦は沈静化の方向へと向かう。その方向転換にはいくつかの要因があった。まず，シエラレオネ政府は16事件を契機に武力による内戦の鎮静化に限界があることを悟った。また，ECOMOGの主勢力を提供してきたナイジェリアがシエラレオネからの撤退へと政策を転換した。さらに，国際社会も和平交渉による内戦の解決を本格的に模索し始めた。こうした背景もあり，1999年7月，カバー大統領とサンコーとの間で新たな和平合意，ロメ和平合意 (Lomé Peace Accord) が調印された。

ロメ和平合意で合意されたのは次の事項である。すなわち，即時停戦の実施，サンコーをはじめとしたすべてのRUF戦闘員および関係者に対する恩赦の実施，「武装解除・動員解除・社会統合」(Disarmament, Demobilization and Reintegration: DDR) の推進，RUFの政党化，RUF構成員の入閣，鉱物資源を一元管理する「戦略資源管理国家再建開発委員会」(Commission for the Management of Strategic Resource, National Reconstruction and Development: CMRRD) の新設とサンコーの同委員長職への就任である。ロメ和平合意により，サンコーは副大統領に就任すると同時に，CMRRD委員長を兼任することとなり，フリータウンに住むこととなった。その他にもECOMOGの撤退も合意された。ロメ和平合意では，カバー政権に肩入れしてきたECOMOGの任務が，平和維持および治安維持に限定された。そして，段階的に撤退することも決められた。2000年4月，ECOMOGはその任務をUNAMSIL（後述）に引き継ぎ，完全に撤退した。

しかし，ロメ和平合意後もそれに同意しないRUFの一部により戦闘は継続された。ロメ和平合意によって和平プロセスの監視のために「国連シエラレオネ派遣団」(United Nations Mission in Sierra Leone: UNAMSIL) が設立されたが，2000年5月には500名のUNAMSIL要員がRUFによって拘束さ

れる事件が発生した。それを受けて5月8日，フリータウンにあるサンコー
の自宅前で平和を訴えるデモが開かれた。そのデモ隊に対してサンコーのボ
ディガードが発砲し，銃撃戦となった。その混乱の際，サンコーは自宅から
失踪した。しかし，17日には自宅近くで発見され身柄を拘束された。サン
コーの拘束をきっかけにRUFは再び地方からフリータウンへと進軍を始め
た。しかし，イギリス軍が大規模に展開することで，RUFはフリータウン
市内へと進軍できなかった。

　サンコーの拘束以降，RUFの指導者は不在であったが，2000年8月21
日に暫定指導者としてイッサ・セサイ（Issa Sesay）が指名された。セサイ
は穏健派であり，和平プロセスの進展は比較的順調に進展した。その後，シ
エラレオネの情勢は次第に安定へと向かい，UNAMSIL主導のもとでDDR
が本格的に再開された。RUFやCDFは解体され，国軍は整備されていっ
た。こうして内戦は徐々に沈静化した。2002年1月，カバー大統領が紛争
終結宣言を出し，シエラレオネ内戦は公式に終結を迎えた。

4　カマジョーの特徴

　ここまで内戦の経緯を確認した。この経緯の中でカマジョー（内戦カマ
ジョー）は生まれ，CDFへと変容を遂げている。本節および次節では，カ
マジョーおよびCDFについてさらに踏み込んで論じる。

⑴カマジョー（内戦カマジョー）のルーツ
　　――狩人カマジョーとは

　内戦カマジョーのルーツを辿るためにはメンデ人の伝統的狩人「カマジョ
イ」（本研究でいう「狩人カマジョー」）について理解する必要がある。なぜな
ら，第一に，狩人カマジョーは狩人民兵で中心的な役割を果たしているから
であり，第二に，内戦カマジョーは狩人カマジョーに着想を得て作られたか
らである。ここでは狩人カマジョーの特徴を先行研究から確認した上で，内

戦カマジョーと狩人カマジョーの関係を論じる。

　まずは狩人カマジョーの狩猟方法を見てみる。人類学者のキャスパー・ファイセン（Casper Fithen）とポール・リチャーズ（Paul Richards）は，狩人カマジョーの狩猟方法を以下のように記している。

　　狩人はできるだけ獲物に近寄ってから発砲する。弾薬は高価でレバノン人〔商
　　人〕[*14]から前借りしている。使用した後で約束通りの獲物を差し出すのだ。狩
　　人の利鞘は薄いため発砲には慎重にならざるをえない。熟達した狩人は弾薬
　　1箱につき1〜2発を撃ち損じるのみだという。この狩猟は孤独な作業だ。
　　狩人は長期間にわたり一人で森に潜み，歩き回り，呪薬を用いて自らの姿を
　　消す。そうして獲物に忍び寄るのだ。別に弟子など必要としていない。単独
　　でバッファロー（bush cow）や白黒コロブス（colobus monkey）を捕まえる。

　　　　　　　　　　　　　　　　　　　　　　　　　　（Fithen and Richards 2005: 128）

　この記述によると，狩人カマジョーとは，①単独で行動し，②獲物に忍び
寄る技術を身に着け，③銃の扱いに長けている。狩人カマジョーは狩猟のた
めに何日もブッシュを歩き回るため，ブッシュ内に張り巡らされているブッ
シュ小道を熟知していた。さらに，ブッシュで採れる薬草の知識を豊富に有
していた（Hoffman 2011a: 63）[*15]。

　また狩人カマジョーは，狩人という役割のほかに，戦士の役割も有してい
た。狩人カマジョーの持つ技術や知識は，村を守るのにも有効であるとされ
ていたのである。村は野獣や精霊，外部の人間からの脅威にさらされており，
狩人カマジョーはそうした脅威に対処する役割があるという（Abraham 1978:
10, Ferme 2001: 26）。人類学者メリアン・C・フェルメ（Mariane C. Ferme）は

────────────────────────────────

　＊14　レバノン人はシエラレオネの商業を握掌している。詳しくは第4章3節参照。
　＊15　上述のようなカマジョーの狩猟方法は，メンデ人が一般的に行う狩猟とは異なってい
　　　　る。メンデ人は，一般の小農も狩猟に従事することがある（農業のほかに狩猟採集も
　　　　行う）。しかし，その狩猟方法は近隣住民と共同で実施し，罠を用いたり犬や網を用
　　　　いたりするものであった。

以下のように指摘している。

狩人は昼には身を隠し，夜には獲物を探して歩き回る。しかし，夜は彼ら
にとって危険な時間でもある。妖術師（witch）や化け物（transmogrifying
creatures）が跋扈する時間なのだ。狩人でもあり戦士でもある彼らが生き残
るために必須なのが，身を隠す能力（景色にとけこみ，自らを見えなくする能
力），獲物や敵が残した形跡を見つける技術，身を隠した敵や獲物を見つける
技術である。……狩人はその姿を動物などに変身させることができた。彼ら
は護符や呪物を身に着け，邪悪なものから身を守っている。彼らの持つ知識
は，地域の歴史や地理に根差している。　　　　　　　　　（Ferme 2001: 26-27）

こうした能力を身に着けた狩人カマジョーは住民からも畏怖の念で見られた
（Ferme 2001: 26-27, Fithen and Richards 2005: 128, Hoffman 2011a: 62）。
　狩人カマジョーが必要とする高度な技術や豊富な知識は，親から子へと伝
えられた。狩人カマジョーの家系があるのだ。その他にも，ごくまれだが弟
子を取って，その技術を伝達する場合もあるという[16]。こうした知識や技術
の伝達方法は周辺民族とは異なっている。人類学者ホフマンによると，メン
デ人の狩人は長期にわたる徒弟関係で技能を身に着ける，その一方でメンデ
人の周辺に分布する他民族は狩人の結社を有している（「結社」については後
述）（Hoffman 2011a: 63）。
　狩人カマジョーが持つ知識は内戦中にも役立った。メンデ・ランドが内戦
の渦中へと巻き込まれた時，狩人民兵では狩人カマジョーがリーダーシップ
を取り，地元の若者を率いた。狩人カマジョーの持つ技術がRUFの撃退に
も役立ったことは，ファイセンとリチャーズの記述からもわかる。

　ゴラ森林（Gola Forest）〔シエラレオネ南東部，リベリア国境近く〕での出来事

＊16　筆者による聞き取り。

だった。（中略）ひとりの狩人が15人からなるRUFの小隊を追い払った。彼は，獲物を追うかのようにRUFの小隊の後をつけた。夕方になるとRUFは野営を始めた。その時，狩人は司令官を銃殺し，2人を負傷させた。残ったRUFはリベリアへと逃げ帰った。この狩人はプランテーションを有しており，自らの土地を守ったのだ。それから18か月，RUFの誰もが，その地域へと立ち入ろうとしなかった。　　　　　　　　　　（Fithen and Richards 2005: 127）

この出来事は内戦初期に見られたものである（RUFはリベリア国境を越えてシエラレオネへと侵攻した）。この記述から狩人カマジョーは狩猟の技術を用いてRUFを撃退していたことがわかる。こうした知識から，狩人カマジョーは狩人民兵で中心的な役割を担ったといえる[17]。

(2)結社としての内戦カマジョー

狩人カマジョーでは徒弟制で知識や技術が伝えられた。それとは異なり，内戦カマジョーは「結社」（society）である。

結社とは，ギニア湾沿岸地域（シエラレオネ，リベリア，ギニア，コートディヴォワール）で見られる社会制度であり，職能集団としての性質を持つ。結社内で共有する知識は秘伝とされるため「秘密結社」（secret society）と呼ばれる場合もある。メンデ人が持つ結社の例として，婚姻や性関係の規範を監督する「フムイ結社」（Humui），精神障害を治療する「ンジャイェイ結社」（Njayei），薬草の専門知識を持つ「パ結社」（Kpa）などがある（真島 1997: 10, Little 1967）。すべての成人男子ないし成人女子が加入する「ポロ」（Poro）や「サンデ」（Sande）と呼ばれる結社もある（Little 1965）。

---

*17　狩人カマジョーの数はきわめて少なく，ひとつのチーフダムに数人しかいない（チーフダムについては後述）。そのため狩人民兵でも狩人カマジョーはごく一部に過ぎなかった。筆者による聞き取りから一例を紹介しよう。カイラフン県マレマ・チーフダム（Malema Chiefdom, Kailahun District）では，2012年現在，カマジョーは3人しかいないという。昔は多かったというが，それでも「数えるほど」（several）しかなかったという。

第1章　シエラレオネ内戦とカマジョー/CDFの概要　43

結社の成員になるには加入儀礼を受ける必要がある。儀礼によって結社の成員になった者に対しては，排他的に知識が伝達された。いいかえると，結社で得られた知識は成員以外には漏らしてはならない。結社で伝えられる知識の中には，職能に関する技術だけでなく，超自然的な力の利用法まで含まれているという（Fanthorp 2007）。

　カマジョー結社は「伝統的」な結社とはいえない。内戦中に作られた。カマジョー結社は，呪医やイスラム知識人によって内戦中に発明され，メンデ社会に広がっていった。カマジョーの加入儀礼を受けると精霊の力を操る能力を身に着け，戦闘能力を高めることができるとされた。中でも，銃弾を跳ね返す力がとくに強調された。

　新しい結社であるカマジョー結社は，いくつかの点で従来の結社とは異なる。第一に，カマジョー結社では，特定の人物が加入儀礼（イニシエーション initiation）を行う（以降，加入儀礼を行う者を「イニシエーター」(initiator)と呼ぶことにする）。[18]

　伝統的な結社では特定の人物が加入儀礼を施すわけではない。年齢，社会的地位，能力によって，その時々のイニシエーターが結社内から選ばれる。また，誰がイニシエーターを担ったのかは外部に漏らしてはならない。それに対して，カマジョーのイニシエーターは，特定の呪医やイスラム知識人である。カマジョー結社の構成員（すなわちカマジョー）がイニシエーターの役割を担うわけではない。誰がイニシエーターはカマジョー結社の成員以外にも知れわたっている（数え方にもよるが，最盛期で 30 名ほどのイニシエーターがいたという）。

　第二に，儀礼の実施方法が異なる。たとえば，すべての成人男性が加入するポロ結社の加入儀礼は数年に一度行われる。加入儀礼の開催は人から人へと伝えられる。何月何日に，ある場所に集まれというのだ。加入儀礼には，

＊18　英語あるいはクリオ語ではイニシエーターと呼ばれ，メンデ語ではカラモコと呼ばれた。カラモコについては後述する。

メンデ・ランド全体から人が集まる。加入儀礼のために「社」（shrine）が作られる。その社はその儀礼のためだけに使われる。

それに対して，カマジョー結社の加入儀礼は，恒久的に構えられた社で行われるか，依頼に応じてイニシエーターが村や町に赴いて加入儀礼を行う。恒久的な社は多くの場合，町や村に近いブッシュの中に設けられた。村に設けられる場合，住民は社があることを知っており，その中に踏み入ろうとしなかった。一方，不特定の者が出入りする都市に作られる場合，社の敷地はフェンスで囲われた。

以上のことから，カマジョー（内戦カマジョー）は，狩人カマジョーとも，従来の結社とも異なる存在であることがわかる。カマジョー（内戦カマジョー）は，狩人カマジョーと結社という2つの在来の制度を応用して作られた新しい存在といえる。

(3)内戦カマジョーと狩人カマジョーの共通性

内戦カマジョーは狩人カマジョーから着想を得ている。いわば，超自然的な能力も含む狩人カマジョーの能力を応用し，内戦に対処しようとする試みだったといえる。ただし，両者は異なる存在であることを本研究では強調したい。なぜならカマジョーという名前から，多くの文献では内戦カマジョーを狩人カマジョーが形骸化したものと捉えているからである。たとえば，人類学者フェルメは以下のように述べている。

> かつての狩人は，身を隠したり姿を変えた敵を見つけたりするための方法を知っていた。……そうした知識は，土地の歴史についての知識である。彼らは土地について十分な知識を有していた。……時代を経ると，狩人戦士（hunter-warriors）はローカルな歴史に着想を得た単なる草の根の抵抗組織となってしまった。彼らは自らを正当化するために狩人の伝承を利用し，狩猟に由来する儀式を使っている。しかし，その実際は近代的な内戦のためのゲリラ部隊である。彼らは，姿を消す，あるいは，銃弾を跳ね返すなどわかり

やすい能力を強調し，護符や呪物といった目に見えるモノを重宝する。〔内戦カマジョーが〕狩人と名乗ったのは歴史や文化を強調し，人々の想像力に訴えかけるためである。しかし，彼らの話を聞いても，〔狩人の要素は〕表面的なものでしかない。〔内戦カマジョーの〕若者たちは殺し方を教えられる。しかし，それは目に見える敵に対する殺し方に過ぎない。地面に残る形跡を辿る技術は身に着けていない。もはや〔狩人の〕知識は狩人部隊〔内戦カマジョー〕の中でも年配で……パラマウント・チーフ〔後述，チーフダムの長〕に従属する者しか有していない。 (Ferme 2001: 27)

この記述に基づくとフェルメの内戦カマジョーに対する理解は，狩人カマジョーの実践を表面的に受け継ぐことで内戦に対処している集団というものである。しかし，両者は似て非なるものなのだ。

たしかに内戦カマジョーは狩人カマジョーの特徴を多く引き継いでいる。

写真1-3　カマジョー (Democrat, 27 February, 1997)

そのうちのひとつが内戦カマジョーの外見である。内戦カマジョーは独特の衣装をまとい，護符（charm, amulet）や呪物（medicine）を身に着けた（写真 1-3）。カマジョーが着ている衣装は「ロンコ」（*ronko*）と呼ばれる。ロンコに縫い付けられている護符は「セベ」（*sebeh*）と呼ばれる。いずれも身に着けることで超自然的な力をより長く維持できるとされた（Fithen 1999）。こうした独特の衣装も，狩人カマジョーから受け継いだものである。

5　CDF の特徴

次に CDF（市民防衛軍）の特徴を確認する。CDF とは，カマジョー（内戦カマジョー）が中心となり，他民族の狩人民兵をも巻き込んで作られた政府系勢力である。カバー政権下で防衛副大臣のサムエル・ヒンガ・ノーマンが中心となって組織された。先行研究では CDF のことを，各民族の自警組織の「ゆるやかな統合体」と表現することが多い（Hoffman 2007b, Wlodarczyk 2009, Smith et al. 2004）。

内戦中作られた自警組織はメンデ人のカマジョーだけではない。その他にもテムネ人のカプラ（*Kapra*）やベンテ（*Gbethi*），コノ人のドンソ（*Donso*），クランコ人のタマボロ（*Tamaboro*）が動員されている（ベンテ以外は各民族語で「狩人」の意味を持つという）（Bangura 2000）。CDF の構成員の過半数はカマジョーであるが，その他にもこうした自警組織も含まれている。[19]

(1) CDF という用語の混乱と本研究での定義

カマジョーという名称と同様，CDF という名称の使用も混乱が見られる。第一に，各民族の自警組織すべてを指して CDF と称する場合がある。この場合，カマジョー，カプラ，ベンテ，ドンソといった民族の自警組織すべてが CDF に含まれる。第二に，各民族の自警組織の中でも，CDF と名乗った

＊19　ベンテはカプラを補強するために後になって作られた自警組織だとされる。

組織に動員された部分だけを指して CDF とする場合もある。カマジョーと同様，チーフダムを守るために他民族でも多くの自警組織が組織された。政府系勢力 CDF はその一部を動員して RUF や AFRC との戦闘に従事した。第二の使われ方をした場合，第一の使われ方とは異なり，村に残った自警組織の成員は CDF には含まれない。本研究では CDF という語を用いる時，第二の意味で用いることにする。

　ただし，どこまでが政府系勢力 CDF の成員で，どこまでがそうでないかを明確に分けることはできない。なぜなら CDF は，正規軍のように構成員が明確な集団として組織されているわけではないからである。CDF では人脈ネットワークに沿って必要な人員が動員された（人づてに人員が集められた）。ゆえに，CDF に少しだけ参加したことがある者や，動員される機会があったものの結局は参加していないという者もいる。こうしたことから CDF を明確な境界がある組織とみなすことはできない。本研究が，CDF を人脈ネットワークとして捉える理由もそこにある。

(2) CDF の特徴——集団というよりも人脈ネットークといえる

　人類学者ダニー・ホフマン（Danny Hoffman）も，政府系勢力 CDF を明確な組織であると考えることを問題視している。ホフマンは内戦が継続中であった 2000 年から調査をはじめ，CDF について多くの論考を発表している（Hoffman 2004a; 2004b; 2005a; 2005b; 2006; 2007a; 2007b; 2011a; 2011b; 2011c, Ferme and Hoffman 2004）。CDF の活動を自らの目で観察したホフマンによると，CDF は「軍事組織」と捉えるべきではなく，軍事化した社会ネットワークと理解すべきだという。

　この解釈をホフマンが最初に提示したのはシエラレオネ特別裁判所（Special Court for Sierra Leone: SCSL）であった。SCSL は，1996 年 11 月 30 日以降のシエラレオネ内戦で行われた戦争犯罪および人道に対する罪について「最も責任を有する者」を裁くために設置された。SCSL では，国際人道法およびシエラレオネ国内法の両方が適用される（望月 2011）。CDF からも，

3人の人物が訴追されている。この裁判で検察側はCDFを命令系統や責任の所在が明確な軍事組織であるとみなした。それに対して，ホフマンは自身の人類学的調査を踏まえて証言台で異論を唱えた（SCSL，2006年10月9日）。その証言に基づきホフマンは後に，一本の学術論文を執筆している（Hoffman 2007b）。

その論文でホフマンが主張したのはCDFが命令系統を整えた組織ではなく，パトロン＝クライアント関係（patron-client relations）の集合だということである。パトロン＝クライアント関係についてはさしあたり「親分＝子分関係」と捉えてほしい（この概念については第2章で詳述する）。ホフマンによると，司令官はパトロン（親分）と呼びかえることができる。クライアント（子分）をかかえれば司令官になれるのだ。部隊は，パトロンに対して個人的に忠誠を誓うクライアントの集まりである。CDFはその集合に過ぎず，命令系統が明確ではないというのがホフマンの主張である。

さらにパトロン＝クライアント関係は流動的であり，CDFの内部でも魅力的なパトロンのもとにクライアントが集まるという。パトロンを失うとCDFから抜け出す者もいる。

さらにホフマンは，司令官は部下に対して家父長的な立場にあったと付け加える。ホフマンによると，シエラレオネでは個人は必ず誰かに面倒を見られており，個人の社会的地位は誰に従属しているのかで決まる。シエラレオネではこうしたタテの人間関係が「雇用機会から加入儀礼までを含む生活のすべて」を規定している。司令官は部下に対して食事や住まいを提供し，部下が持ち込んだトラブルに対処した。それを示唆するのが，ホフマンの引用したある司令官の言葉である。「俺は息子に命令するのと同じような気持ちで戦闘員に対して命令している」（Hoffman 2007b: 652）。

以上のことから，CDFとは，生活の面倒までをも見てくれるパトロンに対してクライアントが忠誠を誓うタテの人間関係の集合体だといえる。いわば，タテの人脈ネットワークが積み上げられたものがCDFなのだ。さらに，末端の戦闘員は流動的であり，所属する部隊を変えたり，CDFから離脱し

たりすることもある。このことから CDF を，組織化され明確な構成員を有
する組織としてみなすことは妥当ではない。

(3)定量研究に見る CDF の特徴

定量研究から CDF の特徴を読み取ろう。ハンフリー（Macartan
Humphrey）とワインスタイン（Jeremy Weinstein）は内戦が収束した後，
元戦闘員約 1000 名に対してアンケート調査を実施した（Humphrey and
Weinstein 2004）。その調査からは以下のことが読み取れる。ただし，本調査
では CDF という用語を，政府系勢力 CDF ではなく，各民族の自警組織す
べてを指す用語として用いている。すなわち，この調査での指標は，各勢力
の自警組織について示すものである。

第一に，自警組織の成員は，1996 年（前期カバー政権）以降急激に増えて
いる。ハンフリーらは調査対象者に対して武装勢力に所属した期間を聞き
取っている。図1-4 はその調査に基づいて「CDF」の成員数の変化をまとめ
たものである。このグラフでは成員数が最大であった 1999 年を 100％とし
（回答数 519 件），1991 年から 2000 年まで成員数の相対的な変化を示したも
のである（なお，点線部はハンフリーらのデータセットの欠損部分である）。こ
のグラフに基づくと，1996 年から 1999 年の間に自警組織の成員数が急増し
たことがわかる。この期間はカバー政権前期，AFRC 政権期，後期カバー
政権期にあたる。

第二に，民族別の割合を見るとメンデ人の割合が高い。図1-5 は，自警組
織に参加した戦闘員の出身民族を示している。メンデ人がシエラレオネの
人口に占める割合は約 30％であるにもかかわらず，自警組織の成員のうち
53％がメンデ人である。メンデ・ランドは，内戦でも激戦地となっており，
多くのメンデ人がカマジョーに動員された。メンデ人の割合が高いのは，そ
のことを示していると思われる[20]。

第三に，自警組織のほとんどが男性である。本調査では，元戦闘員をでき
るだけ無作為に抽出しようとしている。その調査でも，約 98％が男性であっ

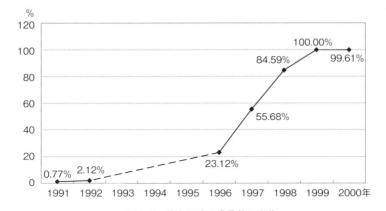

図 1-4 狩人民兵の成員数の変化
(注) 1999 年の構成員数を 100% とした時系列での割合を比較。
(出典) Humphrey and Weinstein (2004) に基づき筆者作成。

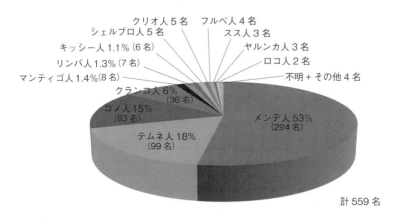

図 1-5 狩人民兵の出身民族
(出典) Humphrey and Weinstein (2004) に基づき筆者作成。

た（それに対して RUF の男性の割合は約 75％である）。その理由は，自警組織が，かつての戦士層や伝統的結社，あるいは，伝統的狩人といった男性の社会的役割と深い関心を持っていることがあるものと思われる。とりわけメンデ人のカマジョーでは，女性は関わってはならないとされた。[21]

　第四に，ホフマンが主張する「軍事化した社会ネットワーク」というCDF のあり方は，量的調査によっても示すこともできる。図1-6 は，ハンフリーらの研究からの引用であり，自警組織と RUF とを比較する形で戦闘員が誰に動員されたのかを示している。この図によると，自警組織の成員では，友人や親類，コミュニティのリーダーといった知り合いによって動員された者が大半を占める。それに対して，反政府組織 RUF では大半が見知らぬ人に動員されている。ワインスタインらによると自警組織で知り合いに動員された者は77％を占める一方，RUF では知り合いに動員された者は15％に留まるという。このように自警組織では人脈ネットワークを通じた動員が多かった。このことは自警組織からなる政府系勢力 CDF にもあてはまる。

＊　　　＊　　　＊

　本章では，シエラレオネの概要および内戦の経緯を概観し，カマジョーおよび CDF の特徴を示した。要点をまとめよう。カマジョーとは，内戦中に作られたメンデ人の自警組織であり，その中でも狩人カマジョーの特徴を踏まえて作られた結社である。またカマジョーという語はカマジョー結社の成員を指す場合もある。一方，CDF はカマジョーを中心とした政府系勢力である。カマジョーだけでなく，他民族の自警組織も取り込んでいる。CDF

＊20　自警組織の約 50％がメンデ人であるが，RUF でもメンデ人の割合は 50％近くある（Humphrey and Weinstein 2004）。RUF は誘拐や徴兵によって動員を行っており，多くのメンデ人が巻き込まれた。自警組織，RUF を問わずメンデ人の割合が高いのは，最も内戦の激しかった地域がメンデ・ランドであったからに他ならない。

＊21　後述するように，女性が活躍した狩人民兵もいる。クランコ人のタマボロは，女性が活躍したことで有名であった（5 章参照）。

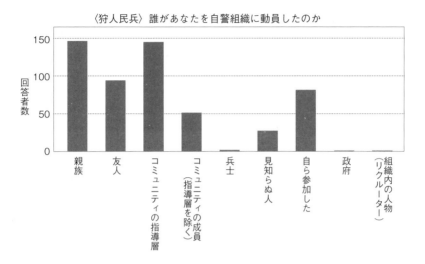

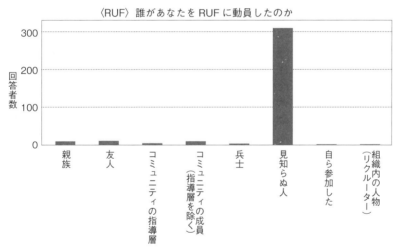

図 1-6　誰に動員されたのか
(出典) Humphrey and Weinstein (2004)

は，パトロン゠クライアント関係で成り立っており，明確な軍事組織を持つという組織ではなく，軍事化した社会ネットワークといえる。

第2章

仮説の構築と
分析枠組みの設定

本章では，カマジョー /CDF を理解するための仮説および分析枠組みを
提示する。その際に依拠したのがサブ＝サハラ＝アフリカの武力紛争に関
する政治科学の知見である（以降，サブ＝サハラ＝アフリカは「アフリカ」と
表記）。1990 年代，アフリカでは，各地で大規模な武力紛争が発生した。ソ
マリア，リベリア，コンゴ民主共和国などでは国家を崩壊せしめるほどの大
規模な武力紛争を経験した。また，ルワンダでは民族をめぐる虐殺が発生し
80 万人が犠牲者となった（Strauss 2006）。こうした大規模な紛争の発生を受
けて，さまざまな研究者が，本格的に武力紛争を考察し始めた。それ以降，
およそ 20 年が経ち，研究の蓄積もかなりの量となっている。
　第 1 節では，政治科学の研究，中でもアフリカ国家論や新家産制国家論の
先行研究をレビューし，批判的に検討する。第 2 節では，それらの先行研究
に依拠してカマジョー /CDF の変容を説明するための仮説を構築する。第 3
節では，仮説を検証するための着眼点を提示する。第 4 節では，仮説の前提
条件がシエラレオネでも成り立つことを示す。第 5 節では仮説の検証方法を
提示する。

1　アフリカ国家論，現代アフリカの紛争についての
　　先行研究

　アフリカの武力紛争に関する研究の中でも，個々の事例の特異性をあえて
捨象し，アフリカ共通に見られる特徴を論じる研究群がある。この研究群を
本研究では「アフリカ紛争研究」と呼ぶことにする。アフリカをひとくくり
にすることの妥当性には議論の余地があるものの（遠藤 2007），少なくとも，
個別の事例をひもとく起点としての役割は果たしうる。すなわち，「アフリ
カの武力紛争には一般的にこういう傾向があるが，シエラレオネの場合に同
様の傾向は見られるのか」という検討を起点にして事例の理解を掘り下げる
ことが可能になる。

第 2 章　仮説の構築と分析枠組みの設定　57

(1)アフリカ国家論の問題意識

政治科学でアフリカの紛争が論じられるようになったのは1990年代以降である。それに先立つ1970年代中葉から1980年代，政治科学では，アフリカにおける国家のあり方を論じる「アフリカ国家論」がさかんであった。

アフリカ国家論が隆盛した背景には，アフリカ諸国家の「失敗」がある。数多くのアフリカ諸国が独立した1960年代には，国家は経済発展の担い手として期待されていた。貧困から抜け出して経済発展をするためには，国家が積極的な役割を担うべきだという考えが強かったのである。しかし1970年代中葉以降，政府主導の輸入代替工業化や大規模な国家戦略の失敗が目立つようになり，次第に国家の役割に対して疑問が呈されるようになる（落合2003a）。なぜ国家は担うべき役割を果たせなかったのか。その理由を求める形でアフリカ国家論は隆盛してきた。

アフリカ国家論で共有されている国家のあり方を端的に示している概念がある。それが，ロバート・ジャクソン（Robert Jackson）による「うわべだけの国家」（quasi state）である（Jackson 1990）。[22]アフリカ諸国家は国際法上，国家として承認されており，近代国家としての制度も見かけ上は整備されている。それにもかかわらず，公的な国家機構や制度は十分機能しているとはいえない。アフリカでしばしば見られるこうした国家のあり方を「うわべだけの国家」は指している。そうした国家の内部はいかに機能しているのか，為政者や政治エリートはいかに統治を維持しているのか，そしてその統治はいかなる帰結をもたらしたのか。こうした問いに挑んでいるのがアフリカ国家論である。

国家が「失敗」した理由を探ろうという問題意識から，アフリカ国家論では，経済停滞の要因を国家のあり方に帰した議論が多い。とくに経済停滞

＊22　この概念では「疑似国家」という定訳があるが，この定訳ではジャクソンの含意をうまく伝えられていない。そのため，本研究は新しい訳語を当てはめた。

を，特定のグループによる自己利益の実現過程との関係において論じる傾向
がある（遠藤 2000）。たとえば，ジャクソンとロスバーグ（Carl C. Rosberg）
は，公的な制度ではなく，為政者と寡頭支配層（oligarch）との間で築き上
げられてきた非制度的な政治システムが，国家の統治を規定しているとし
た（Jackson and Rosberg 1982）。また，リチャード・A・ジョセフ（Richard
A. Joseph）は，公職を私的利益のために用い，そこから得られた資源を自分
の帰属集団に分配する政治を指し「聖職禄政治」（prebendal politics）と呼ん
だ（Joseph 1987, 落合 2003b）。このようにアフリカ国家論では，アフリカ国
家は，公的な機構を迂回し，公的制度とは別の仕組みで機能していると考え
ている。

(2)国家のあり方としての新家産制国家

本研究は，アフリカ国家論の中でも人脈ネットワークに注目する先行研究
に依拠することにした。とくに，「新家産制国家」（neopatrimonial state）の
議論を踏襲する。

ここではさしあたり，新家産制国家を「為政者を頂点とするタテの人脈を
通じて統治が維持される国家」と定義しておこう。新家産制国家では，為政
者が国家権力や富を独占・私物化（家産化）しており，統治にあたる行政幹
部はその為政者に対して個人的に忠誠を誓うことで，地位や物質的資源の分
配にあずかっているとされる（武内 2009: 49-50, 54-55）。

この理解は新家産制国家についての共通理解といえるが，こうした理解が
作られるまでの系譜を見ていこう。「家産制国家」（「新」はつかない）という
概念は，スイスの政治思想家カール・ハラー（Karl Ludwig von Haller）（1768
～1854 年）により提唱された。ハラーは中世の国家のように，国家が君主
の私的な世襲財産とみなされる国家を家産制国家（Patrimonial-Staaten）と呼
んだ。中世の領邦国家では，支配者が統治手段を占有し，統治権と所有権の
区別がなされておらず，公法と私法が分かれていない。君主は領地に住む民
と領土に対して所有権を持ち，国家財政は君主の私的収入と考えられる。ハ

ラーは絶対王政および市民国家（自由主義・民主主義）を否定し，こうした中世的国家を理想であると主張するために家産制国家という概念を提唱した（高沢 1998）。

ハラーが作り出したこの概念は，社会学者マックス・ウェーバー（Max Weber）が用いることによって広く知られるようになる（Bakker 2006）。ウェーバーは論文「支配の社会学」の中で家産制国家を，伝統的支配に見られる一類型として提示した（この論文は，1922 年に出版された遺稿論文集『経済と社会』に収集されている）。その論文での家産制国家とは，ひとりの専制君主が家父長的な権威として君臨し，その君主に個人的に従属する官僚が統治を担う国家のことを指す（向井他 1979）。

ウェーバーによるこの概念は，前近代的な国家の統治のあり方を説明するものであり，近代国家のあり方を説明するものではない。それを近代国家の分析に応用したのがアリスティッド・ゾルバーグ（Aristide Zolberg）である（Zolberg 1966）。彼は独立後の西アフリカ諸国に見られる政党政治の分析でウェーバーを引用し，ウェーバーのいうような家産制システム（patrimonial system）が西アフリカの近代国家でも見られるとした。すなわち，為政者と従属者，あるいは，支配集団と従属者の間で個人的な忠誠が見られるというのだ。その状況をゾルバーグは「官僚制と家産制の共存」と表現している（Zolberg 1966: 140-141）。ゾルバーグは西アフリカ諸国に伝統的支配の要素が見られるのは，独立以前の名残だとし，「そのやり方が常に用いられていたからだ」としている。

そうした個人的な紐帯が，忠誠に基づいたものではなく物質的な報酬に基づく関係だと捉えたのがギュンター・ロート（Guenther Roth）である（Roth 1971 [1968]，増原 2010: 16-17）。ロートはゾルバーグと同様，ウェーバーの家産制国家を新興国家の考察に援用した。ただし，ロートのいう家産制国家は，ウェーバーとは異なり「支配者の個人的資質への信頼は必要」とされておらず，支配者と従属者は「物質的な動機や報酬などと分かちがたく結ばれている」という（Roth 1971 [1968]）。すなわち，従属者は家父長的な権威に

忠誠を誓っているわけではなく，経済的利益のために従属している。ゆえに為政者が為政者としての地位を保つためには経済的利益の分配が必要である。経済的な利益の分配によって支配が維持されているというロートの議論は，その後多くの研究者に共有されることになった。

ジャン＝フランソワ・メダール（Jean-François Médard）は家産制国家に「新」を冠し，「新家産制国家」の概念を提唱した（Médard 1982）。ウェーバーによる家産制国家では，公と私の区別が存在しないと考えられている。上述のロートやゾルバーグは，その議論をそのまま近代国家へとあてはめた（von Soet 2010: 3, 岡野 2011a: 74）。それに対して，メダールは，近代国家の家産制は，公的なものが私的な目的へと流用されている点において従来の家産制とは異なっていると考えた。ハラーが考える家産制国家にも，ウェーバーが考える家産制国家にも「公」は存在しない。それに対して近代国家には公的な制度が整備され，公私の区別が前提となった制度が作られている。その中で公私の区別が無力化され，公のものが私的な目的に利用される。この「公が私に流用される」という近代国家の特徴をメダールは新家産制国家という用語を提示することで強調した（Bach 2012: 28）。

家産制国家と新家産制国家の概念は若干異なるものの，いずれの概念も近代国家に関する限り究極的には，公のものが私的に流用されることで支配が保たれている国家を指していることに変わりはない。そのため今日まで，家産制国家と新家産制国家はさしたる区別なく使用されてきた。とはいえ，1990年代以降のアフリカ国家論の中では新家産制国家という用語が定着してきたように思われる（Bratton and van de Waal 1994, Chabal and Daloz 1999, Erdmann and Engel 2006）。以降，本研究での表記は「新家産制国家」に統一する。

ここまでの議論を踏まえた上で，改めて新家産制を定義しよう。現在のところ研究者の間で共有されている新家産制国家の定義は以下のようなものといえよう。

新家産制国家とは，為政者が権力・財産・権益を，独占・私物化し，私的隷属者からなる統治機構を用いて，領土や人民を支配する国家を指す。新家産制国家では，私物化された国家機構や行政機構を通じて，富・地位・契約・雇用・権益・職位など，さまざまな「資源」が為政者から配分される。その代償として，それを受け取る者は支持・忠誠心・服従を提供する。[23]

　新家産制の研究潮流を見ると，1980 年代前半頃までは一定の評価を与えるものもあった。たとえば，ルマルシャンは民族や階級で分断されている人々を国家という枠組みでまとめあげる機能を新家産制国家に見出している（Lemarchand 1972）。また，ジャクソンとロスバーグは，為政者が自らの手腕によってうまく政治エリートをコントロールし，私的な支配を確立するメカニズムを描いている（Jakson and Rosberg 1982）。
　しかし，1980 年代以降，新家産制に対する認識は否定的なものに変化していく。経済停滞，腐敗，制度の機能不全，権威主義体制，政治的暴力，クーデターの元凶と見なされるようになったのである（落合 2003a, Chabal and Daloz 1999: 83, Erdmann and Engel 2006, Pitcher et al. 2009, Reno 1995a; 1995b, Sandbrook 1985; 1998 [1972], Szeftel 2000）。

(3)新家産制国家からパトロン゠クライアント・ネットワークへ

　当初，新家産制国家の議論では，為政者とその私的隷属者たる政治エリートとの関係によって国家が運営されるとされた。その後，為政者と政治エリートの間に見られるような従属関係は，一般の人にまで繋がっており，そうした人脈が住民を統治するツールになっているという議論へと拡大していく。すなわち，議論が国家機構内を論じるものから広く国内の社会を論じるものへと変化していった。
　この変化は，家産制国家がパトロン゠クライアント関係（patron-client

　＊ 23　この定義は落合（2001a：51-52）に基づき，筆者が作成した。

relations）という概念と結び付けられて論じられたことから生じたものといえる。パトロン゠クライアント関係とは「二者間で成り立つ顔見知りの関係」であり，「社会・経済的に上位の個人（パトロン）が，自ら持つ影響力あるいは資源を用いて，下位の個人（クライアント）に対して保護や利益などの恩恵を供与する」関係である。パトロンから恩恵を受け取ったクライアントは「見返りとしてパトロンに従属する」ことになる（ジェームス・スコットによる定義。Scott 1972）。単純化するならば地位や財力が異なる二者間での相互依存関係といえよう。

　新家産制国家において為政者は個人的に従属している行政幹部なしでは為政者としての地位を保つことはできない。そのために為政者は資源を分配することで彼らをつなぎとめておく必要がある。ここにひとつのパトロン゠クライアント関係を見ることができる。しかし，パトロン゠クライアント関係は為政者とその従属者だけで終わりではない。誰かにとってのクライアントは誰かのパトロンであるという関係を通し，パトロン゠クライアント関係は連鎖的に繋がっている。地方の小ボスは，自らのクライアント（子分）を抱えるパトロンであると同時に，中央の大ボスのクライアントである（栗本 2000a）。パトロン゠クライアント関係は重層的に連鎖することで，タテの人脈ネットワークを構築しており，それが国家の支配を維持している。たとえば，中央の政治家（大ボス）が選挙に挑む際，そのクライアントである地方の有力者（小ボス）は，親族・職業・自発的結社のつながりを利用し（すなわち，自らのクライアントを動員し），中央の政治家のために集票する。このように重層的なパトロン゠クライアント関係が国家の統治を支えている（Sandbrook 1998 [1972]）。本研究では，パトロン゠クライアント関係からなる重層的なネットワークをパトロン゠クライアント・ネットワーク（patron-client network）と呼ぶことにする（以降は「PC ネットワーク」と略称する）。

　PC ネットワークの議論は，新家産制国家の議論と明確に区別されずに議論されてきた。そもそも家産制国家では，為政者とその従属者たる政治エリートを問題として取りあげた。それが PC ネットワークという概念と合わ

第 2 章　仮説の構築と分析枠組みの設定　63

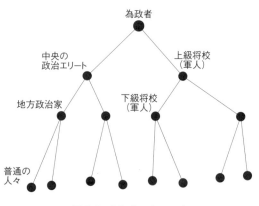

図 2-1　PC ネットワーク

さることで，広く社会に浸透しているパトロン=クライアント関係から国家を論じる議論へと変化していったのである（cf. 武内 2009, Chabal and Daloz 1999, Lemarchand 1972）。

図 2-1 は，新家産制国家の PC ネットワークを概念化したものである。新家産制国家の場合，PC ネットワークの頂点に立つのは為政者である。その下にはクライアントが重層的に連なっている。為政者は究極のパトロンであり，資源を分配することでクライアントを確保し，国家の支配を行う。さまざまなレベルのパトロンは，その地位を保つため，自らのパトロンから分配された資源を，自らのクライアントに分配する。一方，さまざまなレベルのクライアントは，パトロンの恩恵を期待している。大衆レベルでも，人々は地縁や血縁などあらゆる人脈を通して，雇用・衣食住の支援・情報など生存に必要な資源を持てる者から引き出そうとする（高橋 1998: 48）。

(4) PC ネットワークの分裂としての武力紛争

1990 年代に武力紛争が多発したことを受けて，新家産制国家および PC ネットワークの概念は，その発生を説明するための説明モデルとして用いられることになった（Chabal and Daloz 1999, Reno 1995a; 1998, Richards 1996, 武

内 2000; 2005; 2009, 栗本 2000a; 2000b)。その分析枠組みの嚆矢となったのが，1972 年に発表されたリチャード・サンドブルック（Richard Sandbrook）の論文である（Sandbrook 1998［1972］）。サンドブルックは，PC ネットワークを分析枠組みとして用いて，民族対立や軍事クーデターといった政治的混乱のメカニズムを明らかにした。

　ただし，サンドブルックが想定したのは，新家産制国家のように為政者へと収斂するネットワークではない。サンドブルックによると，中央には複数の政治エリートがおり，彼らはそれぞれ支持基盤となる独自の PC ネットワークを持っていると考えた。それらのネットワークが為政者に収斂するとは考えていない。すなわち，中央には，政治エリートを頂点とする複数のネットワークが併存しているのだ。また，PC ネットワークは，民族や地縁に沿って構成される場合が多く，ひとりの政治家のクライアント集団は特定の民族や地縁に偏っている場合が多いとする。

　サンドブルックによると，政治エリート間の対立は，パトロンによるクライアントの動員を通じて，PC ネットワークの対立へと容易に転化するという。その結果，政治エリート間の対立は政治アリーナの外部へと拡大する。軍事クーデターは，軍部にクライアントを抱える政治エリートが，軍部にいるクライアントを動員して起こさせたものだといえる。また，地方で発生した民族対立は，中央での政治エリートの対立がパトロン゠クライアント関係を通じて農村に波及したものと捉えられる（PC ネットワークが民族や地縁に偏っている結果，PC ネットワークの対立は外見上「民族対立」として表出されることになる）（Sandbrook 1998［1972］）。

　サンドブルックが考察した 1960 ～ 70 年代のクーデターや民族対立は比較的犠牲者が少なく，1990 年代の武力紛争と比べると穏やかのものであった（cf. 武内 2000: 20）。

(5)為政者を頂点とする PC ネットワークを分裂させた誘発要因

　サンドブルックとよく似た分析枠組みを利用し，1990 年代の武力紛争の

勃発を説明したのが武内進一である（武内 2009）。中央の政治エリートがそれぞれに持つ PC ネットワークが対立することで政治的混乱が生じるとしたサンドブルックに対し，武内は，為政者に結びついたひとつの PC ネットワークが分裂し，分裂したネットワークが対立することで武力紛争が勃発すると考えた（図2-2）。その引き金となったのが，1980 年代から 90 年代にかけて見られた政治・経済的な変化だと武内はいう。そうした変化を要因とし，為政者を頂点として PC ネットワークが分裂した結果，武力紛争が頻発したと武内はいう。

　まずは，経済的な要因から説明しよう。第一に，長期にわたる経済停滞によってパトロンが分配できる資源が減った。1970 年代に発生した２回の石油危機により経済は世界的に停滞した。経済停滞はアフリカ諸国に対しても打撃を与えた。経済停滞により世界的に生産が鈍化した。それによって一次産品の国際的な需要が減少し，一次産品の世界市場価格が下落した。アフリカ諸国の大半は一次資源に経済を依存している。ゆえに，アフリカ諸国は，輸出量の減少と輸出品の価格下落という痛手を被ることになった。さらに，アフリカ諸国は輸入面でも打撃を受けた。石油危機がもたらした原油価格の上昇

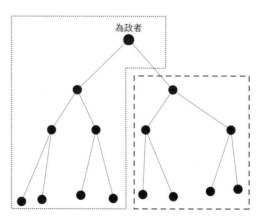

図2-2　分裂するPCネットワーク

は，物価の上昇を招いた。それにより輸入品の価格は高騰し，アフリカ諸国は輸出入のバランスを大きく崩すことになった。その結果，アフリカ諸国は，経済成長の減速や財政赤字，対外収支の悪化を経験することとなった（高橋・正木 2004）。それにより，パトロンが分配できる資源の量が減ることになった。

　第二に，経済停滞の解決策として国際機関により実施された経済改革が国内の社会構造・経済構造を大きく変化させた。このことも同様にパトロンが分配できる資源の量を減らすことになる。

　輸出入のバランスを崩し累積債務が増大した結果，アフリカ諸国は軒並み欧米日の債権国と債務繰り延べ交渉に入らざるをえなくなった。交渉の前提条件として累積債務国に提示されたのが，国際通貨基金（International Monetary Fund: IMF）や世界銀行（World Bank）が提示する「構造調整プログラム」（structural adjustment program）を受け入れることであった（勝俣 2000）。構造調整プログラムとは，経済改革の政策パッケージである。このプログラムでは，経済停滞の原因を，アフリカ諸国が独立以来採用してきた経済政策に求めている。問題視された政策の中には，非効率な公営企業の運営，その公営企業を外国との競争から保護する政策（貿易政策や投資管理政策），そして，主要作物に対する補助金がある（この補助金は，作物の価格を下げることで，都市住民の生活費を抑えることを意図している）（cf. Bates 1984）。構造調整プログラムでは，こうした政策が効率的な経済を妨げていると考えられた。そして，それらの障害を取り除けば，市場主義的経済原理が機能し，経済は回復すると考えられた。IMF や世界銀行の専門家が立案したこのシナリオはきわめて一律的にアフリカ諸国に課されていった（勝俣 2000）。

　構造調整プログラムは，PC ネットワークを維持するための資源をさらに減少させた。新家産制国家では，国家機構を利用した私的利益の追求が政治エリートによって行われている。国営企業が生み出した利潤の私的な流用，許認可権の供与に対するリベート，援助の流用などがその手段である。それらの活動から得た資源を元手としてパトロンはクライアントへと経済的な恩恵を与えていた。ところが，経済停滞により資源の量は減少し，構造調整プ

第 2 章　仮説の構築と分析枠組みの設定　67

ログラムにより資源の獲得の機会は削られていった。

　次に政治的要因である。政治的要因はPCネットワークを分裂させることとなった。1990年代，先進国の援助政策が変化し，民主化しない政権には援助を与えない方針となった。アフリカ諸国はその圧力に抵抗できなかった。一党制や軍政下にあった国々が次々と複数政党制に移行した。1989年にはアフリカ48か国のうち29か国が一党制であった。しかし，わずか4年後に一党制は消滅している（武内 2005: 91）。

　複数政党制の導入によって，それまで為政者に従属していた政治エリートは，野党指導者として台頭することになった。すなわち，為政者のPCネットワークから自律的な立場に立つことになった。そこに大衆の支持が集まれば，彼らは従来の為政者を脅かす存在となる。

　選挙では大衆の投票行動が大きな意味を持つ。そのため，選挙戦が開始されると，各候補者はそれぞれのPCネットワークを動員した。それにより大衆はそれまでよりも，それぞれのPCネットワークにより深く組み込まれることになった（武内 2009: 62）。武力紛争は，政治エリート間の対立にクライアントが動員され，武装されることで勃発した（武内 2000; 2009）。

(6)武内の説明が持つ問題点

　武内の説明によると，1990年代の武力紛争はタテの人脈ネットワークが社会環境に影響を受けることで発生したものと考えられている。たしかに，この説明は，若干の修正を加えればアフリカで見られた大半の武力紛争を説明しうる。リベリア，コンゴ共和国（ブラザヴィル）など，多くの事例がこの説明を若干修正すれば説明でき，武力紛争の勃発の説明モデルとして極めて妥当といえる。ただし，武内の目的は，武力紛争の発生を説明することである。内戦が勃発してからの経過を説明したい本研究とは目的が異なっている。本研究は内戦中に見られた経過を考察するために武内の分析枠組みを参考とするが，この枠組みを内戦の経過を理解するために用いるには，いくつか乗り越えなければならない点がある。

第一に，武内は紛争の勃発を説明するためにタテの人脈ネットワークに限定して注目している。すなわち，現実には複雑に錯綜しているかもしれない人脈ネットワークを PC ネットワークに単純化することで現実を説明しようとしている。武力紛争の勃発を説明するためには，それで充分かもしれない。しかし，内戦の経過を説明するために検証が必要な人脈は，タテの人脈だけとは限らないかもしれない。

　そもそもアフリカ国家をめぐる人脈ネットワークの議論は，タテの人脈に限定されたものではない。フランスの政治学者ジャン＝フランソワ・バヤール（Jean-François Bayart）は，アフリカの政治現象の背後にある横断的な人脈ネットワークを指摘している。バヤールによると，国家の規模が小さいアフリカ諸国では官民問わずエリート層は顔見知りだという。彼らは自らの利益を得るためにしばしば共謀を計る。政治エリートは自らの立場を利用してビジネス・エリートに便宜を図る。たとえば，天然資源の独占的採掘権を供与したり，港湾施設や空港の使用料を不正に免除したりする。密輸を黙認することもある。その引き換えにビジネス・エリートは政治エリートに対して金銭的な見返りを与える（Bayart 1993）。こうした官民を横断するエリートの人脈ネットワークが，国家の機能不全や汚職の蔓延を導いているとバヤールはいう。

　しかも，バヤールが主張するのはエリート層を結び付ける人脈ネットワークだけではない。アフリカ諸国家では社会のあらゆる階層が人脈を通して結び付けられているという。相互扶助集団，同郷会，友人／親族関係，政治／宗教／職業団体，同好会，商売上のつながり，バーでの飲み友達など，あらゆる場所で人脈は形成される。上述したエリート間の人脈ネットワークはその一部に過ぎない。国政を含めた物ごとはこうした錯綜する人脈ネットワークで機能している。こうした状況をバヤールは「リゾーム国家」（rhizome state）と名づけた。縦横に走る人脈ネットワークをリゾーム（地下茎）になぞらえたのだ。リゾームは，目に見えない地下において多方面に錯綜し，中心も起点も終点も持たない。リゾーム国家では，公的な制度や手続きよりも，リゾームのように張り巡らされている人脈によって機能している（Bayart

1993: 219, 大林 1996: 125)。

バヤールの議論から読み取れるように，アフリカ諸国で機能する人脈とは，PC ネットワークだけとは限らない。パトロン゠クライアント関係はリゾーム状の人脈ネットワークの一部であるといえる。ただし，それだけに注目しては，紛争中に見られた変化を見落とす可能性がある。

武内による説明モデルの2つ目の問題点は，人脈が変化する動態を描けていないことである。武内の研究目的は紛争の勃発の説明であった。その場合，紛争発生前後に見られた PC ネットワークの変化を捉えるだけで十分である。他方，紛争の経過を考察する場合，PC ネットワークおよびリゾーム状の人脈ネットワークを，絶えず変化し続ける存在として捉え，それをプロセスとして把握する必要がある。

(7)問題の解決方法

これら2つの問題点を克服するため，本研究ではマッツ・ウタス（Mats Utas）の議論を手がかりとした。ウタスはバヤールがいうようなリゾーム状の人脈ネットワークを，単に「インフォーマル・ネットワーク」（informal network）と呼んだ。ウタスによると，アフリカでは政治でも経済でも，何か物ごとが行われようとする時，公式な制度ではなくインフォーマル・ネットワークが機能しているという。国家の公式な意思決定であれ，薬物や武器の取引であれ，物ごとを動かすのには表舞台に出てこないインフォーマル・ネットワークが機能しているという（Utas 2012）。

ウタスによると，インフォーマル・ネットワークでは「ビッグマン」（big man）の存在が鍵になってくる。ビッグマンとは，非公式で個人的な資質に基づいて人々を集合的行為に動員したり従属者の面倒を見たりする，影響力を持つ人物だと定義される。その影響力は，制度や社会・歴史的な文脈に依拠しているわけではなく，あくまでも個人的な資質に基づく（Utas 2012: 6）[24]。

＊24　ビッグマンとはオセアニア研究を行った人類学者サーリンズ（Marshall Sahlins）に

ウタスのいうビッグマンの概念はPCネットワークにおけるパトロンとほ
ぼ同義だといえよう。ただし，いくつかの点でパトロンとは異なる。ウタス
はビッグマンの概念を持ち出すことにより，PCネットワークの概念では描
ききれなかったパトロンの特性を描きだそうとした。

　第一に，ビッグマンは追従者をコントロールしているわけではない。もし
ビッグマンが経済的利益や社会的な安全を提供できないのであれば，追従者
は容易にビッグマンのもとを離れる。いいかえると，追従者は常に特定の
ビッグマンに従属しているわけではなく，そのビッグマンの持つネットワー
クからは自由に退出できる（Utas 2012: 8）。このことはPCネットワークが
流動的であり，常に組み換えられる存在であることを示している。

　第二に，ネットワークは常に存在しているわけではなく，必要な時に出
現する。ビッグマンは，必要な時に追従者を動員できる「ゆるやかな人脈」
(loose social web) を有している。ビッグマンは何かしらの行動を起こそう
とする時，その行動に見合った人材をゆるやかな人脈の中から選び出す。そ
の行動が継続されている間，ネットワークは存在し，機能しているが，その
行動が終わるとネットワークは解散する。このことはPCネットワークが常
に存在しているわけではなく，出現したり消失したりすることを示している
(Utas 2012: 8-9)。

　第三に，ネットワークが存在しているとしても，その中で活動する人物が
常に一定とは限らない。ビッグマンは物ごとを起こす際に，結節点（node）
として作用する。ある人物の影響力が，物ごとを遂行する際に重要であれ
ば，その人物はビッグマンとして台頭する。しかし，その役割が低下すれ
ば，そのビッグマンはネットワークから離れていく。クライアントも同様で
あり，役割を果たせない（果たさない）のであれば，ネットワークから退出
せざるをえない。

　　　よって整理された概念であり（Sahlins 1963: 289, Utas 2012: 6），それを明示的にアフ
　　リカ政治研究に応用したのはメダールである（Médard 1992 cited in Utas 2012: 7）。
　　ウタスはメダールからさらに議論を発生させた。

以上，3点からPCネットワークについて改めて考えてみよう。ウタスの解釈によると，ビッグマンはリゾーム状の人脈ネットワークを有しているものの，それは常に目に見えて機能しているわけではない。何らかの行動を起こすために動員されてはじめてその人脈ネットワークが目に見えるものとなる。ウタスに依拠すると，PCネットワークとして目に見える集合体が存在していたとしても，そのネットワークはもともとあったわけではなく，必要とされる時にリゾーム状の人脈ネットワークの中から選びとられた人々が動員されることでPCネットワークとして見えるようになったのである。PCネットワークの内部は常に流動的で，そこに参加する人々は入れ替わっている。しかも，PCネットワークの形態そのものも変容しうる。

　武内のPCネットワークという分析枠組みは，武力紛争の勃発を捉える際には有用であった。しかし，武力紛争の経過を見るにはタテの人脈の考察では不十分だと思われる。PCネットワークがいかに生成され，変容したかを考えるためには，その背後にあるリゾーム状の人脈ネットワークをも含めて考察する必要がある。

2　本研究の仮説

　第1章で確認したように，カマジョー／CDFでは司令官と戦闘員の間にパトロン゠クライアント関係が成り立っている。ゆえにカマジョー／CDFをPCネットワークとして捉えることに問題はないだろう。各地のチーフダムで組織され，おのおの活動していたカマジョーは，小さなPCネットワークとして捉えることができる。またCDFはそれらが統合して形成された大きなPCネットワークといえる。すなわち，各地で形成されたカマジョーが政府系勢力CDFへと統合されていくプロセスは，複数のPCネットワークが大きなPCネットワークへと収斂していくプロセスだとみなすことができる。

　このことを，さらに詳述したものが図2-3である。カマジョーは形成され

① カマジョーは形成され始めた当初，チーフダムを基盤とした自警組織であった。ゆえにカマジョーのPCネットワークの頂点は，それぞれのチーフダムの長であるパラマウント・チーフであった。

② 一部が連携をし統合を重ねることによって，より大きなPCネットワークが組み上げられる。複数のPCネットワークが組み上げられ，それらは競合する。

③ その中で優位なPCネットワークが現れる（白丸部分）。

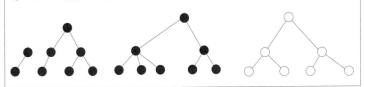

④ 優位なPCネットワークは他のネットワークを傘下として取り込んでいき，結果としてカマジョーは政府系勢力CDFというPCネットワークにまとめあげられた。

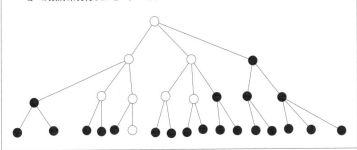

図2-3 本研究の仮説

始めた当初，チーフダム（農村自治体）を基盤とした自警組織であった。ゆえにカマジョーの PC ネットワークの規模は小さく，その頂点はそれぞれのチーフダムの長（パラマウント・チーフ〔後述〕）であった（図2-3 ①）。カマジョーはチーフダムを越えて連携することで統合を重ね，より大きな PC ネットワークとなる。その結果，無数にあった小さな PC ネットワークは，いくつかの大きな PC ネットワークへと組み上げられ，複数の PC ネットワークが併存することになった（図2-3 ②）。その中で，強い勢力を持つ優位な PC ネットワークが現れることになる（図2-3 ③）。優位な PC ネットワークは他の PC ネットワークを傘下として取り込み，カマジョーは政府系勢力 CDF という PC ネットワークにまとめあげられた（図2-3 ④）。

　PC ネットワークが組み上げられる時に機能したのが，リゾーム状の人脈ネットワークだと考えられる。カマジョーで重要な役割を果たした人物たちは，ローカル，ナショナル，トランスナショナル，グローバルな人脈を有しており，それらを駆使することによって活動してきた。彼らはリゾーム状の人脈ネットワークを駆使しながら，現状に対する打開策を模索してきた。その過程でこれまでは無縁であった人々が接合されていった。それを繰り返すことで，複数の PC ネットワークは統合を重ね，CDF というひとつの人脈ネットワークとなったのではないだろうか。

　その中で，CDF のリーダーとして上り詰めた者は，勢力を運営するための資源を獲得するチャンネルを維持し，資源を従属者に分配することによって，リーダーの立場を保ったと考えられる。

　カマジョー/CDF の変容のプロセスを上記のように抽象化できると気づいたのは，筆者が現地調査を進めてしばらくたった頃のことである。ゆえに「仮説」と呼ぶには問題があるかもしれない。しかし便宜的に上述のプロセスを「仮説」と呼ぶことにする。本研究では第 4 章以降にカマジョー/CDF の変容について記述することになるが，その記述の主軸はこの「仮説」を「実証」することにある。

3 3つの着眼点

カマジョー /CDF の変容が，上述の仮説に沿っていることを示すために
は，いかなる点に注目した考察をしなければならないのか。本研究は，カマ
ジョー /CDF という PC ネットワークの変容を考察するために 3 つの点に着
目した。

第一に「人脈」である。武装勢力の中で，いかなる人物が優位に立ち，そ
の人物やその周辺にいる人物は，いかなる人脈を活用しているのかに注目す
る。とくに，上層部の持つ人脈に注目することによってカマジョー /CDF の
変容を明らかにする。

第二に，権力闘争である。武装勢力内では幹部同士は権力闘争を展開して
いると考えられる。高次のパトロンになるためにはクライアントを引き付
け，繋ぎとめるための資源を獲得する必要がある。逆に，資源の獲得元を
失った幹部は淘汰される。そのため，幹部は自らのもとに資源を集中させよ
うと努力するはずである。ゆえに人脈の背後にある権力闘争を見なければ，
武装勢力の PC ネットワークの変容を理解することはできない。

第三に，組織のあり方である。アフリカ国家論では，公的な国家機構を迂
回することで運営される国家のあり方が描かれてきた。シャバルとダロー
は，公的な国家機構が機能せず，汚職や政治暴力が蔓延する国家では，政治
エリートはその無秩序を逆に利用し，巧みな操作で自らの利益を実現して
いるとし，その手腕を「無秩序の政治的道具化」(political instrumentalization
of disorder) と呼んだ (Chabal and Daloz 1999)。武装勢力の中でも同様の手
腕が駆使されていると考えられる。すなわち，武装勢力の内部にいる者は，
内戦の中でも状況を操作することによって自らの利益を誘導しているといえ
る。

ゆえに，たとえ武装勢力内で効率的な制度や組織構造が作られているとし
ても，迂回され，無力化されていると考えられる。もしそうならば，幹部が

第 2 章 仮説の構築と分析枠組みの設定　75

自らの利益を誘導する手腕や，それが組織にもたらす帰結についても目を向ける必要があろう。それらを明らかにするために注目したのが組織のあり方である。

　組織のあり方としてまず注目するのが，軍事物資・生活物資・資金の調達方法と分配方法である。本研究では，軍事物資・生活物資・資金をまとめて「資源」と呼ぶことにした。武装勢力が活動するためには資源が必要である。武装勢力の内部を見ると，資源はパトロンによって獲得され，そのパトロンが持つ PC ネットワークに沿って分配される。PC ネットワークが流動的であり，クライアントがパトロンを選べることを考えると，資源を獲得できるパトロンこそがクライアントをつなぎとめ，さらなるクライアントを獲得することができる。ゆえに，武装勢力の変容を理解するには，誰によって，いかなる方法で資源が調達され分配されているかを知る必要がある。

　それと同時に注目する必要があるのが戦闘員の動員方法である。PC ネットワークには，リゾーム状の人脈ネットワークから動員されることになる（CDF の 77％が顔見知りによって動員されている）。また，PC ネットワークはビッグマンを通じて接合され，拡大していくことになる。時とともに戦闘員を動員するための人脈は変わっていくかもしれない。ゆえに，いかなる人脈ネットワークが戦闘員の動員の際に用いられているのかを，時間の経過とともに把握する必要がある。

　組織のあり方として最後に注目するのが，命令系統や組織構造である。組織が拡大されたり命令系統や組織構造がフォーマルな形で整えられたりするのは業務の合理化を計る上で当然だといえる。一方，効率的で合理的な組織が組まれている場合，パトロンが私的な目的のために自らのクライアントを用いることが困難となる。武装勢力内ではさまざまなレベルのパトロンが私的な目的でクライアントを動員するため，組織構造を迂回したり，組織の構造を合理化することを拒んだりすると考えられる。こうした理由から命令系統，組織構造に注目する。とくに，フォーマルな命令系統や組織構造だけではなく，その迂回方法にも注目したい。

以上，本研究では，人脈，権力闘争，組織のあり方という3つに注目しながらカマジョー /CDF の変容を追っていくことにする。

4　シエラレオネという事例

(1)仮説の前提

本研究の仮説がカマジョー /CDF の考察に有効であるためには，シエラレオネという国家が新家産制の様相を呈しており，シエラレオネの社会にパトロン゠クライアント関係があることが前提となってくる。

まず，新家産制国家の概念はシエラレオネを分析するためにしばしば用いられている (Clapham 1982, Kandeh 1992, Reno 1995b; 1998)。政治学者クリストファー・クラブハム (Christopher Clapham) によると，為政者が資源の分配を通じて従属者をつなぎとめる政治は，独立以前から見られたという (Clapham 1982)。また，ウィリアム・レノ (William Reno) は，シエラレオネで一党独裁体制を築き上げた大統領シアカ・スティーブンズが支配を維持するための資源をいかに入手したかを描いている。スティーブンズは国家の制度を流用し，シエラレオネの経済を牛耳っていたレバノン商人を不正に優遇することで私財を蓄積した (Reno 1995b)。これらの先行研究から，シエラレオネという国家は新家産制国家の特性を有していたと判断できる。

次にパトロン゠クライアント関係の概念を用いてシエラレオネの社会を論じる先行研究も多い。先にも論じたようにホフマンは「シエラレオネでは個人は必ず誰かに面倒を見られている」と論じている (Hoffman 2007b)。また，ファイセンとリチャーズは「自分自身で自立できる人間なんていない，誰もが誰かに支援されている」というシエラレオネの格言を紹介している (Fithen and Richards 2005: 122)。さらにカンデ (Jimmy Kandeh) は，パトロン゠クライアント関係は労働者や農民にも行きわたっており，彼らは地元の有力者や中央の政治家をパトロンとして頼り，援助を求めていたとする (Kandeh 1992: 95)。

人類学者クリジン・ペーターズ（Krijin Peters）もまたパトロン゠クライア
ント関係ともいえる社会慣行について語っている。

　　シエラレオネでは教育を受けるために，裕福な親戚や親のパトロンから学費
　　の提供を受ける者もいる。こうした学生は学費と引き換えにパトロンのため
　　に働く。休暇中にダイヤモンド鉱山で採掘に従事したり，パトロンの家に住
　　み込んで農業や雑用をしたりする。　　　　　　　　　　　　　　（Peters 2004: 20）

　筆者も調査中に，ペーターズのいうような住み込みの子どもを目にしたこ
とがある。筆者が居候したある家族には，夫婦と数人の子どもがいた。彼ら
に加えて，この家には調理や掃除，洗濯といった家事を担う20代前半の男
性が住み込んでいた。彼は17歳の頃からこの家で働いているという。この
家族と生活をともにし，高等学校に行くための学費や雑費を工面してもらっ
ている（彼は内戦のために教育を受けられなかったことから20歳を越しても高等
学校に通っている）。その家の主人が知り合いの子を預かっているのだという。
この主人は彼を商人として成功させようと思うと語った。
　こうした若者たちは「徒弟」（apprentice）と呼ばれる。徒弟と主人の関係
を見てみると，パトロン゠クライアント関係とは単純に相互利益に基づく上
下関係ではないことがわかる。社会慣行や社会規範と密接に関わっているの
だ。金銭的に余裕のある人物は，10代後半くらいの若者を預かることが当
然視されている。預かった者はその若者を教育し，社会のルールを教えなけ
ればならない。もちろん，徒弟は主人に従わなければならない。
　パトロンを見つけ出し，その人物に忠誠を誓うことは，セイフティネッ
トとしての側面を持つ。雇用が限られ現金収入が不安定なシエラレオネで，
人々はパトロン゠クライアント関係を作り上げることで自らの安全や生活の
保障を確保してきた。内戦中も例外ではない。人類学者ウィリアム・マー
フィー（William P. Murphy）が指摘するように，戦闘員は武装勢力の中で作
り上げられたパトロン゠クライアント関係を通じて，安全や保護，食料，生

きるための手段（戦闘の技術や道具）を獲得してきた（Murphy 2003）。このようにシエラレオネにはパトロン゠クライアント関係ともいえる人間関係が存在する。ただし，その上下関係は，パトロン゠クライアント関係という単なる経済的利益に依拠する概念だけでは捉えきれない関係でもある。

(2) PC ネットワークの分裂ではないシエラレオネ内戦

　このように新家産制国家やパトロン゠クライアント関係はシエラレオネの分析のために用いられている。しかし，シエラレオネ内戦の勃発は武内の説明に当てはまるわけではない。武内の説明では，中央政府での権力闘争が激化し，政治エリートが対立することで武力紛争が発生することになっている。それに対してシエラレオネ内戦の反政府勢力 RUF は学生運動の過激派に端を発しており，中央政府の政治エリートと呼べるような存在は関わっていない（落合 2003b）。

　ただし，PC ネットワークを武内とは異なる形で用いることでシエラレオネ内戦を説明した研究がある。ポール・リチャーズは国家を中心とする PC ネットワークから排除された若者が RUF を形成したと主張する。その主張は以下のように要約できる。

　　シエラレオネは新家産制国家の様相を呈しており，政治エリートは従属者に対して個人的に資源を分配していた。医者・教師を含む公務員は，補助金や食料配給（米など）により恩恵を受けていた。また，奨学金や保健衛生など社会サービスへのアクセスも，為政者からの資源の分配として機能していた。しかし，1980 年代，シエラレオネは経済悪化や海外援助の減少に直面した。その結果，資源の分配が不足した。為政者からの恩恵によってかろうじて維持されていた国民の生活はままならなくなった。それにより大衆，とくに若年層の不満が高まった。国家からの恩恵を受けられなくなった〔とくに，政治エリートからの就職の「斡旋」を受けられず，社会に滞留することになった〕「インテリ層」は反政府運動に身を投じた。それを示すように RUF の初期メンバー

第 2 章　仮説の構築と分析枠組みの設定　79

には，大学を出ても職にありつけなかった元学生や，地方にしか仕事が見つ
からなかった教師が含まれていた。彼らによって形成されたRUFは，侵攻し
た先で若年層を多く吸収し拡大していった。その若者の多くは，チーフダム
で村の指導層からの恩恵を受けられず，搾取の対象となった者たちであった。

(Richards 1996: 34-37. 引用者による要約)

　リチャーズの理解は，国家からの資源分配が減少することにより，国家を
中心としたPCネットワークが縮小し，そのネットワークから排除された者
が反政府組織を作り上げたという理解である。
　こうした国家レベルでの解釈は，いくつかのミクロな研究によっても傍証
できる。ペーターズは経済悪化によってパトロンの恩恵を受けることができ
なくなった者がRUFに参加したと述べている。経済悪化によってパトロン
の収入は減少した。パトロンに頼って就業や就学の機会を得ていた若者は，
もはやパトロンを頼ることができず路頭に迷うことになった。そうした者を
RUFは吸収したとペーターズはいう（Peters 2004: 20）。
　以上，確認したようにシエラレオネ内戦をPCネットワークで分析するこ
とは妥当性を持つといえよう。

5　仮説の検証の方法

　PCネットワークは，顔の見える関係であるパトロン゠クライアント関係
に基づいている。しかし，CDFは大規模な人員を有しており，正式に武装
解除を受けた戦闘員だけでも3万7000名に及ぶ。基準を満たさなかったた
め，武装解除を受けられなかった戦闘員も多い（Thusi and Meek 2003）。こ
のようにCDFは大規模である。組織全体の変容だけを追っても，PCネッ
トワークという，人と人との関係が把握できる規模ではない。では，本研究
の仮説（カマジョー/CDFの変容とは，分散していたPCネットワークがひとつ
のPCネットワークへとまとめあげられるプロセスである）は，いかに検証でき

るのだろうか。その検証にあたり筆者は 2 つのレベルで PC ネットワークを追うこととした。

(1)第一のレベル──CDF 全体の PC ネットワーク

第一のレベルは，CDF の PC ネットワーク全体の考察である。その際に注目したのは，シエラレオネ特別裁判所に訴追された 3 人の人物である。前述のようにシエラレオネ特別裁判所とは，「1996 年 11 月 30 日以降〔すなわち，アビジャン和平合意締結以降〕，シエラレオネ領域において行われた国際人道法とシエラレオネ法の重大な違反に対して最も責任を有する者を訴追」する目的のもと，2002 年に設立された（特別裁判所設立協定第 1 条）。AFRC，RUF および CDF から数名ずつ指導的役割を担った人物が訴追されている（望月 2011: 125）。

CDF から訴追された 3 人は以下の通りである。1 人目がサムエル・ヒンガ・ノーマンである。ノーマンは CDF の実質的なリーダーといえる。ノーマンはカバー政権下で国防副大臣や内務大臣（minister of international affairs）の経験がある。ひとつのチーフダムでカマジョーを率いたノーマンは，カバー政権下で閣僚入りすると，各地のカマジョーに支援を与えた。それにより，彼は各地のカマジョーをまとめあげるリーダーとみなされる。CDF が設立されてからは CDF の「国家調整官」（national coordinator）と呼ばれるようになった。2 人目がアリウ・コンデワ（Aliu Kondewa）である。コンデワは内戦中にイニシエーターとして名を馳せ，1997 年以降，CDF の司祭長（high priest）となった。3 人目のモイニナ・フォファナ（Moinina Fofana）は，1997 年から戦争担当長（director of war）として台頭してきた。

シエラレオネ特別裁判所に訴追されたことから，この 3 人が CDF で中心的な役割を担ったことは明白である[25]。本研究では，この 3 人がいかに CDF

＊25　ただし，この 3 人のみが CDF で強い影響力を持っていたわけではない。本研究では明確に幹部といえる存在であることから，この 3 人を事例として選定した。

写真 2-1
サムエル・ヒンガ・ノーマン
(*Standard Times* より)

写真 2-2
アリウ・コンデワ
(Danny Hoffman より提供)

写真 2-3
モイニナ・フォファナ
(SCSL のホームページより)

で高い地位に登りつめたのかを考察することで，カマジョー/CDF の変容についての全体像を把握することとする（写真 2-1, 2-2, 2-3）。

(2) 第二のレベル
――ある司令官の PC ネットワークはいかに構築されたのか

　全体像としてカマジョー/CDF の変容を把握できたとしても，それでは規模が大きすぎて人脈ネットワークがいかに機能しているかを十分に検証することができない。そこで顔の見える規模であるひとつの部隊を考察することにした。この部隊は最大でも 300 名程であり，人脈ネットワークを考察するには最適な大きさだといえる。

　第二のレベルの調査は，ひとりの元司令官の協力によって可能になった。「スパロー」(Sparrow) という愛称で呼ばれるこの司令官は，自分の上官から部下である戦闘員まで，さまざまな人物を筆者に紹介してくれた。筆者は彼を頂点とする PC ネットワークを末端まで知ることができ，かつ，彼の上官にまで接することができた。この部隊は CDF の一部である。いいかえれば，CDF を構成する人脈ネットワークの一部である。この PC ネットワークがいかに運営されたかを見ることで，カマジョー/CDF における PC ネッ

トワークのあり方を詳細に検討できるはずである。

スパローは CDF の中でも幹部にのぼりつめることにより，CDF のネットワークでもかなり上位のパトロンとなった。頂点にいる司令官スパローの経験を明らかにすることは，パトロンの役割を知ることにつながる[26]。いかにスパローがその地位を獲得したのか。いかに彼は資源を調達し，分配したのか。いかに人員を獲得したのか。いかに権力闘争に巻き込まれ，生き抜いてきたのか。そうした経験を論じることにより，CDF のパトロンの役割を考察する。

また，スパローの下にいる戦闘員の経験を聞くことにより，クライアントがいかにパトロンを頼り，いかにパトロンを選び取っているのかを知ることができる。

6　議論の進め方

本研究では，カマジョー /CDF の変容を，分散した PC ネットワークがまとめあげられるプロセスであると捉え，そのプロセスを示していく。以降の議論の進め方を示していく。

まず，第 3 章では筆者が行った調査の概要や本研究の記述方法について説明する。第 4 章ではカマジョー /CDF を理解するために必要な背景情報を提示した。カマジョーが組織される際に，その基盤となった行政区分であるチーフダム，イニシエーターを輩出することとなった呪医およびイスラム知識人についての概要，内戦の要因について概観している。

第 5 章から第 10 章は，カマジョー /CDF の変容を記述している。本研究の仮説は，カマジョーが CDF へと収斂するプロセスを直線的に示している。しかし，現実には紆余曲折を経ながら最終的には上述の仮説に見られるようなプロセスとなっている。カマジョー /CDF の変容を記す第 5 章以降は，

---

*26　なお，スパローは自伝を執筆しており，彼の経験を広めることは自伝を出版する契機につながると考えている。そうした意図のもとスパローは筆者が彼の経験を紹介することを許してくれた。

その紆余曲折をも含めた上での記述である。

第5章では，内戦が開始したモモ政権期からNPRC政権期前半までの経緯を確認する（1991年3月〜94年頃）。この時期はカマジョーが現れる前史と位置づけることができる。RUFの侵攻に直面したモモ政権は，その対処のため，さまざまな方策を取った。その中には，国軍の増員，外国への支援要請，隣国リベリアからの難民の武装化，現地住民の動員があげられる。NPRC政権期には，モモ政権期よりも組織的に現地住民の動員が行われた。

第6章では，NPRC政権中期・後期の動きを確認する（1994年頃〜96年3月）。本章で確認できる動きは，小さなPCネットワークが各地で形成されるようになるプロセスである。この頃，RUFはゲリラ戦に転換した。それに対し，住民は自警を始めるようになる。チーフダムを基盤とし狩人民兵が形成されるようになった。

第7章では，前期カバー政権期の動きを確認する（1996年3月〜97年5月）。この頃，加入儀礼がメンデ・ランド中に広まり，メンデ人の狩人民兵はおしなべて「カマジョー」と呼べる存在になる。カマジョーはチーフダムを越えて統合を繰り返し，いくつかの大きな勢力が台頭することになった。本章で確認する動きは，分散したPCネットワークが徐々に統合されていくプロセスである。

第8章と第9章では，AFRC政権期のプロセスを追う。1997年5月に発生したクーデター「525事件」によってカバー大統領はギニアへと亡命した。軍事政権AFRCは内戦を終わらせるためにRUFと連合政権を組んだ。それに対してカマジョーは，カバー政権復帰を掲げて敵対する。

まず第8章では，カマジョーの中でもリベリアとの国境からAFRC/RUFに対して戦いを挑んカマジョーの一勢力を取り上げる。このカマジョーは，民主主義の復権とカバー政権の復帰をプロパガンダとして掲げた。さらに，各民族の狩人民兵が連帯を強調し，カマジョーという民族色の濃い名称ではなく，CDF（市民防衛軍）を名乗るようになった。各地のカマジョーもその動きに同調し，カバー政権の政府系勢力としてまとまりを見せていく。この

章で描くのは，ひとつの PC ネットワークが優位に立つプロセスである。

第9章では，AFRC/RUF に対するシエラレオネ内陸部からの戦いに注目する。ここで確認するのは第8章で述べたカマジョーの一勢力が没落し，新たなカマジョーの勢力が優位に立つプロセスである。この頃，カマジョー /CDF の活動の中心は，シエラレオネ内陸部の町タリアを拠点としたカマジョーに移る。このカマジョーで活躍した者は，カバー大統領復帰後，CDF の幹事として台頭することとなった。

第10章では，後期カバー政権，すなわちカバー大統領復帰後から内戦終結までの流れを追う（1998年3月～2002年1月）。カバー政権が復権した後，CDF は，フリータウンおよび各都市に事務所を構え，政府系勢力として形を整えていく。その際，9章で論じた内陸部のカマジョーの一勢力が，他のカマジョーを従属させることで CDF の組織が整えられた。こうして CDF の PC ネットワークは確立する。しかし，一度は，政府系勢力として確立した CDF の PC ネットワークも，内戦が収束するとともに解体される。本章で確認するのは，優位な PC ネットワークの傘下に，各地の PC ネットワークが取り込まれるプロセス，および，その PC ネットワークが内戦の終結とともに解体するプロセスである。

以上，第5章から第10章にかけて CDF の変容のプロセスを記述している。第二のレベルについては，カマジョー /CDF の全体的な変容についての記述の中に織り交ぜる形で提示してある。

第11章では，いくつかのライフヒストリーを提示した。ライフヒストリーを提示することにより，構成員が参入や退出を繰り返しており，カマジョー /CDF の PC ネットワークが流動的に維持されていることを示す。

終章では，仮説が立証されたことを確認した上で，若干の議論を行う。カマジョー /CDF の変容を検証することで得られた知見は，単に仮説の検証に有効なだけにとどまらず，シエラレオネ内戦や現代アフリカの紛争を再考するための手がかりを与えてくれる。本研究での考察を手がかりに，過去の研究蓄積を批判的に検討し，新しい知見を与える。

第3章

調査・研究の手法

1 現地調査の概要

本章ではカマジョー/CDF の変容を考察するために本研究が用いた研究手法を提示する。

筆者は，2007 年からの 5 年間，シエラレオネおよび隣国リベリアで毎年 1 〜 3 か月の調査を行った。通算で 174 日の調査であり，リベリアが 112 日間，シエラレオネが 62 日間である。リベリアでの調査の方が長いのは，当初の研究計画ではリベリアも研究の視野に含めていたからである。調査当初の研究目的は，隣接する二国の内戦がいかに影響を与え合っていたのかを調査することであった。そのため，リベリアの内戦に参加したシエラレオネ人を中心に調査を行っていた。筆者の調査に協力してくれた元司令官スパローも，カマジョー/CDF が解体された後にリベリアに移っている。調査を重ねるにつれ，複雑な二国間の影響を紐解くには，まずはシエラレオネ内戦に集中して調査を行うべきだと判断した。その成果が本研究である。リベリアの内戦についての研究成果は別の機会に提示したい。

2 聞取調査の方法

本研究では，口述資料，および，既存の文書資料からカマジョー/CDF の変遷を再構成している。本文中で口述資料を指す時，「語り」あるいは「証言」という言葉を用いた。

筆者が現地調査で行ったデータ収集のほとんどが聞取調査である。聞取調査では個人史（ライフヒストリー）を聴取した。出身地・出身民族からはじめ，どこで生まれ・どこで育ち・どこで教育を受けたのか。いつ，どこで内戦に巻き込まれたのかなどを含め，インタビュー時の生活に落ち着くまでの半生を聞き取った[*27]。調査対象者に対しては「私はシエラレオネ内戦の研究をしにきた。実際に内戦を経験した人の話を聞きたい」と告げた上で，「これまであなたが人生で経験してきたことを，内戦を中心に聞かせてもらいた

い」とお願いしている。調査内容は，非常にセンシティブであるため録音機材は用いなかった。本研究で記載した語りはすべて聞き書きである。メモを取りながら聞き取った直後，できるだけ忠実に内容や語り口を反映させる形でノートに書き落とした。

　調査対象者は，聞取調査を済ませた人や滞在中に知り合った人から紹介してもらった。[*28]要するに，知り合った人にその人の知り合いを紹介してもらったのである。聞取調査の中で登場した人物を紹介してもらった場合も多い。調査対象者の選定が運任せだったことは否めない。

　聞取調査で用いた言語は主に英語である。リベリアでは英語（リベリア英語）が共通語として用いられているため，リベリアに住むシエラレオネ人は日常的に英語を使用している。シエラレオネの共通語であるクリオ語も英語と近いため，多くの者は英語を解した（筆者のクリオ語は聞取調査をできるほどではない）。クリオ語あるいはメンデ語で聞取調査をしたこともあるが，その場合は通訳を介している。

3　「語り」に対する2つの位置づけと本研究の記述方法

(1)「語り」に対する2つの位置づけ

　調査から得た口述資料（語り，証言）は2つの意図で使用している。

＊27　シエラレオネの人々にとって出身地と生まれた場所は異なる。ある人にとっての出身地は自分が生まれた場所ではなく，父の出身地である。ゆえに「どこから来たのか」（Where are you from?）という質問に対し，父の出身地を答え，「どこで生まれたのか」という質問では自分が本当に生まれた場所を答える。ちなみに父と母の民族が異なる場合，出身民族は父の民族となる。ただし，自己の民族同定は流動的であり，母の民族を名乗る場合もある。たとえば，筆者が聞き取りしたカマジョーの中に，父がシェルブロ人であり母がメンデ人という者がいた。彼は最初，自分はメンデ人だと述べた（おそらく，筆者がカマジョーの調査をしていたからであろう）。その後，彼との付き合いの中で民族の話が上がることがある。普段，彼は自分のことを指すとき「我々メンデ人は…」と言うが，たまに「自分はシェルブロ人だ」と言うこともある。

＊28　こうした標本の選定手法は機縁法とも呼ばれる。機縁法についての詳細は桜井（2002:25）を参照。

第一の意図は，事実の把握である。内戦の中で重要な役割を果たした人物（カマジョー /CDF の幹部や政治家など）が語った内容は，この意図で使用した場合が多い。この場合，語りは客観的に出来事や経験を語っているものだと判断している[29]。ただし，記憶は曖昧であり，しばしば間違いを犯すという問題がある（伊藤 2007: 9）。語られた事実が妥当かどうかを検証するため，本研究では文書資料を用いたり，別の口述資料と照らし合わせたりした[30]。

第二の意図は，事実のいかんは問わず，聞取対象者の主観性を明らかにすることである。人間は想像力を持ち，考えて行動する。そのため，世界に対する一定の信憑や理想，思い込みもまた現実の一部だといえる。ゆえに，曖昧にしか同定できない事実に加えて，人々が実際にあった出来事をどのように経験し，認識しているかを読み取る必要がある。この意図で語りを用いる場合，語りが客観的な叙述をしているという立場を取るわけではない。語りは，語り手の価値観や動機によって構成された「主観的なリアリティ」が反映されたものとみなされる（桜井 2002）。

主観的なリアリティは，事実と異なる次元の考察対象であり，事実と齟齬があっても構わない。

そのことを物語るのがリサ・マルキ（Lisa H. Malkki）の研究である。マルキは，ブルンディからタンザニアへと追われたフトゥ（Hutu）難民の調査を行った。その調査の中でマルキは，難民が過去を語る時，皆が同じような経験を語ることに気付いた。いわば，定式化（あるいは，パターン化）された語りが難民の間で共有されているのである。その語りとは「フトゥはブルンディを追われる過去を持った民族であり，いつしか自分たちの国を作ること

---

* 29　この手法で筆者が参考にしたのは御厨（2002）である。日本を見ると，事実を把握するための聞取調査は政治史において発展してきている（江頭 2007）。近代日本政治を研究する御厨や伊藤はオーラルヒストリーの手法についていくつかの論考を著している（伊藤 2007，御厨 2002）。そこでは政府内部にある文書資料からでは把握しきれない政策決定プロセスを明らかにする手段として聞取調査が位置づけられている。すなわち，文書資料を補足するものとして聞き取りを行っている。本研究の調査では文書資料が限られているものの，彼らの口述資料の扱い方や研究の進め方を参考にした。
* 30　口述資料の批判検討については，以下の文献を参照。石井（2002），伊藤（2007）。

を夢見ている」という内容である。

　マルキはこの定式化された語りを，閉鎖された空間の中で作られた「集合的歴史」(collective history) だと考える (Malkki 1995: 241)。集合的歴史は，必ずしも事実に則しているわけではない。過去の出来事は人々の間で何度も語られる。その中で人々は過去に起きた出来事に対して事実とは関係なく意味づけをする。そして，それが語られ続けた結果，語りは定式化され，定着する。このようにして集合的歴史は作られるとマルキは言う (Malkki 1995: 122-128)。

　たとえば，タンザニア政府がすべての成人に課される開発税を難民からも徴収することを決定した際，難民の間で「タンザニア政府は国際機関が撤退してから難民を搾取し始めた」，「タンザニア人はフトゥ人を農民だと見下しており，タンザニアのために働かせようとした」といった語りが広がった。この語りは難民の間で集合的記憶として定着した。こうした集合的歴史とは，共有された「主観的なリアリティ」にほかならない。筆者が，調査を通して聞き取った「語り」もそうしたものを多分に反映している。人々の主観もまた現実の一部であり，事実（実際におきた出来事）とも密接に関っている。

　本研究では，カマジョー/CDF に関する客観的事実，および，主観的なリアリティをもとに，カマジョー/CDF の生成と変容を論じることにした。本研究の中には読者にも筆者自身にも信じることができないような内容が含まれている。たとえば，銃弾を跳ね返すカマジョーや，姿を消すことで生き延びた人の証言が登場する。彼らの語りを事実ではないとはねつけるのではなく，カマジョーも研究者も含めてより多くの人が納得できる説明を筆者なりに追い求めた。その結果，「構築」されたのが本研究の記述である。

(2)本研究における記述方法

　本研究では，あえてシンプルな解釈を提示し，カマジョー/CDF の変容をひとつの流れとして記述した。近年，現象の多様性・複雑さが強調され，

「多様なあり方を描く」という決まり文句のもと，難解な文章が書かれるきらいがある。それに対して，筆者は現象に対する単純な解釈を自覚的に付与した。本研究で与えた解釈は，いささか単純化しすぎるという批判があるかもしれない。しかし，それには意図がある。文章による描写とは，三次元の物体（立体）を描くのに二次元（平面）を用いるのと似ている。三次元の物体を二次元上に再現しようとしても限界がある。*31 ゆえに，現象の多様な側面を一度に描くのではなく，まずはひとつの側面を描こうというのが本研究の試みである。もし，読者がシエラレオネ内戦に関心を持ち，他の文献を読んだり，現地調査を行ったりすれば，本研究の記述が多様な解釈のうちのひとつに過ぎないことが見えてくるだろう。

　「厚い記述」を目指さなかったのは，シエラレオネ内戦の研究蓄積が比較的多いからという理由もある。シエラレオネ内戦の研究は，単純な解釈を積み重ねることにより発展してきた。シエラレオネ内戦についての初の研究書を発表したリチャーズは「シエラレオネ内戦は若者が社会から周縁化された結果，発生した」という単純な主張を行った（Richards 1996a）。その主張を起点とし反論が繰り返されることで研究蓄積が増えていった。主張が単純だと反論がしやすくなる。反論が反論を呼ぶ形で研究の蓄積が増えていき，シエラレオネ内戦についての理解が深まっていった。本研究もその一部となることを意識した。ひとりでカマジョー /CDF を語る気はない。それが許されるのは，筆者が描ききれなかったシエラレオネ内戦の側面を雄弁に語ってくれる他の研究があるからにほかならない。

＊31　ある時，筆者は友人に指摘された。「岡野くんは，ひとつのことを説明する時，同時にいろいろ説明しようとする。この前，映画薦めてくれたやん。けど，映画のよさを伝える時，主人公の感情の変化がよいとか，ストーリーに意外性があるとか，描写が美しいとか，いろんなことを一緒に伝えようとする。けど，口はひとつしかあらへん。全部いっしょに説明しようとしても，無理や」。学術とは縁遠い友人が発した一言は，わりと筆者の腑に落ちるものであった。

第 3 章　調査・研究の手法　93

4　筆者の調査協力者スパロー

　スパローは筆者が調査をするにあたり，鍵となった情報提供者である。筆者がスパローと出会ったのは2007年7月である。シエラレオネの首都フリータウンの安宿でノンビリしていたところ話しかけてきたのがスパローだった。スパローはある研究者の調査に同行していた。世間話の中で，彼は自分が元司令官であることを話した。当時，観光客であった私は，博士後期課程に進学するとは決めておらず，彼の話を書き取っていたわけではない。修士論文を終えた後に観光に来ただけであった。当時は将来に迷っていた。学術の道に進むべきか，開発援助の実務家になるべきか迷っていたのである。メールアドレスを交換し，また来る時があれば連絡をすると別れた。

　スパローと再び会ったのは2008年9月であった。それまでに筆者は研究者としてのキャリアを目指すことに決め，2008年4月に大阪大学大学院人間科学研究科の博士後期課程に進学していた。スパローに連絡した上でリベリアの首都モンロビアのシエラレオネ人コミュニティで調査を始めた。それ以来，スパローは主要な調査協力者である。なお，スパローが筆者の調査を協力するにあたり一定の金銭の授受があったことは述べておく。シエラレオネへの調査旅行に行く場合，彼にアシスタントを依頼し，「契約」という形で賃金・日当を払った。

　スパローはリベリア育ちのメンデ人である。スパローの父親は内戦が始まる前，カイラフン県からリベリアの首都モンロビアへと移り住んだ。スパローはモンロビアで生まれ育ったが，メンデ語を学習させようという父の意図で1980年代後半にシエラレオネに渡った。そこで中等教育・高等教育を受けている。シエラレオネ内戦を契機に，彼はリベリアへと帰る。彼が帰国した頃，リベリアも内戦中であり，モンロビアは武装勢力に分割されていた（第一次リベリア紛争，1989～96年）。とはいえ，戦闘が毎日繰り返されていたわけでもなく，リベリアの方が安全だったという。

1997 年，リベリアに住んでいたスパローは，カマジョー /CDF の活動に参加することになる。第一次内戦終結後のリベリアで，スパローはリベリア人戦闘員を集め，カマジョー /CDF に加わる。その後，カマジョー /CDF の一員としてフリータウンに住むことになった。この頃からスパローは，シエラレオネやリベリアの内戦を研究する文化人類学者ダニー・ホフマンの研究を手伝いはじめた。シエラレオネの内戦が収束し始めると，スパローは第二次リベリア内戦（2000 ～ 03 年）の反政府勢力「リベリア和解民主連合」(Liberians United for Reconciliation and Democracy: LURD) に参加した。

スパローは第二次リベリア内戦が収束した後，モンロビアに戻った。内戦後はローカル NGO を運営する一方，ホフマンからコネクションを広げ，欧米の NGO や研究者のアシスタントをするようになった。筆者と会ったのは，ある研究者のアシスタントとしてシエラレオネに赴いた時だ。

筆者がスパローの経験を本研究に記すことができたのは，すでに彼が内戦期の行いについて両国の警察から取り調べを受け，どちらの国でも不起訴となっているからだ。また，彼は内戦の経験をメモワールにし，それを出版したがっている。そして，筆者が自分の経験を書けば，邦訳で出版できるかもしれないという思惑も持っている（その可能性は少ないと言ってはあるのだが）。そうした思惑によってスパローは自らの経験を論文に記すことを筆者に許した。

シエラレオネ，リベリアでは公用語として英語が用いられているため，内戦中についてのメモワールを英語でしたためている者も多い。聞取調査の中でも数人がそうしたメモワールを記していると語っていた。そのほとんどは彼らのパソコンにワードファイルとして眠ったままである。

5　本研究が依拠する文献・資料

本研究は聞取調査を，文書資料と照らし合わせることで過去を再構成する。事実の把握のために用いた資料として重要なものが3つある。それぞれの資料の特徴を記しておく。

(1)『真実の証言——シエラレオネ真実和解委員会報告書』

第一の資料は，シエラレオネ真実和解委員会（Truth & Reconciliation Commission, Sierra Leone: TRC）の最終報告書『真実の証言——シエラレオネ真実和解委員会最終報告書』（*Witness to Truth: Report of the Sierra Leone Truth and Reconciliation Commission*）である（本文中では「TRC 報告書」と表記する）。2004 年に出版された。TRC は，1999 年 7 月に調印されたロメ和平協定に基づいて設立された国内機関であり，その目的は「シエラレオネの内戦に関する人権侵害や国際人道法違反についての公平な歴史的記録を作成する」ことである。2002 年から本格的な活動を始めた。当委員会は 1000 人以上に聞取調査を行い，解釈を付与した上で，2004 年に最終報告書（本報告書）を発表している（TRC 1 2004: 24）。

この報告書は，内戦の史的展開を包括的に追った資料のうち最も詳細な記録であり，その記述も，ある程度信頼できる[32]。とくに，中央政府や RUF など内戦の主要アクターの動向については，組織内の個人の意思決定にまで踏み込んだ記述をしている。大統領をはじめとする政治エリート，国軍の幹部層，各武装勢力の幹部層の行動については最も信頼のできる資料である。

(2)『シエラレオネ内戦地図 ——1991 年から 2002 年までの国際人道法違反』

第二の資料は，アリソン・L・スミス（Alison L. Smith）らが編纂した『シエラレオネ内戦地図——1991 年から 2002 年までの国際人道法違反』（*Conflict Mapping in Sierra Leone: Violations of International Humanitarian Law from 1991 to 2002*）である（Smith et al. 2004）。本文中では「内戦地図報告書」と

---

* 32　筆者は，シエラレオネにおける現地調査（2009 年 10 ～ 12 月）において何人かのジャーナリストや武装勢力の幹部と接触した。その際に TRC 報告書を持参したが，多くの人は，大筋では信頼できる文献であると述べていた。ただし，細かい状況や解釈については，間違いや偏りが見られるという指摘もあった。

表記し，引用する場合，Smith et al. 2004 と表記した。

　本報告書は非営利団体「正義なければ平和なし」(No Peace Without Justice: NPWJ) によって編まれたものである。NPWJ は 1994 年に「戦争犯罪，人道に対する罪，および，ジェノサイド罪を裁く常設の機関」である「国際刑事裁判所〔の構想〕について社会の認知を高めること，および，その設立を目指して各国議会や政府，その他の意思決定機関に圧力をかけること」を目的として設立された (Smith et al. 2004: 1)。[*33]

　NPWJ による「〔シエラレオネ〕内戦中の出来事の連鎖を再構成」するためのプロジェクトが内戦地図プログラム (Conflict Mapping Program) であり，その成果物が本報告書である。本報告書には各県ごとに国際人道法違反に該当する事件がまとめられている。NPWJ は 136 人のシエラレオネ人を雇用し，彼らに聞取調査の訓練を行った上で，ほぼすべてのチーフダムで調査を行い，現地の事情をよく知る者 400 名に聞き取りを行った（149 あるチーフダムのうち 146 で調査を行っている）。

　本報告書の特筆すべき点は，各武装勢力の小隊がいかに行動したかを日付とともに記載していることである。この報告書により各武装勢力の小隊の具体的な行動や，小隊と住民との関係を知ることができる。本報告書はローカルなレベルで何が起こったかを明らかにした点で大きな貢献といえる。

(3)シエラレオネ特別裁判所の証言記録

　第三の資料が SCSL（シエラレオネ特別裁判所）の裁判記録である。SCSL は，国際人道法違反に関して最も責任のある者を訴追する権限が付与されている。CDF，RUF，AFRC からそれぞれ数名が起訴されている。それに加えて，リベリアの元大統領チャールズ・テイラーも，シエラレオネの内戦に深く関与したとして起訴された。すべての公判を終えた SCSL は 2013 年 12 月に活動を終えている。

　＊ 33　国際刑事裁判所は 2003 年に設立されている。

シエラレオネ特別裁判所の公判記録はウェブ上で公開されている。前述のようにCDFからは，サムエル・ヒンガ・ノーマン，アリウ・コンデワ，モイニナ・フォファナが訴追されている。公判では彼らや，彼らに深く関わる者が証言台に立っている。裁判という性質上，弁護側であっても告訴側であっても，その証言の公平性は保障できない。とはいえ，彼らの証言は，当時の状況を知るための有効な資料といえる。本文中に公判記録を用いる場合「(SCSL，日付：頁数)」という形で記した。

＊　　　＊　　　＊

本章では調査の方法や手法を提示した。次章（第4章）ではカマジョー/CDFの変容を理解するために前提となる背景を提示する。

第4章

歴史的背景

本章では，カマジョー/CDF を理解するために必要な歴史的背景を，3つ
の論点に絞って提示する。第一に，カマジョーが形成される際に基盤となっ
たチーフダムについて確認する（第1節）。第二に，カマジョーの呪術的側
面を理解するためにメンデ人の信仰体系について確認する（第2節）。第三
に，内戦直前の10年間に見られたシエラレオネの政治・経済・社会の変化
を見ることで，内戦に至るまでのシエラレオネの状況を示す（第3節）。

1　カマジョー動員の基盤となったチーフダム

　カマジョーは内戦中に作られた自警組織から生まれている。その自警組織
は行政区分チーフダム（chiefdom）を基盤としている。本節ではチーフダム
について確認する。

(1)独立国家シエラレオネに見るチーフダム制度の概要

　チーフダムとは県（district）の下位の行政区分である。巻頭の図 0-3 で示
したように，西部州（Western Area）（首都およびその近郊）を除くすべての
地域がチーフダムに区分されている。2014 年現在，全国で 149 のチーフダ
ムがある。

　チーフダム制度はシエラレオネの成り立ちと深く関わっている。チーフ
ダムに区分されていない西部州は，かつてイギリスが直轄植民地（crown
colony）とした領域であった。直轄植民地では，宗主国イギリスから派遣さ
れたイギリス人の総督（governor）が頂点に立ち，宗主国的な法制度に基づ
いた支配が敷かれた。それに対して，チーフダムに区分された地域（現在
のシエラレオネで西部州以外の地域）は，植民地統治に保護領（protectorate）
として組み込まれ，間接統治（indirect rule）の敷かれた地域である（cf.
Mamdani 1996, Manning 2009）。間接統治とは，地元の権力者をチーフ（chief）
として任命し，彼らに慣習法（法として守られている社会規範や慣行）に基づ

第 4 章　歴史的背景　101

いた支配を維持させる統治方法である。間接統治を基本とする保護領では西洋的な地方行政制度はほとんど整備されず，伝統的な支配が維持される傾向にあった（落合 2007）。

　チーフダムの統治を担ったのは以下の3つの階層の行政官である。第一が「パラマウント・チーフ」（paramount chief）と呼ばれるチーフダムの長である。パラマウント・チーフになることができるのは，チーフダム内にあるいくつかの家系に限られている（ひとつの家系だけとは限らない）。パラマウント・チーフを輩出する家系は「支配家系」（ruling house あるいは royal family）と呼ばれる。パラマウント・チーフは終身の役職であり，死亡すると支配家系から新たなパラマウント・チーフが選出される。

　第二の階層が，パラマウント・チーフに従属する「セクション・チーフ」（section chief）および「タウン・チーフ」（town chief）である。セクション・チーフは，チーフダムの下位行政区分「セクション」（section）を統治するチーフである。タウン・チーフは，チーフダム内の主要な町（town）を管轄するチーフである。

　第三の階層が，セクションに分布する村落を代表する「ヘッドマン」（headman）である。

　パラマウント・チーフやセクション・チーフには「スピーカー」（speaker）と呼ばれる側近がいる[34]。スピーカーはそれぞれの階層のチーフに次ぐ第二位の地位にある。

　これらの職位は1937年の「部族当局令」（Tribal Authorities Ordinance, No.8 of 1937）によって制度化され，法的に設置が義務づけられた。1961年にシエラレオネが独立した後も，チーフダム制度はほぼそのままの形で継承され，地方行政機構として機能した（落合 2007, 2008）。本研究では，チーフダムの統治にあたるこれらの権力者層を「伝統的権威」（traditional

---

　＊34　スピーカー（speaker，話し手）という役職名は，かつてチーフの命令を伝達する役割を負っていたことに由来する（Little 1965: 197）。

authority）と呼ぶことにする。

⑵植民地化以前のメンデ・ランド

次に，チーフダム制度がいかに作られてきたのかを見ていこう。イギリスがフリータウン周辺（現在の西部州）を直轄植民地とした19世紀初頭，後に間接統治下に入る地域は，土候が支配する小国が林立する場所であった。イギリス人による手記や記録では，こうした国を「首長国」（chiefdom），あるいは，「王国」（kingdom）と呼んでいる。また，その支配者は王（king）あるいは首長（chief）と呼ばれた。

チーフダムやパラマウント・チーフを邦訳すれば，それぞれ「首長国」「最高首長」となることからもわかるように，行政区分であるチーフダムとは，そもそも首長によって統治される政体を意味している。チーフダム制度とは，現地の支配者を「最高首長」として取り込み，その支配地域である「首長国」を行政区分とすることで整えられた制度である。これ以降，本研究では植民地統治が敷かれる以前に首長が支配する国を「首長国」と呼ぶことにし，チーフダム制度が整えられた後の行政区分を「チーフダム」と呼ぶことにした。[*35]

植民地統治以前に存在していた林立する首長国に一貫した統治体系が存在したわけではない。メンデ人の歴史を著したアブラハム（Author Abraham）は，19世紀に見られるメンデ人の首長国を2つに大別している。まず，最高首長の個人的な権威に基づいて支配されている国々がある。これらの国では最高首長が意思決定を担った。そうした最高首長はしばしば戦争をし，支配地域を拡大した。この類型の場合，権力は最高首長に集中している。

＊35　行政制度としてのチーフダムに関する日本語での研究として落合によるいくつかの論考がある（落合 2007; 2008; 2011a）。本研究での表記はそれらに依拠した。落合はチーフダム制度について論じる時，chiefdom, paramount chief を，それぞれカタカナで「チーフダム」「パラマウント・チーフ」と表記している。本研究でも，行政制度であるチーフダム制度を論じる場合，落合による用法を踏襲した。一方，植民地化以前について論じる際は「首長国」「最高首長」「首長」という用語を使用することにした。

第4章　歴史的背景　103

一方，最高首長と呼べる存在はいるものの絶対的な権力があるわけではな
い首長国もある。19世紀後半のヨーロッパ人の記録によると，ある首長国
の「最高首長は自分の町の外では権力を有しておらず，〔他の〕首長となん
ら変わりはない」という (Laborde 1880 cited in Abraham 1978: 37)。こうし
た首長国の場合，最高首長は首長国の代表として選出されるものの，実際に
権力を握っていたのは，国内の各領域を治める下位の首長である。彼らが独
自にそれぞれの地域を牛耳っていた (Abraham 1978: 33, 35)。こうした首長
国では最高首長が死ぬと傘下にいる複数の首長が合議により，新しい最高首
長を選出する。最高首長には「影響力のある者であれば，たいていの者がな
れ」たという (Fenton 1933 cited in Abraham 1978: 36)。
　首長国は周辺の首長国と戦争を繰り返した。当時の首長国は明確な「国
境」を有していたわけではない。影響力が同心円状に広がっていた。周辺は
首長国の影響力が及ばない権力の空白地帯であった。ひとつの首長国が，影
響力の希薄な地域に新たに入植を試みる場合，領域の帰属をめぐり周辺の首
長国と戦争になる場合があった (Little 1967: 28)。また，戦争は，交易ルー
トや交易拠点の掌握をめぐり行われることもあった。
　19世紀後半，イギリス植民政府は，直轄植民地から首長国が林立する地
域に進出することになった（以降，直轄植民地に対して，首長国が林立する地
域を「内陸部」と呼ぶことにする）。そのきっかけとなったのは，直轄植民地
に住むクリオの内陸部への進出である。19世紀後半までにクリオは直轄植
民地で財を築き，高い生活水準を手にした。輸出用にショウガやコショウな
どの香辛料を栽培した。さらに政府により没収された奴隷交易船を買い取る
ことで，現在のナイジェリアをはじめとした西アフリカ沿岸諸国との交易に
乗り出した。こうして財を得た彼らは教育制度を整え，西洋化した生活様式
を身に着けた (Pham 2005: 13)。やがてクリオの宣教師や交易商が，布教や
交易といった，それぞれの目的で内陸部へと乗り出した（落合 2011a: 187）。
内陸部へ進出したクリオの交易商はヨーロッパからの品々を首長国にもたら
した。しかし，彼らはしばしば略奪の対象となった。イギリス臣民たるクリ

オを保護するため，植民地政府は内陸部へと進出することになる。植民地政府は臣民の保護のため首長に略奪の禁止を約束させ，しばしば略奪品の返還も要求した。やがて植民地政府は条文化した合意文書を各地の首長と交わすようになる。この合意文書はイギリスと首長「国」との間で結ばれているため「条約」（treaty）と呼ばれる。条約で定められたのは，臣民に対する略奪行為の禁止や，交易のために訪れる臣民の安全の保障であった。

　たとえば，パ・メンデ首長国（Kpa Mende Country）[36]では，1891年に3人の首長と条約が締結された（「第134号条約」[Treaty No. 134]）。この条約では，①イギリス臣民のパ・メンデ国への自由な往来，②イギリス臣民の生命や財産を脅かす戦争行為の禁止，③すべての交易路の開放，が約束されている。その引き換えとして首長らは10ポンドの俸禄（stipend）を受け取っている（Great Britain 1892 cited in Reeck 1976: 18）。

　植民地政府が内陸部に影響を及ぼすようになると，植民地政府を利用して自らの権力を拡大する首長が現れる。パ・メンデ首長国内の首長であるマダム・ヨーコ（Madam Yoko, 女性）は，内陸部の治安維持のために植民地政府が組織した「フロンティア警察隊」（Frontier-Police Force）が自らの支配地域に駐屯することを認めた。[37]そして，彼らを恣意的に利用することで他の首長に対する優位を保った（Reeck 1976: 29-31）。また，ロティファンク（Lotifunk, 地名）の首長ソリー・ケッセベ（Sorie Kessebeh）は，交易路を確保し，クリオと交易することで利益を得た。ケッセベは植民地政府が他の首長国と戦争を行った際，植民地政府の側に立ち派兵協力をしている（Reeck 1976: 27-29）。

(3)植民地化とチーフダム制度の導入

　1896年8月31日，植民地政府はシエラレオネ内陸部を保護領として領有

＊36　後にコリ・チーフダム（Kori chiefdom）となる。
＊37　フロンティア警察隊は1890年に，シエラレオネ内陸部の治安を守るために作られている。これは保護領化する以前のことである。

することを宣言した。首長国が林立する地を保護下におくとしたのである。それを契機に保護領では，植民地政府から派遣された少数の行政官の監督下でローカルな指導者が徴税などを行う間接統治システムが整えられた（落合・金田 2008)[*38]。

　ローカルな指導者を組み入れるために導入されたのが，チーフダム制度である。パラマウント・チーフ，セクション・チーフ，ヘッドマンの三階層が設置されたのもこの時である。保護領成立当初にパラマウント・チーフに任命された者は216名であった。このことから当時のチーフダムの数もほぼ同程度であったものと推定できる（落合 2007: 121)。

　彼ら「伝統的権威」が担ったのが徴税と裁判の役割である。植民地政府は保護領運営の費用を捻出するために家屋税（house tax, 通称「小屋税」[hat tax]）を導入し，その徴収を各チーフダムのパラマウント・チーフが請け負うこととなった。その一部をパラマウント・チーフは手数料として手にすることが認められた。植民地政府に手渡されたのは，手数料として一部を差し引いた金額である。徴税と同時に認められたのが司法上の役割である。重大な犯罪を除き，慣習法に則った審理を行うことを認められた（落合 2007)。

　ただし，保護領化によりすべての首長が植民地政府の傘下に入ったわけではない。そもそも保護領化宣言は，内陸部の首長らとの合意の上で行われたものでもない。ゆえに，保護領化を宣言した後も，植民地政府は首長を統治制度に組み入れる努力を継続して行った（Reeck 1976: 37)。植民地政府は首長を統治制度に組み入れるため金銭的なインセンティブを活用した。前述のようにパラマウント・チーフには徴収した税の一部を接収する権利が与えられたほか，植民地政府から俸禄が支給された。さらにパラマウント・チーフがチーフダムから出る場合には日当が支給され，贈答品が贈られた。こうした経済的なインセンティブにより首長は徐々に植民地支配体制へと組み込ま

　＊38　パラマウント・チーフを監督するのが「県弁務官」(District Commissioner) である。その役職を担ったのはイギリス人である。総督に任命され，各県に派遣された。現在とは異なり，当時の内陸部は5県に分割されているのみであった（落合 2007: 120)。

れていく（Kilson 1969: 25-26）。

　植民地政府は，首長を間接統治に取り込んでいく過程でパラマウント・チーフを任命し，その地位を継承できる家系を承認していった。その結果，パラマウント・チーフになれる家系が固定された。パラマウント・チーフになれる「支配家系」ができたのには，こうした背景がある。

　首長が金銭的利益を用いて植民地政府に取り込まれるプロセスは，いわば宗主国の官吏を高次のパトロンとする PC ネットワークが形成されるプロセスとも理解できる。独立国家シエラレオネが新家産制国家の様相を帯びる背景には，そもそも植民地下での行政制度が PC ネットワークに依拠したものであったことがある（cf. Clapham 1972, Labonte 2012, Leonard et al. 2009, Reno 1995b; 1998）。

⑷ SLPP の台頭と伝統的権威

　独立前後にメンデ人首長は SLPP（シエラレオネ人民党）と深い関わりを持つようになる。その過程をみていこう。

　保護領に住む原住民は徐々に植民地行政へと取り込まれていった。植民地政府が初等教育を導入した時，メンデ・ランドを中心に実施したため，メンデ人が西洋教育を受けた最初の人材を輩出した。シエラレオネは 1961 年に独立することになる。独立に向けて，原住民へと権力が委譲される中，メンデ人は多くの原住民代表を植民地政府に送り出すことになった。

　20 世紀初頭に始められた初等教育の導入がメンデ・ランドを中心に行われたのは，メンデ人が北部の民族ほどイスラム化しておらず，キリスト教の布教が見込めたからである（実際，教育が浸透したシエラレオネ南部では多く者がキリスト教徒になった）。まず 1906 年，保護領初の初等教育施設がボーに作られた。「ボー学校」（Bo School）と呼ばれるこの学校の入学要件は，チーフの子息であること，あるいはチーフからの推薦があることであった。1938 年までに学校数は増加しているが，その 8 割はメンデ・ランドに作られた（Kilson 1969: 77）。

第 4 章　歴史的背景　107

独立前後にシエラレオネで政治家として活躍した者は，初等教育を受けた後，近代セクターに雇用された者が多い。内陸部で教育を受け，読み書きができるようになった者の進路は，出身のチーフダムに戻り伝統的権威となるか，近代セクター，すなわち，植民地政府やヨーロッパ企業に雇用されるかのいずれかであった。1934年のデータでは，ボー学校の卒業生のうち22％が植民地政府に雇用され，15％がチーフダム制度で役職についている（Kilson 1969: 79）。

独立以前に政治の舞台となったのが立法評議会（legislative council）（植民地政府下の立法府）である。[39]立法評議会ではクリオと原住民との政治的対立が見られた。保護領に住む原住民は自らの地位向上を図った。それに対して，直轄植民地に住み人口が少ないクリオは，原住民に対して危機感を覚え，原住民の権利拡大を阻止しようとした。そうした対立の中，教育を受けたメンデ人が原住民の代表として台頭した。

SLPP（シエラレオネ人民党）は，1951年，原住民を代表する政党として作られた。1951年とは，独立を見越した憲法が施行された年である。SLPPの支持基盤はパラマウント・チーフおよび支配家系であった。ボー学校をはじめとした教育施設で培われた友人関係が支持基盤を形成するのに役立ったとされる（Clapham 1972: 29）。

1951年の憲法では議会の設置が定められ，独立に向けた選挙が1957年に

＊39　原住民の発言権は20世紀前半を通して徐々に拡大した。保護領に住む原住民が植民地政府の政治に参加するのは1924年に制定された憲法がきっかけであった。この憲法が制定される以前，立法評議会には6人の公式議員と4人の非公式議員がいた。すべての公式議員はヨーロッパ人であり，総督もその中に含まれていた。非公式議員は1人のヨーロッパ人と3人のクリオが選ばれるのが慣行となっていた。それに対し，1924年に制定された憲法では，保護領代表と直轄植民地代表のいずれもが一定数の議席を占めることとなった。この憲法では12人の公式議員と10人の非公式議員が選ばれることが規定されている。公式議員のうち8人がアフリカ人とされた。そのうち2人が原住民代表とされ，パラマウント・チーフの中から任命された（Pham 2005: 24）。1946年の保護領の政治制度改革（県議会［District Council］ならびに保護領議会［Protectorate Assembly］の設置）をきっかけとして原住民の発言権の拡大を求める運動が起こる。1951年にはシエラレオネの自治を目指した憲法が施行された。その憲法では，直轄植民地からは7人の代表が選ばれるのに対し，保護領からは14人の代表が選ばれることになった（Prince 1967: 155）。このことから保護領の発言権が次第に強まっていることがわかる。

108

実施された。当時の選挙は制限選挙である。有権者は文字が読め，一定の財産を有する者に限られた。ゆえにパラマウント・チーフを味方につければ，チーフダム内の票を一挙に誘導できた。そこでSLPP党首のミルトン・マーガイ（Milton Margai）は，パラマウント・チーフからの支持を取り付けるために彼らへと利益の誘導を行った。たとえば，パラマウント・チーフの選出の際に特定の人物に便宜を図ったり，チーフダム裁判所の議長の座を与えたりしたのである。また，チーフダム間の境界争いに優先的に処遇することもあった（Clapham 1982: 85-86）。

　SLPPが，便宜供与と引き換えにパラマウント・チーフの支持を取り付けることで，PCネットワークの上部が置き換わった。パラマウント・チーフのパトロンは，宗主国の官吏からシエラレオネ人政治家に置き換った。こうしてPCネットワークを通じた集票システムを築きあげたSLPPは1957年の選挙で大勝し，与党となった。SLPP党首であるミルトン・マーガイが首相となり，1961年にシエラレオネは独立を遂げた。

　原住民の利益を代表するSLPPは与党となった後に，メンデ人の政党というレッテルを貼られることになる。独立以前の政治的対立は，クリオと原住民の間に敷かれていた。しかし，クリオの人口は原住民と比べて圧倒的に少ない。一度，原住民の政党が勝利を収めると，少数派のクリオの投票行動はさほど政治を左右するものではなくなった。その一方，原住民出身の政治家は政争を繰り広げた。その政争の中でSLPPはメンデ人の政党というレッテルを貼られることになる。

　そのきっかけを作ったのが後に大統領となるシアカ・スティーブンズである。スティーブンズは鉱山労働者統一労働組合（the United Mine Workers Union）の代表となったことから政治に参加するようになり，1946年に設置された保護領議会では議員にも任命されている。さらに，1951年には新しく創設されたSLPPにも参加している。スティーブンズは同年の議会選挙で当選を果たし，立法評議会の議員となった。翌年には鉱山・土地・労働大臣（minister of mines, land and labor）の地位を得ている。しかし，1957年の議

会選挙で敗退し，大臣の地位を失い，SLPP を脱退する。

　スティーブンズは，独立前にもう一度選挙を開くべきだと主張し，1960 年に APC（全人民会議党）を立ち上げた。しかし，シエラレオネは SLPP を与党としたまま 1961 年に独立を迎えた（TRC 3A 2004: 18）。

　SLPP がメンデ人の政党としての性質を強めていくのは，APC との政争を通してのことである。都市部労働者を支持基盤とする APC は，パラマウント・チーフを支持基盤とする SLPP を専制政治だと非難した。そうした中，1964 年，SLPP 党首のミルトン・マーガイが死去する。その後継者として選ばれたのはミルトン・マーガイの異母兄弟にあたるアルバート・マーガイ（Albert Margai）であった。アルバートは，メンデ人を重視する人事を行った。APC は SLPP をメンデ人の政党だと糾弾し，北部の複数の民族から支持を取りつけるようになった。[40] スティーブンズはリンバ人，テムネ人，コノ人を含めた北部民族の連帯を主張した。APC が北部の民族からの支持を奪い取っていくことで，SLPP にはメンデ人の支持が残された。こうして SLPP はメンデ人の政党という色合いを強めることとなった。

　SLPP は 1967 年の総選挙で APC に敗退する。APC は与党の座を獲得し，シアカ・スティーブンズは首相に指名されることになった。その後，スティーブンズは APC の一党支配の体制を築き上げ，1978 年には一党支配体制を規定する憲法を施行することで権力を盤石なものとした。SLPP はこの憲法を機に解体された（cf. Gberie 2005: 23-24）。

　SLPP が復活するのは 1990 年代の民主化移管の中でのことである。復活してもなお SLPP はメンデ人の政党であり続け，その支持基盤もメンデ人の支配家系が中心であった。SLPP のカバー政権は内戦中にカマジョーを用いたが，それには上述のような，メンデ人パラマウント・チーフと SLPP の関係があった。

　＊40　スティーブンズの出身地は，メンデ人と北部の民族が混在するモヤンバ県（Moyamba District）である。父はリンバ人，母はメンデ人である。民族は父系で認識されるため，スティーブンズはリンバ人ということになる。

(5)伝統的権威の横暴

　独立後，地方は取り残されていくことになる。その中でパラマウント・チーフは自らのチーフダムの統治者となっていく。先行研究によると，スティーブンズの支配によりシエラレオネは新家産制国家としての性格を強めることになった (Clapham 1972, Gberie 2005: 29, Reno 1995b)。中央でスティーブンズの権力が増していく一方，地方は中央へのアクセスを削がれることになった。スティーブンズによる資源の配分にあやかれなかった地域では，インフラの整備さえされなかった。すでにあったインフラも維持できなくなった。外部へのアクセスが断絶された結果，食料や日用品も不足しがちとなった。さらに独立後，植民地期から引き継がれた地方行政機構は十分に機能することも定着することもないままに廃止されたり形態化することになった (落合 2007)。

　中央から置きざりにされた地方において，チーフダムの伝統的権威は「専制」ともいえる支配を行った (cf. Mamdani 1996)。チーフダムでは，伝統的権威や彼らと姻戚関係を持つ家系が，土地の所有権を握り住民を統治した (Manning 2009)。1970年代から80年代にかけてのシエラレオネ農村部では統治を握る人々による暴政が問題となってくる。一般住民に対しての不当な労働力や貢物の要求，チーフダムの開発のために徴収した資金や税の私的な流用，無実の者に不当な判決を下しての罰金の略取，公的地位を悪用しての収賄が横行した (落合 2007: 125)。

　人類学者ポール・リチャーズは，伝統的権威による横暴が内戦の勃発のひとつの要因だとする。伝統的権威による搾取の対象となった若者が多くRUFに参加したというのだ。リチャーズはRUF戦闘員への聞取調査を行っているが，その中には「チーフから労働提供を要求されて，それを拒むと重い罰金が科され，それが払えないので村から逃げた」「無理やり結婚相手をあてがわれ，不当な婚資を要求された」というものが含まれている (Richards 2005)。

ただし，リチャーズの見解には異論もある。まず，狩人民兵（あるいはカマジョー）は伝統的権威のもと組織されている。このことは，パラマウント・チーフがチーフダムのリーダーとして認められていたことを物語っている。先行研究にも，権力行使の恣意性はあるものの，パラマウント・チーフやセクション・チーフ，ヘッドマンらは指導層として人々に認められていると主張するものもある（Fanthorp 2005, Manning 2009, Sawyer 2008）。とりわけファンソープ（Richard Fanthorp）は，必ずしもすべての伝統的権威が住民に対して横暴を振るったわけではないと指摘している。APC 政権下，パラマウント・チーフの選出には中央の政治家からの圧力がかかることがあった。また，中央からパラマウント・チーフとしてよそ者が派遣されることもあった（代理チーフ（regent chief）と呼ばれ，支配家系出身でなくてもよい）。横暴を振るったのはこうした者だったとファンソープはいう（Fanthorp 2005）。このことを考えると，パラマウント・チーフが必ずしも住民を搾取の対象としていたわけではない。

(6)小括

　ここまで，チーフダムの制度とその成り立ちについて確認した。本節で論じたことは以下のように整理できる。

① 　パラマウント・チーフは行政の長でもあり伝統的なリーダーでもある。パラマウント・チーフの家系があり，その家系は「支配家系」と呼ばれる。パラマウント・チーフを筆頭とするチーフダムの指導層は，伝統的権威と呼ばれる。

② 　植民地政府が保護領の首長をパラマウント・チーフに任命する中で，シエラレオネは新家産制国家の様相を帯びることとなった。植民地政府が経済的な利益の分配を通して首長を植民地統治に取り込んだからである。利益の分配を通じた統治は独立後も引き継がれることとなった。

③ 　独立前後に見られた中央での政争を通して支配家系の出身者が政治家

として台頭した。彼らは選挙での支持を得るため支配家系に利益を誘導した。それにより，シエラレオネを取り巻く PC ネットワークの頂点は置き換わった。これまで植民地官吏を頂点としていたのが，中央の政治家を頂点とするようになった。

④　独立後，地方は中央から取り残された。中央からの監視が行き届かない地方において伝統的権威はチーフダムの統治者として恣意的な支配を行った。支配家系や支配家系と婚姻関係を持つ家系がチーフダムを牛耳った。彼らの保護を受けられない住民は，支配層から不当な扱いを受ける場合があった。その状況はシエラレオネ内戦が始まる 1990 年代まで続いている。伝統的権威に搾取を受け，農村にいられなくなった者が多く RUF に参加したという理解もある。

⑤　カマジョーがカバー政権を支持するようになったのは，SLPP がメンデ人のパラマウント・チーフと関わりが強かったからである（カバーはSLPP の党首である）。その関係は独立前後に作られた。独立前に作られた SLPP はパラマウント・チーフを支持基盤としていた。その後，原住民間の政治闘争を通して SLPP の支持基盤はメンデ人に限られることとなった。1990 年代の民主化プロセスで SLPP は復活したが依然としてその支持基盤はメンデ人の支配家系であった。

2　土着信仰とイスラムの混交
　　──カマジョーの呪術的側面の背景

　本節で論じるのはカマジョーの呪術的側面を裏づけるメンデ人の信仰である。カマジョー結社とその加入儀礼は，一部の呪医（herbalists）およびイスラム知識人（Islamists）によって考案された。彼らは加入儀礼でイニシエーターの役割を担った。本節では，カマジョーおよびイニシエーターへの理解を深めるため，メンデ社会における信仰のあり方，および呪医とイスラム知識人について確認する。

(1)メンデの土着信仰

カマジョーの加入儀礼は，超自然的な力「ハレ」(*hale*) を引き出すために行われたという。ハレは超自然的な力，精霊の力のことであるが，必ずしも銃弾を跳ね返す，姿を消すといった「超能力」を指すだけではない。日常生活に必要とされる力もまたハレである。たとえば，ナイフや山刀が機能をする（与えられた能力を発揮する）のは，ハレによるものだとされた。つまり，ハレはすべての人が使っている。

ハレを作り出したのは，「ゲウォ」(*Ngewo*) と呼ばれる創造主だとされる。人や動物，植物はゲウォによって作られた。しかし，現在，ゲウォは地上にはいない。空高くに隠遁した。ゲウォは空に昇る時，目に見えない力を残した。それがハレだという。誰にでもハレを使うことはできる。ただし，その力をうまく操るためには能力が必要である（Little 1967: 217-218, Reeck 1972: 184)。

地上に遍在するハレは，そのままでは引き出すことができない。ハレを操るには「精霊」(*ngafa*) を媒介する必要があるとされた（Little 1967: 219)。精霊にはいくつかの種類がある。リトルはメンデ人の精霊を特徴ごとに分類している（Little 1967: 216-239)。ひとつめが祖先霊である。祖先霊は2世代ほどさかのぼる死者である。祖先霊は以前に住んでいた場所に，今も住んでいるとされる。夢を通して生者とコンタクトを持つ場合もある（Harris and Sawyerr 1968: 15, Little 1967: 220)。2つめの精霊が自然精霊 (*genii*) である。川やブッシュに住むとされ，感情や嗜好を持ち，人格を持つ存在である。その大きさは，小人から大きな怪物までさまざまとされる（Little 1967: 221)。祖先霊および自然霊は，カマジョーに関する語りの中にしばしば登場する。

(2)呪医

呪医はハレを扱う能力が優れているとされる。呪医の担う役割は予知や病気の治療である。人々は，家族に病人が出た場合，病気の原因や解決方法

を呪医に相談する[41]。また，不可解な出来事があると，その出来事を呪医に報告し，助言を仰いだという。たとえば「畑で昼食をとっている時にカメレオンが落ちてきた」という出来事があった場合，その意味を尋ねるのだという。その他，夢の解釈を依頼することもあった。「親族が病に伏している時，夢枕に祖先が立った」など，見た夢に対して解釈を求めた。呪医はそれらの依頼に応じ，必要な場合には儀礼を行った（Harris and Sawyerr 1968: 55-57）。

　呪医は自分が見た夢にも解釈を付与したという。村に病人が出た場合，あるいは，村が問題に直面した場合，呪医の夢が未来や解決方法を示していると考えられることもあった。呪医の中にはこうした力を源泉に，コミュニティに大きな影響力を持つ者もいたという（Little 1967: 228-230）。

　呪医はハレを引き出すために呪物を用いる。呪物とされたのは薬草（herb）の他にコヤスガイ，カミソリ，リボン，羽毛，獣脂，ヒトの爪などである。呪医の知識は父から子へと伝えられる場合も，徒弟制によって伝達される場合もあった（Little 1967: 229, 234-235）。

　こうした呪医の一部が内戦中にカマジョーのイニシエーターとなった。

(3)メンデの信仰体系に組み込まれるイスラム知識人

　カマジョーのイニシエーターとなったのは呪医だけではない。イスラム知識人もまた，イニシエーターとなった。なぜなら，彼らもハレを扱うことができると考えられたからである。なぜメンデ人の信仰体系にイスラム知識人が関わっているのか。そのことを理解するには，西アフリカにおけるイスラム教の伝播を理解する必要がある。西アフリカでイスラム教が広がったのは，ムスリム商人の交易ネットワークを通してである。各地に広がったイスラム教は，伝統宗教と折衷・混交することで定着していった。

　イスラム教を広める担い手となったのはマンデ系民族のムスリム商人で[42]

＊41　通常，病人は薬草を数日間飲んでみる。それでも効果がない場合，呪医のもとを訪れ，病気の原因を探ってもらう（Harris and Sawyerr 1968: 55-56）。

＊42　「マンデ」（Mande）という用語は，フランス語圏西アフリカの民族誌学において類似

あった（坂井 2003，竹沢 1988: 19）。イスラム教はサハラ縦断交易によってアフリカへともたらされた。すでに 11 世紀には交易の存在が確認されている。ムスリム商人は，北アフリカから塩や繊維製品を持ち込み，サハラ砂漠南縁で産出する金やコーラの実と交換した。後に台頭するマリ帝国（1230 ～ 1645 年）やソンガイ帝国（1464 年 ～ 1590 年）は，主な交易路および中継都市を掌握することで交易を管理し，繁栄を極めた。こうした広域国家が交易を保護したため，西アフリカ内陸部を中心に交易ネットワークが発達した（坂井 2003）。

　16 世紀になり，ヨーロッパ人が西アフリカ沿岸部に立ち寄るようになると，沿岸部の首長国はヨーロッパ人との間で交易を始めた。広域国家は，各地の首長国に自治を認めるような緩い国家であったため，ヨーロッパ人との交易は容易に受け入れられた。ムスリム商人がヨーロッパ人との交易に従事するようになり，西アフリカ沿岸部は，内陸部を中心とした交易ネットワークへと組み込まれていった。ヨーロッパ人は金属製品を持ち込み，ムスリム商人はそれを金，象牙，綿製品などと交換した。

　17 世紀には，西アフリカから持ち出される「輸出品」が金から奴隷へと変わった。この頃，新大陸ではヨーロッパ市場向けの大規模農園が経営されるようになった。労働力が必要とされ，アフリカからの奴隷の需要が高まった（宮本 1997: 257-259）。そうした状況を背景に，ムスリム商人は奴隷交易に従事した。当時，すでに西アフリカには「家内奴隷」と呼ばれる奴隷制度が存在しており，奴隷を取り引きする市場があった。ムスリム商人はヨーロッパ人に奴隷を売った。

　ヨーロッパ人が市場に参入したことにより奴隷の需要が高まった。それにより西アフリカの政治構造は大きく変化した。各地で勢力を持つ中小の勢力が奴隷の獲得に乗り出した。こうした勢力は，近隣の他勢力に戦争をしかけ

する諸集団を指す包括的名称としてドラフォス（M. Delafosse）が導入したものである。言語上の親近性を手がかりに人種，文化，歴史を加味してまとめられた（坂井 2003: 45）。今日，マンデ系の中心とされているのは，マリンケ人（Malinké），バンバラ人（Bambara），ジュラ人（Jula）という 3 つの民族である。マリンケ人はシエラレオネではマンディンゴ人（Mandingo）と呼ばれている。

て捕虜を獲得することで奴隷を獲得した。各地の勢力が奴隷の獲得に乗り出した結果，広域国家の秩序は崩れ，小規模な首長国が乱立することとなった。こうした小国家では，戦争を担う戦士層が経済的利益を獲得する役割を果たした。ゆえに戦士層の影響力が強まった。やがて戦士層は権力の担い手に登りつめ，17世紀には戦士層が支配者として君臨する首長国が次々と生まれた（坂井 2003: 100-101）。

　ムスリム商人は，こうした首長国とヨーロッパ人交易商を仲介した。首長らは奴隷をムスリム商人に手渡し，その引き換えとしてヨーロッパからもたらされた銃や火薬，馬を手にした。それらで戦力を高め，さらに奴隷獲得を繰り返した。一方，ムスリム商人は奴隷を沿岸部へと連れて行き，ヨーロッパ人に引き渡した。ちなみに，ムスリム商人がヨーロッパ人に売った奴隷以外の商品として，アラビアゴム，蜂蝋，牛皮，そして穀物がある（穀物は大西洋を航行する間に消費された）（坂井 2003: 97）。

　ムスリム商人は，交易で築き上げた富をイスラムの学問研究へと費やした。マンデ系の民族では同一のリネージの中で大半の者が交易に従事する一方，その利益をもとに少数の者がイスラム学校を運営するという関係があった。交易商が経済的にイスラム知識人の活動を支える一方，イスラム知識人がムスリムのコミュニティに精神的指針を与えた。イスラム知識人が従事したのは，クルアーンやシャーリアの研究および解釈，そして護符の作成や卜占などである（cf. 坂井 2003: 130-140）。

　イスラム教は，戦士首長とムスリム商人との関係を強めるツールとなった。各地のイスラム知識人は，交流のために移動を重ねた。知識の伝達は師から弟子への個人的な伝授に重点が置かれている。そのことがイスラム知識人の移動を促した。イスラム知識人は移動のために商人が組織するキャラバン隊に加わった（坂井 2003: 139-141）。

　こうしてイスラム知識人は各地の首長国へと至った。辿り着いた地でイスラム知識人は，首長国へと深く関わっていく。外の世界について知識が豊富なイスラム知識人は，首長らの政策に対して助言を与えることができた。

第4章　歴史的背景　117

ヨーロッパ人の記録にも首長の側近としてイスラム知識人が加えられ，顧問や宰相として影響力を持っていたことが報告されている。また，戦士のために護符を作成したり，戦勝のために祈祷をしたりした。

　各地の首長層は彼らの行為を，自らの伝統的な信仰体系に則って理解した。こうしてイスラム教は伝統宗教と折衷・混交する。現地社会にて信頼を得たムスリム商人やイスラム知識人は，現地の首長層と通婚関係を築いた。こうしてマンデ系のイスラム知識人は各地の首長国に定住するようになった（坂井 2003: 158-165）。

　シエラレオネ東部・南部に分布するメンデ人のイスラム化も同様のプロセスで進展した。まず，1750 年までにシエラレオネ北部にあるいくつかの首長国にマンディンゴ人，フラ人，スス人のムスリム商人やイスラム知識人が住むようになった（Skinner 1976: 501）。19 世紀に入ると，彼らはメンデ・ランド（シエラレオネ東部・南部）にも入り込むようになった。[43] メンデ人の首長国に入り込んだイスラム知識人は首長の側近となり，姻戚関係を築き，定住するようになった（Abraham 1978: 4, Bledsoe and Robey 1986, Reeck 1972: 186）。

　メンデ社会では，イスラム知識人やムスリム商人が用いるアラビア文字が超自然的な力，ハレを媒介すると信じられた。メンデ人の信仰体系に沿った形でイスラム教を利用するイスラム知識人も出てくる。また，メンデ人のイスラム知識人も生まれるようになった。こうしてメンデ社会でも，イスラム教が伝統宗教と混交する形で浸透していった。

　メンデ社会にはイスラム知識人と呼べる存在が 2 種類見られる。第一に「カラモコ」（karamoko）である。[44] カラモコは，イスラム学校を運営し，学

---

　*43　メンデ・ランドにイスラム教が入ってきたのは 19 世紀と遅い（シエラレオネの首都近郊が直轄植民地となったのは 1808 年である）。ゆえに，シエラレオネ南部にあたる地域ではイスラム教が十分浸透していなかった。植民地政府による初等教育の普及がシエラレオネ南部のメンデ人を中心に行われたのは，このようにイスラム教が浸透していなかったからである。

　*44　カラモコとは，マンデ系の言語に起源を持つ。アラビア語の qara'a（「読む，朗唱する」）に由来する kara と，人を意味する moko との合成語であり，直接には「読む人」の意味になる（坂井 2003: 130）。

生（弟子）に知識を伝える者を指す。いわばイスラム学校の教師である。住み込みで学ぶ学生は，労働や農作業にも従事した。また，学生の親からも供物が捧げられた（学生は5歳以上の子どもとされる）。カラモコはそれらに依拠して生活した（Bledsoe and Robey 1986: 223, n.5）。

イスラム知識人と呼べる第二の存在が「モリメン」（*morimen*）[*45]である。モリメンは，呪術を行ったり，護符を作成したりすることで生計を立てる。男女関係の成就祈願，豊作祈願，卜占，就職祈願，試験の合格祈願，邪術の跳ね返し，悪霊払いに従事したという（Bledsoe and Robey 1986: 208-209, 223, n.5）。人類学者ピーター・リトルは，モリメンが惚れ薬を調合したり，頭痛の治療に当たったりしていると報告している。また，チーフ選出の際に候補者が勝利を願ってモリメンに護符の作成を依頼したとも記されている（Little 1948）。

カマジョーのイニシエーターにもカラモコやモリメンは多い。イニシエーターには「カモ」（*kamoh*）あるいは「モアレム」（*moalem*）という敬称を持つ者がいる。前者はカラモコを示し，後者はモリメンを示す。

(4)小括

本節で論じたことは以下のように整理できる。

① カマジョー結社を考案したのは呪医やムスリム知識人である。彼らはカマジョーの加入儀礼でイニシエーターの役割を担った。

② メンデにおける呪医は，超自然的な力「ハレ」を用いて予知を行ったり，病気の治療の治療を行ったりする。また，夢から預言をすることもあった。ハレを得るためには，祖先霊や自然精霊を媒介する必要があった。

③ イスラム知識人もハレを操ることができるとされた。カラモコとはイスラム学校の教師を指す。一方，モリメンは呪術を行ったり，護符を作成したりすることで生計を立てた。

---

*45　Mori とはソニンケ語やボゾ語，フルベ語の *mori/modi* から来ており（cf. 坂井 2003: 130），クリオ語で「呪術」を指す。men（「人」）は英語の man である（Bledsoe and Robey 1986: 223, n.5）。そのままメンデ語として定着した。

3 内戦への突入直前のシエラレオネの状況

　次に確認するのは，内戦に陥る直前のシエラレオネの状況である。国家を
中心とした PC ネットワークの縮小が内戦の一因となったことは，すでに第
2章4節で確認した。その理解とは，国家からの恩恵を受けられなかったイ
ンテリの若者が，国家に不満を持ち，反政府組織を形成したというものであ
る（Richards 1996a）。では PC ネットワークの縮小，すなわち，分配できる資
源の減少はいかにしておこったのか。本節では，その問いに取り組んでいく。

　1968 年に首相となったシアカ・スティーブンズは，APC による一党支配
を強めていった。[*46] 1971 年には共和制を導入し，首相から大統領になった。
1978 年には一党独裁を規定した憲法を導入した。こうした政治的な出来事
の裏側で，スティーブンズは PC ネットワークによる資源の分配によって私
的な支配を強化した（Reno 1995b）。

　資源を得るためにスティーブンズが目をつけたのがレバノン商人である
（Reno 1995b）。レバノン人は，自国の養蚕業が停滞したことから 19 世紀に
シエラレオネへと移民するようになった。彼らは保護領との交易を通じて，
クリオよりも経済的に優位に立つようになる。それ以降，レバノン人はシエ
ラレオネの経済を握り続けている（1970 年の時点でのレバノン人の人口は 7000
人とされる）（Gberie 2002, Kaniki 1973）。スティーブンズが首相になる頃には，
シエラレオネで産出するダイヤモンドの取引も，レバノン商人が不正に牛耳
るようになっていた（Frost 2012: 60）。スティーブンズは彼らを利用するこ
とで，私財を蓄えた。彼らに対してダイヤモンドの採掘権を排他的に供与
し，彼らに寡占を許した。その引き替えに見返りを受け取った。また，ダイ
ヤモンドにかかる税金など，公的な国家機構を通じて得られた国家歳入も私

　＊46　APC は 1967 年の選挙で SLPP に勝利した。しかし，その後の政治的混乱のため，ス
　　　ティーブンズが首相に就任したのは 1968 年であった。

的に流用した。それらを元手にスティーブンズは有力政治家などのクライアントに資源を分配した（Reno 1995b）。

　しかし、レバノン人とスティーブンズの蜜月関係は崩壊する。力をつけたレバノン人はスティーブンズの保護をもはや必要としなくなり、政府の手の届かないところでビジネスを行うようになった。[47]政府のチャンネルを迂回し、独自の流通経路でダイヤモンドをさばくようになった。それによりスティーブンズの歳入は減少した。もはや支配を維持するための資金を得られなくなったスティーブンズは、大統領の座をジョゼフ・サイドゥ・モモに空け渡す。1985年のことである。

　モモは大統領に就任した後、自らの収入源を確保しようとした。ダイヤモンドからの収入を政府のチャンネルに取り戻そうとしたり、別の資源（ボーキサイト）から収入を確保したりしようとした。しかし、そうした試みがうまくいったとはいえなかった（Reno 1995b）。その間にも、経済悪化を受けて国家の歳入は減少し、ついに国家は機能不全の様相を呈し出す。1989年には初等教育の教員の給料が12か月間払われておらず、給料支払いを求めるストライキで各地の学校が閉じられた（Richards 1996）。

　こうした状況に拍車をかけたのが、IMF主導の構造調整プログラムである（Reno 1996）。構造調整プログラムに基づき、1986年に通貨レオン（Leone）が固定相場制から変動相場制に移行した。それを契機に急激なインフレが発生する。首都フリータウンの消費者指数は1978年を100とした場合、1986年後半には1516に跳ね上がり、1987年4月には4743になった。また、1986年には都市住民の生活費を抑えるために設けられた米の補助金が撤廃された（Longhurst and Kamara 1988）。

　これらの結果、シエラレオネの人々は、都市へ出て現金収入を稼ぐことができなくなった（Richards 1996: 51）。知り合いや親族の子どもを養い、就学

　＊47　たとえば、スティーブンズは、レバノン人の採掘地を警備するため武装警察「国内治
　　　　安維持部隊」（Internal Security Unit: ISU）を用いた。しかし、レバノン人は力をつ
　　　　けてからは独自に武装し採掘地を警備するようになった（Gberie 2005: 29）。

や就業の機会を与えていたパトロンもまた，苦境に陥ることになった。彼らはもはやクライアントを保護することができなくなった。

　農村部でも商品作物の栽培が停滞し，自給自足以外に生活するすべは残されていなかった。シエラレオネは 1950 年代初頭まで米の輸出国であった。しかし，国内需要が満たせなくなった結果，1955 年からは輸入国に転じた。政府は米の生産を奨励したが，国内で生産される米が，米不足のために持ちこまれた安価な輸入米に競争できなかった。輸入は増え続けた（Due and Karr 1973）。その結果，米の生産はさらに停滞し，自給自足以上の米の生産はされなくなった（Richards 1996: 51）。前述のようにリチャーズは，伝統的権威の横暴により村にいられなくなった若者が RUF に参加したと主張しているが，伝統的権威もまた経済悪化に苦しめられていたといえよう。

　このように内戦前夜のシエラレオネは，政治，経済，社会的な閉塞感にあふれていた。この閉塞的な状況が RUF の形成と蜂起につながっていったと考えられる。リチャーズのいうように，国家の PC ネットワークから排除されたインテリ層が RUF を形成し，農村部の若者を吸収した。当時の状況を振り返ったひとりのカマジョーは筆者に「あの時，RUF が反乱を起こしたのも理解できなくはない」とさえ語っている。

　シエラレオネ内戦が語られる際，国連開発計画（the United Nations Development Programme: UNDP）の人間開発指数（Human Development Index: HDI）が最下位であることがしばしば指摘される。たしかにシエラレオネの HDI は 1991 年に最下位となっているが，そのランキングは内戦前のデータに基づいている（UNDP 1991）。

＊　　　＊　　　＊

　以上，本章ではカマジョー /CDF の理解に必要な背景を確認した。本章で論じたことを踏まえた上で，次章以降は，カマジョー /CDF の時系列的な変容を追っていく。

第 **5** 章

内戦勃発と
カマジョー形成以前の展開

モモ政権期から NPRC 政権期前半
【1991 ～ 93 年】

これまでカマジョー /CDF の生成と変容を論じる準備をしてきた。本章から本題に入り，時系列的にカマジョー /CDF の生成と変容のプロセスを見ていくことにする。とはいえ，カマジョーが形成されるのは反政府勢力 RUF がゲリラ戦に戦略転換する 1994 年を待たなければならない。まず本章では，カマジョー形成までに見られた内戦の経緯を確認する。とくに，後にカマジョーの変容に影響を与える事象を中心に追うことにした。本章で論じるのは，モモ政権期および NPRC 政権期の一部にあたる（1991 ～ 93 年）。

　第 1 節では，RUF による反乱に直面したシエラレオネ政府が軍事力を増強するために実施した対応について俯瞰する。第 2 節，第 3 節では，その一部を詳述する。第 2 節では，シエラレオネ政府によるリベリア人難民の動員について確認し，第 3 節では，国軍による地域住民の動員について確認する。

1　シエラレオネ政府による反乱への対応

　1991 年 3 月，リベリアとの国境地帯で未確認の襲撃事件が発生した。後に RUF の蜂起だと判明する襲撃である。その後，都市部に国内避難民が押し寄せるようになるものの，何が起こっているのか把握できる人はいなかった。

　シエラレオネ政府にとって RUF は未知なる存在だった。国境周辺で見られた襲撃もいかなる性質のものなのか確認できなかった。当時，リベリアからシエラレオネへと戦闘員がしばしば侵入しており，この時の襲撃もそうしたリベリア人戦闘員によるものと思われていた。国境地域での混乱がシエラレオネ政府に対する武装蜂起だと判明したのは，RUF が侵攻した翌月，4 月のことであった。サンコーが BBC のニュース番組「フォーカス・オン・アフリカ」（Focus on Africa）を通じ声明を発したのだ。リベリアから衛星電話を通じて発せられた声明では，APC の打倒および正統性を持つ民主的で平等な社会の構築が蜂起の目的として謳われた（Wai 2012: 95）。

　RUF は侵攻の際，リベリアの武装勢力 NPFL から人員を借りた。そのた

第 5 章　内戦勃発とカマジョー形成以前の展開　125

め，内戦開始当初，戦闘員の大半がリベリア人だったといわれる。RUF は
リベリア人戦闘員の手を借りながら，国境沿いの村や町を手中に収め，そこ
で人々を動員することで戦闘員を増やしていった（岡野 2011b）。

内戦発生当時，シエラレオネ政府が持つ軍事力は限られており，反乱に
十分対処できなかった。当時シエラレオネ国軍が擁していた兵士は 3150 名
に過ぎない。しかも，その役割は形式的なものに留まり，反乱鎮圧の技術
や装備は持ち合わせていなかった。その上，数少ない実戦に対応可能な人
員は，国外へと派遣されていた。第一次リベリア内戦で停戦監視にあたる
ECOMOG（西アフリカ諸国経済共同体監視団）へと 377 名の兵士が派遣され
ていたのである（TRC 3A 2004: 146, Wai 2012: 95）。

政府内で軍事力を持ち合わせている組織は国軍の他にも 2 つあった。その
ひとつが武装警察「特別治安部門」（Special Security Division: SSD）である。
SSD は，シエラレオネ警察（Sierra Leone Police）の一部門であり，800 名ほ
どの人員を擁していた。その中にはキューバやギニアで軍事訓練を受けた者
もおり，軍事的には国軍よりも優れていた[48]（Gberie 2005: 29）。もうひとつの
組織が沿岸警備隊であるが，100 名ほどしか人員がいなかった。これらの組
織をあわせても反乱を鎮圧するには十分といえず，シエラレオネ政府は 7 月
まで劣勢を強いられることになった。

しかし，その後，シエラレオネ政府はいくつかの手段を講じて優勢に回る
ことになった（Pham 2005: 83-85）。第一に，国軍の人員を拡大した。1991 年
末に国軍は 7000 名を抱えるまでとなった。1992 年 4 月にクーデターにより
NPRC 政権が成立すると，その数はさらに増える。NPRC は，内戦終結と被
災地の復興を公約に掲げ，さらなる増員を実施した。1992 年中盤までに，国
軍の数は 1 万 4000 名程度にまで膨れ上がった（Pham 2005: 92-93）。

---

* 48　SSD はモモ政権下，学生運動の弾圧に使われた。SSD が国軍よりも軍事的に優れて
いたのには理由がある。SSD の前身は「国内治安維持部隊」（Internal Security Unit:
ISU）である。ISU は国軍を十分に掌握できていないスティーブンズが私兵として用
いるために作った組織であった。スティーブンズは国軍を信用しておらず，あまり力
をつけないようにする一方，ISU を強化し，重用した（Gberie 2005: 29）。

第二に，シエラレオネ政府はギニアやナイジェリアに援軍を要請した。シエラレオネとギニアとの間には 1971 年に相互防衛協定が結ばれている。内戦が始まった直後，この協定に基づきギニア軍が派兵されている。ギニア軍はカイラフン県ダル（Daru）の防衛にあたった。また，ECOMOG として，リベリアに展開するためにシエラレオネに駐留していたナイジェリア軍も，1991 年 7 月から反乱鎮圧に用いられることになった（Pham 2005: 88）。

　第三に，シエラレオネ政府はリベリア人難民を武装した。1989 年に第一次リベリア内戦が開始して以降，シエラレオネにはリベリア人難民が流入していた。彼らの中にはリベリア国軍で実戦の経験を積んだ者も多数いた。シエラレオネ政府は彼らを「リベリア人連合防衛軍」（Liberian United Defense Force: LUDF）として組織し，RUF との戦いに動員した。

　第四に，前線へと派遣された国軍の部隊は，地域住民を動員した。戦闘を行うためには土地勘が必要である。前線にいる国軍は，周辺の地理に精通している地域住民を道案内役として用いた。動員された地域住民は次第に戦闘にも従事するようになる。

　このようにシエラレオネ政府は RUF と対抗するためにいくつかの方策を講じた。その中でも，リベリア人難民の武装化，および，前線における地域住民の動員は，カマジョー /CDF の変容を論じるにあたり重要となってくる。それぞれについて第 2 節および第 3 節で詳述する。

2　リベリア人難民の動員

　LUDF はシエラレオネ政府がリベリア人難民を動員することで組織された準軍事組織である。とはいえ，LUDF にはリベリア人だけではなく，シエラレオネ人も参加していた。本節では，LUDF を通じて国境を越えた人脈ネットワークが形成されたことを指摘する。LUDF ではシエラレオネ人とリベリア人の人脈が作られ，その人脈は，後にカマジョー /CDF へとリベリア人戦闘員が動員される際に活かされることになる（第 8 章を参照）。

(1)シエラレオネ政府による LUDF の形成と ULIMO への発展

　シエラレオネ政府がリベリア人難民を動員したのは，かなり早い段階であった。すでに4月16日にはシエラレオネ国軍とともに行動するリベリア人戦闘員が目撃されている（ギニア軍もいっしょであったという）（TRC 3A 2004: 150）[49]。それほどにも早くリベリア人を動員できたのは，在シエラレオネ・リベリア大使アルバート・カーペー将軍（General Albert Karpeh）の働きかけがあったからである。

　リベリア国軍での経歴を持つカーペー将軍は，米国で軍事訓練を受けた経験を持ち，国防大臣（ministry of defense）（任期 1981 ～ 82 年）や参謀長（chief of staff）の経験を持つエリートであった（真島 n.d.）。しかし，当時，第一次リベリア内戦でリベリア政府は弱体化し，首都モンロビアの一部を支配している一勢力になりさがっていた。リベリア国軍兵士の中にもシエラレオネへと逃げ，難民となっている者が多数いた。シエラレオネが反乱に直面したことを聞きつけたカーペー将軍はシエラレオネ政府に対してリベリア人難民を武装し，掃討作戦に協力することを申し出た（Ellis 1999: 95）。

　カーペーの主導により組織されたのが LUDF である。LUDF のリベリア人戦闘員には武器・弾薬および軍服が与えられ[50]，その拠点としてケネマ近郊のタオマ村（Taoma）に基地が作られた（Ellis 1999: 95）。この基地は「タオマ・ベース」（Taoma Base）と呼ばれた。筆者は，LUDF に動員されたリベリア人難民から話を聞くことができた。次の証言は，難民としてシエラレオネに渡ったリベリア国軍兵士のものである。

　　私はタオマ・ベースを作った最初のひとりだ。シエラレオネに来たのは，NPFL との戦闘によってシエラレオネ国境まで押し出されたからだ。その時

＊49　その目撃場所は，ダルやポトル（Potru），ケネマ近郊であった（TRC 3A 2004: 150）。

＊50　Transcript of *The Prosecutor of the Special Court v. Charles Ghankay Taylor*（SCSL-2003-01-T），10 January 2008, pp.958-959.

21 名がいた。コンゴ（Kongo）で国境を越えてシエラレオネに入り，ダルまで来た。当時は難民キャンプがあるわけでも，国際赤十字がいるわけでもなかった。難民がただ住んでいただけだ。私はジンミ（Zimmi）へと移りダイヤモンド・ボーイ〔鉱夫〕となった。この頃，国連が来たので難民申請をした。難民申請をすれば毎週配給が受けられるからだ。難民として登録しただけで難民キャンプに住んでいたわけではない。普通にジンミで暮らしていた。しかし，ジンミは未確認部隊により襲撃された。〔筆者注：これがシエラレオネ内戦のはじまりである。〕私は友人とともにケネマまで逃げた。「作戦」に引き込まれたのはケネマでのことだった。私はリベリア国軍での経験があったためLUDF に巻き込まれることになった。[51]

彼はその後，LUDF で戦闘員となる。この語りからもリベリア国軍兵士がLUDF の中心であったことがわかる。

　カーペー将軍はリベリア人難民の組織化と引き換えに，リベリアへと戻るための軍事支援をシエラレオネ政府から取り付けた。カーペー将軍をはじめシエラレオネにいたリベリア人政治家の間で，新たな勢力を率いてリベリアへと戻る計画が練られた。1991 年 5 月，LUDF は，ギニアのリベリア人難民グループ「リベリア・ムスリム救済運動」（Movement for the Redemption of Liberian Moslem: MRM）と統合し，「リベリア民主統一解放運動」（United Liberation Movement for Democracy: ULIMO）となる。ULIMO は 9 月に国境を越え，リベリアへと侵攻し，第一次リベリア内戦の武装勢力のひとつとなった。

　ULIMO はリベリア領内で勢力を拡大していくと同時に，シエラレオネでは引き続き RUF の掃討作戦に従事した。ULIMO の戦闘員は「我々はシエラレオネ側では LUDF という名前を使い，リベリアでは ULIMO と称していた」と証言する。以下の語りは，ULIMO の元戦闘員から聞き取ったもの

＊51　筆者によるインタビュー。2011 年 1 月 15 日，タブマン・バーグ。

第 5 章　内戦勃発とカマジョー形成以前の展開　　129

である。

> 俺はULIMOの一員としてシエラレオネからリベリアへと侵攻した。……その頃は，NPFLとの戦闘に従事するため1～2か月〔リベリアの〕前線にいてはシエラレオネに帰るという生活だった。シエラレオネにはエンジョイするために戻った。シエラレオネに戻ると買い物を楽しめる。[52]

彼によると，タオマ・ベースはULIMOがリベリアに侵攻してからも基地として使われ続けたという。タオマ・ベースは，シエラレオネでのRUF掃討作戦だけでなく，リベリアでのULIMOの活動をも支える基地となったのである。

　タオマ・ベースでは，リベリア人戦闘員の軍事訓練も行われた。以下の語りはULIMOが武装勢力として台頭した後，リベリアで強制徴兵され，ULIMOの戦闘員になった者の語りである。

> 親父がシエラレオネ＝リベリア国境近くの〔リベリア側にある〕鉱山で働いており，俺もそこに住んでいた。そこにULIMOがやってきた。10代の若者35人くらいが徴兵された。自分もひとりだった。捕まってから徒歩でリベリア＝シエラレオネ国境を越えた。国境を越えてからはULIMOの車でタオマ・ベースへと連れて行かれた。そこで1か月ほどの軍事訓練を受けた。他の戦闘員の訓練もできるようにみっちり訓練をされた。[53]

彼はリベリアからわざわざシエラレオネに連れて行かれ，そこで軍事訓練を受けている。

　このようにULIMOは国境を越えて活動した。シエラレオネでは，シエラ

＊52　筆者によるインタビュー。2011年1月13日，モンロビア。
＊53　筆者によるインタビュー。匿名。

130

レオネ政府による RUF 掃討作戦に協力する一方，リベリアでは武装勢力として台頭した。

(2) ULIMO に参加したシエラレオネ人

ULIMO に参加したのはリベリア人難民だけではない。シエラレオネ人もいた。彼らの多くは RUF との関係を疑われた結果，逃げ場として ULIMO を選んだ者である。

内戦が始まった当初，RUF にはリベリア人戦闘員が多かった。そのため，シエラレオネ国軍はリベリア人やリベリアと関係を持つシエラレオネ人に対して反乱勢力ではないかという疑いをかけた。とくにリベリアとの国境地帯に住む人々は嫌疑の対象となった。シエラレオネ特別裁判所では以下のような証言がなされている。

〔シエラレオネから〕国境を越えたリベリア側にもメンデ人はいる。国境近くではシエラレオネ人でもリベリアの通貨を使っている。それに，国境地域から〔最も近いシエラレオネ側の都市である〕ケネマまでのアクセスはよくない。〔車道は舗装されていない〕。その一方，〔リベリア側は道路が舗装されているため〕モンロビアにはすぐに行ける。国境を越えて姻戚関係が作られることも多い。だからシエラレオネ側でも多くの者がリベリア英語をしゃべる。国境地域では，リベリア人あるいはシエラレオネ人という区別は意味をなさない。[54]

この証言で述べられているように，国境地帯ではリベリア人ともシエラレオネ人ともいえる人々が存在した。彼らはある時はリベリアに住んだり，ある時はシエラレオネに住んだりしている。国軍は，こうした人々を RUF の協力者ではないかと疑った。

---

* 54　Transcript of *The Prosecutor of the Special Court v. Charles Ghankay Taylor*（SCSL-2003-01-T），10 June 2010, p.42484.

筆者の調査協力者スパローも，国境地帯出身ではないが，リベリアと深く関わるシエラレオネ人のひとりである。彼の両親はシエラレオネ人であるが，モンロビアに住んでいた。スパローはモンロビアで生まれ育った。モンロビアでビジネスを営む父は，メンデ語を習得させたり，シエラレオネの人々と交流を持たせたりするために，彼をシエラレオネの高校・大学へと通わせた。シエラレオネで学生であった彼がLUDFに入ったのは，反乱勢力の一員ではないかと疑われることを恐れたからだという。スパローはこう述べる。

　　内戦が発生した時，国軍はリベリア英語をしゃべる者を「反徒」(rebel)〔RUFのこと〕だと疑った。殺される可能性もあった。私の父はリベリアに住み，私もリベリア英語をしゃべる。私はボーで大学に通っていた時，LUDFに参加することに決めた。LUDFにはシエラレオネ人も大勢いた。数百人はいたと思う。数か月の軍事訓練を受けた。モンロビアに帰りたかったため，シエラレオネには残らず，ULIMOとしてリベリアに侵攻するつもりでいた。その前にボーに住む母親に挨拶しに行った。すると怒涛のごとく反対された。それで行くのをやめた。

このようにスパローは自分がLUDFに入った理由を，国軍による迫害と自らの帰郷の望みとの2つから説明した。またスパローの弟もULIMOに加わっている。彼は兄とは異なり，リベリアではなくシエラレオネで育った。ボー近郊の村で母方の祖父母とともに暮らしていた。リベリアが内戦に巻き込まれる前は，しばしばモンロビアにいる父や兄に会いに行っていたという。その弟は以下のように語った。

　　内戦が始まると村の人々は，私が反徒と関係があるのではないかと疑うようになった。そこで村を離れ，ケネマまで行った。ケネマでスパローと合流し，いっしょにULIMOに入ることにした。……私は2か月ほどの軍事訓練を受けた。戦況によっては人をすぐに派遣しなければならない。だからULIMO

の軍事訓練の期間は参加するタイミングによって異なる。軍事訓練の後，ULIMO としてリベリアに侵攻した。しかし，NPFL に国境まで追い返された。そこで ULIMO から離脱した。ULIMO では金を払われたわけでもないし，シエラレオネにガールフレンドもいた。だから私はボーに戻った。ボーではガールフレンドが小規模な商い（small business）をしており，それで支えてもらった。[55]

スパローの弟は，リベリアに家族が住むからという理由で反徒かもしれないという疑いの目を向けられている。

　なお，この2つの語りに見られるように，シエラレオネの人々は RUF をさすとき「反徒」（rebel）という言葉をしばしば用いる。以降，「反徒」という言葉が用いられる場合，RUF のことを指すものと考えてもらいたい。

　スパローやその弟とは異なり，ULIMO の戦闘員としてリベリアへと渡った者もいる。そんなシエラレオネ人のひとり，イブラヒム・ジャロ（Ibrahim Jalloh）は ULIMO に加入した経験を以下のように語った。

　　シエラレオネ国軍は反徒に対処するためリベリア人難民を組織した。リベリア人難民はシエラレオネのことを知らない。進軍するためにはシエラレオネ人の道案内が必要となる。私はその案内役をしていた。私は ULIMO〔の司令官に〕に「お前は勇気があるから戦闘員にならないか」と言われ，そのまま ULIMO の戦闘員となった。我々は反徒を〔リベリア国境まで〕押し戻した。そのままリベリアへと侵攻した。私はリベリアの地で戦闘員をすることになった。[56]

ジャロは筆者に自分は勇気があったから戦闘員となったと語った。しかし，ジャロの友人は，彼は ULIMO に残らざるをえなかったと話している。彼の

＊55　筆者によるインタビュー。スパローの弟，2011年1月2日，ボーにある彼の自宅にて。
＊56　筆者によるインタビュー。イブラヒム・ジャロ（Ibrahim Jalloh），2010年12月31日，ポトル。

出身地は，リベリア国境に近いプジュン県ポトル（Potoru）である。当時，ポトルは反徒の支配下にあった。そのため，彼はシエラレオネ政府の支配地域にいても反徒の協力者として疑われるだけだった。彼は，ULIMOといっしょにいるしか選択肢がなかったという。

　ここまで提示した語りから，ULIMO（あるいはLUDF）には多くのシエラレオネ人が参加していたことがわかる。その中には，戦闘員としてリベリアに渡った者も，シエラレオネに残った者もいた。シエラレオネに残った者の中には後にカマジョーに参加することになる者もいた。彼らの人脈を通じて，リベリア人戦闘員が後にカマジョーに引きこまれることになる。その物語は第8章を待たなければならない。

3　国軍による地域住民の動員

　次に，国軍による地域住民の動員について確認する。

(1)司令官の個人的なクライアントとして始まった非正規兵の動員

　内戦が始まった直後，戦闘は幹線道路を中心に展開された。前線の様子も，政府側と反徒が向かい合っているという単純なものだった。しかし，数か月も過ぎると戦闘は巧妙なものとなり，ブッシュ小道を用いて回り込んだりするようになった。そのため必要となったのが，地理に精通した人材である。国軍は，地元のブッシュ小道に精通した地域住民を動員し，道案内をさせるようになった（TRC 3A 2004: 134）。

　前線へと派遣された国軍の部隊は，全体として統制が取れているわけではなく，それぞれの部隊が独自に作戦を展開していた。前線にいる部隊の中には戦闘に地域住民を用いた部隊もあった（Hoffman 2011a: 33）。シエラレオネ人研究者アブドゥラーとムアナは国軍に動員された地域住民について以下のように指摘している。

国軍に動員された者の中には，RUF による最初の攻撃で親や保護者を失った者もいる。彼らは復讐に燃えて国軍へと参加した。……ある程度成長した者は兵士となった。年端のいかない子どもも，司令官に個人的に忠誠を誓う「見習い」として使われた。彼らは兵士としての身分を得た正規の兵士というわけではない。彼らは司令官に忠誠を誓い，司令官を「兄貴」（bra［big brother］）と呼んだ。　　　　　　　　　　　　（Abdullah and Muana 1998: 180）

　このように前線では子どもを含めて地域住民が国軍に動員されることがあった。しかし，これを単純に子どもの強制徴兵とみなすわけにはいかない。前述のように，シエラレオネでは経済的な余裕のある者は，子どもに雑用をさせ，その代わりに生活の面倒をみるという徒弟の習慣がある。前線での動員は，その延長で理解する必要があろう。国軍の司令官は，いわば一時的にパトロンの役割を果たしたといえる。筆者の聞取調査でも，近くに駐留している国軍兵士のために雑務（掃除や洗濯，調理）をしていた者がいた。彼は両親といっしょに住みながら，国軍の手伝いをしていたという。彼は労働の見返りとして食事を受け取っていた。その後，彼は国軍の兵士となった。このように，国軍兵士は地元住民をクライアントとして動員し，戦闘に参加させたり雑務をさせたりした。

(2)ベン・ハーシュ大尉の「空挺師団」

　国軍による地域住民の動員の中でも，成功を収めた例として有名なのがプリンス・ベン＝ハーシュ大尉（Captain Prince Ben-Hirsh）による動員である。1991 年，ハーシュ大尉は無職の若者やダイヤモンド鉱夫を動員し，「空挺師団」（airborne division）を組織した（「空挺部隊」とは部隊の名前に過ぎない）。ハーシュ大尉が動員を行ったのは，彼自身の出身地であるカイラフン県セヴェマ（Segbwema）である。ハーシュ大尉はポロ結社の横のつながりを用い，周辺の村々から若者を集め，部隊を作り上げたという（Fithen and Richards 2005: 128）。ハーシュ大尉は，彼らの地理的知識を利用することで

反徒の掃討作戦を展開し，一定の成功を収めた（Gberie 2005: 76, Keen 2005: 91, Muana 1997, Richards 1996: 9）。

しかし，1992年1月，ハーシュ大尉は国軍が駐留する町ダルで死亡する。奇襲を受けたのだ。空挺師団は，ハーシュ大尉に対して個人的に忠誠を持つ者で組織されていたため，ハーシュ大尉が死亡したことで解散した。ハーシュ大尉が死亡した奇襲は，国軍の中でハーシュをよく思っていない者が行ったという噂もある（Richards 1996: 6, Gberie 2005: 76-77）。シエラレオネのある新聞は，ハーシュ大尉が「もし俺に何かあったら，それは反徒のせいじゃない」と生前に語っていたと記している[57]。

(3)民族を基盤とした最初の自警組織タマボロ

ハーシュ大尉の空挺師団のように初期の動員は司令官個人によって行われていた。そのため，その個人がいなくなると動員は解消された。その後，国軍による動員は組織的なものとなる。1992年には，民族を基盤とした最初の自警組織「タマボロ」（Tamaboro）が作られた。タマボロの動員は組織的で計画的なものであった。

タマボロも，カマジョーと同様伝統的狩人に着想を得て作られた準軍事組織である。「タマボロ」は，クランコ人の言語で「狩人」を意味する。狩人「タマボロ」は現金収入を得るためオナガザルやチンパンジーを狩猟し，食肉としてリベリアに輸出していた（Fithen 1999: 206）[58]。カマジョー（狩人カマジョー）とは異なり，タマボロになるためには加入儀礼を受ける必要があった。10代で加入儀礼を受け，徒弟制で狩猟やブッシュ小道の知識を獲

＊57　Kabia Emmanuel "Echoes from Ben-Hirsch's Death," *Concord Times*, 28 Aug., 1992.

＊58　シエラレオネ人がリベリアに輸出するためにサル猟を行っている一方，リベリア人がシエラレオネにやってきて密猟をする場合もあった。リベリアでは乱獲によりサルが減少した。その結果，1970年頃からリベリア人がシエラレオネへと侵入し，サル猟を行うようになった。彼らは集落などにキャンプを設営し，そこを基地にして森を探し回った。1週間で数百頭のサルを殺すこともあったという。キャンプに戻ると，サルは手足を外され，燻製にされる（オーツ 2006: 94）。内戦後には上述のようなリベリア人による大規模な密猟は見られないという（筆者の調査より）。

得したという。タマボロは広範囲にわたる地域の地理に精通しており，その範囲は他の民族の狩人よりも格段に広いものであったという（Fithen 1999: 206-207）。

1992 年 4 月のクーデターにより成立した NPRC 政権は，シエラレオネ北部のコイナドゥグ県にて狩人タマボロを計画的に動員した。1992 年 7 月から 10 月にかけて国軍の上級職員（senior staff member）が各チーフダムを回った。同県には 11 のチーフダムがある。それぞれのチーフダムの伝統的権威に，狩人（local hunter）を動員し，部隊を作ることを掛け合ったという（Smith et al. 2004: 164）。タマボロを組織するために NPRC 側でリーダーシップを取ったのは国防大臣（ministry of defense）のサムエル・コンバ＝カンボ大尉（Lieutenant Samuel Komba Kambo）である。彼は NPRC のクーデターを主導した若手下級将校のひとりであり，コイナドゥグ県出身であった（Smith et al. 2004: 164）。NPRC の要請を受け，各チーフダムでは狩人をはじめとした若者が集められた。その招集命令は，パラマウント・チーフからタウン・チーフやセクション・チーフへと伝達された。若者を集めよというのだ。内戦地図報告書はニエニ・チーフダム（Nieni Chiefdom）の事例を紹介している。

> 1992 年 11 月に，警察官がアリカラ（Alikara）の町を訪ねた。その警察官はパラマウント・チーフからの伝言をアリカラのセクション・チーフに伝えた。7 日以内にセクション内のすべての狩人を集め，イェフィン（Yifin）〔ニエニ・チーフダムの中心地〕に来させよというのだ。……〔ニエニ・チーフダムの〕別のセクションでは 12 月 23 日に 43 名の狩人を派遣した。こうして集められた若者は同県カバラ（Kabala, Wara Wara Yagala Chiefdom）にて軍事訓練を受けた。
>
> (Smith et al. 2004: 164)

このように動員の命令は，パラマウント・チーフから下位のチーフへと伝達された。1992 年 8 月には 450 名が集められ，前線であるコノ県やカイラフ

ン県に派遣された。その後も，動員は続けられ2000 ～ 3000 名が組織された（Fithen 1999: 207）。女性も多く動員されたという。

　タマボロとして動員された者のうち，伝統的狩人タマボロであったものはごくわずかであったと思われる。広範な地理に精通した狩人がそれほどの人数がいるとは思えないからだ。いずれにせよ動員されたコイナドゥグ県の若者たちは「タマボロ」という名で知られるようになった。

　1993 年頃，タマボロは，その軍事的な成功で新聞に多く取り上げられるようになった。そうした新聞ではタマボロを，銃弾を跳ね返す力を持つ集団だと伝えた（Fithen 1999: 207）。多くの女性戦闘員が活躍したことも，報道の注目を引きつけた（Gberie 2005: 82）。フリータウンで発行された新聞の多くの記事では，タマボロを紹介する際，呪術を行っている女性戦闘員や武器を携帯した女性戦闘員の写真を掲載している（Fithen 1999: 207）。

　タマボロでリーダーシップを取ったのは呪医のデンバソ・サムラ（Daembaso Samura）である。サムラは戦闘の前，タマボロの戦闘員に準備儀礼を施した（Gberie 2005: 82）。NPRC のカンボ大尉は伝統的権威を説得するため，強い力を持つ呪医を用いることを約束した。そのために呪医が指導的な役割を果たすことになったといわれる。

　タマボロはクランコ人の伝統的狩人の名称であるが，準軍事組織タマボロに参加したのはクランコ人だけではない。北部に住むその他の民族も参加している。タマボロで野戦司令官（field commander）だったのはマリー・ケイタ（Marie Keita）という女性であったが，その下の司令官は，同県に住む5つの民族（ヤルンカ人，クランコ人，リンバ人，フラ人，マンディンゴ人）よりそれぞれ選ばれたという（Smith et al. 2004: 164）。さらに，その下位の組織は，チーフダム，セクション，村といった地理的区分で分けられ，各レベルの司令官は，チーフダムでの社会的地位に沿った形で任命された（Fithen 1999: 208）。

　タマボロは RUF との戦闘で一定の成果を収めた。しかし，タマボロも解散することになった。タマボロの活動は，内戦に乗じて悪事を働く国軍の一部にとっては邪魔な存在であった。たとえば，1993 年 6 月，タマボロは

トンコリリ県マシンビ（Masingbi）で30名の国軍兵士を拘束している。その容疑は，彼らが反徒を装い，山賊行為をはたらいたことであった。こうした国軍兵士の拘束で，タマボロと国軍の関係は悪化していく。1993年10月，タマボロの拠点であったコイナドゥグ県カバラはRUFに襲撃された。呪医のサムラや野戦司令官のマリー・ケイタはめった刺しにされた。そのまま，タマボロも立ち消えとなった（Gberie 2005: 83, Hoffman 2011a: 38, Jackson 2004: 144）。しかし，タマボロが襲撃にあったカバラはRUFが活動していたコノ県やカイラフン県から離れており国軍の警備も堅かった。そのため，この襲撃にも国軍内の誰かが手を引いていたのではないかと噂されている。

(4)メンデ・ランドでの最初の自警組織「東部地方防衛委員会」

タマボロと，同様の試みがメンデ・ランドでもなされている。国軍による動員によって1992年12月にケネマで設立されたのが「東部州防衛委員会」（Eastern Region Defense Committee: EREDCOM）である（東部州に該当するのはケネマ県，カイラフン県，コノ県である）。当時，東部州担当大臣（secretary of state for the eastern province）であったトム・ニュマ（Tom Nyuma）がその組織化を主導した。トム・ニュマも，コンバ＝カンボ大尉同様，NPRCのクーデターを主導した若手将校のひとりであった。トム・ニュマはカイラフン県出身のキッシ人である（Gberie 2005: 83）。

一方，EREDCOMで議長（chairman）となったのがアルファ・ラバリー（Alpha Lavalie）である。ラバリーは，イギリスのロンドン大学東洋アフリカ研究学院で博士号を取り，その後，シエラレオネ大学ファラー・ベイ校で歴史学の教鞭をとっていた。また，民主化の流れの中で再結成されたSLPPで副幹事長（deputy secretary general）も務めている（Alie 2005）。NPRCはラバリーを介して各チーフダムの伝統的権威を説得した（前述のようにSLPPとメンデ人の伝統的権威との結び付きは強い）。ラバリーの呼びかけに応じ，伝統的権威は狩人カマジョーを中心に若者を招集した（Muana 1997）。その結果作られたのがEREDCOMである。

筆者は調査の中で，EREDCOM に加入し，その後，内戦カマジョーとなる年配の男性に会った。彼は以下のように語る。

> 1992 年，ラバリーは政府や国際社会，宗教指導者やパラマウント・チーフに訴えた。「我々は RUF との闘いに参加したい」。NPRC はそれを受け入れた。ノンゴワ・チーフダム（Nongowa Chiefdom, Kenema District）のパラマウント・チーフは本部を設置することを承諾した〔ノンゴワ・チーフダムの中心地がケネマである〕。こうしてケネマに EREDCOM の本部が置かれることになった。当時，反徒はカイラフン県で活動していた。ケネマは戦闘員を前線へと送り出すための基地となった。ケネマ県のパラマウント・チーフは武器の使用を習得させるため，血気さかんな男たちをラバリーのもとへ派遣した。彼らは〔訓練の後〕国軍のカヌ大佐（Colonel Kanu）に引き渡された。カヌ大佐はケネマ旅団（Kenema Brigade）の旅団長でもあった。派遣された若者のうち 139 名がダルへと派遣された。当時，加入儀礼はまだなかった。「カマジョー」と自称していたわけでもない。当時，我々は自分たちのことを「自警団」（vigilante）と呼んでいた。カマジョー〔狩人カマジョー〕が動員されたのは，単発銃が使えるからだ。アルファ〔ラバリーのこと〕は愛国心あふれる人間だった。彼はシエラレオネを守るためにカマジョー〔狩人〕に呼びかけたのだ。[59]

この語りは，ラバリーや伝統的権威の活動を過度に美化しているきらいがあるが，2 点のことが確認できる。第一に，EREDCOM に動員されたのは狩人カマジョーが中心であったが，通常の若者も動員されていることである。この語りを語った人物も狩人カマジョーではなかった。第二に，ラバリーらが国軍の仲介役となり，国軍のためにチーフダムから若者を集めたことである。

＊59　筆者によるインタビュー。2010 年 12 月 31 日，ジョル。

EREDCOM も例に漏れず，議長が死亡したことで解散を迎えた。ラバリーは，1994 年 2 月 8 日，マノ・ジャンクション（Mano Junction）（ケネマから 21km 離れている町）で運転中に，地雷を踏んで爆死した[60]。この事件も不可解なものであり，国軍が絡んでいると噂されている（Hoffman 2011a: 38）。

カマジョー（内戦カマジョー）自身が，カマジョーの起源について語る時，EREDCOM に言及する場合が多い。上述の語りを語ったカマジョーも，例外ではない。また，学術研究でも内戦カマジョーの起源として EREDCOM が提示される場合が多い（Alie 2005, Hoffman 2011a, Keen 2005）。しかし，EREDCOM とカマジョーの連続性には疑問が残る。EREDCOM は最初に狩人カマジョーが内戦に動員された事例といえる。ただし，EREDCOM は国軍主導で行われたものであり，伝統的権威が主導し，チーフダムの自警のために組織された狩人民兵とは異なる。実際，EREDCOM の成員の多くは EREDCOM が解散した後に，各チーフダムへと戻り，狩人民兵として活躍している。このことから，カマジョーの間では EREDCOM がカマジョーの起源だと語られているものの，それには留保が必要である。

ここまで国軍が実施した地域住民の動員を見てきた。当初，場当たり的に行われていた地域住民の動員は，内戦が長期化するにつれて組織的なものとなる。

本節で紹介した地域住民の動員は国軍主導のものであり，住民自らが独自に活動することはなかった。国軍による動員には成功した事例も見られるものの，多くの場合，リーダーの死亡によって解体されている。その理由は，国軍が，動員した勢力が力をつけすぎることを恐れたからだといわれる。都合のよい人物を仕立てあげ，その人物に権限を集中させれば，その勢力が都合の悪くなった場合に，その人物を消せば解決する。このように国軍は，別の軍事勢力が台頭しないように細心の注意を払いながら，地元住民を動員した。

＊ 60　"Lavalie Died a Martyr," *The Vision*, 14-21 April, 1994.

第 5 章　内戦勃発とカマジョー形成以前の展開　141

＊　　＊　　＊

　RUFに対処する必要に迫られたシエラレオネ政府は，いくつかの方策を通じて軍事力の強化をした。本章はその中でも，リベリア人難民の動員および地域住民の動員を詳しく見てきた。RUFの掃討のために，シエラレオネ政府に動員されたリベリア人難民は，第一次リベリア内戦の武装勢力ULIMOとなった。彼らは，シエラレオネではRUFの掃討にあたる一方，リベリア領内では武装勢力として台頭した。ULIMOには，シエラレオネ人も参加している。それにより，リベリア人とシエラレオネ人の人脈が作られることになった。また，国軍によって地域住民が動員された。その中には，北部で動員されたタマボロやメンデ・ランドで動員されたEREDCOMが含まれる。彼らの活動は国軍の下での活動に限られており，独自に活動することはなかった。

第**6**章

小さなネットワークの誕生

NPRC 政権中期
【1994 ～ 95 年頃】

1994年から95年頃，各地のチーフダムでは，伝統的権威によって住民が組織され，狩人民兵が作られた。すなわち，チーフダムを基盤とした小さなPCネットワークが各地で顕在化することになったといえよう。本章ではそのプロセスを確認する。

第1節では，狩人民兵が形成された背景を述べる。RUFがゲリラ戦に移行し，村々を襲撃するようになったこと，そして，国軍の中に，住民から略奪を行った部隊がいたことが，狩人民兵が作られた背景にあることを指摘する。第2節では，狩人民兵が形成されるプロセスを，ボー・ケネマ地域を中心に確認する。第3節では，ボンス地域でカマジョー結社が作られるプロセスを確認する。

1　狩人民兵形成の背景
——RUFのゲリラ戦略と「ソベル」

住民が自警のために狩人民兵を形成するようになったのは，2つの理由による。まず，RUFがゲリラ戦に転換し，村や町に急襲をかけるようになった。次に，反乱鎮圧にあたる国軍が混乱に乗じて住民から略奪を行った。それらのことにより，住民は自らを守る必要が出てきた。

⑴地理的特性を生かしたRUFのゲリラ戦

前章で確認したように，国軍は反乱に対処するために様々な方策を取った。その結果，RUFは一度敗退する。1993年末までにRUFはリベリア国境へと追い詰められ，その後，活動は見られなくなった。ストラッサー大尉は1か月間の停戦を一方的に宣言し，その間に投降したRUF戦闘員には恩赦を与えると発表した（Amnesty International 1995）。内戦は一見終わったかのように見えた。しかし，1994年，RUFは戦略を転換して活動を再開する。

国軍に追い詰められるまでRUFは，支配地域を拡大しながら軍事活動を

展開した。それに対して活動を再開してからは，秘かにブッシュ小道を利用し，政府の掌握地域まで深く入り込むようになった。人里離れたところに基地（camp）を作り，そこを拠点とし，ブッシュ小道を利用することで町や村を不意打ちで襲撃したのである（Richards 2003: 15, TRC 3A 2004: 182-196）。RUF による襲撃の様子は，ジャーナリスト松本仁一が記している。

> 原野伝いに移動を続けるゲリラ部隊は重くてかさばる食料などは持って歩かない。腹がすくと手近な村を襲う。風方，十数人の兵士がブッシュに隠れ，こっそりと村に近づく。あと 10 メートルほどになると全員が立ち上がって叫び声をあげ，AK47 を乱射しながら集落に突入する。住民は驚いて逃げてしまう。そのあと集落に入り，調理済みの食事を略奪する。部隊は住民が逃げて空き家になった家で 2, 3 日暮らし，村の食料を食い尽くすとまた移動する。
>
> （松本 2004: 17-18）

RUF は戦闘員を 30 名ほどの小隊に組織している。この人数では，一定の支配地域を維持するには無理がある。ゆえに，襲撃の後，すぐに撤退する場合が多かった。その際，持てる物は略奪し，荷役人夫や戦闘員にするため，住民を誘拐した。

　また，混乱を助長するためか，RUF は襲撃をする時に，しばしば国軍に偽装した。シエラレオネ国軍の正規の軍服や軍靴を身に着け，襲撃をかけたのである。偽装をした理由として，襲撃が国軍によるものと住民に思わせることで，国軍の信頼を失墜させようとしたのだともいわれている。以下にアムネスティ・インターナショナル（Amnesty International）による報告を記す。

> 1994 年 12 月 26 日，武装し軍服をまとった 40 名の部隊がマトゥル（Matru, Bonthe District）に現れた。近隣のティコンコ（Tikonko）が昨日襲撃されたため，マトゥルを警備するために来たというのだ。〔その数日後，〕……村人は銃声を聞き，家々に隠れた。その後，国軍の軍服を着た者に家から出るように

命令された。その者たちは RUF を名乗った。RUF は住民に国軍が町にいるのかを問うた。マトゥルを守るために来た兵士はどうやら逃げ出したようだ。何名かが殺され，家は壊され略奪された。　　　　　　（Amnesty International 1995）

このように RUF は，国軍の軍服を着て襲撃を行っている。そうした襲撃が人々の混乱を助長したのは容易に想像がつく。

　偽装襲撃に限らず，RUF の小隊にとって出くわした部隊を友軍かどうか見分ける必要がある（私服の場合も多かった）。友軍と敵軍を区別するために用いられたのが合言葉（speaking tongue）である。たとえば，こちら側が「タンゴ！」(tango) と言う。友軍ならば，それに対応する言葉を知っている。それを知らなければ相手方は友軍ではない[61]。

　メンデ・ランドは RUF によるゲリラ戦の中心地となった。そのため，多くの人権侵害事件が発生している。図 6-1 は，真実和解委員会に報告された RUF による人権侵害事件の報告件数を示している。内戦が勃発した 1991 年に最も多くの人権侵害事件が報告されているのが国境沿いの県であるプジュン県およびカイラフン県である。なぜならリベリアから侵攻した RUF は，まず国境沿いの両県に侵攻したからである。1992 年，93 年は，RUF の劣勢を示すように人権侵害の報告は減少している。それに対し，RUF がゲリラ戦に移行した 1994 年からの数年，ボー県，ボンス県，ケネマ県，モヤンバ県で人権侵害事件が多く報告されている。メンデ・ランドに該当するのは，これらの県の他，プジュン県とカイラフン県である。図 6-1 からわかるのは，1995 年頃まで内戦はほぼメンデ・ランドで見られていたということである。

(2)略奪を行う国軍兵士

　メンデ・ランドの住民が被害をこうむったのは，RUF による襲撃だけではない。国軍による略奪にも悩まされた。シエラレオネ政府は RUF に対処

＊61　筆者による元 RUF 兵へのインタビュー。2009 年 11 月 10 日，モンロビア。

第 6 章　小さなネットワークの誕生　147

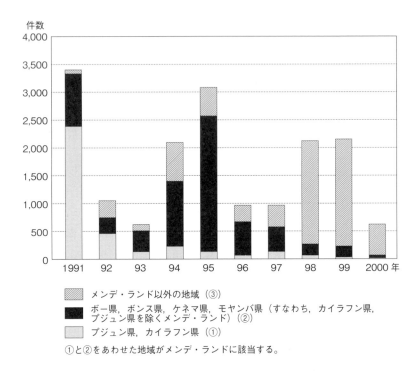

図 6-1　RUF による人権侵害の報告件数
（出典）TRC 3A 2004 に基づき筆者作成。

しようとして国軍の性急な増員を図った。その結果，十分に訓練を受けていない若者が前線へと派遣された。その中には，内戦の混乱に乗じて，私腹を肥やす兵士もいた。前線で独自に活動を行っている部隊には，軍の上層部の目が行き届かない村々で略奪を行う部隊もあった。以下はアムネスティ・インターナショナルの報告である。

　　ンジャラ・タウン（Njala town, Komboya Chiefdom, Bo District）が RUF に襲撃された時，混乱に乗じてひとりの司令官が殺された。その司令官は軍からの命令に忠実な軍人であった。彼が殺されてから，その部隊は略奪に明け暮れ

た。銃をぶっ放しながらトラックで村へと乗り入れ，食料や貴重品をトラックに積み込んで去って行った。　　　　　　　　　（Amnesty International 1995）

　銃声を聞くと住民は逃げる。銃を乱射して村に突入したあと，食料や人々の所有物，家の屋根に使われるトタンなどを奪っていくのである。略奪品は前線からケネマ，マケニ，ボー，フリータウンといった都市部へと持ち込まれ，そこで売られることになった（Keen 2005: 119）。このような略奪行為を行う国軍兵士は，国軍（ソルジャー／soldier）でもあり，反徒（レベル／rebel）でもあるという意味で「ソベル」（sobel）と揶揄された。
　ただし，国軍による略奪といっても，国軍が組織的に行っていたわけではない。一部の部隊が統制のとれないところで行っていたにすぎない。軍部もその取り締まりに悩まされている。たとえば，1993年5月24日の新聞では「4人の兵士，略奪の容疑で逮捕」と報じられている。

　　北部担当大臣（secretary of state, north）のファラー・セワ少佐（Major Fallah
　　Sewah）は，……盗品を所持する人物はその所属に関わりなく逮捕するように
　　命じた。略奪者を取り締まるためである。この命令は驚くことではない。す
　　でに北部担当大臣は国軍のすべての構成員に対し，戦争地域で……市民を迫
　　害したり，その所有物を略奪したりせぬようにとの命令を発している。……
　　〔引用者注―この命令が発せられたのは5月18日に国軍兵士が略奪の疑いで逮捕さ
　　れたからである。〕5月18日（木）の夕暮れ間近に……冷蔵庫，電化製品，発
　　電機など略奪物資と思われる品々が発見され，NPRC当局に報告された。そ
　　れに関与していると思われる兵士4名も逮捕された。[62]

　この記事からも，略奪は国軍の一部が行っているのであり，国軍はその統制に悩まされていることがわかる。

＊62　"Four Soldiers Arrested with Looted Property," *The New Citizen* (24 May, 1993).

第6章　小さなネットワークの誕生　149

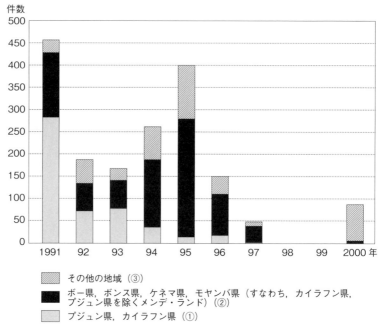

図 6-2 国軍による人権侵害の報告件数
（出典）TRC 3A 2004 に基づき筆者作成。

　国軍による人権侵害の報告件数も，RUF がゲリラ戦に転換した 1994 年以降にメンデ・ランドで増加している。図 6-2 は国軍の人権侵害事件の報告件数を示したものであるが，RUF による人権侵害と同様，1994〜95 年に増加している。

2　狩人民兵の形成

　RUF による襲撃，および国軍による略奪から身を守るため，住民は自警組織を組織した。その形成において指導的な役割を担ったのが，パラマウン

ト・チーフをはじめとする伝統的権威であった。[63]彼らの主導により，それ
ぞれのチーフダムで若者が集められた。彼らは山刀やナイフ，単発銃といっ
た入手可能な武器で武装することになった。そこで中心的な役割を担ったの
が伝統的狩人であった。こうした自警組織は，次第に「狩人民兵」（hunter
militia）と呼ばれるようになる（Smith et al. 2004: 382）。

(1)初期の狩人民兵

とくにボー・ケネマ地域では襲撃が多く，多くの狩人民兵が作られた。狩
人民兵は，RUF からチーフダムを守るために各地で組織され，その活動も
独自に行われている。住民が国軍を信用していない地域では国軍は敵対視さ
れた。その一方で，国軍と協力することで自警を行った狩人民兵もあった。
後者の場合，反徒の目撃情報を国軍に報告したり，捕らえた反徒を国軍に引
き渡したりした。また，国軍から武器を提供された狩人民兵もあった。

狩人民兵はそれぞれのチーフダムで独自に組織されたが，隣接するチーフ
ダムで協力関係を持つ場合もあった。たとえば，クリム市民防衛部隊（Krim
Civil Defense Unit）は，ボンス県とプジュン県の境界に位置するいくつかの
チーフダムが協力することで作られた。[64]また，ボーの町では，町の有力者
やチーフが集まり「ボー市民防衛委員会」（Civil Defense Committee in Bo）
を結成した。この組織は若者を動員し，夜間にパトロールをしたり，検問
を設置したりしたという[65]（cf. Hoffman 2011a: 73）。さらに，カイラフン県では
「カイラフン県戦争運動」（Kailahun District War Effort）という名で広域に
渡って動員が行われている（Hoffman 2011a: 73）。

---

* 63　多くのチーフが自警組織を率いチーフダムを守ろうとした一方，そうでないチーフも
　　　いた。とくに，APC 政権期に外部から据えられたチーフは，混乱に乗じた住民の報
　　　復を恐れた（とくに狩人を恐れたという）。自らを守るために政府にピストルやボディ
　　　ガードを要求する場合もあった（Keen 2005: 132）。
* 64　プジュン県のマノ・サクリム・チーフダム（Mano Sakrim Chiefdom），ヤケモ・ブクム・
　　　チーフダム（Yakemo-Kpukumu Chifedom），および，ボンス県のクワメバイ・クリム・
　　　チーフダム（Kwamebai Krim Chiefdom）が参加した。
* 65　筆者による調査より。

この頃の狩人民兵でリーダーシップをとったのは，パラマウント・チーフ
を筆頭とする伝統的権威であった。国軍との協力体制を築くかどうかに関し
ても彼らに決定権があった。

(2)ヒンガ・ノーマンの台頭

　シエラレオネ特別裁判所に訴追されたひとりであるサムエル・ヒンガ・ノー
マンも狩人民兵を率いる伝統的権威であった。彼は当時，ジャイマ・ボンゴ・
チーフダム（Jiama Bongor）の代理チーフ（regent chief）として狩人民兵を率
いた。代理チーフとは，パラマウント・チーフが不在となった際，設置され
る臨時職である。前任のパラマウント・チーフが死亡した後，後任にふさわ
しい人物がいない場合，代役として設けられる。代理チーフになるには，支
配家系出身である必要はない。

　ノーマンは1940年，ボー県バルニア・チーフダム（Valunia Chiefdom）の[66]
モンゲレ（Mongeri）にて生を受けた。本チーフダムの支配家系の血筋を持
つ。1954年，ノーマンはイギリス植民地政府軍へと入った（シエラレオネの
独立に伴い，植民地政府軍はそのままシエラレオネ国軍となる）。すなわち，ノー
マンは若き日に従軍経験があった。また，ノーマンはSLPPのシンパとし
ても知られている。SLPPがAPCに選挙で敗退した1967年，国軍の兵士で
あったノーマンはクーデターに加担している。このクーデターは，APCの
党首シアカ・スティーブンズの首相就任を阻止するために実施されたとさ
れ，SLPPが裏で手を引いていたとされる。このクーデターによりスティー
ブンズの首相就任は阻まれた。しかし，その後の政治的混乱を経て，ス
ティーブンズは翌年に首相に就任することができた。この年，クーデターに
加担したとしてノーマンは逮捕・収監された。ノーマンは，1972年に釈放
されるも，その後もAPCによる迫害を受けたという。ノーマンは身の危険

　＊66　ノーマンが生まれた当時はリニア・チーフダム（Linia Chiefdom）と呼ばれていたが，
　　　　合併によりバルニア・チーフダムとなった（SCSL, 2006年1月24日）。

を感じ，1978年に隣国リベリアへと亡命した。そこでノーマンは家禽農場を経営し，数人の若者を雇うまでになったという（SCSL，2006年1月24日：53）。リベリアに住むノーマンがシエラレオネに帰国したのは1989年である。彼は故郷であるバルニア・チーフダムに戻り，スピーカー（伝統的権威の一役職）となった。内戦が始まって2年ほど過ぎた1993年10月，ノーマンはNPRC政権にジャイマ・ボンゴ・チーフダムの代理チーフとなるよう依頼された。ノーマンはそれを引き受け，同チーフダムの中心地テル（Telu）へと居を移したという（SCSL，2006年1月24日：49-54）。[67]

ノーマンが狩人民兵を組織したのは，代理チーフになって間もない頃である。内戦地図報告書には，ジャイマ・ボンゴ・チーフダムに見られた狩人民兵について以下のような記述がある。

> 1994年初頭，ジャイマ・ボンゴ・チーフダムの代理チーフ〔ノーマン〕は，自分のチーフダムに反徒が迫ってきているという知らせを聞いた。彼はチーフダム内のすべての町や村の若者を動員し，それぞれの地域を死守せよと命じた。若者は老いた狩人から銃を受け取った。狩人や若者たちは……訓練を受けた。……〔近くにある〕ボアマ・チーフダム（Boama Chiefdom, Bo District）やバベ・チーフダム（Bagbe Chiefdom, Bo District）も同じように若者や狩人を組織し始めた。1994年6月までには狩人をはじめとした2800名の若者が武器弾薬を保持するまでとなった。 （Smith et al. 2004: 388）

こうして狩人民兵を組織したことにより，ノーマンはRUFを撃退することに成功した。成功のきっかけとなったのは，狩人民兵をRUFと同じような小隊に分割することだったという（Smith et al. 2004: 388）。

ノーマン自身はシエラレオネ特別裁判所で次のように証言している。ノー

＊67　シエラレオネ特別裁判所で，ノーマンは，1994年10月に代理チーフに任命されたと証言しているが，おそらく1年の誤認をしている。（SCSL，2006年1月24日：59）。

第6章　小さなネットワークの誕生　153

マンが代理チーフとなった時，すでにジャイマ・ボンゴ・チーフダムやその周辺には国内避難民が流入していた。反徒の襲撃に備えるためにノーマンは周辺の5つのチーフダムと協議をした。[68]その結果，各チーフダムはそれぞれ75名の若者を選び出すことになった。若者の選出については各チーフダムに委ねられた。ジャイマ・ボンゴ・チーフダムではセクション・チーフとの話し合いで若者が選出された。あわせて6つのチーフダムから選び出された若者に軍事訓練が施された。従軍経験を持つノーマンも教官として軍事訓練に加わった。軍事訓練の後，彼らはそれぞれのチーフダムへと帰り，自警の任務についた（SCSL, 2006年1月24日：59）。

当時，狩人民兵の活動はチーフダムの領内に限定されていた。隣接するウンデ・チーフダム（Wunde Chiefdom）が襲撃された時，ジャイマ・ボンゴ・チーフダムと狩人民兵はチーフダムの境界に展開したに過ぎなかった。また，ボアマ・チーフダムの「領土防衛隊」（Territorial Defense Force）は，チーフダム内の要所である2つの町に展開したにすぎない（Smith et al. 2004: 389）。このように狩人民兵が作られた当初は，それぞれの活動はパラマウント・チーフの傘下で行われ，その活動範囲もチーフダム内に限られていた。後に政府系勢力CDFのリーダーとなるノーマンも，この頃は狩人民兵を率いるひとつのチーフダムの伝統的権威に過ぎなかった。

この頃，狩人民兵が作られたのはノーマンのチーフダム周辺だけではない。多くのチーフダムで同時多発的に狩人民兵が形成された。そのことを示すため，筆者が聞き取ったケネマ県シンバル・チーフダム（Simbaru Chiefdom）の事例をあげておく。シンバル・チーフダムが自警を始めたのは，このチーフダムがRUFの襲撃にあったからである。1994年3月，同チーフダムの中心地ボアジブ（Boajibu）は17日間RUFの手中にあった。しかし，その後，国軍によって奪還されている（Smith et al. 2004: 308）。こうしたこ

＊68　ボー県の4つのチーフダム（ウンデ，ボヤマ[Gboyama]，ボアマ，ティコンコ[Tikonko]）と，ブジュン県のひとつのチーフダムだという（SCSL, 2006年1月24日：59）。

ともあり，シンバル・チーフダムでは狩人民兵が組織された。まず，内戦地
図報告書はシンバル・チーフダムの動きについて以下のように記している。

> シンバル・チーフダムの狩人は自らを組織し，国軍に力を貸した。20歳以上
> の若者が集まって国軍へと申し出たのである。彼らは国軍と同行し，チーフ
> ダム内の道案内をした。当時，加入儀礼はまだなかった。こうした動きは〔シ
> ンバル・チーフダムに隣接している〕ワンド・チーフダム（Wandor Chiefdom）
> に広がり，近隣のチーフダムでも狩人の組織化が見られるようになった。[69]
>
> （Smith et al. 2004: 311）

この記述を語りからも確認しよう。筆者はシンバル・チーフダムの狩人民兵
に軍事訓練を施したという人物と会った。1994年に国軍を辞めたモハメド・
ドゥアイ（Mohammed Duai）である。彼は，国軍をやめてからシンバル・
チーフダムで軍事訓練をするまでの経緯を，以下のように語っている。

> 以前は国軍にいた。前線に出ていた。しかし，上官がRUFと裏で手を組んで
> いた。物資の横流しをしていたんだ。こんな戦争はバカらしいと思い国軍を
> 辞めた。フリータウンで2～3か月ぶらぶらしていた。その時，シンバル・
> チーフダムのパラマウント・チーフ，マダム・ガマンガ（Madam Gamanga）
> が訪ねてきた。狩人たちに軍事訓練を施してほしいという。俺はOKし，ボ
> アジブで軍事訓練にあたった。ボアジブでは俺の他にもう2人，教官がいた。
> ひとりが彼と同じシエラレオネ国軍の元軍人であり，もうひとりはリベリア
> 国軍にいた元軍人だった。訓練を受けたのはシンバル・チーフダムの狩人だ
> けではない。ケネマ県中から人々が集まっていた。[70]

＊69　国軍との関係は，1996年4月にボアジブに駐屯する司令官が変わったことによって悪
　　　化した。その司令官のもとで，国軍は狩人民兵の武器を取り上げ，住民を農業や採掘の
　　　ために強制動員したという。また，国軍がRUFと思われる集団に襲撃された時，その
　　　容疑が狩人民兵に向けられ，2人の狩人が処刑されたという（Smith et al. 2004: 313）。
＊70　筆者によるインタビュー。モハメド・ドゥアイ，2009年11月27日，フリータウン。

この事例からも，RUFの脅威に面したことにより各地のチーフダムが狩人民兵を組織していたことがわかる。

(3)テルの虐殺

ノーマン率いるジャイマ・ボンゴ・チーフダムの狩人民兵は成功を収め，何度も反徒を撃退した。しかし，RUFはこのチーフダムに大規模な攻勢をかける。それが1994年6月30日に発生した「テルの虐殺」（Telu Massacre）につながる。テルの虐殺によって大半の狩人民兵が殺害され，ノーマンもチーフダムから避難した。当時の新聞が，ひとりの生存者による証言を掲載している（写真6-1）。

午前6時頃だった。数百人が住むこの町〔テル〕は目を覚ましたところだ。突然，至る所から銃声が聞こえた。しばらくはカマジョー（原文のママ）の演習だと思っていた。しかし，銃声はどんどん激しくなっていった。私は混乱した。まさに修羅場。人々はあちこちに逃げ惑い，どこに行けばいいのかわからないようだった。銃声の主が現れた。……私は胸をなでおろした。国軍の軍服を着ていたからだ。「よかった。味方だった」。心の中で安堵の笑みがこぼれた。しかし，その笑みは泡のように吹き飛んだ。軍服を着た「兵士」が目の前の女性を射殺したのだ。近くの人も次々と倒れていった。泣き声と叫び声があたりに満ち溢れた。私はモスクに駆け込んだ。3人で物陰に潜みながら，殺人者が神に敬意を表し，神の家に入ってこないことを期待した。彼らが神に敬意を表したのか，それとも目に留まらなかったのかは，わからない。とにかく彼らは入ってこなかった。日も高くなる頃，ようやく銃声が聞こえなくなった。しかし，とうとう反徒はモスクへと入ってきた。我々は見つかった。我々の運命もここまでかと思った。……反徒のひとりは我々を射殺するつもりだった。しかし，我々は助かった。別の奴が「今日はもう充分じゃないか？　弾の無駄だよ。もっといいことに使おうぜ」と言った。彼らはそのまま去っていった。神は我々にご加護を与えてくれた。……その後，

写真 6-1 「テルの大虐殺」を伝える当時の新聞（*Vision*, 14-21 July, 1994）

第 6 章 小さなネットワークの誕生 157

ようやく本当の国軍兵士がやってきた。私は信用できずに外を見ていたが，顔見知りがいたから本物の〔国軍〕兵士とわかった。我々は外へ出た。外には，男，女，子どもの死体が溢れていた。赤ん坊も死んでいた。まさに死体置き場だった。[*71]

　また，内戦地図報告書もテルの虐殺について報告している。それによると，この襲撃後，狩人民兵の遺体70体が代理チーフの家の前で発見されたという。それに加えて20名の民間人の遺体も発見された（Smith et al. 2004: 390）。ノーマンもシエラレオネ特別裁判所で，75名の狩人民兵のうち50名が殺されたと証言している。ノーマン自身も反徒に捕まり，殺害される寸前だった。しかし，その時，銃声が聞こえ，反徒は逃げていったという（SCSL, 2006年1月24日：59-60）。[*72]

　ノーマンはテルの虐殺の後，近隣の都市ボーへと移り住んでいる（SCSL, 2006年1月24日：60）。ボーは当時，各地からの国内避難民で溢れていた。ノーマンはボーに移った後，ボーで狩人民兵をまとめあげることになった。そのきっかけはNPRC政権によって支援が与えられたことである。NPRC政権の内務大臣（ministry of internal affairs）が主導となり，各チーフダムのチーフを集めた会合がフリータウンで開かれた。この会合を通してNPRC政権はチーフに散弾銃を提供したという（SCSL, 2006年1月25日）。こうして政府により狩人民兵は武装され，ノーマンはそれをまとめるリーダーとして頭角を現していった。

＊71　"Telu Massacare: A Survivor Tells His Ordeal," *Vision* 14-21, July 1994. 写真6-1参照。
＊72　筆者も同様の話をひとりのカマジョーから聞いた。ノーマンが彼に話したのだという。その話では，反徒がノーマンを捕らえたものの，彼がチーフだと気づかなかったために逃げることができたという。

3 ボンス地域における加入儀礼の考案

狩人民兵はメンデ・ランドの各地で形成された。カマジョー結社はこうした狩人民兵の活動の中から誕生した。本節では，ボンス地域の狩人民兵の活動の中からカマジョー結社が生まれるプロセスを確認する。

(1)ボンス県の狩人民兵とアリウ・コンデワ

シエラレオネ特別裁判所に訴追された3人のうち，アリウ・コンデワはイニシエーターであった。カマジョーの加入儀礼は彼によって考案されたと多くの先行研究が指摘している (Muana 1997, TRC 3A 2004)。また，さまざまな伝承でも，コンデワが加入儀礼を考案したと伝えられている。しかし，カマジョーの中でも事情通の者によると，それらは正しくないという。あるカマジョーは，「内戦の中でコンデワが加入儀礼を考案したということがまことしやかに語られたが，それは事実とはいえない」と語った。コンデワは加入儀礼を考案したのではなく，最初に加入儀礼を始めたイニシエーターのうちのひとりであった。彼らによると，コンデワが加入儀礼を考案したと思われるようになったのは，コンデワが大きな権力を振るうようになってからだという。

加入儀礼を考案したのはコンデワではない。ただし，コンデワが当時，シエラレオネ南部で名の知れた呪医であったことは確かなようだ。真実和解委員会によると，その評判はシエラレオネ南部に知れ渡っていたという。コンデワは病気の治療に薬草を使用し，儀礼を施すことにより病気を治した。その儀礼は自分に対しても行うことがあったという (TRC 3A 2004: 215)。

まずは，コンデワが加入儀礼を考案したと伝える3つの伝承を紹介する。第一の伝承は，真実和解委員会が収集したものである。この伝承によると，3人の老女が同じ夢を見たことをきっかけに加入儀礼が始まったという。老女たちが住んでいたのは，2つのチーフダム，すなわち，クワメバイ・クリ

ム・チーフダム（Kwamebai Krim Chiefdom）とマノ・サクリム・チーフダム（Mano Sakrim Chiefdom）である。以下はその老女らについての１人のカマジョーによる証言である。

　　３人の老女は言いました。「祖先は，我々の嘆きを知り，助けたいとおっしゃっています。祖先は言いました。男たちはクワメバイ・クリム・チーフダムのカレ村（Kale）に行き供物を捧げ，儀礼をしなければならない。そうすれば，その参加者のひとりに預言を与える」。我々は老女たちの夢を受け，儀礼を行いました。すると預言が与えられたのです。預言が与えられたのがアリウ・コンデワでした。それ以降，コンデワはカレ村に住み，カマジョー結社のイニシエーターとなりました。　　　　　　　　　　　　　　（TRC 3A 2004: 215）

　第二の伝承は，シエラレオネ人の人類学者パトリック・ムアナ（Patrick Muana）が収集した伝承である。

　　ボンス県ジョン・チーフダム（Jong Chiefdom）の村が RUF に襲われた。反徒は人々を虐殺した。その時，コポソワイ（Kposowai）も殺されている。コポソワイはカマジョー〔狩人カマジョー〕でもあり呪医でもあった。コポソワイの弟がアリウ・コンデワである。コンデワは反徒に捕まり，略奪品を運ばされた。反徒は夜営するためコンデワを縛り付けた。コンデワはその痛みにもかかわらず，ウトウトとし始めた。前日殺された兄コポソワイが夢に現れた。
　　コポソワイは言った。
　　「コンデワよ。すべての健全なメンデの男たちを率いよ。男たちは，家，妻，子ども，そして，自分自身の命を守るための使命を帯びている。彼らを導くのだ」。
　　その声を聞いた途端，コンデワを縛り付けていた縄がスルスルとほどけた。コポソワイはコンデワに，戦士を呪薬で「清め」る必要があることを告げ，清めるための呪薬の調合方法を伝受した。この呪薬によって，戦士は銃弾を

160

跳ね返し，千里眼の力が得られるという。その力を保つには掟を守る必要があった。コンデワは反徒を殺し，他の捕虜を解放した後，秘密の聖地まで数マイル歩き，そこで最初の加入儀礼を行った。　　　　　　　　　（Muana 1997）

　この伝承によると，コンデワが最初の加入儀礼を行った地がカレ村なのだという。この伝承は1997年にパトリック・ムアナ（Muana 1997）に引用されて以降，いくつかの論文に登場している（Alie 2005, Gberie 2005, TRC 3A 2004: 217, Wlodarczyk 2009）。
　第三の伝承は筆者が聞いたものである。語り手はコンデワの下で加入儀礼の補佐役を担ったドクター・マサレー（Kamoh Mohammed Dr. Masalley）である。

コンデワは夢の中で女性に会った。その女性は「呪医が集まって村を守りなさい，すべての呪医が集まって呪薬を試しなさい」と告げた。その女性は呪薬の作り方と，その効力の試し方をコンデワに教えた。その試し方とは，2つの棒を立て，その棒に白いサテンの布を掲げて，それに向かって銃を撃つのだという。もし布が銃弾を通さなかったらその呪薬を戦士たちに使いなさいと女性は告げた。この預言に基づいてコンデワは加入儀礼を始めることになった。[73]

　この3つの伝承に代表されるように，加入儀礼の誕生にはいくつもの伝承がある。真実和解委員会によると，カマジョー結社の誕生については何年もの間，伝承が流布し，その間にメンデの民話の影響を受けながら形を変えていったという（TRC 3A 2004: 218）。
　ただし，第一と第二の伝承通り，カレ村にカマジョー結社の起源があることは確かなようである。内戦地図報告書によると，クワメバイ・クリム・

＊73　筆者によるインタビュー。ドクター・マサレー，2011年1月3日，ボー。

チーフダムのカレ村（Kale, Kwamebai Krim, Bonthe）での住民による抵抗が
カマジョー結社を生むきっかけとなったという。その記述によると、カレ村
が襲撃を受けた時、3人の若者が2人のRUF戦闘員を殺害した。それを知っ
た近隣チーフダムの住民は協力して自警組織を形成した。住民は単発銃を持
ち寄り、共同で出資して単発銃の弾倉を買った。その上で、ナイフや槍、山
刀で武装したのだという。この自警組織が加入儀礼を持つようになり、カ
マジョー結社となったと内戦地図報告書は伝えている（Smith et al. 2004: 431-
432）。

(2)カレ村での加入儀礼の始まりとサダム・シェリフ

　当時を知る者は、加入儀礼の創始者は、内戦中に殺されたイスラム知
識人だったという。その名をカモ・モアレム・サダム・シェリフ（Kamoh
Mwalim Saddam Sherriff）という[*74]。以降、「サダム・シェリフ」と表記する。
サダム・シェリフは、プジュン県パンガ・カボネ・チーフダムのバンダペ
（Gbandapi, Panga Kabone Chiefdom）に住んでいた。この地が内戦に巻き込
まれた時、サダム・シェリフは自ら考案した加入儀礼を施した戦士を率い、
反徒を撃退した。そのサダム・シェリフが、複数の呪医やイスラム知識人に
加入儀礼の知識を伝えることで、カマジョー結社が始まったという。そこに
コンデワも参加していたのだ。あるカマジョーは加入儀礼の起源について以
下のように語った。

　　サダム・シェリフは1994年、〔バンダペにて〕若者を何人か呼び出しカマ
　　ジョーの加入儀礼を行った。儀礼後、彼らは銃弾を跳ね返すことができるよ
　　うになり、プジュン県から反徒を追い出した。それを聞いたボンス県のノン
　　ゴバ・ブロム・チーフダム（Nongoba Bullom）やクワメバイ・クリム・チーフ

＊74　Hoffman（2011a）によると、サダム・シェリフはモーリタニア人の父を持ち、呪術
　　についての訓練はエジプトで受けたという噂がある。

ダムの長老たちは，サダム・シェリフを招待し，会議をカレ村で開いた。カレ村が選ばれたのは，そこまで戦争が来ていなかったからだ。長老たちはサダム・シェリフに言った。「我々のところにも呪医やイスラム知識人がいる。彼らの力を強化してくれまいか」。サダム・シェリフはそれに同意し，彼らに知識を伝授した。その中には呪医のアリウ・コンデワとイスラム知識人のカモ・ラハイ・バングラ（Kamoh Lahai Bangura）がいた。サダム・シェリフは知識を伝達し，バンダペに帰った。その後，コンデワは自分の力を試す許可をチーフから得た。コンデワは3日間，呪薬を調合する時間が与えられた。その力を試すために志願者が募られた。コンデワは人々の前で呪術をかけたシャツを志願者に着せ，銃で撃ってみた。最初，コタという人物が撃たれた。何も起こらなかった。人々は喜び，その場で踊り始めた。次に，ムサという志願者にも試してみた。やはり何も起こらなかった。そこで，このチーフダムの人々は，コンデワらとともに共同で加入儀礼を行ってもらうため，サダム・シェリフを迎えることにした。こうして，サダム・シェリフ，アリウ・コンデワ，ラハイ・バングラの3人はカレ村にて加入儀礼を行うことになった。コンデワは呪医でありイスラムの知識はなかった。ラハイ・バングラはイスラム知識人であり呪薬の知識はなかった。彼らが力を合わせることによって強力な力を得ることができた。[75]

この語りでは加入儀礼の創始者はサダム・シェリフだとされている。サダム・シェリフから知識を伝授されたのが，呪医であるアリウ・コンデワとイスラム知識人であるラハイ・バングラである。この語りでのコンデワは，加入儀礼の知識を伝受されたひとりの呪医に過ぎない。筆者は他の者からも語りを聞きとったが，上述の3人がカレ村で社を構え，共同で加入儀礼を始めたことは確かだと思われる。

---

[75] 筆者によるインタビュー。アルバート・ナロ（Albert Nallo），2011年10月8日，フリータウン。彼はシエラレオネ特別法廷でも証言を行っている（SCSL, 2005年3月10日）。

第6章　小さなネットワークの誕生　163

サダム・シェリフは加入儀礼を行うだけでなく，自らも司令官として前線に出た。当初のイニシエーターは「社に籠り加入儀礼に専念するのではなく，自らが敵陣に飛び込み，銃弾を跳ね返すことを証明する必要があった」のだと古参のカマジョーは語る[76]。

加入儀礼を受け，カマジョーとなった者は，銃弾を跳ね返す能力を維持し続けるために掟を守らなければならないとされた。その中には，「戦闘衣を着ている時に女性に触れてはならない」「人々の所有物を略奪してはならない」というものが含まれる（Hoffman 2011a: 78）。

(3)ボンス県でのカマジョーの拡大

カマジョー結社を作り出した地域の狩人民兵は国軍と協力関係にあった。加入儀礼を受けたカマジョーは国軍と協力し，反徒の掃討を開始した。1995年5月頃のことである。国軍に動員された若者は，反徒を探すための斥候として使われたり，反徒を捕獲し軍へと届けたりする役割を負った。また，25名ほどの隊列を組み，巡回することで治安の維持にあたった。ただし，国軍は彼らに武器の提供はしなかった。狩人民兵は，単発銃（猟銃）の使用が認められただけである。地域の若者たちは，山刀や刀，ボート用の櫂で武装した（TRC 3A 2004: 213-214）。こうした軽武装にもかかわらず，6月にはカレ村のあるクワメバイ・クリム・チーフダムから RUF を追い出すことができたという。

ボンス県ではその噂が広がった。「クワメバイ・クリム・チーフダムの人々が呪術を用いて RUF を撃退している。彼らはナイフや山刀だけで戦っている」（Smith et al. 2004: 433-434）。この噂を聞きつけ，ボンス県内からカレ村へと人々が集まり，加入儀礼を受けるようになった。人々を派遣したのは，各チーフダムの伝統的権威である。たとえば，ボンス・タウン（Bonthe

---

* 76　後には，前線で死亡したイニシエーターも出てくる。イニシエーターのモアレム・ボニ（Moalem Boni）は，ブジュンの前線で指揮を執っている時，銃弾にあたり死亡した（筆者によるインタビュー。スパロー，2012年9月12日，モンロビア）。

Town）では，タウン・チーフによって国内避難民が動員された。各チーフ
ダムからの国内避難民に対して，若者を提供するように呼びかけたのだとい
う。集められた300名の若者はカレ村に送られ加入礼儀を受けた。

　11月までにはクワメバイ・クリム・チーフダム周辺のチーフダム（ノンゴ
バ・ブロム・チーフダム，ヨベコ・チーフダム〔Yawbeko chiefdom〕）も反徒か
ら解放されることになった（Smith et al. 2004: 434-435）。1996年に入るとボン
ス県のほとんどの地域からRUFは駆逐された。RUFの組織的な活動は見ら
れなくなり，残党が食料を探して彷徨っている程度となった。

(4)カマジョーの組織構成

　ボンス県で生まれたカマジョーは，チーフダムを基盤としているが，チー
フダムを横断する形で協力している。その組織構造について，筆者は当時を
知る者から説明を受けた。

　カマジョー結社では，チーフダムやセクションといった行政上の区分に
基づいて命令系統が整えられた。各チーフダムのカマジョーは，「行動班」
（action group）と呼ばれるひとつの小隊を形成する。行動班は略して「AG」
と呼ばれた。AGのリーダーとして「チーフ司令官」（chief commander）が
据えられた。この地域でチーフ司令官だった人物は以下のように述べている。

> 　僕はノンゴバ・ブロム・チーフダムのAGのリーダーだった。支配家系であっ
> たし，狩猟の経験から銃も使えたからだ。AG単位で国軍と協働し掃討作戦
> に出たこともある。それぞれのチーフダムにリーダーが置かれ，彼らが国軍
> との調整にあたった。もし軍が人手を必要とする場合，文書で知らせてきた。
> だからチーフダムのリーダーは文字が読める必要があった。[77]

＊77　筆者によるインタビュー。イブラヒム・タッカー（Ibrahim Tucker），2009年11月23日，
　　　マトゥル。

AG内部は，セクション（チーフダムの下位行政区分）に基づいて分けられ，「セクション司令官」（section commander）がそれを率いた。

実際の軍事活動は，複数のチーフダムが集まって行われる。それを指揮するのが現場司令官（ground commander）であった[78]。彼が複数のチーフダムをまとめあげたのである。

このように，カマジョーはチーフダムを基本の単位とし，複数のチーフダムが連携を取ることで活動を行った。ボンス県で生まれたカマジョーは，その後，メンデ・ランド全体に拡大していくことになる。

＊　　　＊　　　＊

本章で確認した動きは以下のようになる。

① 1994 年から RUF はゲリラ戦に戦略転換をし，村や町を襲撃するようになった。RUF はしばしば国軍に偽装をして襲撃をした。一方，内戦の中で国軍は統制を失い，住民に対して略奪行為を行う国軍兵士も現れるようになる（「ソベル」）。反徒および国軍に怯えるチーフダムでは，伝統的権威の主導のもと狩人民兵が組織された。

② 1994 年頃から 1995 年前半に見られた狩人民兵形成の動きは，ボー・ケネマ地域でとくに多く見られた。狩人民兵はチーフダムを基盤として活動した。シエラレオネ特別裁判所で訴追されたノーマンは，ボー・ケネマ地域のひとつのチーフダムで狩人民兵を組織した代理チーフであった。

③ ボンス地域では，呪術で強化された狩人民兵が現れる。それがカマジョー結社である。カマジョーの加入儀礼はいくつかのチーフダムが共同でイスラム知識人や呪医を集めることで始まった。彼らがイニシエー

＊78　筆者によるインタビュー。イブラヒム・タッカー，2009 年 11 月 23 日，マトゥル。

ターとなり，カレ村で加入儀礼が始められた。シエラレオネ特別裁判所
で訴追されたアリウ・コンデワは，そうしたイニシエーターのひとり
であった。カマジョーはRUFの撃退に成功した。それにより，各地の
チーフダムの伝統的権威は若者を派遣し，加入儀礼を受けさせた。

④　この頃，狩人民兵ならびにカマジョーの活動はチーフダムを単位と
しており，必要な時にはチーフダムが連携した。狩人民兵ならびにカ
マジョーのリーダーシップを担ったのは各チーフダムのパラマウント・
チーフだった。

　この動きを仮説に照らし合わせると，チーフダムを基盤とした小さなPC
ネットワークが林立することになるプロセスといえる。この頃，狩人民兵の
リーダーシップを取ったのは各チーフダムの伝統的権威だった。イニシエー
ターも伝統的権威の下に組織された存在であった。いわば，それぞれのチー
フダムにおいてパラマウント・チーフを頂点としたPCネットワークが作ら
れたと理解することができる。

第6章　小さなネットワークの誕生　167

第 7 章

統合を重ねる PC ネットワーク
NPRC 政権後期から前期カバー政権
【1995 〜 97 年 5 月】

前章で確認したようにメンデ・ランドの各地でチーフダムを基盤とした
PC ネットワークが生まれた。これらのネットワークは，チーフダムの中で
作られ，パラマウント・チーフに率いられる存在であった。本章ではそうし
た PC ネットワークが統合を重ね，より大きな PC ネットワークへと成長す
るプロセスを描く。本章の考察期間は 1995 年から 97 年 5 月までである。す
なわち，NPRC 政権期の後半から前期カバー政権期までである。

第 1 節では，国内避難民キャンプや都市部を通し，狩人民兵が，チーフ
ダムを越えた連携を持つようになったことを指摘する。第 2 節では，カマ
ジョー結社の加入儀礼がメンデ・ランド全体へ広がっていき，それに伴いイ
ニシエーターが各地に散らばったことを指摘する。第 3 節では，カマジョー
の加入儀礼を受けるまでの過程がパターン化し，パラマウント・チーフの依
頼に基づきイニシエーターが加入儀礼を行うという慣行ができあがったこと
を確認する。第 4 節では，イニシエーターが部隊を持つようになったこと
で，チーフダムを基盤としないカマジョーが現れたことを確認する。それに
よってパターン化された動員も崩れていった。第 5 節では，カマジョーが統
合を繰り返すことで徐々にまとまりを見せ始め，複数の大きな勢力が見られ
るようになったことを指摘する。

1　狩人民兵のチーフダムを越えた連携

農村部の自警組織として作られた狩人民兵は，国内避難民キャンプや都市
部を通し，チーフダムを越えた連携を持つようになった。

(1)国内避難民キャンプでの動員による狩人民兵の拡大

都市部周辺では，RUF の襲撃が比較的少なかった。そのため，農村部か
ら逃げてきた人々は，都市部に住む親類や知り合いのもとに身を寄せること
になった。また，都市周辺には国内避難民キャンプも作られた。1995 年初

頭あたりから，各地の狩人民兵の動きは拡大するが，その拡大は都市部や国内避難民キャンプを介することで可能となった（Muana 1997: 78, Keen 2005: 140）。チーフダムに残り狩人民兵を形成した人々は，都市部や避難民キャンプへと逃げた同郷の者を動員し，それぞれのチーフダムへと戻った。シエラレオネ特別裁判所でも以下のような証言がある。

> カマジョー〔狩人民兵〕は国内避難民キャンプに入り，人々を動員した。そして，反徒に立ち向かうために故郷へと帰った。　（SCSL，2006 年 2 月 10 日：8）

また，RUF の支配下にあるチーフダムを取り戻すため，都市部や避難民キャンプでも狩人民兵が作られた。

国内避難民キャンプでの動員を見てみよう。メンデ・ランドでは 4 か所に国内避難民キャンプが設立されている[79]。それぞれのキャンプでは，チーフダムを単位として避難民が管理され，その代表者を伝統的権威が担っていた。伝統的権威は，支援物資の分配，避難民名簿の作成，支援団体の方針を伝える伝達係などの役割を負った（Muana 1997）。筆者は調査の中で，ボーから数キロの場所に設置されたゴンダマ避難民キャンプ（Gondama Displaced Camp, Kakua Chiefdom）の様子を聞くことができた（以下，ゴンダマ・キャンプと表記）。

ゴンダマ・キャンプが設立されたのは 1993 年の初頭である。その場所は，かつてギニア軍およびナイジェリア軍の駐留地であった。そこにプジュン県からの避難民を国軍が収容したのである。それにより，避難民が住むようになり，避難民キャンプとして整えられた。RUF がゲリラ戦へと戦略転換した 1994 年以降，ゴンダマ・キャンプにはプジュン県からだけではなく，メ

---

* 79　メンデ・ランドでは，以下の都市あるいは町に国内避難民が設置された。すなわち，ボー，ジレフン（Gerihun, Boama Chiefdom），タイアマ（Taiama, Kori Chiefdom），ゴンダマ（Gondama, Kakua Chiefdom）である（Smith et al. 2004: 298）。ジレフンの国内避難民キャンプは 1994 年 3 月に設立された（Keen 2005: 123）。

ンデ・ランドの各地から避難民が集まるようになった。

　筆者はゴンダマ・キャンプに住んでいたことのある人物から話を聞いた。彼によると，キャンプはNGOにより運営・管理がなされていたという。業務を円滑に進めるために，避難民は組織化されていた。避難民の全体を代表する役職は「議長」（chairman）と呼ばれた。議長は，援助機関と避難民をつなぐ役割をはたしている。その下には「副議長」（deputy chairman），「書記」（secretary）が設置され，彼らが避難民全体を統括した。その下位には，県単位の組織があった。ボー県，ケネマ県，モヤンバ県，カイラフン県，ボンス県，プジュン県に分かれていたという。その下位単位としてチーフダム単位で避難民は管理されていた。[80]

　チーフダム単位で住民が管理されているため，チーフダム内での情報共有は簡単であった。避難民キャンプのチーフダムの代表に話を持ち込めば，その人物がキャンプの住民にその話を伝達するからである。さらに，キャンプに住む避難民が都市に出れば，同じチーフダム出身の者に情報を伝達することになる。また，噂としても広がる。都市部や避難民キャンプにおける狩人民兵の動員について，あるカマジョーは以下のように述べた。

　　当時，ボーやケネマには国内避難民キャンプがあった。そこにはチーフダムの代表がいる。彼らにマン・パワーが必要なこと，そして参加するにはどこに行けばいいかを告げると，彼らが人々に伝達した。それが人づてに広がっていく。そうして情報を広げ，人員を集めた。[81]

---

* 80　筆者によるインタビュー。2011年10月4日，フリータウン。彼は1995年から1997年までゴンダマ・キャンプにいたという。
* 81　筆者によるインタビュー。エディ・マサレー（Eddie Masalley），2010年12月31日，ジュリン。

(2)ノーマンと狩人民兵

　ボーに逃れたノーマンが，ボー周辺のチーフダムと連携して狩人民兵を作り出したのは，ちょうど狩人民兵の動員が都市部や避難民キャンプにまで及んだ頃であった。テルの虐殺以降，ボーに住んでいたノーマンは，周辺チーフダムが連合して狩人民兵を結成する動きに参加した。「テルの虐殺から生き残った狩人民兵のうち 18 名（原文のママ）を中心にし，各地の狩人民兵をまとめあげた」という（Keen 2005: 133, cf. Muana 1997: 84）。1995 年の半ばまでにノーマンは「狩人民兵をまとめあげる中心的な」人物となっていた（Keen 2005: 111）。

　とはいえ，ノーマンがその狩人民兵でリーダーだったというわけではない。複数のチーフダムが協力しており，ノーマンはその意思決定を担うひとりに過ぎない。シエラレオネ特別裁判所に以下のような証言がある。

> 〔ノーマンが参加している狩人民兵の連合体では〕コンボヤ・チーフダム（Komboya Chiefdom）のパラマウント・チーフ，レビー・ラベヨー（Lebbie Lagbeyor）が指導的立場にあった。しかし，ラベヨーは 1996 年に国軍とのトラブルで殺害された。その後，新たなリーダーを決めるためにボー県，モヤンバ県，プジュン県のパラマウント・チーフが集まり，新たな「議長」（chairman）を選出した。その時，選ばれたのがノーマンであった。
>
> （SCSL，2006 年 3 月 10 日：11。引用者による要約）

この語りから，チーフダムを越えた狩人民兵の連合体が形成されており，その意思決定は参加するチーフダムのパラマウント・チーフからなる委員会によってなされていることがわかる。ノーマンもそのひとりだった。1996 年 3 月にカバー政権が成立し，ノーマンは国防副大臣となったが，その後もノーマンはボー周辺の狩人民兵と緊密な関係を持った。多くのカマジョーは，ノーマンが国防副大臣となってからもしばしばボーを訪れていたと語っている。

これらのことから，カマジョーがチーフダムを越えて連携を繰り返す様子が見てとれる。これはチーフダムを基盤とした PC ネットワークが統合されていくプロセスだと捉えることができる。

2　加入儀礼の拡大とイニシエーターの拡散

もうひとつ，1995 年から 96 年の間に見られた動きとして，確認したいのが，カマジョー結社の加入儀礼がメンデ・ランド全体へと拡大したことである。それにより，メンデ人の狩人民兵が，加入儀礼を受けることが慣行となり，メンデ人の狩人民兵はおしなべてカマジョー結社の一員となった。それにより，彼らは自らを「カマジョー」と呼ぶようになった。加入儀礼は，パラマウント・チーフの依頼に基づきイニシエーターが実施した。

(1)メンデ・ランドへのカマジョーの拡大

前章で確認したように，カマジョーの加入儀礼が始まったのはボンス県カレ村であった。1995 年前半のことである。加入儀礼を受けた「カマジョー」は 1996 年までにボンス県から RUF を駆逐した。この成功を受け，カマジョーについての噂はメンデ・ランドに広がることになった。「噂は山火事のように広がった[82]」。

ボンス県でカマジョーが成功したという噂を聞きつけ，ボー・ケネマ地域でも加入儀礼を導入するパラマウント・チーフが現れた。彼らはカレ村からイニシエーターを呼び寄せ，自らの狩人民兵に加入儀礼を受けさせた（Hoffman 2011a: 40）。シエラレオネ特別裁判所でも「チーフらは，しばしばイニシエーターにお金を払い，すでにあった自警組織のために儀礼を依頼した」とある（SCSL, 2006 年 2 月 10 日：13）。それにより，すでにあったメンデ人の狩人民兵は加入儀礼を受け，カマジョー結社の成員となった。また，

＊82　筆者によるインタビュー。アルバート・ナロ，2011 年 11 月 8 日，フリータウン。

新しく狩人民兵になる者も，加入儀礼を受けることが通例となった。こうし
てメンデ人の狩人民兵はおしなべて「カマジョー」と呼ばれるようになっ
た。加入儀礼を受けた者も，「カマジョー」を自称し始める。[83] 本研究でもこ
れ以降，メンデ人の狩人民兵を指す時は「カマジョー」と呼ぶことに統一し
たい。

　加入儀礼を受ける人数が増加したことにより，カレ村のイニシエーター
は補佐役を設けるようになった。補佐役も，呪医やイスラム知識人である。
イニシエーターおよび数人の補佐役は「キャビネット」(cabinet) と呼ばれ
た。イニシエーターを中心として，このキャビネットが加入儀礼を実施し
た。キャビネットには，イスラム知識人（カラモコかモリメンのいずれか）お
よび，呪医の両方が含まれていなければならない。アリウ・コンデワの補佐
役であり，後にイニシエーターとして独立したドクター・マサレーは次のよ
うに語っている。

　　　サダム・シェリフのキャビネットは 4 人のイスラム知識人と 2 人の呪医から
　　　構成されていた。キャビネットの構成員は加入儀礼の補佐を行うだけでなく，
　　　司令官として前線へも出た。[84]

(2)サダム・シェリフの遠征

　加入儀礼が広がったことにより，イニシエーターへの依頼は増加した。そ
れを受けて，これまでカレ村からの「出張」により加入儀礼を施していたイ
ニシエーターは 1996 年頃，各地に散らばり，社を設けることになった。
　その先駆けとなったのがサダム・シェリフの遠征である。サダム・シェリ

＊83　すでに狩人民兵だった者の中には，加入儀礼を受けるきっかけがないまま過ごしてき
　　　た者もいる（Wlodarczyk 2009: 101)。カマジョーの加入儀礼が広がったため，そう
　　　した者もカマジョーと呼ばれるようになった。
＊84　筆者によるインタビュー。ドクター・マサレー，2011 年 1 月 2 日，ボー。

フは司令官としてカマジョーを率い，カレ村からボーへと遠征した。ボーに着くとそこに社を構え，加入儀礼を始めたという。コンデワの補佐役ドクター・マサレーは以下のように語る。

　　サダム・シェリフはボーへと遠征をした。ボーに着くと，彼のキャビネットのひとり，ドクター・ジベオ（Dr. Jibeo）はカレ村へと戻ってきた。しかし，サダム・シェリフは，別のキャビネット・メンバーであるカモ・ブリマ・バングラ（Kamoh Brima Bangura）とともに，そのままボーに留まった。彼らは社を設けて加入儀礼を始めた。[85]

サダム・シェリフがボーという都市部に社を構え，常駐するようになったことから，都市部や国内避難民キャンプに住む人々は，加入儀礼にアクセスしやすくなった。それにより，さらに多くの狩人民兵が加入儀礼を受けるようになった。以下に，サダム・シェリフの遠征に参加したひとりのカマジョーの経験を提示する。彼が故地を追われた時からの経験も含めて記しておく。

　　私が内戦に巻き込まれたのはイスラム学校で学んでいた時だ。〔当時，13歳くらいだった。〕私はプジュン県のガリナス・ペリ・チーフダム（Gallines Perri Chiefdom）でイスラム学校に通っていた。ある時，軍がやってきて「反徒がもうすぐ来る。市民はここにいてはいけない」と強制的に移動させられた。我々は衣服など必要最小限のものを頭に乗せ，皆で〔ボー近郊の〕ゴンダマ・キャンプまで歩いた。辿り着くまでに1週間はかかったと思う。[86]キャンプで

＊85　筆者によるインタビュー。ドクター・マサレー，2011年1月2日，ボー。
＊86　内戦地図報告書にも，1993年2月，国軍は安全のためにガリナス・ペリ・チーフダムの人々を強制的に避難させたとある。その記述によると，避難民はボー県コリボンド（Koribundo）に行けと命令されたという。そこには国軍の駐屯地があり，国際NGOが避難民のための炊き出しをしていた。人々はコリンボンドに着いたものの，再度，同じボー県内にあるゴンダマ・キャンプに行くように命令されたという（Smith et al. 2004: 499-500）。

暮らしていた頃，カマジョーの噂を聞いた。彼らは反徒を撃退しているという。そこで私はカマジョーになることにした。友人とともにキャンプを出発し，サダム・シェリフが住んでいたプジュン県のバンダペまで来た。しかし，サダム・シェリフはもういないと言われた。カレ村に行くように勧められ，カレ村へと向かった。……カレ村で加入儀礼を受け，カマジョーとなった。その後，サダム・シェリフとともにボーへ向かった。ボーに着くと再びゴンダマ・キャンプで暮らし始めた。私はゴンダマ・キャンプに住む自分のチーフダムの人々をサダム・シェリフと引き合わせた。彼らは加入儀礼を受けることになった。カマジョーとなったのである。私は，彼らとともに故郷へ向かい，反徒を追い払った。それ以降，我々は再びチーフダムで暮らし始めた。私自身はサダム・シェリフと一緒にいたかったので，チーフダムとボーを行き来して過ごした。[87]

このカマジョーはサダム・シェリフがボーに社を構えた後，国内避難民キャンプに住む同郷の者に加入儀礼を受けさせている。この証言は，カマジョーの動員が国内避難民キャンプを通して広がったことを示している。

　当時，ボーで活躍していたノーマンや彼の狩人民兵もサダム・シェリフから加入儀礼を受けている。上述のカマジョーは以下のように述べる。

　　ノーマンが加入儀礼を受けたのは我々が来てからだ。サダム・シェリフは，ボーで加入儀礼を行った最初のイニシエーターである。ノーマンや彼の民兵は最も早い時期にサダム・シェリフから加入儀礼を受けた者たちである。[88]

　この証言をしたカマジョーによると，ノーマンは，自身が加入儀礼を受けた後も，しばしばサダム・シェリフに会いに来ていたという。

　＊87　筆者によるインタビュー。アブ・バカール・カマラ，2012 年 9 月 11 日，モンロビア。
　＊88　同上。

⑶加入儀礼の拡大とノーマン

ノーマンは精霊の力，銃弾を跳ね返す力を強く信じ，加入儀礼を広めていたといわれる。ノーマン自身も，シエラレオネ特別裁判所で以下のように証言している。

〔西洋では防弾のために防弾チョッキを着けなければならない。〕それに対し，加入儀礼を受けたカマジョーは何も着けなくてよい。頭の上からでも足元からでもミサイルが飛んできても，カマジョーは跳ね返すことができる。私も加入儀礼を受けたひとりだ。自信を持って言える。私は〔カマジョーの力は〕確かにあると思っている。そして，〔加入儀礼を受けたことを〕誇りに思っている。

(SCSL, 2006 年 1 月 27 日：46)

また，カマジョー /CDF の複数の幹部も筆者に対して「ノーマンは加入儀礼の力を心底信じていた。加入儀礼が広まったのは，ノーマンが薦めたからだ」と語っている。

ノーマンは，自身のチーフダムでイニシエーターに加入儀礼をさせ，他のチーフダムの狩人民兵に加入儀礼を受けさせていた。たとえば，内戦地図報告書には，1996 年 9 月にノーマンのチーフダム（ジャイマ・ボンゴ・チーフダム）でケネマ県ワンド・チーフダムの若者が加入儀礼を受けたことが記されている（Smith et al. 2004: 315）。また，筆者の調査でも，ノーマンのチーフダムでアリウ・コンデワから加入儀礼を受けたというカマジョーがいた。

ノーマンがイニシエーターを呼び寄せ，加入儀礼を依頼したことは，イニシエーター側の証言からも読み取れる。コンデワの補佐役であったドクター・マサレーは自分がノーマンと初めて関わった時のことを以下のように語った。

ノーマンがまだ代理チーフだった時，彼は〔RUF と戦うために〕若者を訓練して

第 7 章　統合を重ねる PC ネットワーク　　179

いた。しかし，襲撃によって多くの犠牲者を出した。……そこで，ノーマンは人員の強化を図るために我々のもとに使者を送った。その時，ボーに行ったのが私の他，アリウ・コンデワ，カモ・ボニ（Kamoh Boni），ドクター・ジベオ，アリウ・セサイ（Aliu Sesay），カモ・フワード（Kamoh Fuward）である。我々は人々に加入儀礼を施した後，カレ村へと帰った。[89]

この時，彼らが呼び出されたのはノーマン自身がサダム・シェリフから加入儀礼を受けた後のことのようだ。このことからも，ノーマンが積極的に加入儀礼を広めていたことがわかる。

　ノーマンは国防副大臣となった後も加入儀礼を広めた。シエラレオネ特別裁判所の証言から見てみよう。1996 年，ケネマ県のパラマウント・チーフが集まり，会議が開かれた。その会議には，国防副大臣となったノーマンも参加していた。参加したパラマウント・チーフの中には，ドド・チーフダム（Dodo Chiefdom）のパラマウント・チーフも含まれていた。ドド・チーフダムは RUF の攻撃を受けて 1993 年に狩人民兵を形成している。他のチーフダムとの連携はなく，狩人民兵はパラマウント・チーフの指導下にあった。以下は 1996 年の会議に関して，ドド・チーフダムのパラマウント・チーフがシエラレオネ特別裁判所で証言したものである。

　　判事：1996 年には〔その会議の中で〕加入儀礼の導入が提案されたわけですね。誰が加入儀礼を導入したのですか。
　　証人：……最初に加入儀礼について提案したのはヒンガ・ノーマンでした。
　　判事：いつノーマンが来たのか覚えていますか。
　　証人：1996 年の 9 月でした。
　　　　　（中略）
　　判事：彼がその提案をした時，加入儀礼についてどのように言っていましたか。

＊89　筆者によるインタビュー。ドクター・マサレー，2011 年 1 月 2 日，ボー。

証人：加入儀礼を受けると，敵の爆弾や弾丸から身を守ることができると言っていました。

判事：他にはありませんか。

証人：加入儀礼を受けた者は結社の一員となると言いました。カマジョーという組織は結社であるというのです。

判事：その考えはケネマでは受け入れられたのですか。

証人：その地域のすべての人々がその考えを受け入れました。……彼〔ノーマン〕が帰った後，ひとりのイニシエーターがケネマへとやってきました。

(SCSL, 2005 年 5 月 26 日：10-11)

この証言に見られるようにノーマンは加入儀礼を広げる立役者となった。この証言では，国防副大臣になった後，ノーマンがイニシエーターに対して影響力を持っていたことが窺える。

　ちなみに，ノーマンの依頼に基づいてケネマで社を構えたのはサダム・シェリフであった。ボーからケネマへと移ったのである。彼がボーからケネマへと移ったのは 1996 年 9 月である。その後，1997 年に死亡するまでサダム・シェリフはケネマで加入儀礼を行った（SCSL, 2005 年 5 月 26 日：10-11）。

　ここまで確認したように，ボンス地域で始まった加入儀礼はメンデ・ランドに広がっていった。加入儀礼はカマジョーが軍事的に成果を収めることによって広がったと思われるものの，ノーマンがそれを後押ししていることも否定できない。ノーマンは，加入儀礼の効果を信じ，加入儀礼を各地で薦めた。彼が国防副大臣の地位を得たことで，加入儀礼の拡大はさらに加速した。ノーマンが積極的に加入儀礼を依頼したことにより，コンデワやサダム・シェリフをはじめとしたイニシエーターは，ノーマンとつながる人脈を得ることになった。

⑷カレ村のイニシエーターの拡散

　1996年前半までにカレ村のカマジョーは拠点を移動する。移転先は，ボンス県ソビニ・チーフダム（Sogbini Chiefdom）のティフン（Tihun）であった。カレ村から直線距離で20kmほど離れた町である。加入儀礼を考案した2人のイニシエーター，すなわちアリウ・コンデワとラハイ・バングラも同様にティフンへ移り，新たな社を設けた（サダム・シェリフはすでにボーへと移っていた）（Smith et al. 2004: 440）。

　カレ村のカマジョーらが拠点を移したのは，中央政府の注意を引き付け，支援を取り付けたかったからだという。[*90] 1996年1月，フリータウンでは宮中クーデターが発生し，国家元首がストラッサーからジュリアス・マーダ・ビオへと代わった。NPRC政権でナンバー・ツーであったマーダ・ビオは，民政移管を渋るストラッサーを追いやり，2月には民政移管のための選挙を予定通り実施した。そのマーダ・ビオはティフンの出身であり，ソビニ・チーフダムの支配家系の出自であった。

　ティフンに移転して間もなく，イニシエーターのラハイ・バングラはティフンを離れ，ボーに新しい社を設立した。その社は，もうひとりのイニシエーターと共同で運営された。そのイニシエーターが，新しく台頭したママ・ムンダ（Mama Munda Fortune）という女性である[*91]（彼女は唯一，女性のイニシエーターであった）。彼女はボンス県に住む呪医であったが，カレ村のカマジョーとは関係を持たなかった。しかし，次第にカマジョーに関わるようになっていったという。ママ・ムンダ自身はイニシエーターとなったきっかけを以下のように語っている。

　＊90　筆者によるインタビュー。ドクター・マサレー，2011年1月2日，ボー。その他にも同様の証言をいくつか取った。
　＊91　ママ・ムンダについてはHoffman（2011a, 2011c）にも登場する。

写真 7-1　ママ・ムンダ（左）とカマジョー（出典：Danny Hoffman より提供）

　私は精霊カッセラ（Kassela）[*92]にさらわれた。カッセラは，私をブッシュに連れて行った。私が目を覚ますと，私はカッセラの足元にいた。カッセラは寝ていた。その時以来，若い男性の体を銃弾から守る力を得た。

(Hoffman 2011c: 224)

　一方，コンデワの補佐役であったドクター・マサレーはママ・ムンダ（写真7-1）がイニシエーターとなる経緯を筆者に語った。

---

* 92　Innes（1969）によると，カッセラ（Kasela）とは，精霊（spirit）であり，夜になるとカッセラの舟が光って見えることがあるという。Little も，ボンスに住む精霊カスウェラ（Kaswela）について触れている（Little 1967: 223）。Hoffman によると，ママ・ムンダもノーマンもカッセラのことを河に住む鬼（riverine devil）だと説明したという（Hoffman 2011a: 294）。筆者は，海や川に現る怪獣（Monster）だと説明されたことがある。

カマジョーは護符を身に着けている。呪力を保つためには掟を守らなければ
ならない。掟を破ったカマジョーは，効力を失った護符を我々のもとに次々
と持ちこんだ。その数はあまりにも多かった。そのため，コンデワは護符の
修理に加入儀礼と同額を請求することにした。するとカマジョーの多くがマ
マ・ムンダのもとに護符を持ち込んだ。彼女は安価で護符を修理し，カマ
ジョーの信頼を集めた。我々はママ・ムンダが十分な力を有していると判断
し，イニシエーターとして迎え入れた。[93]

　この語りを語った後，ドクター・マサレーはさらに付け加えた。彼がいう
には，女性はカマジョーに関わってはならない。しかし，年老いたママ・ム
ンダはもはや妊娠することができなかった。そこで，もはや彼女を女性とみ
なさなくてもよいと判断し，イニシエーターとして迎え入れたという。
　こうした経緯を経て，ボーに作られた新しい社はラハイ・バングラとマ
マ・ムンダの共同で運営された。しかし，2人のイニシエーターはすぐに袂
を分かち，それぞれの社をボー周辺で構えることになった。
　一方，アリウ・コンデワはティフンに留まった。コンデワはティフンで加
入儀礼を行うだけでなく，しばしば要請に応じて「出張」し，加入儀礼を
行った。こうしてカレ村で加入儀礼を生み出した3人は，それぞれ別の地で
社を構えるようになった。サダム・シェリフはケネマで（ボーからケネマへ
と移った），ラハイ・バングラはボーで，アリウ・コンデワはティフンで社
を構えた。
　各地で社を構えるようになったのはこの3人だけではない。彼らの補佐役
もまた独立し，各地で社を運営するようになった。サダム・シェリフの弟子
であるモアレム・シュアヒブ・シェリフ（Moalem Shuahibu Sheriff）はプジュ
ン県で社を構えた。コンデワの補佐役であったカモ・コワ（Kamoh Kowa）
は，ケネマ県バド（Gbado, Kandu Leppiam）で社を構えた。さらに，コンデ

＊93　筆者によるインタビュー。ドクター・マサレー，2011年1月3日，ボー。

ワの補佐役であったドクター・マサレーはメンデ・ランドを飛び出し，トンコリリ県マシンビ（Masingbi, Tonkolili）で社を構えた。ドクター・マサレー本人によると，コンデワのもとに北部で加入儀礼を行ってほしいとの要請があり，彼が派遣されたのだという。[94] ドクター・マサレーはテムネ人，クランコ人，リンバ人に加入儀礼を行った。ドクター・マサレーから加入儀礼を受けた者はカマジョーと名乗ったわけではなく，北部の狩人民兵「ベンテ」を名乗った。[95]

(5)新たなイニシエーターの台頭

カレ村のイニシエーターや補佐役が各地に散らばったのと同じ1996年頃，カレ村とは関係を持たないイニシエーターも現れるようになった。各地のイスラム知識人や呪医が，独自に加入儀礼を行うようになったのである。筆者は，そうしたイニシエーターのひとり，シェイク・カバー（Sheik Mohammed Abdullahaman Kabbah）から話を聞いた。

彼はイスラム知識人である。本人によると，彼の父親もイスラム知識人であり，プジュン県バンダジュマ（Bandajuma, Sowa Chiefdom, Pujehun District）でイスラム学校を開いていたという。シェイク・カバーは，その学校で学んだ後，ケネマのイスラム学校でさらに勉強を重ねる。その後，モーリタニア，モロッコ，ダル・エス・サラームと各地のイスラム学校を渡り歩いて勉強した。30歳の頃，シエラレオネへと帰ってきた。帰国後はケネマで暮らしたという。イニシエーターとなったのは，シエラレオネへと帰国して数年たった頃のことであった。シェイク・カバーは自分の経験を以下のように語った。

1996年，初めてケネマの町が襲撃された時，私はクルアーンの力で銃弾を

＊94　筆者によるインタビュー。ドクター・マサレー，2011年1月2日，ボー。
＊95　その他，「サクラメント」（詳細不明）という補佐役も北部に派遣されている。

止め，人々を守った。クルアーンの力は銃弾をも止めることができる。ほら……ここに聖水（holy water）をかけるとするだろ〔と机の上を指差した〕。これで銃弾は飛んでこない。私の力は呪医よりも優れているのだ。私の力は彼らのようにイスラムと呪薬のミックスではなく，純粋にイスラムによるものだ。ケネマの町を守った後，私はチーフ達から依頼を受けた。「君はクルアーンの力を自由に操ることができる。カマジョーの加入儀礼をしてもらえないか」と。私は承諾した。ノンゴワ・チーフダムで最初に加入儀礼を行った。[96]

その後，彼は依頼に応じてチーフダムに赴き，ケネマ県，カイラフン県，コノ県を回り，加入儀礼を行ったという。

ここまで見てきたように，カマジョーの加入儀礼はメンデ・ランド全体へと浸透していった。メンデ人の狩人民兵はカマジョー結社のメンバーとなった。加入儀礼の需要が増加するのに伴い，カレ村のイニシエーターは各地へと散らばった。彼らはパラマウント・チーフの依頼に基づき，加入儀礼をするようになった。また，カレ村とは関りを持たない新しいイニシエーターも台頭した。

3 カマジョーの増加と，定式化された動員パターン

一度，加入儀礼が広がると，カマジョーになるための手続きがパターン化した。以下ではそのパターンを確認する。

(1)定式化されたカマジョーの動員

まず，カマジョーとなるにはパラマウント・チーフの認可が必要とされた。チーフダムはある程度の広さを持つため，パラマウント・チーフがすべての者を知っているわけではない。ゆえに，実際にはセクション・チー

＊96 筆者によるインタビュー。シェイク・カバー，2011年1月4日，ケネマにある彼の自宅にて。

フやタウン・チーフが，パラマウント・チーフにカマジョーの候補者を推薦する。そうしてパラマウント・チーフに認可された者は，イニシエーターの社まで向かう。パラマウント・チーフからの依頼のもとイニシエーターは加入儀礼を行い，儀礼が終わるとパラマウント・チーフに儀礼を終え，カマジョーとなった者を引き渡す（実際には自力で帰る）。パラマウント・チーフの認可を待つ必要があるのはカマジョーになる者の出自を証明し，信頼性を保つためである。国内避難民キャンプや都市部に住む者がカマジョーとなる場合も同様の手続きを経た。以下に，いくつかの語りを提示する。まずは，国内避難民キャンプに身を寄せていたパラマウント・チーフから推薦を得たという事例である。

　　　私がカマジョーに入ったのは 1996 年である。その頃，私のチーフダムは反徒の手に落ちていた。私は他の者とともにボーの国内避難民キャンプで過ごしていた。その避難民キャンプで 8 人のパラマウント・チーフが合計 100 名の若者を集めることになった。その時に私も選ばれた。イニシエーターのもとに連れて行かれ加入儀礼を受け，私はカマジョーになった。[97]

もうひとつ語りを提示しよう。以下の語りでは，本人はボーの都市部に住んでいたが，国内避難民キャンプに住んでいるパラマウント・チーフから推薦を受けている。

　　　私は，ボアマ・チーフダムの町，ジレフン（Girehun）に住んでいた。ジレフンにも反徒がやってきた。私はジレフンから逃げ，ボーの親戚のもとに身を寄せ，そこで 2 年ほど過ごした。その間，ボアマ・チーフダムは反徒の手中にあった。〔避難民キャンプにいた〕チーフダムの指導層はチーフダムの 8 つのセクションに，それぞれ 25 名の若者を出すように命じた。計 200 名の若者が

＊97　筆者によるインタビュー。2008 年 10 月 5 日，モンロビア。

集められた。ボーに住んでいた私も，そこに参加することになった。私を含む 200 名の若者はカモ・ラハイ・バングラのもとに連れて行かれ，そこで加入儀礼を受けた。[98]

　次に国内避難民ではなく，そもそも出身チーフダムを離れ，都市部で暮らしていた人々がカマジョーとなった経験を見ていこう。都市には不特定の者が出入りするため，そこのパラマウント・チーフはよそから来た人物が信頼に足るかどうかわからない。そこで都市に住む人々は自分の出自となるチーフダムに戻って，そこのパラマウント・チーフにカマジョーになるための認可を受けた。シエラレオネでは自分の出自は父の生まれ育った場所になる。都市部の者は自分の出自を辿り，父親の出身チーフダムのパラマウント・チーフに認可を受けに行った（ただし，出自となる母のチームダムでもよかったという）。要するに血筋が確かめられればよかったわけだ。ひとりめは，都市に暮らしていたが，以前暮らしていた出身チーフダムへ帰り，面談を通してパラマウント・チーフの認可を受けた事例である。

　　〔私がカマジョーになったのは，カマジョーの噂が広がっている時であった。〕その頃，反徒に叔父が殺され，自分もカマジョーになろうと思った。カマジョーとなるにはチーフによる推薦を得る必要があった。そこで出身のチーフダムへと帰り，選別面談を受けた。……チーフがママ・ムンダ〔イニシエーター〕を選んだ。自分で選んだのではない。私は彼女の呪力が強いことを知っていた。だから，その選択に異論はなかった。[99]

この男性は当時都市に住み，農村からパーム油を仕入れ，都市に売る仕事をしていたという。そこでカマジョーになる決心をしたということだ。

　＊ 98　筆者によるインタビュー。2011 年 1 月 3 日，ジレフン。
　＊ 99　筆者によるインタビュー。アルバート・ナロ，2011 年 11 月 8 日，フリータウン。

次は，両親の出身チーフダムを訪れ，そこでパラマウント・チーフの認可
を受けた事例である。この語りを語った男性は当時，16 歳だった。

　　　当時，私はボーに住んでいた。カマジョーになるためにカマジェイ・チーフ
　　　ダム（Kamajei Chiefdom）からの推薦を受けた。カマジェイ・チーフダムは父
　　　母の実家があり，学校が休みになると滞在していた。ボーから歩いて〔カマ
　　　ジェイ・チーフダムの中心地である〕セネフン（Senehun）まで行った。そんな
　　　に遠くない。1 日で行ける。……セネフンのタウン・チーフを通してパラマ
　　　ウント・チーフからの認可を得た。カマジェイ・チーフダムは多くの若い男
　　　性を必要としていた。認可された男たちとともにママ・ムンダのもとへ向か
　　　い加入儀礼を受けた。[100]

　このようにカマジョーになるためには，出自であるチーフダムでパラマウン
ト・チーフの認可を受ける必要があった。パラマウント・チーフによる認
可は，よそ者が紛れ込まないようにするための措置であった。ただし，その
チーフダムに居住の経験がなくても構わない。両親のいずれかがそのチーフ
ダムで育った経験があればよかったという。[101]
　以上，確認したように 1996 年頃には，カマジョーとなるためのプロセス
がパターン化された。パラマウント・チーフに認可を受けた者がイニシエー
ターを訪ね，加入儀礼を受けるというパターンである。[102]

(2)影響力を増していくカマジョー

　メンデ・ランドの各地でカマジョーの数は増え，影響力を強めていった。

　＊100　筆者によるインタビュー。2012 年 9 月 10 日，モンロビア。
　＊101　筆者の調査に基づく。
　＊102　同じチーフダムのカマジョーといえども，同じ時期に同じイニシエーターから加入儀
　　　　礼を受けるとは限らない。同じチーフダムでも，カマジョーによって加入儀礼を受け
　　　　た時期が異なっていたり，異なるイニシエーターから加入儀礼を受けていたりするこ
　　　　ともある。

ボンス地域のカマジョーも，反徒を県から駆逐してからも活動を続けていた（1995 年後半から 96 年頃）（Smith et al. 2004: 437-438）。次第にカマジョーは横暴になり，人権侵害も目立つようになった。各地のカマジョーは治安を維持するために検問所を設けた。その検問では，身分証明書を持っていない，あるいは，通行証を持っていないなど，恣意的な理由で暴力が行使された。以下は，人類学者キャスパー・ファイセン（Casper Fithen）が，1997 年にメンデ人の NGO 職員から聞き取ったものである。

> プジュン県の検問所でテムネ人の兄弟がカマジョーに言いがかりをつけられた。……弟は流暢なメンデ語を話せたので殺されなかった。兄はメンデ語が話せず殺された。……〔また私がバスで移動していた時，〕ラゴ（Lago, Kenema District）の検問所で同乗の少女がカマジョーに目をつけられた。カマジョーたちはその少女が国軍兵士の妻だと罵り，ぞんざいに扱った。私は，話が通じそうなカマジョーを探し，彼にこう告げた。「その子は普通の市民じゃないか。何も知らない普通の人だ。なぜ彼女が殺されなければならないんだ。彼女の夫が兵士だったとしても，それは夫の問題だ。彼女の問題じゃない」。やりとりをする中で私は自分が NGO 職員であることを話した。そうするとカマジョーはこう言った。「OK，おまえらは行っていい。ここのカマジョーは人殺しだと言われてはかなわんからな」。そうして我々は解放された。

> （Fithen 1999: 218）

このように取り締まりはしばしばカマジョーの横暴につながった。ある検問所には人々を拘留するためにイバラで作った檻が設置されていたという（Smith et al. 2004: 437-438）。

　成人男性は自らの身をカマジョーから守るため，自らもカマジョーとなった（Smith et al. 2004: 437-438）。

4　部隊を持ち始めるイニシエーター

　カマジョーはこれまでチーフダムを基盤とし，パラマウント・チーフが率いていた。しかし，イニシエーターもカマジョーを率いるようになり，PCネットワークの頂点として機能するようになった。これ以降，カマジョーはパウマウント・チーフの手を離れていくことになる。

(1)新しい PC ネットワーク——イニシエーターの部隊

　カレ村のイニシエーターが各地へと散らばり，新しいイニシエーターも現れた頃（1996年後半〜97年前半頃），独自の部隊を率いるイニシエーターが現れた。これらの部隊は，それまでイニシエーターが率いていた部隊とは異なる。例えばイニシエーターでもあり，司令官でもあったサダム・シェリフは，チーフダムの連合体に属していた。それに対して，この頃，現われたイニシエーターの部隊はチーフダムから独立した存在である。加入儀礼はパラマウント・チーフの依頼で行われていた。加入儀礼を終えると，カマジョーは通常，チーフダムに帰される。しかし，カマジョーの中には，加入儀礼を受けた後，イニシエーターと行動をともにする者も現れた。そうしたカマジョーを用いて，イニシエーターは自らを頂点とする独自の部隊を作り上げた。こうして，パラマウント・チーフを頂点とした PC ネットワークの他に，イニシエーターを頂点とした PC ネットワークが作られることになった。

　その中で有名なものとして，ママ・ムンダの「カッセラ戦争委員会」（Kassela War Council）やカモ・モニュル（Kamoh Monuru）の「ボーン・ネイキッド大隊」（Born Naked Brigade）があげられる（cf. Hoffman 2011a: 77）[103][104]。

　＊103　ブジュン県で社を設けた（Hoffman 2011a: 77）。それまでの経験は不明。
　＊104　サダム・シェリフはカレ村のイニシエーター集団ができる前から自分の部隊を持っており，サダム・シェリフ自身も前線に立った。彼の弟子である，モアレム・シュアヒブ・シェリフ，ブリマ・バングラ，モアレム・ボニは，それを踏襲し，独自の部隊を持っている。それに対し，ここであげたイニシエーターの部隊は新たに作られたものである。

第7章　統合を重ねる PC ネットワーク　191

イニシエーターが独自の部隊を持つようになった経緯として，以下のような解釈を語ったカマジョーがいる。

> イニシエーターは略奪物資が欲しかったんだ。戦争の中でカマジョーは略奪を行った。カマジョーの司令官は略奪から欲しいものを得ていた。イニシエーターもそれを見て同じことがしたくなった。そうして，自分の部隊を持つようになった。[105]

(2)加入儀礼の形骸化

1996年後半〜97年前半あたりから，加入儀礼が大規模化・短期化した。[106]当初は，2〜3週間の期間であった加入儀礼も，前期カバー政権あたりから1晩から3日で済まされる場合が出てきた。この頃に加入儀礼を受けたひとりのカマジョーは加入儀礼をインチキだと言い，その内容を筆者に語った。

> 他のイニシエーターのことはわからないが，ラハイ・バングラはインチキだ。知らない人は加入儀礼についてああだこうだと言うも，ラハイ・バングラの加入儀礼に儀礼めいたものは何ひとつなかった。一日……いや，一晩，みんなで踊っただけだ。一晩踊った次の日，護符を付けた服を身に着け，公衆の面前で並ばされた。そこで銃がぶっ放され，何も起こらなかったことを証明した。それで「もう君はカマジョーだ」と言われた。[107]

通常，結社内で知った情報は外に漏らしてはいけないとされ，筆者の調査でも加入儀礼の詳細までは掴めていない。加入儀礼について筆者に詳細を語っ

---

* 105　筆者によるインタビュー。2010年12月31日。
* 106　すべての加入儀礼が，短期間化・大規模化しているというわけではない。同じ1996年に，待ち伏せの方法から，カマジョー組織構造や命令系統，武器の使用方法など詳しい説明を受けたと述べる者もいる。
* 107　筆者によるインタビュー。2011年1月3日，ジレフン。

たのは加入儀礼をインチキだと言った彼だけであった。

　また，この頃，一度に大量の人に儀礼を施すようになった。「大規模儀礼」
（mass initiation）の始まりである。カレ村で最初に行われた加入儀礼は 4 〜 6
人に過ぎなかった（TRC 3A 2004: 218）。それに対して，この頃には 100 人以上
の者を一度に加入させるようになった。儀礼の後，カマジョーは人々の前で一
列に並べられる。そこに銃弾を浴びせ，何事もなければ呪力を身に着けた証
明とされた。ママ・ムンダから加入儀礼を受けたカマジョーは次のように言う。

　　〔加入儀礼の最中であった〕ある日，儀礼を受けている者がすべて集められ，戦
　　闘に適しているか確かめられた。我々は銃で撃たれた。もし掟を守っている
　　なら保護されており問題ない。誰も負傷しなかった。こうして我々は戦闘へ
　　向かうことが認められた。[108]

写真 7-2 は大規模儀礼の様子を示すものである。シェイク・カバーによるもの
だ。前面に並んでいる 4 人のうち，一番左側がシェイク・カバーである。[109]その
後ろに，儀礼を受けた者が横一列に並んでいることがわかる。この写真を撮っ
たのは，呪力を身に着けたかを試すために，銃で試した後のことだという。

　1996 年後半〜 97 年前半頃の変化としてさらにあげられるのは，定式化され
た動員パターンが崩れていったことである。すなわち，パラマウント・チーフ
から認可を受けてから加入儀礼を受ける慣行が崩れ，チーフダムを通さずに加
入儀礼を受けることができるようになった。以下に 2 人の事例を紹介する。ま
ずは，自分で加入儀礼を受けに行った者の事例である。

　　〔前期カバー政権頃〕私はひとりの市民として国を守るためにカマジョーとなっ
　　た。自分自身で儀礼の費用を負担し，加入儀礼を受けた。その頃はチーフダ

　＊ 108　筆者によるインタビュー。2011 年 10 月 4 日，フリータウン。
　＊ 109　シェイク・カバーに見せてもらった写真を撮影した。時期や場所は不明であるが，彼
　　　は「私が加入儀礼を行った後に撮影したものだ」と述べた。

第 7 章　統合を重ねる PC ネットワーク　193

写真 7-2　大規模儀礼の様子（シェイク・カバーによる個人所蔵）

ムを介さずにも加入儀礼を受けられるようになっていた。加入儀礼を行ったのはママ・ムンダである。[110]

また次の事例は，カマジョーの司令官が，イニシエーターに加入儀礼を依頼したという事例である。以下は加入儀礼を受けた者の語りである。

> カマジョーに入る前は，国軍の非正規兵をしていた。ある時，住民にスパイだと言われ，袋叩きにされた。私を捕えた者たちはどうやって私を殺すかを相談していた。見せしめのために交差点に連れて行かれた。その時，カマジョーの司令官が通りがかり，助けられた。服が与えられ，彼の家に連れて行かれた。私が「この町から出たい，助けてもらえないか」と言うと，カマ

---

* 110　筆者によるインタビュー。2011 年 10 月 4 日，フリータウン。

ジョーになれば，この町でも安全が保障されると言われた。加入儀礼の担当
者に連れて行かれ，カマジョーとなった。[111]

以上のように，出身チーフダムのパラマウント・チーフに認可を受けてイニ
シエーターのもとに行くという慣行は崩れていった。

5　チーフダムを越えたカマジョーの組織化

　当初はチーフダムを基盤とし，伝統的権威の下で組織されていたカマ
ジョーも，次第にその手から離れていくことになった。チーフダムを越え
て連携をする中，大きな勢力を持ったカマジョーの集団が複数，現れるこ
とになった。すなわち，小さな PC ネットワークの中に，統合を重ね，大き
な PC ネットワークへと成長するものがでてきたのである。こうしたカマ
ジョーの中には，パラマウント・チーフのコントロールから離れたものも
あった。こうして大小さまざまなカマジョーの勢力が林立することになっ
た。本研究では以降，カマジョーのひとつの勢力を「カマジョー集団」と呼
ぶことにした。本節では，パラマウント・チーフが意思決定権を持たない大
きいカマジョー集団を 2 つあげる。いずれもファイセンの研究に基づいてい
る（Fithen 1999）。

(1)有志を募ることで拡大したカマジョー集団

　ひとつめが，カマジョー自身が率いるカマジョー集団である。このカマ
ジョー集団は，ひとりのカマジョー，エディ・マサレー（Eddie Massallay）
が率いた（以下「エディ」と表記）。カマジョーが必ずしもチーフダムを基盤
としなくなると，カマジョーの戦闘員はひとつのカマジョー集団に留まって
いるわけではなくなった。自分にとって最も都合のいいカマジョー集団へと

　＊111　筆者によるインタビュー。2008 年 10 月 18 日，モンロビア。

移動を繰り返すようになった。こうした中で戦闘員を吸収し大きな勢力になったのが、エディのカマジョー集団である。このカマジョー集団は、国軍と共同作戦を展開することで拡大した。国軍から武器や物資の支援を受け、物質的な魅力でカマジョーの戦闘員を引き付けたのである。

　エディがこのカマジョー集団のリーダーとなったのは、国軍とカマジョーをつなぐ連絡将校（liaison officer）だったからである。すなわち、彼は、国軍からの物資や支援を分配する立場にあった。

　エディは、内戦が始まる前から軍事経験を有していた。彼はリベリア国境に隣接するプジュン県ソロ・ヴェマ・チーフダム（Soro Gbema Chiefdom）出身である。このあたりに住むメンデ人は、かつて、今のリベリアに位置するヴァイ（Vai）人の首長国の傘下にあった。その首長国がメンデ人の首長国との戦争で敗れた結果、彼らはその傘下に入ったという。それ以降、彼らはメンデ人と名乗り、メンデ語を話すようになった。[112] しかし、彼らはメンデ化された後もヴァイ人との親族関係を保ってきた。そのため、1980年代に入ってもその親族関係を伝って、リベリアへと出稼ぎに行く者が多かった。出稼ぎに行く場合、リベリアの親族の住所を借り、リベリア人を名乗った。[113] エディも例外ではない。1980年代前半、エディは、リベリアの武装警察「特別治安軍」（Special Security Service: SSS）で勤務し、大統領官邸（executive mansion）の警備にあたったという。そこで軍事経験を積んだのだ。彼は、リベリアが第一次リベリア内戦に巻き込まれたのを機にシエラレオネへと帰り、その後、起業する。カイラフン県やプジュン県からダイヤモンドや材木を輸出した。[114] しかし、シエラレオネが内戦に巻き込まれたこと

---

* 112　メンデ語もヴァイ語も同じマンデ系の言語であるが、相互に理解するには学習が必要だという。
* 113　リベリアに親族関係を持たないメンデ人も、出稼ぎのために親族関係を偽装する場合があった（これはプジュン県に限ったことではない）。1980年代まで、リベリアはシエラレオネよりも経済的に発展していた。メンデ人は、リベリアにおいて姻戚関係はないが、同じ名字の人を探し出し、金銭を払い、姻戚関係を装ってもらったという（筆者の調査より）。
* 114　筆者によるインタビュー。エディ・マサレー、2010年12月30日、ジュリン。

により，エディはカマジョーになることを決め，ラハイ・バングラに加入儀礼を受けた。連絡将校となった彼は，1997 年までにボーの大きなカマジョー集団を率いるまでとなった。

　人類学者ファイセンは，エディが率いるカマジョーについて数頁にわたり記している（Fithen 1999: 210-223）。その記述によると，大きなカマジョーの勢力がボーとケネマにいるという。そのうち，ボーのカマジョーのリーダーがエディ・マサレーだとしている。以下はその要約である。

　　ボーとケネマのカマジョーは性格が異なる。ボーの集団は，カモ・エディ・マサレー〔原文のママ〕が率いている。[115] 1997 年 1 月，この集団とケネマの集団の間で争いがあった。RUF の隠し持っていたダイヤモンドをめぐる戦いである〔奪い取ったダイヤモンドをめぐる争いであった〕。この戦闘で，数名のカマジョーが死亡した。ダイヤモンドはボーのカマジョーの手に渡った。ケネマの集団のリーダーはこの損失を大いに悔しがった。この 2 つの集団は少なからずお互いに不信感を抱いている。……ボーのカマジョーの掟は比較的ゆるい。年配のカマジョーは，しばしば大酒飲み・マリファナ喫煙者・女好きとして振る舞う。〔カマジョーは通常〕清められた状態を保ち，自制心や敬虔さを要求される。しかし，彼らにそのような様子はない。筆者〔ファイセン〕は，ボーのカマジョーのひとりの司令官に聞取調査を実施した。彼がトンゴ採掘場（Tongo Field, Kono District）〔ダイヤモンド採掘場〕での戦闘から帰ってきた直後にケネマのバーでインタビューを実施した。彼もまた自らを「ブッシュの野郎ども」（bush lad）のイメージで語った。……ボーのカマジョーはケネマのカマジョーよりも装備がよい。ロンコ〔伝統的衣装〕を着ている戦闘員も多い。ロンコを着た方が呪力が長持ちするとされる。装備の差異は支援の差

　＊115　ファイセンは，エディ・マサレーに「カモ」（Kamor）という敬称を付け，Kamor Eddie Massalley としている。しかし，この敬称は適切ではない。エディはイスラム知識人ではなく，カマジョーの司令官にカモという敬称を用いることはない。筆者は，ファイセンの論文をあるカマジョーに見せたが，そのカマジョーは「誰もエディにカモを付けることはない」と言った。

を表すものだろう。ボーのカマジョーは国防副大臣ノーマンからの支援を多く受けていると思われる。ノーマンは金やダイヤモンドの採掘をバベ・チーフダム，ボアマ・チーフダム，バルニア・チーフダムで行っている[116]。これは公然の秘密となっている。

(Fithen 1999: 214-215. 引用者による要約)

　ファイセンによる記述の裏付けを得るため，筆者は，エディをはじめ，このカマジョー集団に関わった者何人かに話を聞いた。すると，このカマジョー集団は，国軍と共同作戦を展開するために，各チーフダムから集められた戦闘員で成り立っていたことがわかった。その戦闘員は，国内避難民キャンプの各チーフダム代表やイニシエーターに人員を欲していることを伝え，そこから有志を募ることで動員されていた。エディはカマジョーの志願者を集め，国軍との連絡将校を務める中でカマジョー集団のリーダーとなっていった。ゆえに，このカマジョー集団は，特定のチーフダムに従属したものではない。

　このカマジョー集団の大きな成果が，RUF の本拠地「ゾゴダ」(Zogaoda)を陥落させたことである[117]。1996 年 10 月のことであった。ゾゴダは，ケネマ県バンダウォの森（Gbandawo Forest）にあった。ゾゴダへの攻撃は，和平交渉中の出来事であった。カバー政権と RUF の間で持たれていた和平交渉の裏では戦闘が継続していたのである[118]。ゾゴダが陥落した翌月，11 月 30

＊116　バルニア・チーフダムはノーマンの出身地である。

＊117　ゾゴダの様子は，Peters（2006）参照。RUF がゲリラ戦を開始して以降，1994 年 2 月に設置された（TRC 3A 2004: 192）。

＊118　カバー大統領は 3 月に就任して以来，RUF との和平交渉を続けた。それにもかかわらず戦闘が続いたのは，カバー政権がカマジョーを統制できなかったからだという指摘もある（Muana 1997: 98）。カバー大統領は和平交渉の進展を受け，カマジョーによる敵対行動を禁止した。カバーは，シエラレオネ政府の軍隊は国軍のみであること，そして和平交渉が進行中であることを再三公言してきた。それにもかかわらず，カマジョーの活動は止まらなかった。カバー政権で国防副大臣であったノーマンも積極的にカマジョーを支援した。カバー大統領に，12 月までに和平協定にいたらない場合，カマジョーに対する制裁措置を加えると，公の場で発言した。しかし，カマジョーによる攻撃は続けられた（Pham 2005: 121）。

日には，RUFとカバー政権の間でアビジャン和平合意が結ばれた（Pham 2005: 121）[119]。ゾゴダの陥落によりRUFは大きな痛手を被り，それが和平合意につながったともいわれている。

　シエラレオネの新聞ビジョン紙（*Vision*）は，ゾゴダの陥落を報じている。その見出しは「カマジョー，RUFの基地を破壊」というものだ（1996年10月17日）。この記事によると，数百名のカマジョーが9月7日にブラワ（Blawa）を出発し，いくつかの村を解放した後，バンダウォにある「RUFの第三大隊の基地を破壊した」という。また，内戦地図報告書にもゾゴダの陥落について記している。

> 戦闘は数日間続いた。カマジョーはRUFを追いやることができた。カマジョーはRUFの書類を数多く発見した。ボー゠ケネマ幹道（Bo-Kenema Highway）の襲撃についての文書や，略奪物資ならびに文民の捕虜数を記した記録も見つかった。また，多くの文民捕虜が発見され，保護された。
>
> （Smith et al. 2004: 314-315）

筆者の聞き取りでも，ゾゴダでの経験を語ったカマジョーがいた。「ゾゴダでは多くの武器が見つかった。『民主主義への道』（Footpath to Democracy）（RUFの主張を書いたパンフレット）も見つかった。太陽光パネルもあった」。筆者が印象に残ったのは，「ジノ」（Zino）と呼ばれたRUF幹部についての語りである。ジノは，フォディ・サンコーに次ぐRUFのナンバー・ツーであった[120]。戦闘に参加したひとりのカマジョーは言う。

> ジノがブッシュの中に逃げていくのが見えた。ジノは小さい女の子の手を握り，いっしょにブッシュへ逃げ込んでいった。私は彼の姿をしっかり覚えて

＊119　アビジャン和平合意の締結プロセスについてはHirsh（2001: 51-52）参照。
＊120　本名はモハメド・テラワレ（Mohammed Terawalley）という。詳しくは以下の文献を参照。Abdullah（1998），TRC 3A（2004），岡野（2011b）。

いる。……その後，その女の子はブッシュでひとりでいた。我々が発見し，
保護したんだ。[*121]

　その後，ジノは行方不明となった。死亡が確認されたという記録はない。
　この軍事作戦に参加したカマジョーは，複数のチーフダムから動員され
ている。内戦地図報告書によると，ケネマ県からはスモール・ボー・チー
フダム（Small Bo），ニアワ・チーフダム（Niawa），ランゴラマ・チーフダ
ム（Langruma）のカマジョーが参加している。また，ボー県からはウンデ・
チーフダムとボアマ・チーフダムからカマジョーが参加している。
　筆者もゾゴダの攻略に参加した3人から聞取調査を行ったが，そのうちひ
とりはボアマ・チーフダム出身であった。また残りの2人は，サダム・シェ
リフ（イニシエーター）の部隊から参加していた。このことからも，エディ
のカマジョー集団は，さまざまなカマジョー集団からの志願者で成り立って
いたことがわかる。

⑵複数のチーフダムを傘下に入れることで拡大した
　　カマジョー集団

　本節で紹介する2つ目のカマジョー集団は，ファイセンのいうケネマの
勢力である。このカマジョー集団は複数のチーフダムから成り立っており，
そのリーダーシップをイニシエーターがとった。そのイニシエーターがブ
リマ・バングラ（Brima Bangura）である（Fithen 1999: 211）。エディのカマ
ジョーとは反対に，ブリマ・バングラのカマジョー集団は国軍との衝突を繰
り返した（Fithen 1999: 243）。以下はファイセンによる記述の要約である。

　　ケネマのカマジョーは，最高指導者であるアルハジ・ブリマ・バングラ
　　（Alhaji Brima Bangura）に率いられる連合体である。複数のチーフダムが彼の

　＊121　筆者によるインタビュー。2011年1月3日，ジレフン。

傘下に加わっている。ブリマ・バングラは，カマジョーの知識の管理者であり，精神的・道徳的な指導者である。部隊が集合する時，戦闘員はゆるぎない忠誠を示す。ひざまづき，大げさに敬礼をする。……ブリマ・バングラはいかめしく，超然と構えている。司令官がブリマ・バングラの手のひらにキスをする。この振る舞いは，規律の存在を大げさに見せつけるものだ。RUFも国軍も有さない規律がカマジョーにはあることを誇示するのだ。……

ブリマ・バングラの下には「ケネマ県カマジョー戦争委員会」(Kenema Kamajorjia District War Council) がある。この委員会は，軍事活動上の状況を把握し，軍事活動や部隊の移動など戦略上の決定を行う。軍事活動に必要な情報 (intelligence) は，タウン・チーフやセクション・チーフから受け取っている。彼らは報告のためにケネマに上がってくる。あるセクション・チーフは，毎週報告するのが義務だと述べた。戦争委員会は，資金を提供する伝統的権威や年配のカマジョーから構成される。資金は戦闘が落ち着いている間に行われるダイヤモンド採掘から得ている。若いカマジョーがパトロンの命令で掘っているのだ。

戦争委員会は〔意思決定を行い，決定された〕命令を「組織司令官」(organisational commander) に伝える。組織司令官の義務は戦略を練ることである。攻撃だけではなく，後方支援も考慮に入れなければならない。後方支援には，移動手段の確保，米の分配，弾薬の調達が含まれる。移動手段は，民間の運送業者によって手配される。トラックで戦闘員や米を前線まで運ぶのだ。帰路に負傷兵をダルやケネマの病院まで運ぶ場合もある。

調達は補給係将校 (quartermaster) の役目である。彼は RUF から接収したり，国軍から提供を受けたりした物資を管理している〔原文のママ〕。[122]経験のあるカマジョーは高度な武器を使用する。一方，国防副大臣〔ノーマン〕から派遣されたヨーロッパ人の教育係から軍事訓練を受ける者もいる。

＊122 ファイセンはブリマ・バングラのカマジョーが国軍と敵対していると記す一方，国軍から支援を受けていると記している。ここでは矛盾のそのまま引用した。

組織司令官は，考えた戦略を「上級司令官」（senior commander）や「野戦
　司令官」（field commander）に伝える。彼らが戦闘の中で実際に戦闘員を操る。
　彼らが議論を重ね，作戦の細部が詰められる。それぞれの司令官は特定の地
　域について土地勘を持っている。そのため，場合に応じて司令官は変わって
　くる。
　　　　　　　　　　　　　　　（Fithen 1999: 213-215. 引用者による要約）

ファイセンの記述に基づくと，ブリマ・バングラのカマジョー集団はケネマ
周辺のチーフダムを取り込む形で形成されている。複数のチーフダムの伝
統的権威がイニシエーターをリーダーとして据えたといってもよいだろう
（Fithen 1999: 243）。
　このカマジョー集団のリーダーであるブリマ・バングラは，サダム・シェ
リフの弟子である（筆者の調査より）。サダム・シェリフは，ボーからケネマ
へと社を移した後，1996 年 9 月にケネマで国軍に殺害されている（Hoffman
2011c: 231）。仲間をカマジョーに殺された復讐だった（Muana 1997: 96）。こ
の対立については，以下のような経緯があったという。

　　サダム・シェリフが殺された背景には国軍による略奪がある。国軍は内戦の
　混乱に乗じて略奪行為を働いた。カマジョーは，村々に知り合いがいる。彼
　らから話を聞いたカマジョーは，国軍に単独で軍事行動へ出ることを禁じた。
　一方の国軍にとって，略奪を阻むカマジョーは邪魔である。こうして，それ
　ぞれは独立して軍事活動を行うようになった。両者の関係は悪化し，しばし
　ば銃撃戦を行うほどに悪化した。[123]

ファイセンが調査を行ったのは，サダム・シェリフが殺された後のことである。
　本節では，カマジョーの中に大きなカマジョー集団が台頭したことを示し
た。カマジョーは各地でまとまりを見せ，複数の大きなカマジョー集団が

───────────────────────────────

　＊123 筆者によるインタビュー。スパロー，2012 年 9 月。

できあがった。その事例として本節では，エディ・マサレーの勢力とブリマ・バングラの勢力を示した。この2つの事例が示すように，並存するカマジョー集団は，互いに反目することもあった。

＊　　　＊　　　＊

本章は，1995年後半から97年5月（NPRC政権から前期カバー政権期）までの動きを確認した。本章で確認した動きは以下のようになる。

① 1995年後半頃から，国内避難民キャンプでも，狩人民兵が作られ始めた。狩人民兵は，チーフダムを越えた連携を持つようになった。
② 同じ頃，加入儀礼が広まり，狩人民兵は「カマジョー」と呼べる存在となる。加入儀礼の需要が増加するにつれ，イニシエーターはボンス県カレ村からメンデ・ランド各地に散らばっていった。新たなイニシエーターも台頭した。彼らの中には，独自の部隊を持つ者も現れる。
③ カマジョーが統合を繰り返す中で，大きな影響力を持つ勢力が複数台頭した。チーフダムを越えた連携を持つことで，カマジョーは伝統的権威の手を離れていった。イニシエーターやカマジョーの司令官がカマジョー集団のリーダーシップを握っていった。勢力を強めたカマジョー集団は互いに競合することもあった。

この動きを仮説に照らし合わせると，チーフダムを基盤とした小さなPCネットワークが大きなネットワークへと統合されていくプロセスといえる。カマジョーのリーダーシップはパラマウント・チーフを離れ，カマジョーの司令官やイニシエーターが取るようになった。PCネットワークはチーフダムを離れ，いくつかの大きなPCネットワークへとまとまっていった。

第8章

優位な PC ネットワークの台頭
（ジェンデマ・カマジョー）

AFRC 政権期①
【1997 年 5 月～ 98 年 11 月】

前章では，カマジョーがいくつかの大きな勢力へとまとまりを見せていったことを確認した。こうした勢力（本研究でいうカマジョー集団）は，1997年5月25日に発生した軍事クーデターによって転機を迎える。「525事件」（May-twenty-five）と称されるこのクーデターにより，カバー大統領は隣国ギニアの首都コナクリへと亡命し，そこで亡命政権を樹立した。一方，フリータウンで設立されたのがジョニー・ポール・コロマ少佐を首班とする軍事政権 AFRC（軍事革命評議会）である（以下「コロマ少佐」と表記）。AFRC は内戦を終結させるため，RUF を政権内部に迎え入れることになった（以降，AFRC と RUF の連合政権および，その勢力を AFRC/RUF と表記する）。AFRC/RUF に対し，カマジョーは戦いを始めることになる。

　クーデターの発生からカバー政権が復帰する 1998 年 3 月までの間（すなわち，AFRC 政権期），カマジョーはカバー政権の復帰を求めて，AFRC/RUF に対して戦闘を繰り返す。その中で，カマジョーはひとつのまとまりへと統合をはじめる。この頃，カマジョーは国家レベルの PC ネットワークとしての体裁を擁するようになった。本章と次章ではその間に見られたプロセスを論じる。

　本章（第 8 章）では，リベリア国境の町ジェンデマ（Gendema）で活動するカマジョー集団を追った。AFRC がカマジョーの解散を命じたことから，カマジョーは総じて AFRC/RUF と敵対関係をとった。そんなカマジョーが，カバー政権の復帰という目標を掲げて統合していくきっかけを作ったのが，ジェンデマのカマジョー集団である。このカマジョー集団は国境という地理的特性を利用して戦闘を有利に進めた。さらに，ECOMOG（西アフリカ諸国平和維持軍）からの支援を受け，それを他のカマジョー集団にも分配した。このようにジェンデマのカマジョー集団は，一時期カマジョーの中でも主導的な存在となる。

　次章（第 9 章）では，ジェンデマのカマジョー集団が影響力を失い，代わりに内陸部のカマジョー集団が優位に立つ経緯を確認する。

　第 8 章と第 9 章を仮に照らし合わせると，競合する PC ネットワークの

中から優位な PC ネットワークが台頭する部分に該当する。ただし，第9章で見るように，優位になる PC ネットワークは置き換わっている。仮説のように単線的に変化はしなかったのである。

　ジェンデマのカマジョー集団を追う本章は，その構成を以下の通りとする。第1節では，525事件の背景とその経緯を述べる。第2節では，リベリアとの国境沿いの町ジェンデマに集まったカマジョーが AFRC/RUF との闘いを始め，ECOMOG からの支援を取り付けたことを確認する。第3節では，ジェンデマのカマジョー集団がノーマンをリーダーとして呼び寄せたこと，そして，ノーマンが軍事支援を各地のカマジョー集団へと分配したことでパトロンとしての地位を保ち続けたことを指摘する。第4節では，ジェンデマのカマジョーの戦闘の様子を述べる。第5節では，筆者の調査協力者スパローがジェンデマのカマジョーに入るプロセスと，彼が率いた「CDF 特別部隊」（CDF Special Force）について記す。

1 「525事件」の背景とその発生の経緯

　1997年5月25日，軍事クーデター「525事件」が発生した。その背景にはカバー政権と国軍の関係悪化がある。その関係悪化の主たる要因は2つある。アビジャン和平合意に基づく国軍再編，およびカマジョーの拡大である。

(1)アビジャン和平合意に基づく国軍再編

　1996年11月にカバー政権と RUF との間でアビジャン和平合意が結ばれた。この和平合意は，前章で確認したゾゴダの陥落の直後に結ばれている。その10条には，国軍の規模縮小が謳われている。この条項に基づき，カバー政権は内戦で膨れ上がった国軍の組織改革を実施し，既得権益を縮小した。カバー政権に対して報告された国軍の兵員は約1万7000名である[124]。そ

＊124　カバー政権に報告された公式に登録された人数であり，実際の人数は不明である（TRC

れをカバー政権は7000名弱にまで削減しようと試みた（TRC 3A 2004: 235）。また，毎月，国軍に提供される支給米を削減した。2万5000袋あった支給米を，8000袋まで削減した。1万7000名に対し2万5000袋支給されていたのが，7000名に対し8000袋の支給となった。すなわち，1人当たり1.47袋から1.14袋への削減である。

　実際には将校階級による不正転売が横行していたため，一兵卒への配当量は激減した。正規の一兵卒の月給は25ドル程度と少なく支給米は生活に不可欠であった。それにもかかわらず，支給米は削減された。その結果，兵卒の間でカバー政権に対する不満が高まった（Pham 2005: 121, TRC 3A 2004: 235）。

(2)カマジョーと国軍との武力衝突

　また，カバー政権は国軍よりもカマジョーを重用した。国防副大臣であるノーマンは国軍を信頼していなかった（ちなみに国防大臣はカバー大統領が兼任している）。ノーマンはカマジョーを率いた経験を持ち，国軍による略奪はしばしば耳にしているはずである。そのため，規律の取れない国軍に不信を抱くのも無理はない。しかし，ノーマンは，国防副大臣となっても，その不信感を改めず，国軍への不満を公然と口にした。さらに，カマジョーを国軍の代わりに用いようとした。1997年4月，シエラレオネ議会は自警組織による武器の使用を認める法案を通過させた（Hoffman 2011c: 43）。国軍にとってこの法案は，自分達の役割がカマジョーに奪われることを意味した。

　こうした中央でのカバー政権と国軍の関係悪化と併行して，地方でもカマジョーと国軍の関係が悪化した。カマジョーは勢力を拡大するにつれて，国軍としばしば衝突するようになった。キーンの研究では，国軍兵士の声を紹介している。

　　国家の制度として国軍は脅かされていた。……我々の不満は政府に無視され

　　3A 2004: 237）。

た。カマジョーは国軍兵士に悪さをした。しかも，悪さをしても何の咎めもない。その一方，〔国軍〕兵士がカマジョーに対して報復を行った場合，〔市民へ暴力を働いたとして〕懲罰が与えられる。それが規律を脅かした。……525事件は，そうした問題から発生した。　　　　　　　　　　　　　（Keen 2005: 200）

ファイセンの研究は，カマジョーと国軍の衝突について2つの事例を掲載している。まずは，ダイヤモンド採掘場をめぐる国軍とカマジョーの衝突である。

　　国軍は理由もなくトンゴ採掘場〔採掘場の中にある町〕に留まった。ダイヤモンドの採掘にあたるためである。カマジョーはそれを襲撃した。〔1997年〕3月23日〔日曜日〕からトンゴ採掘場は戦場になった。〔それに先立つ〕土曜の夜〔3月22日〕，トンゴ採掘場にあるバー「インディペンデント」で，カマジョーは，2人の兵士に窃盗の容疑をかけ，撲殺した。このバーは，中央市場近辺に位置しており，その周辺の警備はカマジョーが担っていた。次の朝，事件は報告された。〔カマジョーと国軍の仲介にあたるため〕チーフや長老層が奔走した。あるパラマウント・チーフは述べる。「問題解決のためカマジョーの事務所へ行き，その後，国軍の事務所まで向かった。そこで国軍と折衝をしている時，外で銃撃戦が始まった」。国軍は，銃撃戦が始まった23日から29日までトンゴ採掘場を支配下に置いていた。しかし，29日の夜，国軍は闇夜に紛れて撤退した。その間，トンゴ採掘場からは鉱夫やその家族も脱出した。彼らはケネマへと流入した。　　　　（Fithen 1999: 217-220. 引用者による要約）

次に，国軍の検問所で，国軍とカマジョーが衝突した事例である。1997年4～5月頃のことである。

　　マシアカ（Masiaka）からマイル91（Mile 91）〔町名〕に通ずる幹線道路上に国軍の検問所があった。トラックに乗っていた3人のカマジョーがその検問所

210

で捕まえられ，暴行を受けた。ひとりのカマジョーが，ブッシュへと逃げた。
そのカマジョーは小隊とともに戻ってきた。戦闘が始まり，何人かの国軍兵
士が殺された。国軍はマイル 91 の軍事施設に撤退した。

（Fithen 1999: 221. 引用者による要約）

また筆者も，国軍とカマジョーの衝突について聞き取っている。以下はモヤ
ンバ県モカンジ（Mokanji）にいたテムネ人による語りである（モヤンバ県は
テムネ人とメンデ人が混在する地域である）。

　モカンジは，一度，反徒に襲撃された。しかし，その後，国軍が奪還した。
それ以来，モカンジには国軍が駐留した。国軍の兵士は町をウロついた。町
にガールフレンドを作った者もいた。モカンジには，畑もあるし，魚もとれ
るし，肉もある。飢え死にするような状態であったわけではない。問題なの
はマギー（Maggie）〔化学調味料〕[125]と塩だった。都市から運んでくる必要があっ
たのだが，道は危険で通れなかった。兵士は，都市から塩やマギーを持って
きてガールフレンドにプレゼントした。ガールフレンドたちはそれを売った。
モカンジにはそれらが出回っていたが，非常に高価だった。
　和平合意により，町に駐屯していた国軍のほとんどは撤退することとなっ
た〔アビジャン和平合意［1996］のことだと思われる〕。しかし，町の人は撤退を
望まず，安全を欲しがった。そこで国軍は各コミュニティから 1 名の若者を
差し出すように命じた。その結果，40 名の若者が集まった。彼らはすべてメ
ンデ人であった。国軍は，彼らをカマジョー結社に入れるため，ボンス県に
送った。彼らが戻ってきた時には式典が開かれ，皆の前でカマジョーが国軍
から住民へと引き渡された。国軍は 49 名の兵士だけを残し，残りは撤退した。
　その後，メンデ人は「軍服を着ている連中はみな反徒だ」と言い始めた。
そんな頃，カマジョーと国軍の間で衝突が起こる。他の町や村から多くのカ

＊125　固形のブイヨン。シエラレオネでは調理の時に，必ずといっていいほど用いる。

マジョーがやってきて，国軍の駐屯地を取り囲んだ。まず2人の国軍兵士が殺された。ティバティとデニスだ。その後，大勢のカマジョーが殺された。国軍は，近代的な火器を持っていたからだ。カマジョーは撤退し，モカンジは国軍の統制下に置かれた。以降，内戦が終わるまで争いは経験していない。[*126]

　これらの語りで示されているように，カマジョーはカバー政権前期，勢力を拡大し，国軍と衝突するようになった。真実和解委員会は，クーデターは時間の問題だったとの見解を示している（TRC 3A 2004: 233）。実際，カバー政権は，525事件に先立ち，2度のクーデター未遂事件に直面している（Pham 2005: 120）。

(3)クーデターの発生とカバー大統領の亡命

　国軍が不満を高めた結果，発生したのが525事件である。525事件が発生したのは，1997年5月25日の早朝である。その始まりは，フリータウン市内のコックリル（Cockrill）にある国軍総司令部からであった。そこからクーデター部隊は行動を開始した。クーデターの決行を知った周りの国軍兵士も次々とクーデター部隊に合流していく。総司令部を出発したクーデター部隊のうち，一部はラジオ局を占拠し，ラジオ放送でカバー政権の崩壊を宣言した。別の部隊はパデンバ通り刑務所（Pademba Road Prison）へ向かった。その目的は，先のクーデター未遂事件の首謀者として収監されていたコロマ少佐を解放することであった。現地の新聞ではクーデターの様子が以下のように記されている。

　　25日（日）午前4時30分，2台のベンツがパデンバ刑務所の前に横づけされた。車には，武装した男が複数乗っていた。警備員は車に銃を向けた。しか

＊126　2011年9月12日，首都近郊の町ウォータールー（Waterloo）にて。当時モカンジに住んでいた女性からの聞き取り。

し，危険を感じ，持ち場を離れて逃げ出した。警備員らが5時30分に様子を見に戻ると，重武装をした男たちがトラックで乗りつけていた。夜間の警備員や刑務官は銃を突きつけられ，〔刑務所の〕正門を開けるように指示された。[127]

午前7時には数千名に膨れ上がったクーデター部隊が，パデンバ通り刑務所の前に溢れかえっていたという（TRC 3A 2004: 242-247）。クーデター部隊は刑務所の扉を開け，すべての囚人を解放した。その中にはコロマ少佐の姿もあった。

同日，コロマ少佐を首班とする軍事政権AFRCが設立された。AFRCはRUFと共同で政権を運営する用意があることを公表した。それに応じたRUFの報道官は，5月30日にRUFと国軍が統合し「人民軍」（People's Army）を結成すると発表した。

6月1日，AFRCのメンバーが発表された。議長にはコロマ少佐が就任し，副議長にはRUFの指導者フォディ・サンコーが名を連ねた。ここに軍事政権と反徒の連合政権が誕生した。ただし，サンコーの参加は名目上に過ぎない。なぜなら，サンコーは数か月前の1997年3月2日，ナイジェリアで逮捕されていたからである。その容疑は武器の不法所持であった（Pham 2005: 120）。サンコーはナイジェリアで拘留されており，AFRC/RUFが政権を維持している間にフリータウンに戻ることはなかった。

525事件は，それまでシエラレオネが経験してきたクーデターとは一線を画すものであった。これまでのクーデターとは異なり，フリータウンは略奪と暴力の嵐に見舞われた。国軍兵士は略奪した車を乗りまわし，銃を振りかざしてフリータウンを闊歩した。それに加えてRUFが入城するという。フリータウンの住民は，そうなると何が起こるかわからないと考え，逃亡するか，姿を隠した。政府の役人も逃亡したため，行政機構は麻痺した。AFRC/RUFの支配が始まった数か月の間，20万人が難民としてギニアへと

＊127 "Facts about AFRC Coup," *For di People*, 13 July, 1997.

流出したといわれる（Pham 2005: 124-125）。

　カバー大統領も隣国ギニアへと逃亡し，そこで亡命政権を立ち上げた。525事件の当日，カバー大統領は安全を確保するため，まずルンギ国際空港（Lungi International Airport）へと移動した。そしてそのままギニアへと亡命し，そこで亡命政権を構えた。多くの閣僚や国会議員も同様にギニアへと渡った。カバー大統領はギニアの首都コナクリを拠点とし，復帰のために国際社会に向けたロビー活動を展開する（TRC 3A 2004: 248）。

　それに答えるかのように国際社会はカバー政権の側に立った。欧米諸国やコモンウェルス，そして，西アフリカ周辺諸国がこのクーデターを強く非難した。国連安全保障理事会は，クーデターが発生するとすぐさま議長声明を発表し，憲法秩序の即時回復を要求した[128]。その後，10月には経済制裁措置を決議した（国連安保理決議1132）[129]。また，アフリカ統一機構（Organization of African Unity: OAU）も6月に軍事政権を非難し，周辺諸国による紛争解決努力を支持することを表明している（ブラ・落合 2011: 9）。

　国際社会の中でも，事態の打開に深く関与したのが，準地域機構ECOWAS（西アフリカ経済共同体）である。ECOWASとは，1975年に西アフリカ諸国からなる経済共同体である。1989年に発生した第一次リベリア内戦に関与して以来，域内の安全保障に対しても関与するようになった。

　ECOWASは，いくつかの手段を併用してカバー政権復帰を目指している。第一に，軍事政権に対して経済制裁措置を課した[130]。第二に，AFRCとの交渉を通し，政権移譲の筋道を模索した[131]。そして第三に，AFRC/RUFに対

＊128　国連安保理議長声明S/PRST/1997/29（1997年5月27日）。
＊129　本決議が出されるまでの経緯は，落合（2011b）が詳しい。
＊130　1997年8月末にECOWAS最高会議がアブジャで開催され，その席上，シエラレオネ軍事政権に対する石油・武器禁輸などの経済制裁措置が決議された。一方，10月には，国連安全保障理事会でも，シエラレオネ政府関係者の渡航規制，石油・石油製品の禁輸，武器・武器関連物資の禁輸といった対シエラレオネ経済制裁措置が決議されている（国連安保理決議1132）。同決議の中で，国連制裁措置の履行のために船舶検査などを行う権限がECOWASに対して正式に認められた（ブラ・落合 2011: 9）。
＊131　1997年10月，ギニアのコナクリにおいてECOWASとシエラレオネ軍事政権の間で交渉が行われ，12月に武装解除を実施し，1998年4月までにカバー政権を復帰させ

する軍事行動を取った（落合 2002: 44）。ECOWAS による軍事行動は，ナイジェリア部隊を中心に実施された。その軍事行動は，カマジョーを深く巻き込むものとなっていく。

⑷ 525 事件直後のカマジョー

シエラレオネ国内に目を向けよう。AFRC 政権が成立したことによって，カマジョーと国軍（軍事政権）の対立は，激しさを増していった。クーデターの当日，AFRC はカマジョーに対して解散を命じている。コロマ少佐は，シエラレオネ放送サービス（99.9MHz）を通して以下のような声明を発表している。

> 我々はひとつにならなければならない。戦争は終わったのだ。私は広報官としてここに告げよう。すべてのカマジョーは解散せよ。カマジョーや自警組織はもはや存在してはならない。我々は国軍である。国のために戦う存在である。国民はそれを応援せねばならない。AFRC は，かつての敵を歓迎し，統合された軍隊を作り上げるだろう。
>
> (Abdullah 1998: 23)

カマジョーの解散命令がラジオから流れたのである（落合 2011c）。しかし，カマジョーは解散しなかった。軍事政権が成立したことにより，国軍のほとんどはそのまま軍事政権の兵士となった（一部，軍事政権への参加を拒み，カバー政権についた者もいる。彼らは ECOMOG の掌握するルンギ空港へと集結することになった）。525 事件後も，カマジョーは軍事政権と衝突を続けた。以下は，シエラレオネ人 NGO 職員の証言である。

私は 1997 年，MSF〔国境なき医師団 /Médecins Sans Frontières〕で働いてお[132]

るという内容の和平プランが合意された。しかし，その和平プランは事実上頓挫することになった（ブラ・落合 2011: 10）。

* 132　医療・人道援助を提供する NGO。

り，モヤンバ（Moyamba, Moyamba District）〔都市名〕に滞在していた。〔525事件までは〕カマジョーがモヤンバを支配していた。〔525事件の後〕彼らは追い払われた。カマジョーは殺され，通り沿いに掘った穴に埋められた。

（Keen 2005: 211）

こうした衝突が各地で発生した。カマジョーは AFRC 政権および RUF を「ジュンタ」（junta「軍事政権」という意味）と呼び，敵対姿勢を維持した。都市部に駐留していたカマジョーは，農村部やブッシュへと移動した。都市部はジュンタの支配下であったが，その支配は「点の支配」に過ぎなかった。都市部から一歩出ると，そこはカマジョーの支配地域だった。たとえば，ボンス・タウンは，以前から国軍が支配しており，525事件の後もジュンタが支配を続けた。ジュンタの支配下では，カマジョーだと疑われて殺害される者もいたが，その郊外はカマジョーの支配下にあった。ボンス・タウンのカマジョーは一度町を離れ，態勢を整えた上でボンス・タウンを襲撃した（Smith et al. 2004: 442）。ジュンタは農村部を掌握できなかったため移動のためにコンボイ（車列）を組む必要があった。道中での襲撃を避けるためである。物資の輸送はフリータウンから各都市へとコンボイで運ばれた。ジュンタが支配できたのは，以前から駐留地のあった都市や町に限られ，その支配は都市や町の周辺に留まった。

(5)ノーマンとカマジョー

防衛副大臣のノーマンは，525事件までにカマジョーを率いる「国家調整官」（national coordinator）として知られるようになっていた。すなわち，名目上のリーダーとみなされたのである。525事件の後，各地のカマジョー集団は，ノーマンとコンタクトを取ろうとした。以下に，真実和解委員会に載せられたカマジョーによる2つの証言を引用する。

政府〔カバー政権〕が転覆したと聞いて，すべてのカマジョーは都市部を離れ，

郊外へと向かった。我々〔証言者が属するカマジョー集団〕はいかに彼ら〔ジュンタ〕とコンタクトを取るのか話し合った。もしかしたら，彼らに加わることになるかもしれない。……しかし，〔我々が独自には判断することはできなかった。〕我々の指導者であるノーマンがその場にいなかったからである。……我々の県〔ボー県〕は危険にさらされた。カマジョー間の連携がないからだ。とくに，都市部であるボーは脆弱だった。多くのカマジョーは，自分たちのチーフダムへと帰った。……我々はノーマンを探した。そうすれば彼らを追いやり，民主的に選ばれた政府を取り戻せると考えた。　　(TRC 3A 2004: 268)

また，次の証言からは，亡命政府のあるギニアへと使者を派遣したカマジョー集団がいたことがわかる。

我々〔のカマジョー集団〕は 2 人をギニアへ派遣した。私はそのうちのひとりだった。チーフ・ノーマンを探してコナクリまで行った。しかし，我々は彼を見つけることはできなかった。1 か月ほど，コナクリにいた。我々は，コナクリに留り続けている大臣や議員と面会した。……結局，チーフ・ノーマンに会わぬまま帰ってきた。　　　　　　　　　　(TRC 3A 2004: 268)

このように，いくつかのカマジョー集団はノーマンを指導者とみなし，その指示を仰ごうとした。筆者の調査でも，複数のカマジョー集団がノーマンと連絡しようと試みていたのがわかっている。

(6)内戦の対立構造の変化

　525 事件は内戦の構造を転換させた。第一に，RUF はジュンタ（国軍）と協力することになり，第二に，カマジョーはおしなべてジュンタと対立する存在となった。525 事件以前，カマジョーは自警組織であった。ゆえに，国軍と協力して対 RUF 戦に従事するカマジョーもいれば，国軍を信用せずに国軍と敵対するカマジョーもいた。しかし，525 事件以降，国軍（ジュンタ）

は，すべてのカマジョーにとって敵視すべき存在となった。それにより，内戦の対立は，中央政府を掌握する AFRC および RUF に対して，カマジョーおよびカバー亡命政権が挑むという構図へと変化した。

その結果，カマジョーは，民主主義の復帰をプロパガンダとして掲げるようになった。多くのカマジョーが525事件について語る時，「我々は，民主主義のために軍事政権と戦うことにした」と説明する。それまで独自に行動していたカマジョーは，そのプロパガンダによって共通の目的を持った。そのプロパガンダに則って作られたのが「CDF」（市民防衛軍）という名称である。カマジョーは，民主主義の復帰のために，他民族の狩人民兵に対しても連帯を訴えた。だが，カマジョーというメンデ人を意識した呼称では，説得力がない。「国民全体の意思として軍事政権に対立する」という意思を体現する必要があった。そのために使われはじめたのが CDF（市民防衛軍）という呼称であった。

2　リベリア国境に集結するカマジョー

いかに民主主義の復帰というプロパガンダが，カマジョーの間で共有されたのか。そして，CDF という呼称がいかなるプロセスを経て使われるようになったのか。それらを探るためには，ひとつのカマジョー集団に注目する必要がある。そのカマジョー集団が，リベリア国境沿いの町ジェンデマで活動したカマジョーである。以降，このカマジョー集団を「ジェンデマ・カマジョー」と呼び，その活動を追っていく。

(1)リベリア国境に集結するカマジョー

ジェンデマ・カマジョーは，実は前章に登場したカマジョー集団である。そのカマジョー集団とは，国軍と協力するために組織され，連絡将校であるエディ・マサレーが率いるカマジョー集団である。彼らは，525事件の時，リベリア国境と接するプジュン県のジンミにある国軍駐留地を拠点として国

軍との共同作戦に従事していた。525 事件を契機に，彼らはリベリア国境へと逃げることとなった。エディはその経験を筆者に語っている。

> AFRC のクーデターが発生した時，私はジンミの国軍駐屯地にいた。国軍とともに住んでいた。クーデターのことはラジオで知った。最初は，確信がなかった。ラジオで，カバー大統領が亡命し，AFRC が RUF を迎え入れたということを知った。徐々に，状況が悪化していくことを確信した。そこで我々はジェンデマへと向かった。[133]

また真実和解委員会でも，ジェンデマにカマジョーが集結したことが語られている。

> 1997 年 6 月 6 日にジェンデマ基地は作られた。ジェンデマ基地は「ジュンタとの戦い」で最初にカマジョーと CDF が作った基地である。……我々は，基地を作るためにジェンデマに来たわけではない。そこがリベリアへと至る最後の地だったから基地を作ったに過ぎない。　　　　　　　　　(TRC 3A 2004: 269)

この語りからは，エディのカマジョー集団は，国軍とたもとを分かち，ジェンデマへと逃亡したことがわかる。

　ジェンデマのカマジョーを率いるエディは，メディア（新聞・ラジオ）を通し，AFRC との対決姿勢を示した。「闘いを有利に進めるため，思い立ったのはメディアを利用することだった」のだという。7 月から 11 月までの間，エディは頻繁にメディアに登場し，報道談話を発表している。525 事件の 3 日後，5 月 28 日に，すでにエディは報道談話を発表している。

> 我々はカバー大統領からの言葉を待つ。秩序を回復し，民主主義を取り戻す

＊133　筆者によるインタビュー。エディ・マサレー，2010 年 12 月 30 日，ジュリン。

ためならば，我々はフリータウンに入城することも辞さない。カバー大統領
は民主的な選挙で選ばれている。任期が終わるまで彼は政権の座に留まるべ
きである。もしナイジェリアやECOMOGが民主主義の復活に寄与するなら
ば，シエラレオネの地に留まることを歓迎する。〔AFRCは〕大統領を帰還さ
せよ。さもなければ，我々がそれを実行するまでだ。[134]

エディによる報道発表はジェンデマ・カマジョーの存在感を高めた。

　エディはジュンタとの対決姿勢を示した上で，各地のカマジョーにジェン
デマへと集まるよう呼びかけた。その呼びかけはラジオや噂を通じて広ま
り，各地からカマジョーが集まった。以下は，呼びかけに応じてジェンデマ
に向かったカマジョーによる語りである。

　　525事件の時，私はブッシュで国軍との共同作戦に従事していた。その時は
　　〔RUFの牙城である〕カイラフン県へと進軍していた。ペンデンブ（Pendembu）
　　からゲフン（Gehun）に至った辺りで国軍から引き上げるように命令された。
　　ダルの駐屯地へと戻れというのだ。ダルで国軍は，カマジョーに対して，武
　　器を返納し解散することを命令した。我々はそれを断り，逃亡した。〔自分の
　　出身地である〕プジュン県まで逃げた。出身の村に帰ろうとしたが，そこに至
　　るまでに別のカマジョーに会った。彼らからジェンデマでカマジョーが再編し
　　ていることを聞いた。そこでジェンデマへと向かうことにした。[135]

この語りを語ったカマジョーは，RUFの拠点ゾゴダの陥落に参加したこと
もあり，エディのカマジョー集団にも知り合いが多くいた。

　次の事例は，村に普通に暮らしていた者が，呼びかけに応じてジェンデマ
へと向かった例である。

＊134　Sierra Leone News（May 1997）, News Archives, Sierra Leone Web.［Cited at 7th
　　　November, 2012］< http://www.sierra-leone.org/Archives/slnews0597.html>.
＊135　筆者によるインタビュー。アブ・バカール・カマラ，2012年9月11日，モンロビア。

カマジョーとなり反徒を追い払った後，私は村で暮らした。〔自分のチーフダ
ムが安全を取り戻したため〕ただの農民に戻ったんだ。……525事件の時，仲間
がジェンデマに集まっていると聞いた。そこで，私もジェンデマに行くこと
にした。[136]

　彼はカマジョーだった経験を持つが，チーフダムを取り戻したため，普通の
暮らしに戻っていた。そうした彼もジェンデマへと向かった。
　多くのカマジョーがジェンデマへと集まった。真実和解委員会にも「ボー
県，モヤンバ県，ケネマ県，カイラフン県のカマジョーが防衛部隊と攻撃部
隊に分かれ，攻撃部隊を派遣した」と記述している（TRC 3A 2004: 270）。
　また，加入儀礼を済ませていない者もジェンデマへとやって来た。彼らは
ジェンデマに着いた後，加入儀礼を受けてカマジョーとなった。以下は，6
月にジェンデマへ来た者の証言である。

　　フリータウンで店員をしていたが，やめた。それ以降，出身の村でダイヤモ
　　ンドを掘っていた。私の村はジェンデマから数マイルのところにある。525
　　事件が起こったのは村にいた頃である。親戚にカマジョーの司令官がいた。
　　それでジェンデマへと行った。ジェンデマへ着くと，親戚を介し，司令官の
　　トップ（chief commander）であるエディ・マサレーに面会することになった。
　　そこで審査を受けた。敵でないことを示さなければならなかった。その後，3
　　日間の加入儀礼を受けた。その内容は，軍事的な内容も伝統的な内容も両方
　　含まれるものだった。[137]

　新参者に加入儀礼を施したのは，各地からジェンデマへと逃げてきたイニ
シエーター達であった。彼らもカマジョー同様，軍事政権からの脅威を感

＊136　筆者によるインタビュー。2012年9月19日，モンロビア。
＊137　筆者によるインタビュー。2009年11月20日，ケネマ。

じ，逃げてきたのである。ジェンデマには複数のイニシエーターが集まった。イニシエーターの中でリーダーシップをとったのが，プジュン県で社を構えていたモアレム・シュアヒブ・シェリフである（以下「シュアヒブ・シェリフ」と表記）。シュアヒブ・シェリフはサダム・シェリフの弟子であり，師匠と同様に司令官として前線にも出た[138]。師匠サダム・シェリフがカレ村からボーへと遠征した時，シュアヒブ・シェリフも随伴している。その後，ボーで社を構えたサダムがケネマへと社を移す時，シュアヒブ・シェリフは独立しプジュン県に社を構えた。彼は，複数のイニシエーターを束ねることになったが，そのことについては後述する。

(2)ジェンデマ・カマジョーの幹部

ジェンデマ・カマジョーの幹部について述べる。ジェンデマ・カマジョーの長はエディである。そして，その下には幹部とも呼べる数人の人物がいた。その序列は明確ではない。役職名さえ定まっていなかった。エディは年配であるが，残りの者は20代の若者であった。1970年代前半から中盤にかけて生まれた世代が幹部となった。

さしあたり第2位といえるのがイブラヒム・タッカー（Ibrahim Tucker）である（以下「タッカー」と表記）（cf. Hoffman 2011c: 120）。タッカーはボンス県ノンゴバ・ブロム・チーフダムの支配家系に生まれ，カレ村のカマジョーに参加した。サダム・シェリフがボーへと遠征した際，彼についてボーへと至った。ボーに来るまで彼は加入儀礼を受けていなかった。そこでボーでラハイ・バングラの加入儀礼を受けた。ラハイ・バングラはエディにも加入儀礼を行っている。そのつながりからタッカーは，エディが率いるカマジョー集団へと参加し，国軍との共同作戦に従事することになった。525事件の時，すでにタッカーはエディのカマジョー集団で高い地位にあった。

---

*138 サダム・シェリフにはシュアヒブ・シェリフの他に，ザイダン・カマラ（Zaidan Kamara）やモアレム・ワイ（Moalem Wai）という弟子（Junior Initiator）がいた。この2人は後期カバ政権期には独立して社を構えている。

エディと同様，ジンミの国軍駐留地からジェンデマへと逃げた。[*139]

　前述したイニシエーター，シュアヒブ・シェリフも幹部のひとりである。彼は525事件までにプジュン県に社を構えていた。彼も525事件を契機にジェンデマへ来たという。彼はイニシエーターであるとともに，司令官の役割も果たしていた。彼は，内戦後もジェンデマに住んでおり，筆者は2009年に彼と話をすることができた。自分の師匠であるサダム・シェリフについて数分語ったものの，小学校の教師をしており，もう出勤しなければならないという（私が訪ねたのは朝であった）。後日，話を聞かせてもらう約束をしたものの，結局，その調査旅行で彼に再び会うことはできなかった。翌年，調査をするためにジェンデマを訪れた時，彼はすでに亡くなっていた。腹痛を訴え，国境を越えてモンロビアの病院へと運ばれたものの助からなかったという。説明がうまく，理路整然とした語り口であった。聡明な印象を受けた人物であった。

　また，ジョン・スワレイ（John Swaray）という人物も幹部のひとりであったというが，彼については詳細を調べられなかった。筆者は調査中，エディ，タッカー，シュアヒブ・シェリフに聞き取りを行った。それにジョン・スワレイを加えた4人が，ジェンデマ・カマジョーの意思決定を担ったと，皆がそろって答えている。タッカーは述べる。「我々は合議制だった。問題点があれば指摘しあった。我々はすべてを論議した上で物事を進めた」。

(3)ジェンデマ・カマジョーによるECOMOGへの支援の取り付けとノーマンの招へい

　国境に集結したジェンデマ・カマジョーの幹部は，戦闘を有利に進めるため，さまざまな方策を練った。そのひとつが，ECOMOG（西アフリカ諸国平和維持軍）と接触し，軍事支援を取り付けることであった。

　ECOMOGとはECOWAS（西アフリカ経済共同体）が第一次リベリア内戦へと派遣した平和維持軍である。525事件の時，シエラレオネには

　＊139　筆者によるインタビュー。イブラヒム・タッカー，2011年10月2日，フリータウン。

ECOMOG の一部として数百名のナイジェリア軍がいた。ナイジェリア軍は ECOMOG の正規任務として外国人の救出作戦を遂行した後，カバー大統領の要請に基づきフリータウンを爆撃した。6 月 2 日のことである。その後，ガーナやギニアが ECOMOG の名を用い，AFRC 軍事政権に対して軍事介入を実施した。以降，ナイジェリア軍は ECOMOG の名のもとに AFRC と対峙することになった（落合 2002）。[140]

　ECOMOG は内戦が終結したばかりのリベリアで平和維持業務に当たっていた。シエラレオネ＝リベリア国境のリベリア側も ECOMOG によって管理されていた。ECOMOG が警備するリベリア側へと侵入するのは，AFRC や RUF にとって自殺行為である。ゆえに彼らは国境を越えては追ってくることはなかった。それに対して，カマジョーは難民として国境を自由に行き来した。ECOMOG が AFRC に対して武力攻撃をしていることを知っていたジェンデマ・カマジョーの幹部は，ECOMOG との接触を試みた。彼らはリベリアの首都モンロビアにある ECOMOG 本部に赴き，支援を求めることにしたという。エディは以下のように語る（写真 8-1, 8-2）。

　　ECOMOG からの援助はカマジョー側から申し入れた。「参謀長様へ（Dear Chief of Staff）と書いたレターを ECOMOG 本部へと持参した。私のほか，イブラヒム・タッカーやジョン・スワレイとともに車でモンロビアまで出た。我々は参謀長アブドゥル・ワン・モハメド准将（Brigadier General Abdul-One Mohammed）[141] と面会することができた。その返答は「君たちの大統領の了解が得られるまで支援は約束できない」というものだった。我々は，ジェンデマへと戻った。……ある日，ECOMOG の車がジェンデマまで来た。〔ECOMOG 総司令官（ECOMOG Force Commander）である〕ヴィクター・マル

＊140　こうした軍事介入によって，第一次リベリア内戦への介入のために用いられた ECOMOG という名称は，ECOWAS の正式な承認なしに，シエラレオネ内戦でも使われるようになった（落合・ブラ 2011: 15）。
＊141　真実和解委員会によると，彼はカマジョーと協力することについて前向きであったという（TRC 3A 2004: 250）。

写真 8-1　ジェンデマ（リベリアへと延びる道，2009 年，筆者撮影）

写真 8-2　筆者の調査協力者スパロー（左）とエディ・マサレー（右）
（2010 年，筆者撮影，本人の了承済）

（Victor Malu）がカマジョーの代表者に会いたいと言っているという。その車で私，タッカー，スワレイ，シュアヒブ・シェリフの4人でモンロビアのECOMOG本部まで行った。そこで支援が約束された。[143]

エディらが面会したECOMOG総司令官マル少将は，ECOMOGがAFRCに対して実施した武力攻撃についても関与している。実際，6月初旬に，マル少将は，ナイジェリアへと一時帰国し，サニ・アバチャ大統領（Sani Abacha）に対して武力攻撃についてのブリーフィングを行っている。こうしてジェンデマ・カマジョーは軍事支援をECOMOGから取り付けた。この時の出来事は「サニ・アバチャがCDFを支援するようECOMOGに命令した」とカマジョーの間で語られている。

この時，ECOMOGは，ノーマンをカマジョーの指導者として迎え入れることを約束した。エディは以下のように述べる。

我々は指導者としてノーマンを迎え入れるべきだと主張した。ECOMOGは政治家に関わってほしくないと言ったが，我々はリーダーが必要だと強く主張した。その結果，ノーマンが迎えられることになった。その日のうちにノーマンはチャーター機でやってきた。[144]

この時，筆者の調査協力者スパローは，エディへの聞取調査を横で聞いていた。そして，エディが語っている時に，口を挟んだ。「ノーマンを呼んだのが我々の最大の間違いだった」。

---

* 142　ナイジェリア軍軍人。1996年12月から1998年4月までリベリアのECOMOG総司令官（ECOMOG force commander）を務める。当時の階級は少将（major general）（Waugh 2011: 234）。後に，ナイジェリア軍の軍最高司令官（chief of army staff）となる。彼の略歴については，以下の記事を参照。Agbaegbu, Tobs "Fighting for All Times," *News Watch*, Vol.35, No.24, June 17, 2002.
* 143　筆者によるインタビュー。エディ・マサレー，2009年12月30日，ジュリン。
* 144　同上。

3 モンロビアの地下組織と ECOMOG

舞台をジェンデマから，リベリアの首都モンロビアに移そう。525事件の後，モンロビアでは，シエラレオネに民主主義を取りもどすための地下組織が作られた。彼らは「民主主義復興運動」（Movement for Restoration of Democracy）と名乗った。この組織の担い手は，リベリアに住むシエラレオネ人，および525事件により難民となったシエラレオネ人である。リベリアに渡ったノーマンもそこに加わっている。彼らは，ジェンデマ・カマジョーやその他のカマジョー集団に支援を行った。

この地下組織は，以下の2点で重要である。第一に，ノーマンの腹心となる人物数人を輩出したこと，第二に，リベリア人戦闘員がカマジョーに参加するきっかけを作ったことである。

(1)モンロビアの地下組織「民主主義復興運動」

民主主義復興運動という名は，真実和解委員会の最終報告書にも登場する。しかし，そこで記されている民主主義復興運動とは，リベリアの組織ではない。525事件の後，シエラレオネ国内外で見られた AFRC に対する反対運動のことを指している。真実和解委員会によると，シエラレオネ国内で民主主義復興運動に参加した者は，交易商や伝令を通じて各地のカマジョーと連絡を取り合ったり，食料を支援したりしたという。その活動の中で，民主主義復興運動ではノーマンからの声明を待つのが共通の了解事項となったという。また，ギニアにも民主主義復興運動と名乗る組織が確認できる（TRC 3A 2004: 267）。

モンロビアの地下組織が，真実和解委員会のいう民主主義復興運動のさきがけであったのか一部に過ぎないのかは，筆者の調査では確かめることができなかった。ただし，リベリアでの活動はノーマンを含んでいるという点で重要であったと思われる。ギニアに亡命していたカバー大統領は国際社会を

味方につけ，交渉による復権を志した。その一方で，ノーマンは，あくまで
も武力による復帰を目指した（TRC 3A 2004: 251）。真実和解委員会によると，
525事件の後，ノーマンはギニアの首都コナクリへと渡り，カマジョーへの
支援を求めるために実業家をまわった。その後，少なくとも7月までにモン
ロビアに渡っている（TRC 3A 2004: 249）。

　ノーマンはリベリアに渡ってからシエラレオネ人とコンタクトを取った。
その時にキーパーソンとなったのが筆者の調査協力者スパローの父親であ
る。スパローの父とノーマンは古くからの顔見知りであった。「ノーマンがリ
ベリアに来た時，彼はほとんど一人だった」とスパローの父は筆者に語った。
第6章で確認したように，ノーマンはSLPPの熱烈な支持者であり，政治的
な迫害を理由にリベリアへと移り住んだ経験を持つ。スパローの父も同様，
SLPPの支持者であり，政治的な理由でリベリアへと移り住んだ。その後，
彼はリベリアにおいてビジネスで成功し，モンロビア市内の自動車輸入代理
店で「雇われ店長」となり，また，レストランもチェーン展開するようになっ
た。第一次リベリア内戦でレストラン業は破綻したが，自動車代理店はまだ
残っていた。自宅と事務所を兼ねた敷地がモンロビア市内にあった。そこが
民主主義復興運動の拠点となった。そのメンバーは，この場所を「プジョー・
ガレージ」（Peugeot garage）と呼んだ。スパローの父は以下のように述べる。

　　ノーマンはエディ・マサレーとつながりを持っていた。しかし，ジェンデマ・
　　カマジョーがすべてのカマジョーをコントロールしているわけではない。彼
　　らはカマジョーの一部に過ぎない。我々はAFRCに反対するすべての人々に
　　支援をする必要があった。そのために我々はリベリアで同志を集め，すべて
　　のカマジョーを支援することにした。私は自分のオフィスを，その運動の拠
　　点として提供した。[145]

　＊145　筆者によるインタビュー。スパローの父，2009年11月30日，カイラフン県。

ジェンデマ・カマジョーの呼びかけによりリベリアへとやってきたノーマンもこの運動に参加した。

この地下組織の参加者は10人前後と小規模である。スパローの父のほかに，スパロー自身も参加している。スパローはLUDFへの参加を断念した後，モンロビアへと戻り，一市民として生活していた（第5章2節参照）。また，難民としてやって来た，シエラレオネ大学ファラー・ベイ校の学生などを含め，数人がメンバーとしていた。その他にも，この活動の参加し，のちにノーマンの腹心となる人物が2人いる。

1人目は，後にCDFの調達物資を管理することとなるムスタファ・ルメ（Mustapha Lumeh）である。彼は，リベリア国境近くの村出身であり，メンデ人である。この頃，ルメは，モンロビアでイスラムNGO「農村開発のためのリベリア・イスラム連合」（Liberian Islamic United for Rural Development）を運営していた。2人目が，のちにCDFで人事を管理することになるアンドリュー・ハーディン（Andrew Hardin）である。ハーディンは，スパローの父が運営する自動車輸入会社で働く社員であった。

ところで，CDF（市民防衛軍）という名が初めてメディアに登場したのは8月中頃である。ギニアにある民主主義復興運動が，「CDFを創設する」と発表したのが最初である。以下は，サロン通信社（the SaLone News Agency）（サロンはシエラレオネの略称）による報道である。

> 民主主義復興運動は，すべての民間の自警組織（civil defense unit）から構成される軍事部門を作ると発表した。同運動によると，金曜日〔8月8日〕にコナクリで開かれた執行委員会（executive committee）会議で，すべての自警組織や狩人結社を統合し，「統合された命令系統」（one unit command）を確立する軍事部門を作り，それらを「CDF」（市民防衛軍）と名づけると決定した。民主主義復興運動は，外交手段をはじめとするAFRC政権への非軍事的な圧力行動に対して支援活動を行うと同時に，CDFを通じてアハマド・テジャン・カバー大統領の復権のための軍事的な手段をも行使すると発表した。同

運動によると CDF は，ECOMOG をはじめとする外部からの支援を受けているものの，この問題は内政問題であることを強調した。[146]

モンロビアの地下組織のメンバーは，この発表に先駆けて CDF という名を考え出したと主張している。スパローは次のように述べた。

　　我々は，民主主義のために戦う部隊の名前を考えた。カマジョーだけではなく，シエラレオネ国民に訴えかける名前が必要だった。それで我々は市民防衛隊（Civil Defense Force）という名前を考えたんだ。ノーマンもその名前を気に入ったようだった。

この主張は信じてもよいだろう。[147] 当時，ノーマンは ECOMOG の支援により，リベリアとギニアを空路で行き来していた。モンロビアの地下組織やジェンデマ・カマジョーも以下のように述べる。「ノーマンは，しばしばモンロビアに滞在し，ジェンデマも訪れた。しかし，常にいるとは限らなかった。カバー大統領への報告のため，しばしばギニアへ帰っていた」。こうしたつながりから，モンロビアの地下組織がシエラレオネ国内およびギニアの民主主義復興運動と連絡を保っていたのも不思議ではない。

　実際のところ，モンロビアの地下組織は，ノーマンとともにカバー亡命政権から派遣された数名の人物を介して，シエラレオネ内外とコンタクトを持っていた。その中のひとり，M・S・ドゥンブヤ（M. S. Dumbuya）は，ギニアにいるカバー大統領の命によりリベリアへと派遣された。真実和解委員会によると，カバー大統領は，メンデ人に偏った CDF が民族主義とのそしりを受けぬようにリンバ人である彼を派遣したという（TRC 3A 2004: 254）。

＊146　Sierra Leone News（August 1997），News Archives, Sierra Leone Web ［Cited at 13th November, 2012］．

＊147　スパローをはじめ地下組織の参加者は，口をそろえて「CDF という名前は我々が考え出したんだ」という。一方，シエラレオネで活動していたカマジョーはそのことを知らない。「そんなの聞いたことがない」という。

ドゥンブヤは，1980年代前半，SSD（特別治安部門）の長であった。第5章で述べたとおり，SSDとは警察内に置かれた武装警察である。彼はキューバで軍事訓練を受けており，軍人として高い技術を身に着けていた。しかし，ドゥンブヤがSSDのトップを務めていた1985年，SSDはリベリアでのクーデター未遂事件に関与した。この事件に関し，シエラレオネ人の逮捕者も出た。その関与を問われて，ドゥンブヤは引責辞任した。

カバー大統領は8月にドゥンブヤをギニアへと呼び寄せ，リベリアへと派遣した（TRC 3A 2004: 254-256）。その他，テジャン・サンコー議員（Honarable Tejan Sankoh）やM・S・カロン議員（Honarable M. S. Kallon）といった国会議員もリベリアへと派遣されている。

モンロビアの地下活動の内容は以下の通りである。第一に，ニュースレターを発行した。1997年6月から9月までの間，内戦の状況を報じたニュースレターを毎週，発行した。スパローやシエラレオネ大学の学生がその作業に当たった。スパローに何を書いたのかを聞くと，「嘘とプロパガンダばかりだ。ジュンタが人権侵害を犯しただの，レイプを重ねただのと書いた」という。資金の許す限りリベリアで刷れるだけ刷って，シエラレオネへと空輸し，フリータウンやルンギで配ったという。ルンギには国際空港があり，525事件の後，ジュンタに従わずにカバー政権に忠誠を誓った国軍兵士が逃げ込んでいた。空港には，ECOMOGが駐留していたため，ジュンタも手出しすることができなかった。

2つ目の活動内容は，カマジョー/CDFへの援助である。カマジョー/CDFはECOMOGから支援を受けていたが，「食料，燃料ともに十分ではなかった」という。そこで民主主義復興運動のメンバーはアメリカに住むシエラレオネ人に連絡を取り，資金援助を願い出た。その資金を用いて提供したのは主に日用品だった。カマジョー/CDFが住民に対して横暴を働かないために酒やたばこも用意したという。

自動車輸入業を営んでいたスパローの父は，SUV車（オフロードタイプの四輪駆動車）を2台提供した（そのうち1台は日本車で三菱のパジェロだったと

筆者に強調した)。1台はノーマンが使い，もう1台をスパローが使った。スパローはその車を使い，支援物資をジェンデマへと運んだり，関係部署を駆け回ったりしたという。

　彼らはある時，在外シエラレオネ人団体「国際テグロマ連合」(International Tegloma Federation) から2万5000米ドルの資金提供を受けた。大規模な資金援助を受け取ったことで，彼らは無線機器を3台購入した。ノーマンの車，スパローの車にそれぞれ1台を設置し，もう1台をジェンデマ・カマジョーに提供した。

　その後，残りの資金の使い道で，スパローの父とノーマンはもめたという。モンロビアの地下組織の意思決定は合議制であった。会社の経営をしているスパローの父が預金通帳を管理し，話し合いで使い道を決めたという。それに対して，ノーマンは自分で資金の使い道を決めたがった。CDF のリーダーたる自分に資金の使い道を決める権限があるのだと考えたようだ。ノーマンは通帳をスパローの父から取り上げ，NGO を運営していたムスタファ・ルメに予算管理を一任した。その後，ルメは ECOMOG からカマジョー／CDF へと提供された支援物資の管理も担うようになった。スパローは言う。「ノーマンはイエスマンが欲しかったんだ」。

(2)ノーマンと ECOMOG

　ジェンデマ・カマジョーに呼び寄せられたノーマンは，エディらが獲得した ECOMOG からの支援を自らの手中に収めるようになる。そして，その支援物資を，シエラレオネ国内のカマジョー集団に分配することで，カマジョー／CDF のリーダーとしての地位を維持した。

　ノーマンの滞在先は，モンロビア郊外にあるホテル・アフリカ (Hotel Africa) であった（写真 8-3, 8-4)。その滞在費用は ECOMOG が受け持ったという。このホテルの本棟は第一次リベリア内戦で破壊された。しかし，海岸沿いに立ち並ぶコテージ施設は残されていた。「OAU ヴィラ」と呼ばれているこのコテージ施設は，1979 年，OAU（アフリカ統一機構）の総会

写真 8-3　ホテル・アフリカの廃墟。この近くに OAU ヴィラがある。OAU ヴィラは，軍事施設のため撮影することはできなかった（2009 年，筆者撮影）

写真 8-4　リックス学園。学校業務は第二次リベリア内戦後，再開している
（2009 年，筆者撮影）

が開催された時に各国代表が滞在した施設である。OAU 総会後も宿泊施設として使われた。第一次リベリア内戦後は，各国が大使館を構える場所となっていた。[*148] ノーマンはこのヴィラに滞在したが，そこにはシエラレオネ大使館もあった。ノーマンが滞在する目と鼻の先に，AFRC 政権の代表であるシエラレオネ大使がいたという。[*149]

　カマジョー /CDF のリーダーとみなされていたノーマンは，各地のカマジョー集団から派遣された使者と面会した。シエラレオネ特別裁判所には，ノーマンを探しにリベリアまで派遣され，OAU ヴィラでノーマンに面会したカマジョーの証言がある。

　　〔525 事件の後〕我々は，軍事政権を引きずり下ろすには武力しかないという結
　　論に至った。ジェンデマのカマジョーとコンタクトを取るため，私が派遣さ
　　れた。ジェンデマでエディ・マサレーと会うと，ノーマンがモンロビアにい
　　ると告げられた。ボー・ウォーターサイド（Bo=Waterside）〔ジェンデマから国
　　境をはさんでリベリア側の町〕で 2 週間待ち，エディとともにモンロビアに行っ
　　た。彼は OAU ヴィラに住んでいた。そこで，カマジョーがマノ河橋（Mano
　　River Bridge）〔国境に架かる橋〕を掌握したことを耳にした。私は彼らに加
　　わりたいと告げ，ジェンデマへ行った。すでに参加していたケネマ県のカマ
　　ジョーの下で活動することになった。

　　　　　　　　　　　　　　（SCSL，2006 年 5 月 3 日：6-10，引用者による要約）

　この語りは，モンロビアに住むノーマンがジェンデマ・カマジョーを通して各地のカマジョー集団とコンタクトを持っていることを示している。
　9 月頃，ノーマンは OAU ヴィラから ECOMOG ナイジェリア大隊総司令

　＊148　このコテージは，筆者が調査中，国連平和維持部隊のパキスタン大隊（PAKBATT）
　　　　の駐屯地となっていた。
　＊149　この大使はカバー政権期から在リベリア大使であったが，退役将校であったため，
　　　　525 事件の後も AFRC 政権の代表として引き続き留まった。

部へと移る。ナイジェリア大隊総司令部はモンロビア郊外に位置する「リックス学園」（Ricks Institute）の敷地に設置されていた[150]。ノーマンが移動したのは、ECOMOG の治安権限がリベリア政府に委譲されたことで、リベリア領内で活動するカマジョー/CDF の安全が保障できなくなったからである[151]。武装勢力 NPFL のリーダーであったチャールズ・テイラーは、第一次リベリア内戦後、選挙を通して大統領に選ばれた。NPFL は、シエラレオネの反政府勢力 RUF が蜂起する時に、支援を与えている。テイラーが大統領になることは、カマジョー/CDF にとってリベリアが危険な場所になることを意味した。ノーマンだけでなく地下組織のメンバーも、リックス学園内に家屋を数件与えられ、そこで活動を続けた。

そこで彼らが行ったのはカマジョー/CDF に対する物資の支援管理である。ECOMOG から提供される軍事物資・生活物資は ECOMOG のトラックによって国境へと運ばれた。それに加えて、モンロビアの地下組織は独自の支援を行った。モンロビアの市場や商店で買い付けた品物を、スパローの車で国境沿いへと運んだ。彼らはモンロビアからシエラレオネ国境まで自由に行き来することができた。検問所にはリベリア政府の治安部隊だけでなく、ECOMOG 兵も駐屯している。ECOMOG の協力により、検問所で止められることはなかったという。

スパローによると、カマジョー/CDF の拠点は、リベリア側、シエラレオネ側の両方にあった。リベリア側の町ボー=ウォーターサイド（Bo=Waterside）には、組織の運営管理を担う本部（semi-administrative headquarter）があり、倉庫も設置された。米、「ガリ」（Garri/ キャッサバの粉末）、砂糖を含む食料を貯蔵したという。物資の管理を担ったのが、カバー亡命政権より派遣されたM・S・カロン議員である。一方、シエラレオネ側ジェンデマには、野戦

＊150 ECOMOG の本部はモンロビア市内に設置されており、各国から派遣される部隊は、それぞれ駐留地を設けた。リックス学園は、そのうちナイジェリア軍が駐屯していた場所である。

＊151 リックス学園でノーマンと会ったという証言が、シエラレオネ特別裁判所の証言に出てくる（SCSL, 2005 年 2 月 17 日）。

基地（jungle base）を置き，武器・弾薬が貯蔵された。

　シエラレオネ各地のカマジョー集団の間では，ジェンデマに行けば，ノーマンと面会でき，物資の提供が受けられるとの情報が広がった。ラジオでの声明や人々の噂がこの情報を拡散するために役立った。この情報に基づき，各地のカマジョー集団がジェンデマへと使者を派遣するようになった。シエラレオネ特別裁判所でも，ノーマンに補給を求めたカマジョーが証言している。

　　525事件の時，私はリベリアで働いていた。事件の後，テルに住む母親が心
　　配となり，シエラレオネへと向かった。母は生きていた。私は，ジャイマ・
　　ボンゴ・チーフダムの惨状を目にした〔テルはこのチーフダムの中心地である〕。
　　火器・弾薬は不足していた。その窮状を訴えるため，ノーマンに会いに行
　　くことにした。ノーマンはリックス学園にいた。私は，ジャイマ・ボンゴ・
　　チーフダムでは火器・弾薬が不足していることを告げた。するとノーマンは，
　　ECOMOGからの支援を受けており，ムスタファ・ルメがロジスティックス
　　担当であることを私に告げた。彼に連絡を取るように言われた。私はルメと
　　会い，支援を求めた。しかし，ジェンデマの戦闘部隊にすべてを渡したばか
　　りで，現在のところ渡せる物資はないと言われた。

　　　　　　　　　　　（SCSL，2006年10月5日：28-31。引用者による要約）

　この証言では支援を受け取れていない。しかし実際には，各地のカマジョーはジェンデマで支援を受け取った。彼らは徒歩で支援物資を受け取りに来たのである。

　ノーマンはジェンデマへと派遣されたカマジョーに命令を与えた。筆者の調査では，ジェンデマに来た際，「ノーマンからボー゠ケネマ幹道の担当となるよう正式に命令された」と述べるカマジョーがいた。ノーマンはECOMOGからの支援を分配することでパトロンとしての地位を保ち，命令を発することで自らがリーダーであることを誇示したといえよう。

ノーマンがリベリアへと来て以降，各地のイニシエーターもジェンデマへ
とやってきた。ジェンデマにいた者によると，カモ・モニュル，アリウ・セ
サイ，カモ・ボニ，ドクター・マサレーがジェンデマに来た。ケネマでカマ
ジョー集団を率いたブリマ・バングラも来たという。しかし，複数の社が
ジェンデマに作られたわけではない。イニシエーター間の争いを防ぐため，
社はひとつに限られたという。その社でリーダーとなったのがシュアヒブ・
シェリフであった。

　イニシエーターは，ジェンデマの社で加入儀礼が行うと同時に，各地へと
派遣され，カマジョーの加入儀礼を行った。以下は，この頃カマジョーと
なった者の経験である。リベリアに住んでいたシエラレオネ人で，商売のた
め，マリファナをシエラレオネからリベリアへと持っていこうとしていた。
その途中にカマジョーに捕まったのだという。

> シエラレオネからリベリアへと帰る途中，カマジョーに捕まった。反徒だと
> 疑われ，トロ（Tolo, Kenema District）へと連行された。そこでカマジョーに
> 入ることを要求された。私はカマジョーにならざるをえなかった。ジェンデ
> マから来たカモ・モニュルから加入儀礼を受けた。[152]

4　ジェンデマでの軍事活動

　リベリア国境に集結するカマジョーにとって，さしあたりの目標はジンミ
の掌握であった。国境沿いの町ジェンデマからシエラレオネ内陸部へと入る
車道は1本しかない。この道は国軍の駐留地ジンミを通り，ボーやケネマへ
と至る。ジンミを掌握すれば，ケネマやボーといった都市部へのアクセスも
可能となる。ジェンデマ・カマジョーは，さしあたりジンミの掌握を目指し
て戦闘を続けることになった（図8-1）。

　＊152　筆者によるインタビュー。マーダ・グレ，2011年10月3日，フリータウン。

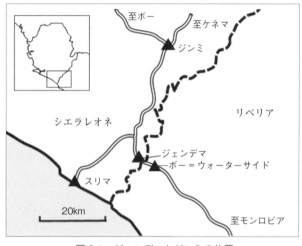

図 8-1　ジェンデマとジンミの位置

　525 事件から数か月の間，ジェンデマ・カマジョーは，ジンミに駐留するジュンタと戦闘を繰り返した。前線がジンミとジェンデマを行き来した。ジンミをめぐるシーソー・ゲームだったと語るカマジョーもいる。内戦地図報告書は，当時の様子を以下のように記している。

　　1997 年後半から 98 年 3 月にかけて，ソロ・ヴェマ・チーフダム〔ジェンデマからジンミに至る道路が通るチーフダム〕の多くの村が，RUF/AFRC あるいはカマジョーに焼き払われた。相手側がそこに留まるのを防ぐためである。……1997 年 5 月 28 日から〔1998 年〕3 月後半までに 20 回以上の戦闘が繰り返された。RUF/AFRC の県拠点となっているジンミを掌握するための攻撃であった。最初の 2 回の攻撃では民間人が巻き添えとなり，犠牲となった。……6 月，カマジョーと RUF/AFRC の戦闘が激しくなると，赤十字国際委員会（International Committee for the Red Cross）は 1000 人以上の民間人を避難させた。7 月初旬には，再編したカマジョーが 3 回目の攻撃を行った。前

回の攻撃と同様，幹線道路を通ってきた。この攻撃は失敗した。犠牲者は確認されていない。しかし，RUF/AFRC はカマジョーの協力者と目される家々を焼き払った。住民は町へと逃げ，残された物品は略奪された。8 月に 4 回目の攻撃があった。……カマジョーが〔幹線道路上の〕町を掌握したとしても，それは短期間に過ぎなかった。10 月には 4 台から成るコンボイがソロ・ヴェマ・チーフダムのファイロ（Fairo）でカマジョーの待ち伏せにあった。カマジョーは軍人・民間人もろとも焼き殺した。民間人は軍の協力者だとして殺害された。カマジョーによるとその民間人は RUF/AFRC を案内し，カマジョーの隠れ家を教えていたという。　　　　　　　（Smith et al. 2004: 506-507）

この報告の他にも，ジェンデマ・カマジョーについては，いくつかの報道が確認できる。ここではインターネットサイトであるシエラレオネ・ウェブ（Sierra Leone Web）から，ジェンデマ・カマジョーに関するニュース記事を抜き出した。[153]

・7 月 8 日
　RUF によって増員された国軍はマノ河橋〔国境に架かる橋〕を掌握した。〔つまりカマジョーはリベリア側へと逃亡した。〕カマジョーはナイジェリア軍に支援を受けている。
・7 月 10 日
　カマジョーが AFRC および RUF と衝突し，10 名のカマジョーが死亡した。RUF の司令官は「カマジョーは撤退した。一部は国境を越え，リベリアまで逃げた模様である」との報道談話を発表した。
・7 月 29 日
　リベリアの首都モンロビアからカマジョーの報道発表がなされた。そ

---

* 153　Sierra Leone News（July 1997），News Archives, Sierra Leone Web〔Cited at 7th November, 2012〕< http://www.sierra-leone.org/Archives/slnews0797.html>.

れによると、「カマジョーとCDF」は28日にジェンデマを含むプジュン県の一部地域を掌握したという。「(ジュンタと反徒は)マクペレ・チーフダム (Makpele Chiefdom) のジンミからスリマ (Sulima) を結ぶすべての地域から撤退した。(AFRCから接収した武器は)CDFによって使用する」ことになる。

・8月4日

　モンロビアのノーマンにより、カマジョーがジンミを制圧したと発表された。国軍側の被害は多数にのぼり、武器弾薬を押収したとノーマンは発表した。

・8月19日

　カマジョーが、国軍とRUFの同盟による迫撃砲 (mortar and artillery) の攻撃によってジンミから撤退した。エディ・マサレーは「我々は、この戦いを諦めない。近いうちに反撃する」と述べた。

これらの報道からも、ジンミをめぐる攻防戦の様子がわかる。いくつかの報道からは、ジェンデマ・カマジョーが必ずしもシエラレオネ領内に留まっていたわけではないことも見てとれる。国境を越えリベリアに追いやられた場合もあった。ジェンデマ・カマジョーは、国境によって逃げ場を確保していたのだ。国境には、近代的な武器で国境を警備するECOMOGが駐留している。

　ジェンデマ・カマジョーは国境からシエラレオネ内陸部へと進軍した。ジュンタとカマジョーを分かつ前線は、「数マイル (4〜5km) の無人地帯であった[154]」。前線には誰もいない。住民も逃げ出している。ジュンタもカマジョー/CDFも、数名の警備隊を編成し、無人地帯をしばしばパトロールした。たまたま両者の警備隊が遭遇した時は銃撃戦になった。

　実はシエラレオネ内戦での戦闘とは、通常、戦争という言葉からイメージされる銃撃戦とは異なる。以下はウロドルチェック (Nathalie Wlodarczyk)

＊154　1マイルは約1.6km。

による描写である。

> シエラレオネでの戦闘は待ち伏せを中心に展開する。敵を物理的に破壊するのではなく，撤退させることが狙いなのだ。理想的には，相手方がちりぢりに逃げることが望ましい。戦闘の主たる目的は，敵軍に持ち場を諦めさせ，撤退させることである。武器が残されていれば，さらによい。殺害は一般的ではない。銃撃戦の目的は多くの敵を殺すことではなく，相手よりも有利であることを示すためである。それにより敵の逃亡を促すのだ。ある者は戦闘を「できるだけ大きい音を立てること」だと述べた。AK-47〔自動小銃〕，PRG-7〔携行式ロケット弾〕，迫撃砲が好まれるのは，そのためである。これらの武器は，音を立て，銃器の多さを示すのにもってこいである。これらは，森の中で敵を狙い撃ちするには適切な火器とはいえない。

(Wlodarczyk 2009: 119-120)

　この記述と同様の戦闘が，ジェンデマ・カマジョーと AFRC/RUF の間で展開されたと思われる。こうした戦いのため，不利だと察すると，夜に紛れてひそかに撤退する場合もあった。

　前線の部隊は徒歩で進軍する。20 〜 30 人単位で歩くという。戦闘員は進軍の際，小川や井戸で水を飲み，携帯食を携帯した。携帯食は「乾燥食料」(dry ration) と呼ばれた。ガリ（キャッサバの粉末）を水と砂糖でこね，テニスボールくらいの大きさに丸めて乾かしたものだ。各自がいくつか携帯し，それをぼろぼろ崩しながら食べた。ガリは通常，砂糖や無糖練乳と混ぜて食べる軽食である。乾燥食料は内戦中によく用いられたというも，内戦後は「誰もそんな食べ方はしない」という。

　進軍計画はジェンデマ・カマジョーの 4 人の幹部らが話し合った。彼らに加えて，何人かの司令官も参加したという。ある幹部はこう述べた，「私が得意としたのは夜明け前の奇襲だ。夜明け前は，たいてい上級司令官 (senior officer) は寝ている。起きているのは兵卒だけだ。そこを狙うとパニックに

なる」。

　戦闘の際，上級司令官は危険の少ない後方にて指揮をする。もし彼が負傷すれば，その部隊は統制を失うからだ。「彼らは，戦闘に目が届く範囲であるが，安全な地帯にいた」という。

　筆者が印象的だったのは，命は結構大切にされていたことだ。カマジョーらは自分の部隊で戦死した者の名前を覚えている。また，戦闘員は決して使い捨てではなかった。

> 作戦に失敗した。ちりぢりに撤退した。その時2人の戦闘員が行方不明となった。車を出して探しに行ってもいなかった。幸いなことに2人とも自力で戻ってきた。[155]

負傷者が出た時は車を用意した。前線で負傷者が出ると無線でジェンデマへと報告される。国境から負傷者をピックアップするために車が出された。重傷者が出るとリベリア領内のECOMOG駐留地まで運ばれ，そこで治療を受けたという。

　戦闘の際，敵軍を拿捕する場合もある。ジェンデマ・カマジョーの幹部であるタッカーは以下のように述べている。

> 我々はなんでも利用した。拿捕された兵士も利用した。ジュンタやRUFを拿捕すると，彼らをカマジョーに編入させた。彼らに加入儀礼を受けさせ仲間にした。彼らは武器の使い方に長けている。我々は，彼らに軍事訓練をさせた。[156]

タッカーの言うように，拿捕されたジュンタの兵士や反徒を戦闘員として利用する場合もあった。筆者はジェンデマ・カマジョーに拿捕され，カマ

　＊155　筆者によるインタビュー。スパロー，2011年9月17日。
　＊156　筆者によるインタビュー。イブラヒム・タッカー，2011年10月2日，フリータウン。

ジョーとなったRUF戦闘員に話を聞いた。

〔RUFとして〕行軍中に5人でカマジョーに捕まった。そのうち2人がその場
で処刑され，私を含む3人はジェンデマへと連れて行かれた。数日間，拘束
された後，カマジョーに加わるように言われた。……加入儀礼を受けた後は，
ジェンデマでカマジョーの軍事訓練にあたった。[157]

数人を拿捕した場合，一部を見せしめとして殺した場合が多い。その後，残
りの戦闘員は基地へと連行され，抑留される。数日間抑留された後，殺され
るか協力するかの選択肢が与えられた。殺されたくないため，ほとんど全員
が協力することになる。協力することになった場合，彼らには加入儀礼が施
された。出身民族にかかわらず，加入儀礼を受け，カマジョーとなった。メ
ンデ語を解さない者も同様である。

　拿捕された戦闘員を部隊に組み込む場合は，裏切りを防ぐために20〜30
人からなる小隊に1〜2人に限定して組み込んだ。拿捕された戦闘員にとっ
てカマジョーの基地で裏切り行為をするのは自殺行為であるため，裏切りの
心配はほとんどない。

　また筆者は，ジェンデマ・カマジョーの無線係（communication officer）に
当時の業務内容を聞くことができた。無線係は常に無線に聞き耳を立ててい
る。必要な情報が流れてくると，その情報を関係する者に伝えた。たとえ
ば，武器・弾薬を接収したと無線で連絡が来る。そうした場合には車を派遣
して，その回収に向かわせた。

　この無線係は敵側の暗号解読も行ったという。武装勢力が無線でコミュニ
ケーションを取る際，外部に秘密が漏れないようにするため「暗号」が多く
用いられた。それを解読したのだという。

＊157　筆者によるインタビュー。2009年12月2日，ボーウォーターサイド。

RUF は無線を暗号で通信した。たとえば，ケネマ県の基地を「3-5-D 地点」
といいかえるなど，暗号化 (coded) していた。私は，暗号を毎日ノートに書
き込み，それが何を意味するのかを解読していった。過去の記録や発生した
事件と照らし合わせて暗号のリストを作った。[158]

ある司令官はこの無線係の功績に対して「彼の暗号解読は，ジェンデマ・カ
マジョーの軍事活動に大きく貢献した」と評価した。さらに，この無線係
はカマジョー /CDF のために新しい暗号を考え出したという。[159]

以上，本節では，ジェンデマ・カマジョーが行った戦闘の様子を確認した。

5　スパローと CDF 特別部隊

ジェンデマ・カマジョーはジンミの掌握を目指したものの，ジンミはなか
なか落ちなかった。そこでジェンデマ・カマジョーは強化のためにリベリア
人戦闘員を動員することになる。リベリア人戦闘員からなる部隊が「CDF
特別部隊」(CDF Special Force) であり，それを率いたのが，筆者の調査協
力者スパローである。筆者は，スパローから協力を得たことで，多くの戦闘
員に聞取調査をすることができた。カマジョー /CDF が持つ PC ネットワー
クのあり方を詳しく検討するためにも，CDF 特別部隊について詳述してい
きたい。

(1) CDF 特別部隊の結成

1997 年 9 月，戦闘のこう着状態を打開するため，スパローはリベリア人
戦闘員を動員することになった。ジェンデマ・カマジョーには，十分な軍事
技術を備えた者がいなかった。ジェンデマに集まったカマジョーの多くは，

＊158　筆者によるインタビュー。2011 年 10 月 4 日，フリータウン。
＊159　筆者によるインタビュー。2011 年 10 月 4 日，フリータウン。

農村からやってきた者であり，銃など触ったこともないような人々も多かった。それとは対照的に，リベリア人戦闘員は武装勢力での経験があった。武装勢力で組織を効率的に運営するためのノウハウや，火器の使用，戦闘の方法についての技術を身に着けていた。CDF特別部隊のリベリア人戦闘員は，カマジョーについて以下のように述べた。「カマジョーは軍事訓練をほとんど受けていない。大きな音が聞こえたら逃げ出したり，銃の使い方がわからず死亡事故が発生したりするありさまだった」。

　スパローはカマジョー/CDFとリベリアをつなぐ格好の人材であった。彼の父はノーマンと親しく，スパロー自身も地下組織のメンバーである。しかも，スパローの家系は支配家系である。すなわち，スパローは，シエラレオネ人にとって，カマジョーの司令官となりうる社会的地位を有していた。それに加えて，スパローはリベリアとのコネクションもあった。第5章で確認したように，彼は内戦初期にリベリア人難民を動員することで作られたLUDF（リベリア人連合防衛軍）で軍事訓練を受けた経験があった（LUDFは後にULIMO（リベリア民主統一解放運動）としてリベリアへと侵攻した）。そのためリベリア人戦闘員との人脈があった。スパローは，こうした立場からカマジョー/CDFの中でリベリア人戦闘員を率いる司令官となった。

　リベリア人戦闘員はスパローの人脈を通して集められた。とくに，ULIMOでの人脈が大きな役割を果たした。最も多くの戦闘員を集めてきたのが，ULIMOにいたシエラレオネ人のイブラヒム・ジャロである。ジャロとスパローはLUDFでいっしょだった。スパローはULIMOには参加しなかったが，イブラヒム・ジャロはULIMOの戦闘員としてリベリアへと渡った。その経緯は第5章で記している。ジャロは第一次リベリア内戦後，武装解除を受けてモンロビアで暮らしていた。ジャロは以下のように語った。

　　525事件の後だ。カバー政権が転覆した後，スパローが「マンパワーがいる」
　　と声をかけてきた。そこで私がULIMOの仲間に声をかけた。特別部隊の動
　　員を行ったのは私なんだ。誰かに伝えると，そいつが誰かに伝える。そうい

う形で噂が広がっていく。特別部隊のほとんどが ULIMO だが，別の武装組織からの奴もいる。72 時間で 100 人は集めた。武装勢力が解体したとしても，我々のコネクションは保たれている……。[160]

スパローもジャロが大半の戦闘員を集めたと語っている。ジャロはリベリアで戦闘員としての経験を積んだ。ジャロはその経験を通じ，一定の戦闘員を有する司令官となった。第一次リベリア内戦は終結し，ULIMO は解体された。リベリアで職に溢れていたところに，カマジョー /CDF という PC ネットワークの一員となったスパローが，戦闘員が必要だと申し出てきたのだ。ジャロは，かつての部下やかつての仲間に声をかけた。すなわち，タテの人脈だけでなく，横断的な人脈をも用いて，戦闘員を集めた。そして，集められた戦闘員は，カマジョー /CDF 内の PC ネットワークに再編されることとなった。

　ただし，戦闘員を集めたのはジャロだけではない。そのほかにも，スパローの家に出入りしていた友人で元リベリア国軍だった「コフィ」，戦闘員の友人を多く有する民間人「カネー」が，それぞれのつてをたどって戦闘員を連れてきたという。彼らは職がなく金がなかったため，しばしば「飯を食うために〔スパローの家に〕遊びに来ていた」のだという。こうして人脈ネットワークを駆使することで，CDF 特別部隊の最初のメンバーが集められた。

　筆者は，この時に動員されたリベリア人戦闘員からも語りを得ている。

　　スパローがひとりの人間にコンタクトを取り，そこから話が広がった。そいつが 52 名〔発言のママ〕を ULIMO-J〔ULIMO から分派した一勢力〕から引っ張ってきた。シエラレオネに渡ってからは，スパローが我々を指揮するよう

　＊160　筆者によるインタビュー。イブラヒム・ジャロ，2010 年 12 月 31 日，ボトル。

になった。ジェンデマではカマジョーに軍事訓練を施した。[161]

動員に応じたリベリア人戦闘員はスパローの家に一時留まり，国境まで車で送られた。当時，ECOMOG の治安権限は縮小しており，モンロビアに留めておくのは危険だった。国境へと着いた最初の 50 人にはミッションが与えられた。国境を越え，ジェンデマを掌握せよという。当時，ジェンデマ・カマジョーはリベリア側へと追いやられ，シエラレオネ側はジュンタの手にあった。イブラヒム・ジャロはその時のことについて以下のように語った。

　　当時，ジェンデマ・カマジョーはリベリア国境側へ追いやられていた。特別
　　部隊はジェンデマを奪還するミッションが与えられ，その晩のうちに車 1 台
　　と武器を接収してきた。[162]

しかし，彼らは一度ジェンデマを掌握したものの，すぐにジュンタに奪還された。後方支援がなく，それ以上進軍できなかったからだという。その後，十分な後方支援を用意した上で戦闘を重ね，ジェンデマ・カマジョーはジェンデマを再掌握した。[163]それにより彼らは晴れてシエラレオネ領内に戻ることができた。これ以降，ジェンデマ・カマジョーがリベリア側へと追いやられることはなかったという。

　ジェンデマ・カマジョーにおいて，特別部隊は「熟練兵士（well-skilled solider）の集まり」だという高い評価を受けた。筆者が聞いた中には以下のような評価がある。[164]

　　「彼ら〔特別部隊〕は知識が豊富だ。ジンミの掌握だって彼らがいたからこそ

＊161　筆者によるインタビュー。12 月 28 日，モンロビア。
＊162　筆者によるインタビュー。イブラヒム・ジャロ，2010 年 12 月 31 日，ボトル。
＊163　同上。
＊164　ただし，これらの表現は，筆者がスパローの世話を受けているため，お世辞で言っているのかもしれない。

できたんだ」。

「こいつ〔スパロー〕がリベリア人を連れてきたことによって，我々は強化された」（エディ）。

(2)特別部隊の組織構成

先行研究でもあるように，カマジョー/CDF はパトロン゠クライアント関係に基づいて組織されていた。すなわち，戦闘員が従うのは，直属の上官だけである。つまり，上官の上官には従う義務がない（もちろん，その上官の上官が報酬をくれるなら，話は別である）。リベリア人戦闘員も同様である。どちらも忠誠を尽くすのは，直接的な上官である。エディは特別部隊について以下のように語る。

> 彼らはリベリア人だ。ノーマンに忠誠を誓うわけではない。チーフダムに従属してもいない。彼らが従うのはスパローだけだ。だから，スパローを特別部隊の長にした。彼はシエラレオネ人でもあるし，リベリアについても詳しい。[165]

民主主義の復権とカバー大統領の復帰というカマジョー/CDF のプロパガンダを共有しないため，リベリア人戦闘員は，カマジョーとは命令系統を異にする別働隊とされた。それが CDF 特別部隊である。そして，そのリーダーである。スパローはジェンデマ・カマジョーに提供される「資源」にアクセスし，それを特別部隊の戦闘員に分配した。

特別部隊が結成されたことで，スパローは 4 人の幹部に加えてジェンデマ・カマジョーの意思決定に関わるようになった。彼は後に，ジェンデマ・カマジョーの間で「副参謀」（adjutant general）と呼ばれるようになった（カマジョー/CDF では，軍事的な役職名は，愛称のように使われており，正規の軍

＊165 筆者によるインタビュー。エディ・マサレー，2010 年 12 月 30 日，ジュリン。

隊のように役職を示すものではない）（cf. Hoffman 2007b）。

　特別部隊は軍の構造を模して命令系統を明確にした。それに加えて，後方支援の担当者も設けた。ジェンデマ・カマジョーでは司令官（commander）と名乗る者が多く，命令系統が明確ではなかった。そのため，誰が誰の命令を聞くのかが，はっきりしていなかった。それに対して特別部隊では，序列を決め，上下関係を明確にした。その際に参考にされたのが正規軍の構造である。おそらく ULIMO の構造を模したものだと考えられる。ULIMO は，リベリア国軍出身者が中心となってつくられたことから，正規軍の体裁をある程度有していた。

　CDF 特別部隊の序列は以下の通りである。第一位がスパローである。ULIMO を模し，「軍事部門議長」（chairman, military wing）と呼ばれた[166]。その役割は事務的なものである。ジェンデマ・カマジョーの幹部とともに作戦の決定をし，特別部隊が担う役割を決める。その上で，特別部隊が必要とする後方支援の獲得や人材の配置を行った。第二位は「総司令官」（field commander）のイブラヒム・ジャロである。第三位として，「第二司令官」（second in command/2.I.C）がいた（この人物についての詳細は不明）。

　その下位は，軍事部隊と事務スタッフに分かれている。軍事部隊の長は2人の「野戦司令官」（general battle front commander）がいる。その下は約30人から構成される「中隊」（company）に分けられた。A 中隊から D 中隊までの4つに分けられた。中隊は，10人で構成される「分隊」（squad）に分けられている。分隊長（squad commander），あるいは副分隊長（deputy squad commander）は英語で読み書きができる者に限定したという。

　さらに，戦闘員の序列も決めた。「我々は兵士に等級（star）をつけ，誰が誰に従わなければならないかを明確に決めた」という。一般的に正規軍では，高官の階級章に星をつけて地位を記している。二つ星（two-star），三つ

＊166 ULIMO には，政治部門（political wing）と軍事部門（military wing）があった。特別部隊はそれを模した。ゆえに，特別部隊の正式名称は「CDF 特別部隊軍事部門」（Military Wing, CDF Special Forces）であったという。ただし政治部門は存在しない。

星（three-star）と呼ばれるのだ。星の数が増えるほど地位が高いことを示している。特別部隊はそれにならい，星の数で戦闘員のランクを示した。

次に事務スタッフについて述べる。まず，事務スタッフを統括し，規律を管理するスタッフ「S1」（Section 1）が設けられた。また，情報収集，訓練と計画，ロジスティックス，軍民関係について，それぞれスタッフが配置され，S2 から S5 とされた。S1 が，S2 から S5 を監督する立場にあった。事務スタッフは正規軍の参謀部（section staff）の組織構造に近い構成となっている。図 8-2 は特別部隊の組織構造を図式化したものである。

特別部隊の戦闘員は，軍事訓練を受けたわけではない。ほとんどが，すでにリベリアで十分な軍事経験を積んでいたからである。特別部隊の戦闘員は，技術が不十分なカマジョーに対して軍事訓練を行ったという。スパロー

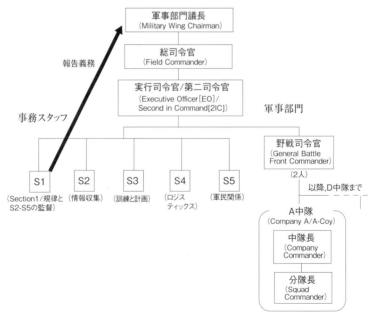

図 8-2　CDF 特別部隊の組織構造
　　　（注）聞取調査に基づき筆者作成。

は言う。

> 未経験の者でも，軍事訓練は2週間で十分だ。最初の1週間で，自動小銃の
> 使い方，解体の仕方，組み立て方を学ぶ。その後の1週間で，簡単な行軍方
> 法や戦闘でのノウハウを学ぶ。たとえば，自動小銃の弾丸は，長く飛ぶほど
> 上に上がっていく。だから伏せなければならない。そうしたノウハウを残り
> の1週間で身に着けさせる。

リベリア人戦闘員からなる特別部隊はカマジョーに新しいノウハウを持ち込
んだ。軍事的な知識を身に着け，組織を整えた彼らは，ジェンデマ・カマ
ジョーが変わるきっかけを与えた。
　当初は100人程度で始まった特別部隊は，どんどん膨れ上がっていった。
スパローは以下のように述べた。

> カマジョーは自分の部隊を選べる。もしある部隊が弱ければ，その司令官は
> 人気がない。強い部隊にカマジョーは入りたがる。その方が自分にとっても
> 安全だからだ。私は特別部隊に入りたいと志願する者は誰でも受け入れた。
> 人材が多いことはその部隊の強さを意味する。

内戦が終わるまでに特別部隊の成員は300人以上に膨れ上がっていたとい
う。人材を増やす場合，分隊を増やした。戦闘員の数が増加するのは，その
部隊が優秀である証だという。
　この語りはカマジョーがパトロン=クライアント関係で成り立っており，
その紐帯が流動的であり，パトロンを乗り換えることが一般的であったこと
を示している。

(3)ジェンデマ・カマジョーの組織化

　CDF特別部隊の成功を受け，ジェンデマ・カマジョーも命令系統を整え

た。リベリア人戦闘員によって持ち込まれた武装勢力運営についてのノウハウが，ジェンデマ・カマジョーを変えたともいえよう。ジェンデマ・カマジョーの幹部であるイブラヒム・タッカーは述べる。

　　特別部隊の成功を受け，我々は組織化の大切さを学んだ。カマジョーを厳密に組織した。ジェンデマのカマジョー全体を第一大隊（first battalion）と称することにした。集まってきたカマジョーの大半は，チーフダムから派遣されてきた者たちだった。彼らは，チーフダム単位で組織されている。チーフダムの単位を基本として，軍事構造を組織した。[167]

この組織化に伴いタッカーは第一大隊長（first battalion commander）と名乗るようになった。タッカーは筆者に第一大隊の構造を説明してくれた。第一大隊は，4つの中隊（company）に分けられた。4人の中隊長（company commander）は，幹部らが行う作戦会議にも参加したという。特別部隊と同様に，中隊は小隊（platoon, 30人程度）に，小隊は分隊（squad, 10人程度）に分けられた。増加するカマジョーを吸収するためには，小隊や分隊を増やすことで対応した。

　第一大隊の事務スタッフも設置された。ロジスティックス供給官（logistics and supply officer），大隊担当官（battalion officer, 大隊長［battalion commander］とは別），情報担当官（intelligence officer）が設けられたという（それぞれの役割までは調べることができなかった）。タッカーによると，組織化の試みを行ったのはジェンデマ・カマジョーだけだという。各地で大小のカマジョー集団が活動していたが，自分たちの他はどこも効率化を図らなかったとタッカーは述べた。

(4)スパローの逮捕

　特別部隊はジェンデマ・カマジョーの活躍に大きく貢献した。しかし，特

　＊167　筆者によるインタビュー。イブラヒム・タッカー，2009年11月23日，マトゥル。

別部隊が結成されて2か月もたたないうちにスパローはリベリア政府に逮捕された。9月か10月のことだとスパローは振り返る。彼は逮捕された時のことを語った。

　　戦闘が継続し，物資が底をついた。首都に出てノーマンにそのことを説明しようとした。しかし，彼はギニアへと向かった後だった。何人かの友人に借入をお願いしようと車でモンロビアをまわった。その間，どうやら治安部隊に尾行されていたらしい。後ろから車がつけてきて止められ，連行された。もうひとり車に乗っていたが，彼は逃げることができた。

スパローの逮捕後，地下組織の活動の場であったプジョー・ガレージにも捜査が入った。地下組織のメンバーによると「車が10台以上も略奪された」という。[168] スパローの逮捕により，ノーマンや地下組織のメンバーは身に危険が迫っていることを察した。その当時のノーマンの様子は真実和解委員会でも語られている。

　　ヒンガ・ノーマンはリベリアで苦労した。彼は一か所に長期間留まることができなかった。彼は2日間同じ場所で寝た後は，別の場所に移った。チャールズ・テイラー〔新大統領〕に見つからないよう，彼はECOMOGの保護の下にあった。テイラーの手下がノーマンのことを聞くや否や，リベリア政府は治安部隊を派遣した。彼らが〔ノーマンの逮捕に〕成功しなかったのは幸運だったとしかいいようがない。　　　　　　　　　　　　（TRC 3A 2004: 259）

地下組織のメンバーがプジョー・ガレージからECOMOG大隊総司令部の置かれたリックス学園へと移ったことは前述したが，それはこの一連の事件を契機としていた。リックス学園に移った彼らは，そこでカマジョー /CDF

＊168　筆者によるインタビュー。イブラヒム・ジャロ，2010年12月31日，ボトル。

への支援業務にあたった。スパローがいなくなった後，CDF 特別部隊は，その第二位の地位にあったジャロによって維持された。

＊　　　＊　　　＊

　本章は 1997 年 5 月 25 日に発生したクーデター「525 事件」以降の展開を，リベリア国境を利用してジュンタとの戦いに挑んだジェンデマ・カマジョーの活動を中心に確認した。本章で確認した動きを，カマジョー/CDF 全体と，CDF 特別部隊に分けて見ていく。

　まず，カマジョー/CDF 全体の動きである。

① 　525 事件によってカマジョーは解散を命じられた。各地のカマジョーはそれに反抗した。その中でも，リベリア国境の町，ジェンデマに集まったカマジョー（本研究でいうジェンデマ・カマジョー）は，ジュンタとの戦いの中で中心的な存在となった。

② 　ジェンデマ・カマジョーは自らの正当性を高めるためにノーマンを呼び寄せた。また，ECOMOG からの支援を受けて戦闘を展開した。

③ 　ノーマンは，ECOMOG からの軍事物資を自らの名の下で各地のカマジョー集団に分配することで，パトロンとしての地位を保った。

このことを仮説に照らし合わせると，ジェンデマ・カマジョーが優位な PC ネットワークとして台頭する過程といえる。

　次に，CDF 特別部隊の動きを確認する。

① 　CDF 特別部隊は，リベリア人戦闘員を動員して作られ，ジェンデマ・カマジョーの一部として活躍した。CDF 特別部隊は，スパローによる LUDF の人脈を使い，新しい戦闘員を動員することで結成された。すなわち，リゾーム状の人脈ネットワークから人を集めることによって，

新たな PC ネットワークが作られたと考えることができる。

　以上，ジェンデマ・カマジョーが優位な PC ネットワークとして台頭して
きたことを確認した。しかし，ジェンデマ・カマジョーはその地位を，他の
カマジョー集団に奪われることになる。次章ではそのプロセスを確認する。

第 **9** 章

入れ替わった優位な PC ネットワーク

AFRC 政権期②

【1997 年 11 月〜 98 年 3 月】

本章では，ジェンデマ・カマジョーが優位な PC ネットワークの地位を奪われ，別のカマジョー集団が新たに優位な PC ネットワークとして台頭することを示す。

前章で確認したように，ジェンデマ・カマジョーはノーマンをリベリアに呼び寄せ，リーダーとした。ノーマンは，ジェンデマ・カマジョーが取り付けた ECOMOG からの支援を，他のカマジョー集団に分配することで，カマジョー/CDF 全体のリーダーとしての地位を保ち続けた。本章では，そのノーマンがジェンデマ・カマジョーを見限り，別のカマジョー集団へと移ったことを示す。その際，ノーマンは ECOMOG からの支援をジェンデマ・カマジョーから奪った。そして移った先のカマジョー集団を利用して，引き続き各地のカマジョー集団に支援を提供した。こうしてノーマンはカマジョー/CDF 全体のリーダーとしての地位を保ち続けた。ノーマンが移った先のカマジョー集団はジェンデマ・カマジョーに代わり，最も優位な PC ネットワークとなった。以降，このカマジョー集団を「ベース・ゼロのカマジョー集団」と呼ぶ（ベース・ゼロとは「第ゼロ基地」という意味である）。

第 1 節では，ノーマンがジェンデマからベース・ゼロのカマジョー集団に移動するプロセスを述べる。第 2 節では，ベース・ゼロの活動の様子を記述した。ベース・ゼロの統制は充分とはいえず，人権侵害も多く見られた。ノーマンはその中で，恣意的に権力を行使した。第 3 節では，カマジョー/CDF が ECOMOG との共同作戦を行い，カバー大統領の復帰を達成するプロセスを描く。

1　ジェンデマ・カマジョーを離れたノーマン

(1)ノーマンが移動した理由

1997 年 11 月頃，それまでリベリアを拠点に活動を続けていたノーマンは，ボンス県ティフンへと移った。ジェンデマ・カマジョーを捨て，新たなカマ

ジョー集団のリーダーとなったのである。ティフンのカマジョー集団とは，アリウ・コンデワ（シエラレオネ特別法廷に訴追されたイニシエーター）のいるカマジョー集団である（7章を確認のこと）。ノーマンが移って以降，このカマジョー集団は，カマジョー/CDF の中で最も優位な PC ネットワークとなった。彼らの拠点はノーマンが来て以降，「ベース・ゼロ」（Base Zero）と呼ばれることになった。

では，なぜノーマンはベース・ゼロへと移動したのか。その理由は，以下の3つに集約できる。第一に，リベリアの治安権限が ECOMOG からテイラー新政権へと移譲されつつあった。525 事件が発生したのは，第一次リベリア内戦が収束しつつある時であった。1997 年 7 月 19 日，リベリアでは，内戦後初の総選挙が実施された。その時の大統領選で圧勝したのが，RUF を支援した武装勢力 NPFL のリーダーであったチャールズ・テイラーである。[169]選挙結果を受けて，8 月 3 日，テイラーは大統領に就任した。テイラー大統領はシエラレオネ＝リベリア国境の治安を問題視し，カマジョー/CDF の活動を取り締まった。テイラー大統領は BBC で以下のような発言をしている。

> シエラレオネの危機はリベリアの安全保障に対する脅威となっている。国境での活動は，国民をパニックに陥れるほどではないものの，懸念事項である。すでに政府はカマジョーの逮捕をしている。ただし，その人数の発表は差し控える。病院記録や名簿なども押収した。押収品は，脅威の存在を示している……。[170]

ちなみに，この声明はスパローの逮捕後に出されている。

テイラーは，カマジョー/CDF を支援する ECOMOG をリベリアから追い出そうとした。ECOMOG は，内戦後のリベリアで武装解除および国軍再編の任を担っていたものの，テイラー大統領はそれらを新政権の問題である

＊169 選挙の経緯については以下の文献を参照。Waugh（2011: 228-244）.
＊170 Sierra Leone News（November 1997），News Archives, Sierra Leone Web［Cited at 13th November, 2012］<http://www.sierra-leone.org/Archives/slnews1197.html>

とし，ECOMOGの関与を拒否した。ECOMOGはリベリアから徐々に撤退することとなった。

国境警備もECOMOGからリベリア新政府に委譲された。ECOMOGが国境の管理をしていた頃，カマジョー/CDFは国境を自由に行き来できた。武装したままリベリアへ入ることもできたという。しかし，国境管理の権限が新政権に委譲された後，武装したままでの入国が許されなくなった。カマジョー/CDFは，リベリアを後方基地として利用することができなくなった。

ノーマンがベース・ゼロに移動した第二の理由は，ノーマンとジェンデマ・カマジョーの幹部とのウマが合わなかったことがある。とくにエディとウマが合わなかったらしい。ジェンデマ・カマジョーの意思決定が合議制であったことはすでに述べた。エディはノーマンについて以下のように語る。

> 我々〔ジェンデマ・カマジョー〕は実力主義をとり，透明性も確保した。理不尽で非効率な命令があると異を唱えることができた。軍部の構造を模し，上意下達のシステムを整え，命令が円滑に伝わるように整備した。ノーマンはそれが気に食わなかった。このシステムだと，自分のしたいようにすると反抗される。「それは上からの命令ではありません」ってね。物資を自由に動かすこともできない。彼は，ジュンタやRUFに勝利するとともに，自分の権力も維持したかった。ノーマンは自分の命令を思い通りに聞いてくれる自分の部隊が欲しかったんだ。実際に，彼は中位の司令官を動かそうとした。呼び出して命令したんだ。しかし，その司令官は「そんな命令は上の決定ではない。逸脱して行動するわけにはいかない」として拒絶した。ノーマンは「これをやれ」と言うと，すぐにそれを実行する部隊が欲しかった。それに苛立ったのか，ノーマンはすべての武器弾薬を持ち，事務方をみんな引き連れてベース・ゼロに行ってしまった。ジェンデマの軍人〔カマジョー〕はそのまま残された。[171]

---

* 171　筆者によるインタビュー。エディ・マサレー，2010年12月30日，ジュリン。

同様の話を，ジェンデマ・カマジョーの第二位であるイブラヒム・タッカーからも，スパローからも聞いた。それも別々の機会にである。ノーマンとジェンデマ・カマジョーの幹部らとは，組織のあり方について意見の相違があったようだ。

　ノーマンが移動した第三の理由は，ベース・ゼロのカマジョー集団がノーマンに来てくれと依頼したからである。それについては以下に詳しく見ていく。

(2)ボンス県からの使者

　それを詳述する前に第7章までの経緯を振り返ろう。ベース・ゼロのカマジョー集団，すなわち，ティフンのカマジョー集団とは，カレ村にイニシエーターを集めて加入儀礼を考案し，後にティフンへ移動したカマジョー集団に他ならない。このカマジョー集団がティフンへ移動した頃，イニシエーターらは各地へと散らばった。しかし，コンデワだけはティフンに残り加入儀礼を続けた。525事件までに反徒はボンス県から駆逐され，反徒の脅威はほとんどなくなった。しかし，このカマジョー集団は力を持ち続け，しばしば国軍と衝突していた（Smith et al. 2004: 441）。525事件の後も，国軍（ジュンタ）との対立は続き，ティフンのカマジョー集団は軍事政権に従わないことを決定した。前述のように，525事件の直後，各地のカマジョー集団はノーマンとコンタクトを取ろうと使者を派遣している。ティフンのカマジョー集団も例外ではなかった。だが，このカマジョー集団が他のカマジョー集団と異なるのは，ノーマンをリーダーとして呼び寄せようとしたことである。ティフンのカマジョー集団に属していたあるカマジョーは以下のように述べた。

　　525事件の時，チーフ，長老たちが集まった。我々は軍事政権を受け入れないことに決定した。その時，コンデワはティフンを離れていた。我々は司令官だったラハイ・バングラに依頼し，マコシ[172]（Mokossie, Nongoba Bullom

Chiefdom, Bonthe District）にて緊急に加入儀礼を行った。[173] より安価に行うのだ。……その後，コンデワがフリータウンから戻ってきた。そこで部隊を移動させ，スンブヤ・ジャンクション（Sumbuya Junction）に防衛拠点を設けた。国軍との戦闘では武器弾薬を奪い，それを使っていたが，尽きてしまった。そこで我々はジェンデマへと使者を送ることにした。モイニナ・フォファナ，ジャヤ・カマラ（Jaiah Kamara），ドクター・マサレー，ラハイ・バングラ……（中略）……を使者に選んだ。アリウ・コンデワからの伝言をカセットテープに吹き込んで，彼らに持たせた。[174]

この証言によると，ティフンから派遣された使者の中には，シエラレオネ特別裁判所に訴追された3人目の人物，モイニナ・フォファナが含まれている。モイニナ・フォファナは1950年にボンス県ノンゴバ・ブロム・チーフダムで生まれた。内戦前フォファナは商人であった。読み書きができないにもかかわらず商売で財を築き，内戦中にはカマジョーに資金を援助するまでとなった（Kelsall 2009: 37）。

　ティフンから派遣された使者はジェンデマまで歩いてやってきた。到着した後，数か月の間，彼らはジェンデマ・カマジョーに加わり活動をした。イニシエーターであったドクター・マサレーとラハイ・バングラは加入儀礼を行った。モイニナ・フォファナはボンス県のカマジョーをまとめあげる司令官となった。[175] ジャヤ・カマラは倉庫の管理を行った。

　ノーマンは，ティフンに来てほしいという彼らの要請を最初は受け入れなかった。ただし，ジェンデマで活動していた頃からボンス県の動向には目を

---

* 172　ラハイ・バングラという名のイニシエーターは2人いる。ここまでにもうひとりラハイ・バングラなる人物が登場している。その人物とは，カレ村で加入儀礼を始め，その後，ママ・ムンダと共同で社を運営するようになったラハイ・バングラである。このラハイ・バングラは彼とは異なる人物である。
* 173　この加入儀礼は内戦地図報告書でも言及されている（Smith et al. 2004: 444）。
* 174　筆者によるインタビュー。2009年11月21日，タリア。
* 175　筆者によるインタビュー。スパロー，2012年9月15日。

向けていた（TRC 3A 2004: 271）。そして，ある時からヘリコプターでしばしばティフンを訪れるようになったという。おそらくノーマンは，活動拠点を移す前に何度かティフンへと足を運んだものと思われる。ティフンのカマジョーは言う。

　　我々が使者を派遣した三か月後，ヘリコプターがやってきた。我々が送った使者はノーマンとともに帰ってきた。武器弾薬もいっしょに積んであった。ノーマンは「武器弾薬の代償として私にはマン・パワーが必要なんだ」と言った。

　ノーマンが来たことによりティフンはベース・ゼロと呼ばれるようになった。「我々はノーマンがいる場所をベース・ゼロと呼んだ」と，この地のカマジョーは述べている。しかし，この頃まだノーマンは，リベリアと行き来していたようである。1か月もたたないうちに，基地はティフンからタリアへと移転し，そこが新たにベース・ゼロと呼ばれることになる。

　なお，このヘリコプターはカマジョー /CDF が独自に入手したものだという。ECOMOG の支援によって得たものではない。その操縦は，あるヨーロッパの国の退役軍人が担った。そして，この操縦士をカマジョー /CDF に引き込んだカマジョーが，ヘリコプターのスケジュール管理を行っていた（彼は支配家系出身であり，SLPP の政治家と近い関係にある）。このヘリコプターは，ノーマンをはじめとしたカマジョー /CDF の幹部を運んだり，支援物資を輸送したりするのに使われた。このヘリコプターによってカマジョー /CDF は外部とつながっていたといえる。すなわち，このヘリコプターによってカマジョー /CDF は，リベリアの ECOMOG ナイジェリア大隊，フリータウン近郊で AFRC 政権期も ECOMOG の支配下に置かれたルンギ国際空港，コナクリのカバー亡命政権とアクセスを保つことができた。

(3) ティフンからタリアへ

新しいベース・ゼロは，ヨベコ・チーフダムのタリア（Talia, Yawbeko Chiefdom）に設置された（写真9-1）。タリアはティフンから10kmほどのところにある町である。ティフンからタリアに移った経緯についてアルバート・ナロは，シエラレオネ特別裁判所で証言している。

〔ティフンのある〕ソビニ・チーフダムのパラマウント・チーフ，スティーヴン・ウィニー・ビオ4世（Steven Wonnie Bio IV）は，コンデワを含めたすべてのカマジョーを追い出した。コンデワは悪いことをたくさんしたのでチーフに言い訳できなかった。たとえば，加入儀礼の中で「カマジョー待ち伏せ」（kamajor ambush）というものがあった。それを突破できない者は目をつぶされ，離れた場所に連れて行かれて焼かれた。……また，加入儀礼の別の段階では，受礼中の者が2列に並ばされ，次々と殴られた。地面に崩れ落ちた者は失格と

写真9-1　タリア（2009年，筆者撮影）

なった。失格となった者は殺されて焼かれた。……結社のために使う灰を作るため，ひとりの男が焼かれたこともある。人を焼くことによって作られる灰は「テヴィ」（*tevi*）と呼ばれた。イニシエーターやそのキャビネットはその[176]灰を用いて儀礼を行った。受礼者の体にそれをつけるのだ。殺人行為を知ったパラマウント・チーフは「コンデワよ，私のチーフダムから君の集団を連れて出て行きたまえ」と告げた。そうしてカマジョーはタリアへと移った。

(SCSL，2005 年　3 月 10 日：18)

こうして，このカマジョー集団はタリアへと移ることになった。

筆者はタリアを新しい基地として選んだカマジョーに話を聞くことができた。このカマジョーはモヤンバ県バンタ・チーフダム（Banta Chiefdom, Moyamba District）の支配家系出身である。この人物が 525 事件をきっかけにカマジョーとなるまでの経緯もあわせて見ていこう。

私は 525 事件の時，フリータウンのパデンバ通りに住んでいた。当時，学生運動家として活動していた。目をつけられていたため 525 事件の後は身に危険がおよぶかもしれないと思い，まずは，この宿〔筆者の泊まっている安宿〕に逃げた。しかし，この宿も危険だと思った。兵士がガールフレンドを連れ込んでいたからだ。その頃，町中で略奪が行われていた。数日間，宿に身を潜めていたが逃げきれないと思い，自分の出身地であるバンバトゥ（Gbangbantoke, Banta Chiefdom）に逃げた。すでにバンバトゥにはカマジョーがいた。私もそこに加わった。カマジョーを率いていたのはパラマウント・チーフのトミー・バラ（Tommy Gbagra）である。加入儀礼はバンバトゥでアリウ・コンデワから受けた。バンバトゥとティフンはそれほど遠くない。バ

＊176　証言者ナロは，証言の中で，当時のコンデワのキャビネットを列挙している。シェイク・ボンボワイ（Sheku Bumbuwai），カモ・ボニ（Kamoh Boni），カモ・フワード（Kamoh Fuwad），ジブリラ（Gibrilla），C・O・マコシ（C.O. Makkosi），ハリー・ナモイ（Hallie Namoi），ウーディ（Woodie）である（SCSL，2005 年 3 月 10 日：29）。

イクや車で行き来できる。コンデワは我々とともに多くの時間を過ごした。ガールフレンドをあてがい，車を自由に使わせた。彼もバンバトゥを気に入っていたと思う。……私はカマジョーを強化するため，何か方法はないかと考えた。フリータウンにいた頃に知り合った者に，イギリス軍の退役兵がいた。彼にアドバイスを受け，基地を選んだ。最初はバンバトゥが適していると思ったが，タリアを見た時，そこが友人のアドバイスと適合していると思った。タリアには，ヘリコプターが離発着できる広さを持つ学校の校庭があった。近くに川が流れ，ポンプ付き井戸もあった。水が大量に確保できる。これなら戦闘員を大量に逗留させることができる。私はタリアが基地として適切な土地だと判断した。コンデワに〔タリアの位置する〕ヨベコ・チーフダムのパラマウント・チーフとの交渉を進めさせ，基地としての使用許可を得た。……ヘリコプターでやってきたノーマンは，基地として適するかどうか見て回ったが，芳しい反応は示さなかった。「もし来るなら2日後に来る」と言い残し，リベリアへと帰って行った。2日間来なかった。諦めてバンバトゥに帰った後，ノーマンがヘリコプターでタリアまで来たとの知らせを受けた。……私はヘリコプターでリベリアへと行き，そこで2日間滞在した。モンロビアで必要な衣類などを買った後，〔ECOMOGと〕どのような支援が必要なのかを議論した。2日後，イギリスに住むガールフレンドが送金してくれた4000〔米〕ドルを引き出し，資金や医薬品を持ってタリアに帰った。[177]

　この語りから，ティフンからタリアへと基地が移った時，ノーマンはまだリベリアとの行き来をしていたことがわかる。ノーマンが完全にリベリアを捨てたのは，このカマジョー集団がタリアへと移って以降のことである。最終的に，ノーマンはタリアへと移り，そこに住宅をあてがわれた。

　ノーマンの移動に伴い，ティフンからジェンデマへとやってきた使者も，タリアへと戻った。また，モンロビアの地下組織からカマジョー／CDFに

＊177　筆者によるインタビュー。2011年10月7日，フリータウン。

参加したムスタファ・ルメやアンドリュー・ハーディンは引き抜かれ，タリアへと行った。そして，カバー大統領の命によりリベリアへと派遣された国会議員やＭ・Ｓ・ドゥンブヤも，タリアへと渡った。タリアは新たにベース・ゼロと呼ばれることになり，このカマジョー集団の本拠地となった。タリアには，周辺のチーフダムから避難してきたパラマウント・チーフらも滞在することとなった。ノーマンをはじめベース・ゼロのカマジョー集団は，タリアを拠点にジュンタとの戦いを展開していくことになる。

(4)残されたジェンデマ・カマジョー

ノーマンが拠点を変えたことによりカマジョー /CDF の中心的地位の座はジェンデマ・カマジョーからベース・ゼロのカマジョーに移った。ジェンデマ・カマジョーの幹部タッカーは「ノーマンは我々をのけ者にした」と述べた。

> なあ，オカ〔筆者の愛称〕，なぜベース・ゼロがベース・ゼロという名になったのかわかるか。我々〔ジェンデマに集まったカマジョー〕はベース・ワンと呼ばれていた。ひとつめの基地（first base）という意味だ。ノーマンはベース・ワンを拠点に CDF の活動を拡大しようとした。だが，ノーマンはタリアという新しい拠点を見つけた。そこで今度はタリアを拠点としようとした。イチの前はゼロだ。簡単な算数だ。彼は新しい拠点をベース・ゼロと名づけた。しかし「第ゼロ大隊」とは呼べない。だから，ノーマンは第一大隊という呼び名を我々から奪った。そして，ベース・ゼロのカマジョーを第一大隊とした。我々〔ベース・ワンのカマジョー〕はそれ以降，第二大隊と呼ばれるようになった。だが，ベース・ゼロの連中は，組織化されていない。それに対して我々は命令系統を確立した。我々の方が優秀だったんだ。[178]

こうしてジェンデマのカマジョーは第一大隊から第二大隊になり，タッカー

＊178　筆者によるインタビュー。イブラヒム・タッカー，2009 年 11 月 23 日，マトゥル。

も第一大隊長から第二大隊長となった。ECOMOG からジェンデマ・カマジョーへの支援も減った。支援物資は，モンロビアの ECOMOG ナイジェリア大隊総司令部（リックス学園）からヘリコプターでベース・ゼロへと直接輸送されることになった。国境であるジェンデマは経由しなくなった。ジェンデマ・カマジョーは引き続き ECOMOG から支援物資を要請することはできたが，その量は激減したという。エディは以下のように語る。

> ジェンデマの軍人〔カマジョー〕は，そのままジェンデマに残された。支援は続けられたものの，その量は激減した。最初は武器が不足した。それを補うため我々は ECOMOG にダイヤモンドを売って物資を補足するようになった。しかし，皆にそれを知られたくはなかった。そのため，周りのカマジョーにもそのことは隠していた。[179]

そのことは，スパローも知らなかった（逮捕されてリベリアに収監されていた時のことである）。筆者がエディに聞取調査をしていた時，横から耳を挟んでいたスパローは，そのことを知って驚いていた。

2 ベース・ゼロの活動

ベース・ゼロのカマジョー集団はジェンデマ・カマジョーに代わりECOMOG からの支援物資を受け取り，各地のカマジョー集団へと分配した。この分配により，各地のカマジョー集団は，ベース・ゼロの傘下となった。

(1)ベース・ゼロとその他のカマジョー集団

ノーマンは各地のカマジョーに，タリアへと集まるように呼びかけた。呼

---

*179 筆者によるインタビュー。エディ・マサレー，2010 年 12 月 30 日，ジュリン。同様の証言をタッカーも行っている（2009 年 11 月 23 日）。

びかけは人づてに広がった。その呼びかけに応じて，各地のカマジョー集団
は，今度はタリアへと人を派遣した。当時，ボーに住んでいた10代後半の
男性は，タリアへと向かうことになった経緯を筆者に語った。

> ボーはメンデ人の町だ。525事件以降，国軍とカマジョーは対立していた。
> 若い男がボーの町にいるのは危険だった。年配の人や女性は問題ない。しか
> し，若い男はカマジョーだと疑われ，迫害を受けた。国軍に知り合いがいな
> い限り，残るのは危険だった。だから，俺も自分のチーフダムに帰ることに
> した。……チーフダムでパラマウント・チーフの認可を受け，他の村人とと
> もにママ・ムンダの元へ向かった。彼女から加入儀礼を受けた後，チーフダ
> ムに戻った。ノーマンがタリアに集まるように呼びかけていることは噂とし
> て広がっていた。戻って数週間もしないうちに，タリアへ行くように命令さ
> れた。同じチーフダムの若者とともに徒歩でタリアへと向かった。[180]

また，モヤンバ県のある男性は逃亡してきたカマジョーと行動をともにし，
タリアへと向かったという。彼はタリアに到着してからカマジョーになった。

> AFRC政権期，逃亡してきたカマジョーが村にやってきた。彼らに加わり，
> ともにベース・ゼロに向かった。タリアで審査を受け，カマジョーとなった。[181]

　ベース・ゼロでは軍事訓練が行われた。ただし，ジェンデマでの軍事訓
練と比べると質が低かったようだ。ジェンデマでは，リベリア人戦闘員や
ECOMOGから軍事訓練を受けたという者が多数いた。それに対して，ベー
ス・ゼロでは，戦闘や武器のノウハウを有する人材がほとんどいなかった。
「タリアでの軍事訓練は武器ではなく，棒を使っていた。軍事訓練といえる

　＊180　筆者によるインタビュー。2012年9月10日，モンロビア。
　＊181　筆者によるインタビュー。2008年10月18日，モンロビア。

シロモノではない」と語るカマジョーもいる。[*182]

　各地のカマジョーはベース・ゼロにいるノーマンを指導者とみなして，その命令を仰いだ。ノーマンがベース・ゼロへと移った後，何人かの影響力を持つ人物がメンデ・ランドをオートバイで回り，ベース・ゼロへの協力を呼びかけた。その中にはカバー政権下で国会議員であったアルハジ・ダラミー・ロジャーズ（Alhaji Daramy Rogers）の他，ジョージ・ジャンバワイ（George Jambawai）（詳細不明），商人として各地に知り合いを持っていたアルバート・ナロがいる。各地のカマジョー集団は彼らの協力要請に応じ，ベース・ゼロに連絡係を派遣している。シエラレオネ特別裁判所ではカマジョーによる以下のような証言がある。

　　すべてのグループ〔本研究のいう「カマジョー集団」〕はベース・ゼロに司令官
　　を派遣していた。彼らは国家調整官〔ノーマン〕からの支持を受け取るため
　　ベース・ゼロに滞在した。彼らが与えられた命令は，自分の戦闘集団に持ち
　　帰った。　　　　　　　　　　　　　　　　（SCSL, 2004 年 11 月 17 日：11）

連絡係を担ったカマジョーは，自分のチーフダムとベース・ゼロをオートバイで往復することで情報をやり取りした。

　ベース・ゼロは，傘下に入ったカマジョー集団に支援を提供した。もちろん，ECOMOG から提供を受けたものを分配したのである。支援物資は，モンロビアにある ECOMOG ナイジェリア大隊総司令部（リックス学園）からヘリコプターで直接，ベース・ゼロへと運ばれた。ヘリコプターの発着場として小学校の校庭が使われた（写真 9-2）。その物資を管理していたのは，リベリアの地下組織から引き抜かれたムスタファ・ルメであった。シエラレオネ特別裁判所でも「空路で運ばれた物資の管理をルメが行っていた」という証言がある（SCSL, 2006 年 2 月 17 日，2006 年 10 月 5 日）。彼はノーマンととも

　＊182　筆者によるインタビュー。アルバート・ナロ，2011 年 11 月 8 日，フリータウン。

写真 9-2　ヘリポートとして使われた学校の校庭（タリア，2009 年，筆者撮影）

にベース・ゼロに来たのである。NGO を運営していたルメは，物資の管理をするのに格好の人材だったのであろう。そもそも，ベース・ゼロはアクセスの悪い場所にあるため，読み書きができる人物自体が少なかった。ヘリコプターで運ばれた物資はタリアの町の集会所に保管された。武器弾薬庫と食料庫があったという。武器弾薬庫の管理をしていたのは，副戦争担当長（deputy director of war）の地位にあったモハメド・ムサ・オリンコ（Mohammed Musa Orinco）である（SCSL，2004 年 11 月 16 日：70）。また，食料庫の管理を行っていたのが，ジェンデマへと派遣されていたジャヤ・カマラである（SCSL，2006 年 2 月 16 日）[183]。彼はジェンデマでの任務と同様の任務にあたったことになる。

　こうした管理体制のもと，支援物資はベース・ゼロから各地のカマジョー集団へと提供された。各地のカマジョー集団は人員を徒歩で派遣し，物資を

＊183　筆者も彼に聞取調査を行っている。2009 年 11 月 12 日，タリア。

持ち帰った。このようにしてベース・ゼロは各地のカマジョー集団をクライアントとして接合していった（cf. Hoffmam 2011b: 136）。

支援を受けたカマジョー集団では，支援物資を掌握した者が権力を得ることになった。パトロンとして物資を分配できるからである。たとえば，パングマ（Panguma）（ケネマ県）の町のカマジョーを牛耳ったムサ・ジュニサ（Musa Junisa）という若い男性は，ノーマンからの支援を得たからこそ，その地位に上り詰めたのだという。525 事件の時，パングマには重火器が不足していた。そこでムサと数人のカマジョーはジェンデマへと赴き，そこで 1 ダースの携行式ロケット弾を受け取った。その後，彼らはベース・ゼロにも赴き，自動小銃 G3 ライフルや AK-47，ならびに，その弾倉を受け取った。ムサはその武器を用いてクライアントを獲得し，その地位を盤石なものとした。

(2)ベース・ゼロの組織のあり方

では，ベース・ゼロのカマジョー集団内部はいかなる組織形態だったのであろうか。端的にいえば，ベース・ゼロでは組織構造を整備しておらず，そのためしばしば混乱が生じていた。実は，シエラレオネ特別裁判所では，ベース・ゼロでの意思決定がいかなるものであったかが，ひとつの争点となっている。そのことは，ベース・ゼロの活動が多くの人権侵害事件を引き起こしたことを示している。ベース・ゼロの意思決定は，ノーマン，アリウ・コンデワ，そして，モイニナ・フォファナの 3 人が担った。シエラレオネ特別裁判所に訴追された 3 人である。その中でも，ノーマンが最も強い決定権を持ったという。

アリウ・コンデワは，ノーマンが移ってから「司祭長」（high priest）と呼ばれるようになった。ノーマンが彼をイニシエーターとして信頼していたこともあり，コンデワはノーマンの腹心となった。また，ジェンデマから帰ってきたモイニナ・フォファナも大きな影響力を持つようになった。戦争担当長（director of war）を名乗ったフォファナは，各地の連絡係から軍事作戦の報告を受け，武器弾薬を含む必要な後方支援を提供した。独自に用いるこ

とのできる自分の部隊も有していたという。

　ベース・ゼロの意思決定には，上述の３人に加えて，実戦に携わる何人かの司令官が関わったようである。シエラレオネ特別裁判所において，ベース・ゼロに滞在したひとりのパラマウント・チーフは以下のように述べている。

　　　ノーマンは，戦闘に関わる人とのみ打ち合わせを持った。そこに参加していたのは，コンデワやモイニナ・フォファナの他，ボボ・タッカー（Bobor Tucker），ジム・バヤマ（Jim Bayama）といった司令官である。彼らは無計画に戦闘を行ったので，我々はいくつかの提案を行った。提案を書類に書き起こした上で，ローカル言語の使える，説明の上手な人物に彼らを説得させた。しかし，彼らは応じなかった。戦争を思うがままに遂行した。彼らは書類や記録をまったく残さなかった。

　　　　　　　　　　　　（SCSL, 2005 年 2 月 17 日：102-104。引用者による要約）

このようにベースゼロの意思決定は，トップが恣意的に行っていた。その意思決定に問題があることは，内部からも訴えられていた。

　意思決定を下へと伝達する命令系統に関しても，整備がされていたとはいえない。上述の証言をしたパラマウント・チーフは以下のように述べる。

　　　ベース・ゼロでは効率的な命令系統が整っていなかった。皆が「司令官」（commander）と名乗るのだ。軍事展開をコントロールしている人物はなかった。それぞれが「我々は，どこどこへ展開しなければならない」と言った。同じ地域の展開についても 15 名ほどの司令官が好き勝手に命令を下した。司祭長〔アリウ・コンデワ〕も，そのうちのひとりだった。……司祭長も戦争担当長〔モイニナ・フォファナ〕も，英語については文盲であった。彼らは，読み書きのできる者について文句さえ言った。「戦争は書類上で起こってるんじゃない。武器を使い，敵を攻撃するのが戦争なんだ」。とにかく，戦争は無

計画で行われた。　　　　　　（SCSL, 2005 年 2 月 17 日：91-94。引用者による要約）

　ベース・ゼロの命令系統が整備されていなかったのは，ノーマンがジェン
デマで得た教訓だったのかもしれない。ジェンデマにおいてノーマンは，自
身の命令を恣意的に行使することができなかった。上意下達の命令系統が整
備されているため，恣意的に特定の部隊を動かすことができなかったのだ。
一方，ベース・ゼロでは命令系統を整備しなかった。それにより，都合のい
い部隊を都合のいいように動かすことができた。
　その状況を利用し，ノーマンは個人的な目的のためにカマジョーを利用
した（Hoffman 2004b）。たとえば，ベース・ゼロのカマジョーはコリボンド
（Koribondo）へとしばしば攻撃を仕掛けた。コリボンドはジャイマ・ボン
ゴ・チーフダム，すなわち，ノーマンが代理チーフを務めたチーフダムに位
置する。コリボンドの長老層とノーマンの関係は悪かった。ジャイマ・ボン
ゴ・チーフダムは，合併によって新しくできたチーフダムである。ノーマン
の前任者 B・A・フォディ・カイ（B. A. Foday Kai）の時代に，ボンゴ・チー
フダム（Bongor Chiefdom）とジャイマ・チーフダム（Jaima Chiefdom）の合
併によって作られた。コリボンドはボンゴ・チーフダム，そしてテルはジャ
イマ・チーフダムの中心地であった。ジャイマ・ボンゴ・チーフダムが作ら
れた際，テルは一時的な措置としてチーフダムの中心地とされた。しかし，
ノーマンが代理チーフとなってからもテルは引き続き中心地のまま据え置か
れた。それがコリボンドの長老層の怒りを招いたという。彼らを押さえつ
けるためにノーマンはカマジョーを用いた（Hoffman 2007b: 648, SCSL, 2006
年 1 月 30 日）。
　こうした命令系統の不備と恣意的な部隊の利用のため，ベース・ゼロで
は混乱が多く発生した。ノーマンによって副作戦担当長（Deputy Direcor of
Operation）ならびに南部作戦担当長（Director of Operation for the Southern
Region）に任命されたアルバート・ナロは，ベース・ゼロのカマジョーが命
令系統を欠いていることで生じた混乱について数多くの事例を法廷で証言し

ている。その一部をあげてみよう。

> ブンペ・チーフダム（Bumpe Chiefdom）〔ボー県〕やシェンゲ・チーフダム
> (Shenge Chiefdom)〔モヤンバ県〕では，カマジョーが略奪を始め，家を焼き始
> めた。県の担当官もコントロールを失っていた。ノーマンがヘリコプターで
> やってきて，彼らを脅すとようやく事態は収まった。
>
> （SCSL，2005年3月10日：63-64。引用者による要約）

> ジョーという司令官がいた。彼はペテウォマ（Kpetewoma）〔ボー県〕の町を
> 支配していた。ジョーは，人々からモノやカネを奪った。我々〔アルバート・
> ナロの部隊〕は，そのカマジョーを攻撃し，カネを取り上げた。私〔アルバー
> ト・ナロ〕は彼〔ジョー〕に言った。「このチーフダムは私が生まれたチーフダ
> ムだ。ここにいる人々は私の仲間だ。私は〔南部〕作戦担当長であり，君の上
> 司だ」。私は，彼を縛り上げ，拘束した。
>
> （SCSL，2005年3月10日：68-69。引用者による要約）

これらの証言からも，ベース・ゼロが各地のカマジョー集団と軍事上，十分
な調整を行っていなかったことが見て取れる。
　また，ベース・ゼロの活動の中には，反徒の「協力者」に対する制裁も含
まれている。反徒に協力した民間人がいることが報告されると，カマジョー／
CDFは「協力者」を「始末」したという。シエラレオネ特別裁判所におい
てナロは多数そうした事例を証言している。

> モイニナ・フォファナは，私と2人の男をドド村（Dodo village, Jong Chiefdom,
> Bonth District）に派遣した。村人はブッシュに隠れており，村には誰もいな
> かった。我々は「我々は君たちを守るためノーマンから派遣された」と伝え，
> 彼らをブッシュから出てこさせた。そこで改めて「我々はお前たちが反徒だ
> という情報を受け取った。国家調整官〔ノーマン〕はお前らを根絶やしにする

ため，我々を派遣した」と述べ，15名以上を殺した。

（SCSL，2005年3月10日：45-46。引用者による要約）

シェンゲ（Shenge, Kogboro Chiefdom Moyamba District）にブリマ（Brima）という男がいた。ノーマンからの命令で，彼の家を焼き払い，彼を殺害することとなった。ブリマの家ではジュンタが時間を過ごし，食事をしていたという。我々は彼の家を焼いた。彼を見つければ殺す必要があった。幸い彼は現れなかった。

（SCSL，2005年3月10日：75-76。引用者による要約）

私とカモ・ブリマ・バングラ〔イニシエーター〕は，ソジア村（Sorgia, Lower Banta Chiefdom, Moyamba District）に行った。ブリマ・バングラはひとりの男を指差し，「こいつは反徒の協力者だ。こいつはRUFの事務官（secretary）だ」と言った。我々は彼を縛り上げ，耳を切り落とし，プラスチックを燃やして彼の体にたらした。彼の家を焼き，母親を殺した。もう十分だと思い，彼自身は生かしておいた。彼はまだ生きている。

（SCSL，2005年3月10日：47-50。引用者による要約）

このようにカマジョー/CDFは住民がジュンタや反徒と関係を持つことを厳しく取り締まった。「協力者」に関する情報は各地のカマジョー集団の連絡係によってもたらされていた。しかし，その真意を確かめるすべはない。都合の悪い人物を消すための嘘の密告も少なからずあったと思われる。内部の敵に疑心暗鬼になったことから，CDFはより残虐な行為をするようになったとの理解もある。

　恣意的なカマジョーの軍事行動および無計画な意思決定に対し，それまで傍観者の立場を保ってきたパラマウント・チーフや長老層，知識人たちは改善を求めた。その結果，提案されたのが「戦争委員会」（war council）の設置である（TRC 3A 2004: 278）。その提案に関わったパラマウント・チーフは以下のように述べる。

ベース・ゼロには，私を含め，読み書きができる者が数名いた。パラマウント・チーフであるチャールズ・コーカー（Charles Caulker）やJ・ウイリアム・チー（J. William Qee），国会議員のアルハジ・ダラミー・ロジャーズらである。我々は識字者から構成される「戦争委員会」の設立をノーマンに提案した。それぞれ特定の地方を担当する者が委員として割り振られた。たとえば，北部地域の担当はM・S・ドゥンブヤだった。ロジスティックスを担当するムスタファ・ルメも委員のひとりだった。[184]

(SCSL，2005年2月17日：94-98。引用者による要約)[185]

こうして戦争委員会が設立されたものの，その役割は名目上でしかなく，実際は機能しなかったという。意思決定は引き続き，ノーマンやコンデワによってなされた。シエラレオネ特別裁判所でも「ノーマンは戦闘に関わる人員とのみ会議を持った。戦争委員会の委員はほとんど参加を許されなかった」という証言がある（SCSL，2005年2月17日：99）。また，副作戦担当長と南部作戦担当長の2つの肩書きを持つアルバート・ナロも，「戦争委員会は命令する権限を有しておらず，すべてはノーマンから命令された」と答えている（SCSL，2005年3月10日：42）。

3　カマジョー/ECOMOGの蜂起
——カバー政権の復権

(1)黒い12月作戦

1997年11月，ECOMOGはカマジョー/CDFを用い，カバー政権復帰

＊184　戦争委員会のその他のメンバーとして，M・S・ドゥンブヤ（カバー大統領からリベリアへと派遣され，後にベース・ゼロへと渡った）や，アンドリュー・ハーディン（ムスタファ・ルメと同様，モンロビアの地下組織に参加した後，ノーマンに気に入られ，ベース・ゼロへと渡った）も含まれていた。いずれも読み書きができる人物である。

＊185　ルメが戦争委員会の委員であること，また戦争委員会が機能していなかったことは，2005年3月10日の証言でも言及されている。

に向けた本格的な軍事作戦を開始した。その第一段階が「黒い 12 月作戦」
(Operation Black December) である。この作戦は 11 月から 1 月まで続いた。
この軍事作戦に先立ち，ECOMOG はカバー亡命政権やカマジョー /CDF と
入念な打ち合わせをコナクリで行っている。その参加者は，カバー大統領，
ノーマンを含めたカバー政権の何人かの閣僚，在ギニア・シエラレオネ大
使，ルンギ国際空港に駐留する ECOMOG 司令官たち（ECOMOG は AFRC/
RUF に対してルンギ国際空港を占拠していた）である。ベース・ゼロを拠点と
するノーマンは，ヘリコプターでギニアへと移動できた。

　真実和解委員会によると，黒い 12 月作戦の目的は AFRC/RUF の供給
ルートを遮断することであった（TRC 3A 2004: 283-284）。前述のように，
AFRC/RUF は都市部に駐留しており，その実効支配地域は都市部に限られ
ている。駐留する兵士はコンボイによってフリータウンから運ばれる供給に
依存していた。黒い 12 月作戦は，その供給を断ち切ろうという作戦だった。

　ノーマンは BBC のラジオ報道を通して，黒い 12 月作戦の実施を発表した。
「いかなる車も幹線道路を通ることは許さない。もし，そこを通れば，命を
危険にさらすことになる」（SCSL，2005 年 3 月 10 日）。

　黒い 12 月作戦はベース・ゼロだけではなく，その他のカマジョー集団を
も巻き込んで遂行された。作戦の実行命令は各地のカマジョー集団の連絡係
が持ち帰った（SCSL，2005 年 3 月 10 日）。また，ラジオでの宣言を通じて各
地のカマジョー集団は「命令を受け取った」。ラジオは同じ勢力の戦闘員に
作戦を伝えるという役割も果たしたのである。

　ベース・ゼロのカマジョーは，黒い 12 月作戦の経験を以下のように述べた。

　　我々はボー＝フリータウン幹道（Bo-Freetown Highway）で待ち伏せし，軍の
　　車を襲撃した。そうすれば国軍はフリータウンからボーへと物資を運ぶこと
　　はできない。ボーへ運べなければ，以遠の場所にも供給ができなくなる。し
　　かし，2 週間もすると食料も弾丸もなくなった。一度，ベース・ゼロに帰っ
　　た。そのあとの攻撃を少しずつ行った。この攻撃には ECOMOG は参加して

いない。カマジョーだけの作戦である。[186]

この証言によると作戦はカマジョー／CDFによって行われ，ECOMOGは実戦には関わっていなかった。真実和解委員会では，黒い12月作戦に巻き込まれた一般人も証言している。

　　11月2日のことでした。私は，ケネマからボーへと国営バスで移動していました。……乗客は30人ほどでした。……10時頃，PRG〔対戦車ロケット擲弾〕が撃ち込まれ，ドライバーの首が吹き飛びました。即死です。バスは走り続け，大きな木にぶつかりました。……数百ものカマジョーがバスを取り囲みました。我々はバスを降りるように命令されました。カマジョーは橋まで我々を連行しました。司令官と思しき人物がモトローラ〔原注：無線機〕を取り出し，ヒンガ・ノーマンとコンタクトを取りました。その時，ノーマンはモンゲレ〔ボー県バルニア・チーフダム〕にいたようです。ノーマンは皆殺しにせよという命令を出しました。橋の向こうに大きな穴がありました。司令官は，すべての男に一列に並ぶよう指示しました。女性も別の列を作るように指示しました。4人のカマジョーが刀や短剣で人々を殺し，穴に投げ入れました。私は男の列の最後でした。彼らが私を殺そうとした時，私は呪術を使い姿を消して，生き延びることができたのです。　　　　　　　　　（TRC 3A 2004: 284）

呪術に関する真偽はさておき，黒い12月作戦の様子がこの語りから見て取れる。作戦は1月まで続いた。作戦中，大規模な略奪が行われた。とくに農業施設が襲われ，収穫物が多く盗まれたという。作戦に参加したカマジョーは「我々は，〔食料を調達するためではなく〕作戦のためだけに収穫物を奪い取った」と証言している（TRC 3A 2004: 284）。

　＊186　筆者によるインタビュー。2012年9月10日，モンロビア。

(2) ECOMOG によるフリータウンの解放

黒い12月作戦に引き続き行われた第二段階が「砂嵐作戦」（Operation Sandstorm）である（TRC 3A 2004: 290）。砂嵐作戦にはカマジョー/CDFだけではなく，ECOMOGの実戦部隊も投入された。この作戦は首都フリータウンと内陸部の二面作戦である。ECOMOGがAFRC/RUFからフリータウンの奪還を図る一方，内陸部では，ECOMOG部隊の支援を受けたカマジョー/CDFがいっせいに蜂起し，複数の都市を掌握しながらフリータウンへ進軍するという作戦だった（TRC 3A 2004: 290）。

フリータウン近郊の位置関係を地図で確認しながら，ECOMOGによるフリータウン制圧のプロセスを見ていこう。フリータウンの奪還は，砂嵐作戦の第一段階であり，その作戦だけを指して「虎の頭作戦」（Operation Tigerhead）と呼ばれた。

このフリータウン奪還作戦に参加した大半はECOMOGのナイジェリア軍である。シエラレオネ人はほとんど参加していない（すなわち，カマジョー/CDFも参加していない）。図9-1は，フリータウンの周辺地図である。フリータウン市街は半島の先端に位置している。湾を挟んでフリータウン市街の対岸にはルンギ国際空港がある。ルンギ国際空港は，AFRC政権期を通してECOMOGの勢力下に置かれ，AFRCに反対する警察官や国軍兵士の逃げ場所となっていた。総勢172名の彼らは，ECOMOG主導によるフリータウン奪還作戦に加わった唯一のシエラレオネ人たちであった。M・S・ドゥンブヤが彼らに対して軍事訓練を行ったのだという（ノーマンやドゥンブヤなどカバー亡命政権と関わる人物は，ひんぱんに移動していることがわかる）。

1998年2月2日，ECOMOGは作戦を開始した。ルンギ国際空港とフリータウンの間にはタグリン湾（Tagrin Bay）が広がっている。ECOMOGの部隊は，ルンギ国際空港からフリータウン郊外のヘイスティングス（Hastings）へと空輸された。ヘイスティングスには小さな飛行場があり，ヘリコプターが離発着できる。降り立ったECOMOG部隊は，ヘイスティングスか

らフリータウンへと進軍した。当初は AFRC/RUF の防戦で苦戦していた ECOMOG であったが，2月12日から13日にかけてフリータウン主要部をほぼ手中に収めた。AFRC および RUF は内陸部へと敗走した（TRC 3A 2004: 291）。真実和解委員会に対して AFRC の戦闘員は以下のように語っている。

> ECOMOG は短期間に我々を潰した。彼らはジェット，対戦車砲，装甲車，戦車，なんでも使った。AFRC はそうしたものは持ち合わせていなかった。住民のことを考えた我々は撤退することにした。　　　　　（TRC 3A 2004: 292）

図 9-1　フリータウン周辺地図
（注）Google Map に基づき筆者作成。

筆者も AFRC の戦闘員に当時のことを聞いた。彼はフリータウンで ECOMOG を迎え撃った。しかし，彼は戦闘中，状況が悪化することを察し，持ち場を離れたという。「ちょっと行ってくる」と部隊を外れたまま，私服に着替え，フリータウンからこっそり逃げ出したという。

　ECOMOG は AFRC/RUF の殲滅を図るのではなく，首都近郊から逃がすつもりだった。「平和維持部隊」である彼らは，フリータウンやその周辺の住民を巻き込むのを最低限に抑えたかった（TRC 3A 2004: 292）。そこで，フリータウンからヘイスティングスへと至るルート，すなわち，ECOMOG が侵攻してきたルートを逃げ道として空けておいた。そこを通れば，そのままシエラレオネ内陸部へと逃走することができる（図9-1参照）。AFRC/RUF の戦闘員はそのルートを通り，内陸部へと逃亡した。彼らは家族や徒弟を連れ，内陸部へと敗走した。

(3)内陸部におけるカマジョーの蜂起

　ECOMOG がフリータウンを制圧したのと同じ頃，内陸部ではカマジョー／CDF も蜂起する。ベース・ゼロのカマジョーだけではなく，ジェンデマ・カマジョーも加わった。この2つのカマジョー集団から行動は始まったのだ。彼らは2月の数週間，フリータウンに至るまでの各都市（ボー，ケネマ，モヤンバ，コリボンドなど）を次々と掌握しながら，フリータウンへと向かった。ベース・ゼロのカマジョーは以下のように語った。

　　フリータウン侵攻の時は，各都市にいっせいに攻撃をかけた。そうすれば，どこからも人員を調達できない。それに幹線道路もブロックした。ボー，コリボンド，ケネマなどに，いっせいに攻撃をかけた。自分はボーの攻撃に参加した。3日3晩，我々は圧力を加え続けた。そして，ついにボーを奪還した。[187]

＊187　筆者によるインタビュー。2012年9月10日，モンロビア。

フリータウンが ECOMOG の手に落ちてからカマジョー /CDF が来るまでの
ボーの様子がボーの住民によって，シエラレオネ特別裁判所で語られている。

　　ECOMOG がフリータウンを掌握したと聞いた時，私はボーに住んでいた。
　その時，ジュンタ〔の戦闘員〕はボーの町中にいた。フリータウンが落ちた
　後，彼らはボーから消えたふりをした。近隣の住民は彼らがいなくなったと
　話をした。町を見ると本当にいなくなっていた。人々は通りに繰り出し，ジュ
　ンタと協力した民間人を追い始めた。そこに参加した多くの者は若者だった。
　彼らは「協力者」を見つけると殺害し，家を焼いた。それはエスカレートし
　ていった。彼らはワールド・ビジョン（World Vision）〔国際 NGO〕のオフィ
　スから品々を持ち出し，放火した。……カマジョーがやってきたのはその後
　のことだ。金曜日，ボーは若者たちの手中にあった。土曜日，状況は同じだっ
　た。日曜日，カマジョーが来た。放火はやんだ。その日，人々は〔喜びで〕踊
　り始めた。月曜までそれは続いた。皆が幸せだった。しかし，火曜の朝，再
　編したジュンタが戻ってきた。ニューロンドン地区から砲撃音が聞こえた。
　その方向から人々が走って逃げてきた。

　　　　　　　　　　　　　　　　（SCSL，2006 年 9 月 27 日：6-9。引用者による要約）

この語りからは，フリータウンが ECOMOG の手に渡った後，ジュンタが
一度はボーを放棄していることがわかる。その後，カマジョー /CDF はボー
へと入城し，一度は町を掌握した。しかし，その後，ボーをめぐりジュンタ
と攻防戦を展開することになった。[188]
　筆者が複数のカマジョーから聞いたところによると，最初にボーへと着い

＊188　筆者はボーへの侵攻に関して興味深い体験をベース・ゼロにいたカマジョーから聞いた。
　　　ベース・ゼロは居心地が悪かった。多くの破壊行動があったからだ。そこで，我々
　　　の部隊はベース・ゼロを離れて，タンバラ（場所不明）まで行くことにした。し
　　　かし，途中でジュンタに見つかり，ボーへと連行された。ボーでは 1 週間，収監
　　　された。ラッキーなことに，1 週間後，CDF がボーへと攻撃をかけてきた。
　　　　　　　　　　　　　　　　（筆者によるインタビュー。2011 年 1 月 2 日，ボー）

たのはベース・ゼロのカマジョーだった。ところが，ベース・ゼロのカマ
ジョーだけではボーを制圧することはできず，ジェンデマ・カマジョーの到
着の後にようやく掌握することができたという。ジェンデマ・カマジョーの
幹部タッカーは語る。

　　ベース・ゼロのカマジョーはボーの掌握に苦戦していたが我々の部隊が来る
　　ことでようやくボーを解放することができた。この経験は我々の方が優秀で
　　あったことを示している。彼らは十分に組織されていないが，我々は組織化
　　され，十分なコーディネーションが可能だった。我々がいなければボーを解
　　放することはできなかったんだ。[189]

ジェンデマ・カマジョーはこの時，苦戦していたジンミの掌握を達成し，さ
らに内陸部へと向かうことができた。ボーへと至ったのもジンミを掌握した
後のことである。ジンミの掌握については内戦地図報告書に語られている。

　　ジンミに対する最後の攻撃は 2 月 17 日に行われた。カマジョーは ECOMOG
　　部隊や国軍部隊〔カバー政権側についた国軍〕の支援を受けた。この共同部隊
　　はジンミの町へと通じるすべての道を封鎖した。撤退を選ばず町に残った
　　RUF/AFRC と戦火を交えた。この間にフリータウンでは RUF/AFRC が敗
　　走した。時を同じくしてジンミも RUF/AFRC の手から離れた。カマジョー
　　により 1500 名の住民が解放された。彼らは，RUF/AFRC に性奴隷とされた
　　り強制労働を強いられたりしていた。町の掃除や水および食料の運搬をさせ
　　られていたのだ。カマジョーはジンミを基地としてそのまま使った。…… フ
　　リータウンが陥落するとプジュン県の町は次々と RUF/AFRC の手を離れた。[190]

(Smith et al. 2004: 508)

＊189　筆者によるインタビュー。イブラヒム・タッカー，2009 年 11 月 23 日，マトゥル。
＊190　筆者の調査時，ジンミをバイクで通り過ぎた。スパローが「あれが，我々がオフィス
　　　として使っていた場所だ」と指差した。ジンミで一番大きな建物を接収したという。

この記述からもわかるように，ジェンデマ・カマジョーは ECOMOG の手を借りていた。ジェンデマ・カマジョーは，ジンミを通り，ケネマやボーへと至り，そこでベース・ゼロのカマジョーと合流した。彼らはリベリアからやってきた ECOMOG 部隊の支援を受けながら，ジンミへと進軍し，ジンミを掌握したのちにケネマやボーへと向かった。

ECOMOG の支援の様子を，ジェンデマ・カマジョーの幹部は語っている。第二大隊長のイブラヒム・タッカーは，「我々がジンミを掌握すると ECOMOG がジンミに来る。次にジョル（Joru）を掌握すると ECOMOG がジョルに入る」という形で支援があったと述べる。前線を切り開いたのはカマジョー /CDF 独自の力だったと彼は力説した。[191] 一方，ECOMOG はジェンデマ・カマジョーに対する後方支援の拠点を設けると同時に，掌握地域の制圧を確実なものにするために都市や町に駐留した。[192]

ジンミを掌握し，ボーやケネマへと向かった時のジェンデマ・カマジョーについて，タッカーは以下のように語った。

> 我々はジェンデマからケネマやボーへ進軍した。我々はベース・ゼロと違って厳密な組織体制がある。私が第二大隊を指揮し，CDF 特別部隊も加わった。BBC は，ボーで CDF とジュンタがこう着状態にあると報じていた。ベース・ゼロの連中は組織化されておらず，なかなかボーを掌握できなかったんだ。我々は ECOMOG とともにボーに加勢した。一部の者にボーを任せ，私は ECOMOG とともに〔RUF の牙城だった〕カイラフン県へと向かった。我々はセヴェマ（Segbema）を通りダルへと至った。ECOMOG はダルに残り，そこから先は進まなかった。我々はダルに ECOMOG を残して先に進み，さらに，カイラフン〔町名〕やコインドゥ（Koindu）〔リベリア国境の町〕を次々と掌握した。それぞれの町の住民を集め敵を探し出した。[193]

＊191 筆者によるインタビュー。イブラヒム・タッカー，2009 年 11 月 23 日，マトゥル。
＊192 筆者によるインタビュー。イブラヒム・ジャロ，2010 年 12 月 31 日，ボトル。
＊193 筆者によるインタビュー。イブラヒム・タッカー，2009 年 11 月 23 日，マトゥル。

カマジョー /CDF は，一度は RUF の本拠地であったカイラフン県にまで入り，さらにはリベリア国境沿いの町コインドゥを掌握するまでに至った。しかし，その掌握は数日に満たず，ダルへと追い返されたという。

　町で敵を探したというタッカーの証言は AFRC の戦闘員の語りからも見てとれる。以下に提示する AFRC の戦闘員は前述した戦闘員と同じ人物である。彼は，フリータウンで ECOMOG との戦闘の際，「ちょっと出てくる」と部隊に言い残して，フリータウンを出た。この戦闘員はリベリア人であり，すべてを捨てリベリアまで逃げようとした。彼は乗り合いバスを使ってカイラフンの町まで来た。彼がカイラフンに滞在していた時，カマジョー /CDF はやってきた。彼は自らが経験したカマジョーによる「ジュンタ・反徒狩り」の様子を語った。

　　俺はカイラフンの町に難民として滞在していた。学校の校庭に難民は集まっていた。そこにカマジョーがやってきた。「ホー，ホー」と不気味な雄叫びをあげていたんだ。彼らは校庭にやってきて反徒狩りを行った。協力者が「こいつは国軍だ，こいつは RUF だ」って人を指差した。かなりビビった。学校にいた者の中には何人か知り合いがいたからだ。彼らは俺の経験を知っている。だが，何とか見つからずにやりすごせた。[194]

カマジョー /CDF は地元住民を使い，民間人に紛れている反徒を探し出した。シエラレオネの町や村の規模は小さい。目立つ者の顔は知っている。もし反徒が駐留すれば，住民はその顔を覚えている。ゆえにカマジョー /CDF は住民を駆り出して反徒を探した。

(4) CDF 特別部隊から見るカマジョーの部隊乗り換え

　いっせい蜂起した 2 つのカマジョー集団（ベース・ゼロとジェンデマ）は，

＊194　筆者によるインタビュー。2009 年 11 月 10 日，モンロビア。

次々と各都市を制圧していった。各地のカマジョー集団の中には彼らと合流し，進軍に参加するカマジョーもいた。進軍するカマジョーは，知り合いを吸収したり，別の部隊と統合したりしながら進んでいった。その様子は，リゾーム状の人脈によってPCネットワークが再編される姿といえよう。

　リベリア人からなるCDF特別部隊も例外ではない。彼らの中には，リベリアで実戦経験を積んだシエラレオネ人も多数いた。その知り合い関係を通じて多くのカマジョーが新たにCDF特別部隊に加わることになった。以下は，CDF特別部隊に加わったカマジョーの語りである。

　　〔一斉蜂起の時，別のカマジョー集団にいたが〕特別部隊に合流した。自分を守
　　るためには強い部隊に入るのが一番よい。カマジョーにいるより，特別部隊
　　にいた方がいいと思ったんだ。特別部隊に入ると，カイラフン県まで同行し
　　た。特別部隊の大半はリベリア人だ。カイラフン県の人々にとってリベリア
　　人は反徒を意味した〔RUFは蜂起の際，リベリア人戦闘員を武装勢力NPFLから
　　借りている〕。私は特別部隊に同行し，そのミッションを住民に説明し，夜襲
　　をかけたり物を奪ったりすることはないと約束した。[195]

この語りを述べたカマジョーは，リベリアに住んでいたことがあった。戦闘員の経験もあって，特別部隊のリベリア人戦闘員と知り合いだった。この関係から特別部隊に合流することとなった。また，特別部隊の戦闘員と親戚だったことから，部下をひきつれて特別部隊に入ったという司令官もいた。[196]これらの事例はパトロンを乗り換えるカマジョーの姿を示している。

(5)フリータウンへと運ばれるカマジョー

　各都市を奪還したカマジョーは，ECOMOGに加勢するため各地からフ

＊195　筆者によるインタビュー。2011年1月2日，ボー。
＊196　筆者によるインタビュー。2008年10月8日，モンロビア。

リータウンに運ばれた。当時，すでにフリータウンは ECOMOG の手中に
落ちていた。しかし，フリータウン周辺には AFRC/RUF の残党が残ってい
た。彼らを掃討する人員としてカマジョーは動員されたのである。

　カマジョー/CDF の拠点となったのは，フリータウンの郊外の町ジュイ
(Jui) である。ジュイは ECOMOG 部隊が降り立った飛行場のあるヘイス
ティングスから 1km も離れていない（図9-1）。カマジョーはヘリコプターを
用いて各地からジュイへと輸送された。筆者はヘリコプターで輸送されたカ
マジョーの声も聞き取っている。以下はベース・ゼロのカマジョーの語りで
ある。

　　　1998 年，全員同じ日に蜂起する旨が伝えられた。我々〔の部隊〕はブッシュ
　　　を通ってダルまで行った。ダルからはヘリコプターでジュイまで運ばれた。[197]

また，ヘリコプターの運営管理をしていたカマジョーは語る。

　　　1998 年の侵攻の際には，人員を各地から半島〔フリータウンが位置する半島〕
　　　まで送り込んだ。ニュートン〔地名〕などフリータウン近郊にカマジョー
　　　を下ろした。ルンギ〔国際空港〕やヘイスティングスを往復した。燃料は
　　　ECOMOG から提供された。フリータウンを掌握した後は，コックリル〔フ
　　　リータウン市内にある国軍総司令部〕へと着地した。フリータウン掌握後もヘリ
　　　コプターで人員をフリータウンに輸送した。車での輸送は待ち伏せに遭う可
　　　能性があり，危険だった。[198]

このヘリコプターは，ベース・ゼロでの活動時に使われたものである。この
ヘリコプターはフリータウンが掌握されてからも使われた。また，フリータ

　＊197　筆者によるインタビュー。2009 年 11 月 27 日，フリータウン。
　＊198　筆者によるインタビュー。2011 年 10 月 7 日，フリータウン。

ウンが掌握されてからも，各地のカマジョーは車やヘリコプターでフリータ
ウンへと運ばれた。

　こうして，フリータウンは ECOMOG とカマジョー/CDF が奪還した。
AFRC/RUF は北部へと逃げた。ECOMOG とカマジョー/CDF は北部へと
彼らを追った。その後，カマジョー/CDF や ECOMOG は，マシアカ，マ
ケニ，カバラといった都市部を制圧した。しかし，その周辺の農村部は掌握
することができなかった。AFRC 政権期にカマジョーが農村に潜んだのと
同じように，AFRC/RUF は農村部で影を潜めたのである。

　ECOMOG やカマジョー/CDF は「虎の尾作戦」（Operation Tigertail）と
称し，北部の制圧を試みた。しかし，それは功を奏さなかった。ナイジェ
リア軍主体の ECOMOG は不慣れな土地での戦闘と後方支援の不足から苦
戦を強いられた。また，メンデ人が主体であるカマジョー/CDF にも北部
を知る者は少なかった。リンバ人である M・S・ドゥンブヤは北部の民族を
CDF に取り組もうと試みたものの，その動員は特定のコミュニティからに
限られ十分ではなかった。

＊　　　＊　　　＊

　本章は，ジュンタとの戦いの中で，ジェンデマ・カマジョーに代わりベー
ス・ゼロのカマジョーが優位に立つ経緯を見てきた。まず，カマジョー/
CDF 全体の動きをまとめよう。

① 　ECOMOG から提供される資源によってカマジョー全体のパトロン
　　としての地位を保ったノーマンは，ジェンデマ・カマジョーを見捨て，
　　ベース・ゼロのカマジョーに移った。それにより，ベース・ゼロのカマ
　　ジョー集団は他のカマジョー集団に資源を分配するようになった。

② 　ベース・ゼロでは命令系統は整えられず，恣意的な命令が繰り返され
　　た。シエラレオネ特別裁判所に訴追されたノーマン，アリウ・コンデワ，

モイニナ・フォファナは，ベース・ゼロの意思決定に関わっていた。

③　ECOMOG とカマジョー /CDF の共同作戦により，ジュンタは駆逐された。

このプロセスを仮説に照らし合わせると，ジェンデマ・カマジョーにとって代わり，ベース・ゼロのカマジョーが優位な PC ネットワークとして台頭する過程といえる。

次に，CDF 特別部隊の動きを確認する。

①　CDF 特別部隊はフリータウンへの進軍の際，戦闘員を吸収していった。その時に利用されたのは戦闘員の人脈であった。

この時期の CDF 特別部隊を見ると，リゾーム状の人脈ネットワークを活用することで戦闘員を動員していることがわかる。戦闘員は，自分にとって有利な PC ネットワークを求めている。それが見つかると，かつての PC ネットワークを捨て，新たな PC ネットワークへと参加していった。CDF 特別部隊は，PC ネットワークの流動性を示している。

第 10 章

政府系勢力 CDF という
PC ネットワークの確立と解体

後期カバー政権
【1998 年 3 月〜 2002 年内戦終結】

前章で確認したのは，ECOMOG およびカマジョー /CDF が 1998 年 2 月に，AFRC/RUF からフリータウンを奪還するところまでである。フリータウン奪還の翌月，つまり 3 月にカバー大統領はフリータウンへと戻り，大統領職に復帰した。これが後期カバー政権期の始まりである。本章では，カバー大統領が復帰した 1998 年 3 月 10 日から内戦終結宣言が出される 2002年 1 月 18 日までのカマジョー /CDF の動向を確認する。

　この頃，CDF は政府系勢力として組織を確立した。それにより CDF はシエラレオネ全体を覆う PC ネットワークを完成させたことになる。その中核となったのはベース・ゼロでの活動を通して作られた各地のカマジョー集団との従属関係であった。本章は，大統領に復帰したカバーの下，CDF の PCネットワークが確立するプロセス，および，内戦の収束とともに解体するプロセスを記す。

　この時期，CDF はカマジョーだけでなく，他の自警組織をも取り込みながら，再編されている。ゆえに，以降はカマジョー /CDF という表記ではなく，CDF と表記する。

　第 1 節では，カバー大統領の復帰について概要を記す。第 2 節では，後期カバー政権期に行われた CDF の組織整備について論じる。CDF はこの頃フリータウンに本部を置き，地方の各都市に支部を設けることで官僚的ともいえる機構を整えていった。本節では，その組織構成および，この頃の CDF の戦闘員の生活について記述する。第 3 節では，スパローの経験から CDF 内部に見られた権力闘争を論じる。第 4 節では，後期カバー政権期に起こった 2 つの主要な戦闘を取り上げ，CDF の活動および PC ネットワークの様態を確認する。第 5 節では，内戦が収束するとともに進んだ CDF の解体プロセスを描く。

1　カバー政権の復帰

　1998 年 2 月中旬，ECOMOG がフリータウンを奪還した。その後，シエラレ

オネではカバー大統領が復帰するまで，さしあたりの措置として暫定統治が敷かれた。そして，3月10日，カバーは大統領職に復帰する。その当日，カバー大統領はギニアから空路で帰国した。帰国後，フリータウン市内のスタジアムで盛大な復帰式典が開かれた。現地の報道は，以下のように記している。

　火曜〔3月10日〕朝，ルンギ国際空港には数千もの熱狂した市民がいた。アハマド・テジャン・カバー大統領の帰国を祝うためである。カバーは言った。「我々は，この機会をシエラレオネの新しい幕開けとなるよう努力する必要がある」。……クリオ語で話すカバー大統領は国民の和解を訴えた。「我々はひとつになろう。シエラレオネの発展のために，我々は，我々自身そして我々の国家に対して誠実でなければならない」。歓迎式典が開かれる国営スタジアムへと向かう大統領のパレード行進を見るためにフリータウン市民は夜明けからストリートにくり出していた。……数千の市民が喝采し，国旗を振った。伝統的な太鼓がなり，踊り子が踊りを披露した。4万席のスタジアムが満杯になった。スタジアムには，ナイジェリアのサニ・アバチャ大統領，マリのアルファ・ウマル・コナレ大統領（Alpha Umar Konare），ギニアのランサナ・コンテ大統領（Lansana Conte），ニジェールのイブラヒム・バレ・マイナサラ大統領（Ibrahim Baré Maïnassara）が同席し，カバー大統領を祝福した。OAU〔アフリカ統一機構〕のサリム・アフメド・サリム（Salim Ahmed Salim）事務総長や国連シエラレオネ特使（special envoy）のフランシス・オケロ（Francis Okelo）……らも出席した。スタジアムの外ではECOMOGの戦車や装甲車が警備にあたった。カバー大統領の帰国にあたり治安を確保するためである。夕方5時に式典は終わり，閣僚たちはケープ・シエラ（Cape Sierra）〔ホテル〕で開かれる会合へと向かった。[199]

＊199 Sierra Leone News（March 1998），News Archives, Sierra Leone Web.〔Cited at 28th November, 2012〕<http://www.sierra-leone.org/Archives/slnews0398.html>

こうした盛大な復帰式典を経てカバーは大統領職へと復帰した。

　カバー政権はフリータウンを奪還したとはいうものの，地方には AFRC/RUF が潜んでいた。さらに，国軍の大半は AFRC として敗走したため，カバー政権は事実上，国軍と呼べるような軍事力を有していなかった。そのため，カバー政権は ECOMOG および CDF に頼らざるをえなかった。中央では，国軍の再建が目指され，地方では ECOMOG および CDF が AFRC/RUF の掃討作戦に従事することになった。以降，CDF は ECOMOG や新しく作られる国軍とともに AFRC/RUF に対する掃討作戦を展開することになった。

　4月，カバー政権は CDF に対する重要な決定を行う。CDF を ECOMOG の指揮系統下に置くことにしたのである（Smith et al. 2004: 54）。ECOMOG と CDF の仲介役となったのが，新しく国軍参謀長（chief of staff）に就任したミティキシ・マックスウェル・コーベ（Mitikishi Maxwel Khobe）である（以下「コーベ」と表記）。もともとコーベはナイジェリアの軍人である。AFRC 政権期，ECOMOG シエラレオネ司令官（ECOMOG Force Commander in Sierra Leone）としてルンギ国際空港に駐留した。黒い 12 月作戦や，それに引き続くフリータウンへの奪還作戦もコーベの指揮下で行われた。コーベは 4 月から 2 年間の契約でシエラレオネ国軍の参謀長となった。コーベは ECOMOG シエラレオネ司令官とシエラレオネ国軍参謀長を兼任し，カバー政権側の軍事力を統括することになる[200]。

2　CDF の組織化

　AFRC/RUF との戦いを展開する中で CDF は政府系勢力として組織を整

---

[200] 1999 年 1 月に発生した 16 事件（後述）を契機に，コーベは ECOMOG を離れ，シエラレオネ国軍参謀長の任務に専念することになる。その背景には，コーベのシエラレオネ滞在期間が長くなった結果，リベリアの ECOMOG 本部との連携が十分に取れなかったことがある（Hirsch 2001: 73）。

備していった。国防副大臣であるノーマンが，CDF の国家調整官（national coordinator）を名乗り，その下で組織が整えられた。本節では，その概要を示す。

(1)内戦地図報告書による CDF の組織構造

CDF の組織構造については内戦地図報告書がその概要に触れている（Smith et al. 2004）。とはいえ，その組織構造がいつの時点のものなのかは明言されていない。筆者の調査から，その組織構造は後期カバー政権下のものだと判断できた。図 10-1 は内戦地図報告書による組織図である（楕円部分は筆者が加筆した）。ただし筆者の調査から判断すると，CDF は明確な組織図が描けるほど確立した組織体系を有しているとはいえない。調査対象者によって組織について聞き取ったが，彼らの説明は人によって若干異なっていた。さらに，影響力のある人物は，その役職にかかわらず，さまざまな影響力を行使していた。すなわち，CDF の組織図は，あくまでも目安としかならない。

筆者は複数のカマジョーから CDF の組織構成について聞き取った。その結果，大まかに CDF の組織構成について全体像を描けるようになった。本節では図 10-1 を起点に CDF の組織構造を確認していく。明確な組織構造を有していないという点で，内戦地図報告書の記述も，これから筆者が記す説明も，「当たらずといえども遠からず」という説明であることを留意願いたい。

(2) CDF の中央での組織化

まずは内戦地図報告書の記述と筆者の調査で得られた結果の差異を列挙しておく。

第一に，図 10-1 では，各担当長（director）の上に国家広報官（national public relation officer）がいる。一方，筆者の聞き取りでは，国家広報官もひとつの「担当長」に過ぎなかった。すなわち，他の担当長と同列の「広報担当長」（director of public relation）だったのである。ただし，広報担当長であ

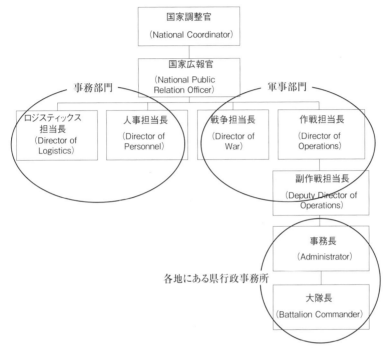

図 10-1 内戦地図報告書に提示された CDF の組織構造
(注) Smith et al.（2004: 53-54）より筆者一部修正。

るチャールズ・モニウォ（Charles Moniwo）の影響力は、他の担当長に比べて格段に大きかった。ゆえに、図 10-1 のように国家広報官が担当長の上位にくると理解されても不思議ではない。チャールズ・モニウォについては後述する。

　第二に、内戦地図報告書は加入儀礼部門（initiation wing）を見落としている。図 10-1 では、事務部門（administrative wing）と、軍事部門（military wing）に分かれている。しかし、筆者の調査では、加入儀礼部門もあったことを聞き取った。図 10-1 では加入儀礼部門については触れられていない。加入儀礼部門については後述する。

第三に，担当長（director）は図 10-1 に描かれているだけではない。それ以外にも複数の担当長が設けられていた。以下に，軍事部門，事務部門に分けて，CDF の担当長とその役割を記す。

　軍事部門は戦争担当長（director of war）と作戦担当長（director of operation）が中心であった。それぞれの担当長の下には副担当長（deputy director）も設けられた。それらの担当長，副担当長はベース・ゼロで軍事的な役割を担った者が担った。戦争担当長はモイニナ・フォファナであり，シエラレオネ特別裁判所に訴追された人物である。武器弾薬の供給は彼がコントロールしていた（一般物資は，ロジスティックス担当長であるルメの手にあった）。また，図 10-1 に書かれていないが，「副戦争担当長」（deputy director of war）もいる。副戦争担当長であるモハメド・ムサ・オリンコはベース・ゼロで武器弾薬の倉庫を管理していた（SCSL, 2004 年 11 月 16 日：70）。彼もベース・ゼロでノーマンによってそのポストに任命されている。また，作戦担当長であったジョセフ・コロマ（Joseph Koroma）は，ベース・ゼロでノーマンによりそのポストに任命されている（SCSL, 2005 年 11 月 3日）。彼は国軍出身であり，ノーマンが国軍にいた時に国軍にいたという。後期カバー政権期には，軍事的な計画は彼らの手で練られたという。

　次に事務部門を見てみる。事務部門は，CDF の後方支援を担っている。図 10-1 では，人事担当長（director of personnel）とロジスティックス担当長（director of logistics）のみがあげられている。この役職を担ったのは，リベリアの地下組織から取り込まれたアンドリュー・ハーディンおよびムスタファ・ルメである。この 2 人は引き続き，人事，および，物資の管理と分配という役割を通じて大きな影響力を行使した。

　事務部門でその他に大きな影響力を持ったのが，上述の広報担当長チャールズ・モニウォである。彼の影響力が強かったのは，仕事が速かったからだとスパローは述べる。

　　ノーマンがチャールズ・モニウォに信頼を寄せていたのは，とにかく仕事が

速かったからだ。彼はノーマンが「私は○○に会わなければならない」と言うと，すぐにその人物のもとに行って，ノーマンのもとに連れてくるような人物であった。

ハーディンやルメと同様，チャールズ・モニウォもまた，リベリアでノーマンと会ったことでCDFへと引き込まれている。彼はそれまでに商売に失敗しており，CDFに引き込まれたときは，仕事がなかったという（後述）。事務部門として影響力を持っていたのが，この3人である。

　この3人の他にも担当長はいる。上述した3人を含め，以下にそれぞれの担当長を列挙しておく。彼らがいかなる人物かについて，筆者は十分な調査ができていない。さしあたり，筆者がスパローから聞き取った説明をそのまま（検証することなしに）付記した。

・人事担当長（director of personnel）：
　アンドリュー・ハーディン（Andrew Hardin）
　　彼はスパローの父親の会社で社員をしていた。スパローの父親を介してノーマンとは内戦前から知り合いだった。ノーマンに信頼され，ベース・ゼロへと渡った。

・ロジスティックス担当長（director of logistics）：
　ムスタファ・ルメ（Mustapha Lumeh）
　　ロジスティックス担当長は，食料や生活物資の分配に責任を負った。地方にある行政事務所（後述）には，その部下がおり，彼らが各行政事務所での分配にあたった。リベリアの地下組織が作られた時，ルメはスパローの父親を介してノーマンに紹介された。それまでにイスラムNGOを運営していた経験もある。経理事務の能力があり，ノーマンに信頼され，ベース・ゼロへと渡った。副ロジスティックス担当長はジョセフ・ラピア（Joseph Rapia）なる人物である。この人物につい

第10章　政府系勢力CDFというPCネットワークの確立と解体　301

てスパローはよく知らないという。

・諜報担当長（director of intelligence）：

ムスタファ・サンコー（Mustapha Sankoh）

彼はベース・ゼロのあったタリア出身である。ノーマンがジェンデマに
いた頃，モイニナ・フォファナらとともにジェンデマに派遣された。そ
の後，ベース・ゼロへと戻った。諜報担当長の役割は，前線の兵士や
偵察者から情報を収集し，それを戦争担当長や作戦担当長に報告する
ことである。この役割がうまく機能していたとはいえない。

・軍事訓練担当長（director of training）：

－－・ジャワラ（-- Jawara）（名前は不明）

元軍人で，ノーマンが国軍にいた頃からノーマンと彼は親しかった。
このポストが彼にあてがわれたのは，ノーマンからの恩恵という意味
もあったのだろう。CDF の戦闘員にゲリラ戦の訓練を行った。

・医療サービス担当長（director of medical services）：

モハメド・セサイ（Mohammed Sesay）

彼はフリータウンにいくつかのチェーン店をかまえる薬局を経営して
おり，医療従事者でもあった。彼はカマジョーに対して無償で医療を
提供した。政府が CDF を支援することになった時，ノーマンが彼を
引き入れた。彼は薬局で戦闘員の治療を行ったり，ブルックフィール
ズ・ホテル（フリータウンでの CDF の駐留地）にクリニックを設け，そ
こで治療を行ったりした。このクリニックには，医療関係者を常駐さ
せていた。フリータウンのみで医療行為に従事した。地方に医療行為
にあたる人材はいなかった。

・輸送担当長（director of transport）：

ジョセフ・フェフェグラ（Josepth Fefegura）が当初勤めていたが，後にアフメド・コロマ（Ahmed Koroma）へと代わる。

　輸送担当長は，物資の運搬を担当した。ジョセフ・フェフェグラはノーマンの従兄弟にあたる。ノーマンがリベリアに渡った時，彼も一緒にリベリアへと来た。ノーマンがベース・ゼロに移ると，彼もジェンデマから離れベース・ゼロへと行った。一方，アフメド・コロマはSLPPの政治家で，M・S・カロン議員とともにリベリアにやってきた。リベリアではロジスティックス担当であった。コロマは東部の出身であり，ノーマンに南部出身者ばかりが担当長の役職を占めるべきではないと主張し，この地位を得た。この移動によってフェフェグラは副輸送担当長（deputy director of transport）になった。

・広報担当長（director of public relation）：
チャールズ・モニウォ（Charles Moniwo）
　チャールズ・モニウォは商売のためにリベリアにしばしば訪れており，スパローの父やアンドリュー・ハーディンとも親しかった。しかし，525事件の頃，彼は仕事を持っていなかった。ノーマンがベース・ゼロに移った時，彼はノーマンを追いかけてベース・ゼロへと行った。

・社会サービス担当長（director of social service）：
アンブロセ・ナビウ（Ambrose Nabieu）
　負傷した戦闘員や障がいを負った戦闘員を養うことが目的の職であるが，実際に機能していたのかは疑わしい。彼は，ノーマンが国軍にいた頃，ノーマンの部下だったという。

・通信担当長（director of communication）：
モハメド・O・バングラ（Mohammed O. Bangura）
　この役職は無線担当である。地方に設置されたすべての行政事務所

第10章　政府系勢力CDFというPCネットワークの確立と解体　303

（後述）には無線があり，通信担当官が常駐した。モハメド・O・バングラは元国軍であり，国軍でノーマンの部下だった。

こうした人選を見ると，その出自は，ベース・ゼロでの経験を持った者か，国軍の出身者である。国軍出身者の任用は，彼らが能力を有していたという理由の他に，ノーマンからの恩恵という意味合いもあった。ここには役職の分配による従属者のコントロールという新家産主義国家の様態が見てとれる。

担当長の報酬は，1か月あたり10袋の米（1袋50kg）と50万レオンであった。1998年の時点で1米ドルが約1600レオンであるから，約300米ドルの報酬である（副担当長は米5袋と30万レオンの報酬がついた）。また，担当長，および，その家族や部下は，医療サービスを無料で受けることができた。さらに自動車を所有している場合，燃料が支給された。無線を利用する権利もあったため，何かと恩恵があったことになる。

(3)地方での組織化

次に地方での組織化について述べておく。地方では，大半の県に少なくともひとつは「行政事務所」（administrative office）が設置された。それぞれの行政事務所は担当地域が設けられ，担当地域内での軍事作戦を統括する役割を担った。複数の行政事務所がある県では，いずれかの行政事務所が県のヘッド・オフィスとされた。図10-1にある「事務長」（administrator）は行政事務所の長であり，それ以下の役職は，各行政事務所に配置されている。

事務長は，管轄地域の軍事活動，および，事務業務の両方を統括することとなる。行政事務所には，「副事務長」（deputy administrator），「後方支援担当官」（logistics officer），「諜報官」（intelligence officer），「通信担当官」（communication officer）が置かれた[201]。彼らは事務官である。一方，軍事部門

＊201　筆者によるインタビューより。スパロー，2011年2月2日。

としてはそれぞれの行政事務所に，ひとつの大隊（battalion）が置かれた。その大隊を指揮するのが大隊長（battalion commander）であった。

　行政事務所の人員は，その地方のカマジョー集団で，AFRC政権期にノーマンに従属した者が任命された場合が多い。彼らが中央から送られた物資を管理し，担当地域内のカマジョー集団へと分配した。すなわち，AFRC政権期にベース・ゼロでの活動を通して作られたPCネットワークをもとに，CDFの組織構造は整えられたのである。

　以下に，CDFの行政事務所が設置された都市や町と，事務長の名を記した[202]。また，それぞれについて若干の解説も付け加えた。十分に調べ上げているとはいえないが，資料という意味も込めて掲載しておく。以下では〔県／行政事務所が置かれた都市・町／行政庁の名前〕という順に記している。

・ボー県／ボー市／複数の人物が事務長となる
　　ボーの事務長は，当初，コセ・ヒンドゥワ（Kosseh Hindowa）であった。ボーからベーズ・ゼロへと行ったカマジョーである。後に，オーガスティン・ガウジャ（Augustine Ngawujia）が事務長になった。ボーには2つの大隊が置かれていた。ボー市に第19大隊が置かれ，コリボンドに第13大隊が置かれていた。事務長となる前，ガウジャは，第19大隊の大隊長だった。

・ケネマ県／ケネマ／アーサー・コロマ（Arthur Koroma）
　　アーサー・コロマはケネマのカマジョーで，最初はジェンデマへと支援を受け取りに来ていた。ノーマンがベース・ゼロに移って以降，ベース・ゼロからも支援を受けた。ケネマ県には，ケネマの他，ジョルやパングマ（Panguma）にも大隊が置かれた。

・ボンス県／マトゥル／－－・ベッカー（-- Becker）（名前は不明）
　　ベッカーは，525事件の後，ボンス県のカマジョーを再組織化したカ

＊202　スパロー，エディをはじめ複数のCDF幹部より聞き取ったものをまとめた。

第10章　政府系勢力CDFというPCネットワークの確立と解体　305

マジョーである。

・モヤンバ県 / モヤンバ / テジャン・サンコー

テジャン・サンコーは前期カバー政権からの国会議員であり，メンデ人とスス人の血が入っているという。

・プジュン県 / ジンミ / エディ・マサレー

エディ・マサレーはジェンデマ・カマジョーを率いた。詳細は第8章参照。

ここまで述べた事務長はカマジョーであり，直接ノーマンに従属する存在であった。プジュン県を見ると，ジェンデマ・カマジョーのエディ・マサレーが事務長となっている。ジェンデマはプジュン県にあり，エディもプジュン県出身である。タッカーも引き続き第二大隊長の立場を保った（プジュン県の大隊は，引き続き第二大隊とされた）。ジェンデマ・カマジョーもベース・ゼロを中心としたPCネットワークの傘下に収まったと理解できる。

一方，次に述べる北部の事務長は，ノーマンではなく，M・S・ドゥンブヤに報告義務があった。ドゥンブヤは，AFRC政権期，カバー大統領からリベリアに派遣されることでCDFに加わった人物であり，その後は，北部の部隊をCDFに取り込む役割を果たしている。北部はメンデ人が住む地域ではない。その地域の狩人民兵をCDF傘下に取り組む努力が，後期カバー政権になってからなされている。その役割を担ったのがドゥンブヤであった。北部で事務長になったのは，その地域の狩人民兵を動員した非メンデ人であり，彼らはドゥンブヤに従属した。

・ボンバリ県 / （設置都市不明）/ シェイク・A・T・セサイ（Sheik A. T. Sesay）

ボンバリ県は北部にあり，メンデ・ランドではない。シェイク・A・T・セサイは，CDFの参加へと参入させるために，この地域の狩人民兵であるカプラとベンテを組織し，CDFの傘下に入った。

・コイナドゥグ県／（設置都市不明）／ニャマコロ・セサイ（Nyamakoro
Sesay）

　　ニャマコロ・セサイは，一度は解体されたタマボロを（第5章参照），
　　CDFを組織化するために再編成した人物である。

　次に，カイラフン県，コノ県について述べよう。両県はRUFの支配下に
あったために，行政事務所はケネマに置かれることになった。カイラフン県
の事務長はカンデ・G・サマイ（Kandeh G. Samai）である。彼は，カイラフ
ン県のカマジョーをまとめあげた人物である。教師の経験があり，学校の校
長を務めたこともある。ジェンデマからもベース・ゼロからも支援を受けた
という。

　コノ県の事務長は，サフル・ブファ（Sahr Buffa）である（コノ県はメン
デ・ランドではなく，コノ人の地である）。ブファは，コノ人であり伝統的狩
人ドンソでもあった。彼や彼の部下たちはコノ人であるものの，カマジョー
のイニシエーターから加入儀礼を受けたという（とはいえ，ドンソを名乗っ
た）。一方，CDFはRUFの掃討作戦のため，ギニアにいたドンソにも接触
している。CDFは，難民キャンプが設置されたノンゴア（Nongoa）にいた
センスィ・クィバ（Sensee Kwegba）の協力を得て，ギニア側からも攻撃し
たという。彼もドンソであったが，加入儀礼を受けたのはカマジョーのイニ
シエーターからではないという。

　なお，事務長には，管轄の行政事務所が管轄する戦闘員の人数に応じて米
が支給された。その米のどれだけを戦闘員にまわし，どれだけを自分のもの
にするのかはそれぞれの事務長の判断に委ねられた。もちろん，売ってもよ
い。その他の物資を提供するために資金も提供された。その資金についても，
どう使うかは事務長次第だった。分配された資源を着服するのは，事務長に
限ったことではなく，分配されたさまざまなレベルで行われていた。CDFの
物資の支給は一部をピンハネすることを前提として分配されていたといえる。

　以上，地方に設置された行政事務所について確認した。行政事務所の配置

からも，CDF がカマジョー中心であり，他の民族の参加は限定的であった
ことがわかる。メンデ・ランドで事務長となったのは，その地域で活動し，
かつ，ベース・ゼロ時代にノーマンから命令を受け，支援の提供を受けた
カマジョー集団の中心人物であった。一方，非メンデ・ランドである北部で
は，北部出身であるM・S・ドゥンブヤの要請に応じ，CDF の傘下に入る
ことになった他民族の狩人民兵のリーダーが事務長となっている。

⑷加入儀礼部門

図10-1 には描かれていないが，各地のイニシエーターらは加入儀礼部門
として組織化されることになった。加入儀礼部門のトップは司祭長のアリ
ウ・コンデワである。アリウ・コンデワはベース・ゼロが設立されるまで，
ひとつのカマジョー集団のイニシエーターに過ぎなかった。ベース・ゼロが
作られてから，ノーマンの腹心として意思決定に関わるようになった。カ
バー大統領が復帰して以降も，ノーマンの腹心という立場を保った。

CDF ではイニシエーターの役割は加入儀礼に限定され，加入儀礼を受け
た者は軍事部門へと引き渡すことになっていた。しかし，イニシエーターは
すでに独自の部隊を有しており，それを手放したくなかった。既得権益を維
持したいイニシエーターに対する妥協の産物としてできあがったのが，加入
儀礼部門独自の資源配分システムである。すなわち，上述の軍事部門とは別
系統としてイニシエーターに属するカマジョー集団を併存させ，別系統で資
源を配分したのである。

イニシエーターはボーやケネマに多い。そのため加入儀礼部門の本部は
ボーに設置された。加入儀礼部門のロジスティックス担当となったイニシ
エーター，ドクター・マサレーは以下のように述べた。

> カバー大統領が復帰した後，イニシエーターも加入儀礼部門として再編され
> ることになった。しかし，イニシエーターは学校教育を受けていないため，
> 再編は難航した。私は加入儀礼部門のロジスティックス担当となった。私は

かつてティフンから使者としてジェンデマへと送られた。また，前線での経験もある。そうした経験を買われたのである。物資の調達と分配には慎重を要する。下手をすると不満を持った者に殺されかねない。……当時，多くのイニシエーターが出回り，儀礼の質の低下が問題視されていた。最初はすべてのイニシエーターはカレ村の出身であった。しかし，この頃には，そうでない者が多くイニシエーターを名乗るようになっていた。加入儀礼の質の低下を防止するため，それぞれのイニシエーターが加入儀礼を施したカマジョーを銃で撃ってテストしてみようかという話もあった。しかし，そんな強硬手段に出ると戦争にもなりかねない。そこで支援の量に差をつけることにした。ボーに加入儀礼部門の本部を置き，そこにイニシエーター用の物資を集結させ，そこからそれぞれのイニシエーターに分配した。[203]

このようにイニシエーターは，軍事部門・事務部門とは別の形に再編されることになった。

(5)カマジョー以外の狩人民兵の組織化

AFRC 政権期，CDF はジュンタとの闘いの中で，他民族の狩人民兵にも連帯を訴えかけていた。「すべての自警団や狩人結社を統合し，……CDF（市民防衛軍）と名づける」というプロパガンダが用いられた。しかし，当時，CDF のほとんどがカマジョーであった。後期カバー政権期に入ると，このプロパガンダは，現実のものとされることになった。

とはいえ，他の民族の統合は「取って付けた」ようなものに過ぎなかった。前述のように CDF で北部司令官（northern commander）となった M・S・ドゥンブヤは北部の民族を一手に監督した。M・S・ドゥンブヤは，AFRC 政権期にすでに北部の狩人民兵とコンタクトを持ち始めていた。しかし，そのコンタクトは特定のコミュニティに限られていた（TRC 3A 2004:

＊203 筆者によるインタビュー。ドクター・マサレー，2011 年 1 月 3 日，ボー。

294)。後期カバー政権期に入ると，より広範に北部の民族は組織された。CDFへと取り込まれたのは，テムネ人のカプラやベンテ，クランコ人のタマボロといった狩人民兵である[204]。第5章を思い出してほしい。タマボロはNPRC政権の下で組織されたが，そのリーダーが殺されたことで立ち消えとなった。CDFはそのタマボロを組織し直した。M・S・ドゥンブヤの申し出に答えたニャマコロ・セサイがコイナドゥグ県事務長となり，新たにタマボロを指導する司令官となった。筆者は，彼について詳しく知る者と接することができなかったが，少なくとも「ドゥンブヤの子分」（"Doumbuya's man"）であったらしい。ボンバリ県でも同様に，M・S・ドゥンブヤを通じて，狩人民兵が組織された。

　ただし，カマジョーとそれ以外の狩人民兵との関係は良好ではなかったようだ。北部司令官M・S・ドゥンブヤは北部の狩人民兵へと武器弾薬を提供する責任があった。しかし，ノーマンは武器弾薬を提供しなかったという。M・S・ドゥンブヤは，何度も支援をノーマンに依頼したが，拒絶され続けた。ノーマンは北部の狩人民兵を信用しておらず，M・S・ドゥンブヤが力をつけるのを恐れていたともいわれる。結局，北部の民族の狩人民兵は，CDFよりもECOMOGと関係を持つこととなった。ECOMOGの道案内役を買って出たのである（TRC 3A 2004: 294）[205]。

　北部の民族だけではなく，フリータウン周辺の住民もCDFに動員された。首都周辺の住民は，「クリオ人の狩人民兵」と銘打った「狩人結社組織団」（Organized Body of Hunting Society: OBHS）として組織された。しかし，そのほとんどは実戦には参加しておらず，検問所での警備にあたるのみだったという。ちなみに，OBHSをまとめあげた「西部州司令官」（western area commander）は，メンデ人のカマジョーであった。文字通り，カマジョーの

＊204　コノ人によるドンソ（Doso）という自警組織がある。この組織は，ギニア政府から支援を受けていたという。CDFはコンタクトを持っていなかったということだ。
＊205　ECOMOGとして北部に派遣された司令官による体験談が出版されている（Adeshima 2002）。

下に，都市部で動員した若者を「取って付けた」のである。

北部の民族の自警組織や OBHS を動員したことにより，各民族の連合体という CDF の体裁は一応は整えられたことになる。とはいえ，CDF の大半がカマジョーであったことに変わりはなかった。

(6)ブルックフィールズ・ホテル

カバー大統領復帰後，カマジョーはフリータウン市内に駐留するようになった。駐留地とされたのはジョモ・ケニャッタ通り（Jomo Kenyatta Avenue）沿いにあるブルックフィールズ・ホテル（Brookfields Hotel）である。もちろんホテルは営業しておらず，その跡地が利用された。CDF に使われる前，このホテルは RUF の戦闘員が住む場所だった。525 事件を契機にフリータウンへと入城した RUF が駐留地として使ったのである（Hoffman 2007a: 410）。AFRC/RUF の敗走後，今度は CDF がブルックフィールズ・ホテルを使うようになった。大半がカマジョーだが，若干，他民族の狩人民兵もいたようである（Hoffman 2005b; 2007a）。

このホテルは 2 ～ 3 階建てで 150 室があり，プールも備えていた。塀に囲まれており，コンパウンドとなっている。電気や食料は政府から提供された。電気はジェネレーターで発電された。ジェネレーターやその燃料はカバー政権が提供したという。ホテルの一室には多くの人がともに暮らしていた。ブルックフィールズ・ホテルでフィールドワークを行った人類学者ホフマンは以下のように記す。

〔部屋には〕関係を持つ者同士が集まり，出たり入ったりしている。部屋をいつ使うかは何となく決まっており，明かりは一晩ついていることも多い。……市内の電力は不安定だ。それにもかかわらず，ブルックフィールズでは安定的な電力供給がなされている。テレビやステレオを持つ者もいる。彼らは使いたい時に電気を使う。エリートが住む区画ではエアコンも動いている。

(Hoffman 2005b)

ブルックフィールズ・ホテルでは，数百ものカマジョーが，妻やガールフレンド，子ども，親，友人たちとともに暮らしていたという。以下は，あるカマジョーがブルックフィールズ・ホテルの日常について語ったものである。

　平時，ブルックフィールズ・ホテルは落ち着いていた。戦闘員の妻が朝から掃除をし，子どもたちや男のために食事を探していた。お酒やポヨ〔ヤシの実ジュースを発酵させたもの〕を片手に談笑する人々も見られた。チェッカーで遊ぶ者もいる。庭でサッカーをする者もいた。カマジョーの中にもインテリはいる。彼らは静かに何かを読んでいる。……戦闘員の中には銃の手入れをしている者も見られた。たまに，女性がケンカをしているのも見られた。司令官たちはミーティングを開き，次の作戦について計画を練っている。彼らは自分の戦闘員が常に出撃可能なことを期待していた。それが作戦のない日のブルックフィールズ・ホテルだ。みなが自分のすることをやっていた。それを邪魔する者はいない。戦闘員の妻や従属者はトラブルの元とならない限り自由に出入りできた。彼らは市場へ行って買い物をして料理をした。

　しかし，作戦の日は違った。男たちは前線に行かなければならない。ホテルは人々の生活の場というより軍の駐留地のようになった。司令官が自分の戦闘員に招集をかける。軍用車がホテルへと乗り入れる。ロジスティックス・オフィサーが武器庫へ行き，武器を運び出す。武器が配られる。人々は一列に並び，そこで命令が与えられる。

　女たちは部屋へと戻る。子どもたちもいっしょだ。彼らは窓から顔をのぞかせ様子をうかがう。並んだ車が次々と発車し，前線へと向かう。車はコンボイを組んで出発する。

　帰ってくる時も車はコンボイを組んで帰ってきた。車が入ってきた時は，みなが気にかける。とくに女性はとても心配する。夫，あるいは愛する人に何かあったかもしれないからだ。男たちが帰ってくると，多くの質問が飛び交う。もし誰かが死んだとすれば，その場は静寂に包まれる。その家族は泣いているだろう。もし誰かが負傷すれば，そのニュースが伝えられる。その

家族や友達は病院へと急ぐことになる。 (Cox 2012)

ブルックフィールズ・ホテルは基地といえば基地である。しかし，戦闘員の生活の場と表現した方がいいかもしれない。

ホフマンはまた，ホテルに住むイニシエーターの様子も記している。

> カモ・モニュルはプジュン県出身のイニシエーターである。彼が率いるボーン・ネイキッド大隊は内戦中，悪名高い部隊であった。彼はブロックＡの１階に住んでいた。彼は，ホテルの周辺の丘から迫撃砲が打ち込まれるのを防ぐため，ホテルの正門に護符を置いた。また，紙や布一片にクルアーンの一節を書いたものをホテルの周りに埋めた。それにより，見えない防護をしようというのだ。 (Hoffman 2011b: 198)

ホテルは戦闘員の住まう場所である。フリータウンの住民は恐れて，ホテルに近づこうとはしなかった。警察官も例外ではない。人類学者ホフマンは，ブルックフィールズ・ホテルでの調査中，ひとりのカマジョーにこう言われたという。「ホテルでは誰と会っても大丈夫だ。しかし，市内では気をつけろ。警察や犯罪捜査課（criminal investigation division）は汚職まみれだ。けれども，彼らはホテルには入ってこない」(Hoffman 2007a: 214)。

内戦も収束段階に入ると国連平和維持部隊が，時々ホテルを訪れるようになった。その大半はナイジェリア人で，ガールフレンドやドラッグ，盗品を探しに訪れたのだという。イギリス軍のアドバイザーもしばしば訪れた。しかし，彼らは長居するわけではない。武装解除の打ち合わせのため，CDFの司令官に会いに来ていた（Hoffman 2005b）。

(7) CDF の軍事作戦

この頃の軍事作戦の様子については，ホフマンが記述している。以下はその引用である。

ボボ・サウ（Bobo Sau）は作戦の際に，運転手をしている。四輪駆動のピックアップ車を運転していた。市の東部で展開した作戦について彼は語った。ノーマンはひとつのカマジョーの部隊に一軒の家への攻撃を命じた。反徒の協力者により使われているのだという。しかし，ノーマンがその家の持ち主とビジネス上でトラブルがあったことは広く知れわたっていた。民兵〔カマジョー〕がその建物から人々を追い出すと，まわりの住民が集まってきた。群衆はカマジョーに投石を始めた。その騒動は，ナイジェリア人の平和維持部隊が駆け付け，その地域の治安を確保するまでとなった。その間，……ボボ・サウは，カマジョーの部隊が逃げられるようにピックアップ車を前後させ，群衆を追い払った。ボボ・サウは言った。「その日，我々は多くの人々に被害を与えた」。

(Hoffman 2007a: 414)

また，ウロドルチェックは，カマジョーと ECOMOG の共同作戦についてのカマジョーの語りを提示している。

カマジョーの小隊が ECOMOG 部隊と共同作戦を実施していた。バンの中では，ひとりのカマジョーが，1 ガロンのタンクに聖水を入れて携帯していた。聖水は戦闘から身を守ってくれる。ほかにも同じタンクが積んであるが，そこには軽油が入っている。外では銃撃戦が始まった。〔バンは聖水により守られた。〕バンは磁石が反発するように銃弾を跳ね返すのだ。ECOMOG 兵たちはバンが無傷なのを見て走ってきた。「我々にも聖水をくれ」。ECOMOG 兵はバンの中のタンクを手に取った。しかし，それは軽油だった。彼らはこれで身を守ることができると戦闘へと戻っていった。カマジョーは聖水に守られたバンに留まった。

(Wlodarczyk 2009: 113)

(8)ノーマンの行動

筆者の調査では，カバー政権以降のノーマンの行動については部分的にしか知ることができなかった。モンロビアやベース・ゼロのように，ノーマ

ンと頻繁に接する戦闘員に接触できなかったからである。フリータウンの政界で活動しているため，戦闘員の目が比較的届きにくくなったのであろう。ベース・ゼロのアルバート・ナロは若干ではあるが，ノーマンについて筆者に語った。ボーの県事務長であるオーガスティン・ガウジャはベース・ゼロ時代，ナロの部下であった。彼と同様，ナロ自身もボーに留まった。カバー大統領が復帰して以降，ナロとノーマンとの関係は悪化したという。

> ノーマンは私に話があると言ってきた。ECOMOG に対して攻撃しろというのだ。それはまずいと思い，断った。すると，ノーマンは事務所を迂回して，現地の司令官と直接コンタクトを取り出した。オフィスは取り残されたんだ。それ以降，オフィスが迂回されて作戦が伝達された。戦争担当長のモイニナ・フォファナに相談すると，そのままボーにとどまれと言われた。それからは米の支給も減った。[206]

彼の語りによると，ベース・ゼロの頃と同様，ノーマンは組織を恣意的に用いることで影響力を行使していたことがわかる。私的な従属者になることを拒んだ者に対しては資源の分配も減らしていた。

3　CDF 内の権力闘争──スパローの経験を中心に

リベリア政府に逮捕されたスパローはカバー政権復権を契機に解放された。彼はシエラレオネに渡るが，その後，CDF の内部で見られた権力闘争に巻き込まれることになった。彼の経験は PC ネットワーク内部で見られる権力闘争を物語る。PC ネットワーク内では，権力闘争がいかに展開したのか。そのことを知るためにもスパローの経験を辿っていく。本節ではスパローの語る経験を，補足情報を加えながら記している。そのため本節にはス

＊206　筆者によるインタビュー。アルバート・ナロ，2011 年 10 月 8 日，フリータウン。

パローの主観が多分に反映されている。

(1)スパローの解放

第8章で確認したように AFRC 政権期，スパローはリベリア政府に逮捕された。しかし，運よくカバー政権復権の際に解放された。スパローの解放は，シエラレオネ学生同盟（Sierra Leone Union of Student）がシエラレオネ政府に陳情することにより実現した。学生同盟による陳情を受け取ったのがシェリー・ブジャマ（Shirley Gbujama）女史だという。彼女はカバー政権で観光文化大臣（minister of tourism and culture）であった（以下「ブジャマ女史」と表記）。ブジャマ女史が聞き取った陳情は，時の外務大臣に伝えられた。シエラレオネ政府がリベリアのテイラー政権と掛け合った結果，カバー政権復権の際にスパローに対して恩赦が与えられたという。スパローはこう語る。

> 私は突然，監獄から出るように言われた。車で店に連れて行かれ，スーツを一着着せられた。そのまま空港まで連れて行かれ，チャーター機に乗ったんだ。

スパローは，リベリアから飛行機でルンギ国際空港へと運ばれた。そこから直接，大統領復帰式典が行われているスタジアムに向かったという。そこでブジャマ女史と面会し，ねぎらいを受け，ことの経緯を説明された。カバー政権で国防副大臣であるノーマンもその場に居合わせたという。

その後，ノーマンはスパローをケープ・シエラ（ホテル）に連れて行き，しばらく休むように指示した。そのホテルには司祭長となったアリウ・コンデワや彼の部下であるドクター・ジベオ，ロジスティックスを担当するムスタファ・ルメ，広報担当長であるチャールズ・モニウォが出入りしていたという。スパローは続けた。

> ノーマンは私が逮捕された時，そのまま獄中で死ぬと思っていただろう。悪名高いテイラー政権のことだ，帰ってこないと思っても不思議ではない。そ

んな私が，ひょっこり3月10日に現れたんだ。彼もびっくりしただろう。……彼は，私がお金がないことを主張しても，一銭もくれなかった。私は2週間同じスーツ姿でいなければならなかったんだ。

ノーマンの前に現れたスパローはノーマンにとって目障りな存在であった。ベース・ゼロが設立されて以来，ジェンデマ・カマジョーとベース・ゼロの間には不和があった。しかも，ジェンデマ・カマジョーはベース・ゼロのカマジョーよりも評判が高かった。カバー政権を復権させるためにカマジョー/CDFと協力したECOMOGは，ベース・ゼロよりもジェンデマのカマジョーを重視した。組織化されており，技術も高いため，使いやすかったのだという。フリータウンの奪還作戦の前にはエディもしばしばルンギ国際空港まで渡り，ECOMOGと打ち合わせを持っていた。

ジェンデマ・カマジョーが重視されていることはノーマンやベース・ゼロのカマジョーにとって気分の良いものではなかった。そのジェンデマ・カマジョーの組織化・効率化を図ったタテ役者の1人が突然，目の前に現れたのである。

ノーマンはおそらくこう考えたのであろう（とスパローは言う）。「カバー大統領によってリベリアへと派遣されたテジャン・サンコー議員たちがスパローを見つけると，スパローをカバー大統領に引き合わせるかもしれない。そうすると，ジェンデマ・カマジョーが再度，脚光を浴びる可能性がある。そうすれば資金や影響力がそがれることになる」。そんなことにならないよう，ノーマンはルンギに滞在するようスパローに命じた（とスパローは語る）。

ノーマンは，ある時，ルンギにいるスパローに対してベース・ゼロに行ってみたらどうかと打診した。そのことについて，スパローはこう述べた。

あいつは絶対に私を殺す気だった。ベース・ゼロに私の知り合いはひとりもいない。ノーマンの息のかかった者がたくさんいる。ベース・ゼロに行くことは暗殺されに行くようなものだ。私はそこまでアホじゃない。もしノーマ

ンがもう少し賢ければ，私に着替えを買う金を与え，ホテルに滞在させていただろう。その上で，ベース・ゼロに行けと言われれば，行っていたかもしれない。……ノーマンの命令に従ってベース・ゼロに行くのは自殺行為だと考えた。結局，私はフリータウン〔周辺〕に留まるのではなく，ジンミに行くことにした。ジンミには私の仲間たちがおり，いろいろ助けてくれる。

　当時，ジェンデマ・カマジョーはジンミに駐留していた。特別部隊も同様である。前述のように彼らはプジュン県を担当する第二大隊とされた。

　だが，特別部隊は，逆境を強いられることになる。スパローが戻った後，特別部隊は，ジンミ，ボー，ケネマ，そして，北部のマシアカに分散させられた。スパロー自身もマシアカに派遣され，AFRC/RUF の残党狩りにあたったという。リベリア国境から遠く，メンデ・ランドでもない北部の町である。これは内なる敵を弱体化させるためのノーマンの手腕だといえよう。

　各行政事務所に分散させられた特別部隊は，連携を保つため，事務作業をできる者および中隊長をそれぞれの地に配置した。その一方，中隊長以下の戦闘員は，各駐留地を柔軟に移動させて戦闘力とした。各事務所間の連絡は，行政事務所に設置された無線機を用いた。ボーで特別部隊の代表をした戦闘員（リベリア人）は，以下のように語る。

　　　ボーに駐留し，特別部隊のボー代表を務めた。ジンミにいる特別部隊がフリータウンへと上京する場合，一晩宿を提供した。特別部隊は住民からの評判も悪くなく，居心地は悪くなかった。[207]

(2)スパロー撃たれる

　ジンミに駐留したスパローは，「共同事務長」（co-administrator）の地位を

＊207　筆者によるインタビュー。2010 年 12 月 24 日，モンロビア。

与えられた。プジュン県の事務長であるエディの補佐である。事務長としての給料だけでなく，特別部隊の戦闘員のために米も支給されたため，暮らしむきは悪くなかったという。

　しかし，1998年後半，スパローは銃で撃たれることになる。スパローを撃ったのはノーマンの従兄弟であったジョセフ・フェフェグラ（副輪送担当長）である。スパローは撃たれた時のことを語った。

　最初，彼らはジンミ＝ジェンデマ間で私を暗殺しようとした。おそらく襲撃に見せかけようとしたのだろう。この時，私はジェンデマに滞在することになっていた。この時，ジェンデマに行ったのは父と連絡を取るためだった。私が出所した後も，父は私が生きていることを知らなかった。私は出所してから，そのまま飛行機でシエラレオネへと来た。シエラレオネに渡ってから父と連絡が取れたわけではなかった。私は自分の声で「生きている」と伝えたかった。国境沿いに展開していたECOMOG〔シエラレオネ側に展開している〕は，無線を持っていた。その無線でモンロビアの父に連絡を取るためジェンデマへと向かった。夜，ジェンデマへと到着した。

　フェフェグラが私の後を追いかけてジェンデマへとやってきた。

　彼は「明日，ジンミで重要な会議がある。チーフ〔ノーマン〕も来る。我々〔幹部〕すべてが参加しなければならない。とくに君は来なければならない」と言った。私はOKした。夜明けとともにジンミに向かうことになった。車がジンミから送られてきた。しかし，空席は私ひとり分しかなかった。私はフェフェグラに言った。「フェフェグラ，私が従卒（aide-de-camp）を従わなければ移動しないのは知っているだろう。3人分のスペースが必要だ。自分だけが車に乗るのはありえない」。

　内戦中に，ひとりで移動してはいけない。それが私のルールだ。もし従卒がいれば暗殺されるとしても銃撃戦になる。向こうも犠牲者が伴うはずだ。内戦中は何があるかわからない。

　私は行くことを断った。……彼らは私を置いて出発し，夕方には戻ってき

第10章　政府系勢力CDFというPCネットワークの確立と解体　319

た。夜，ジェンデマでは会議が開かれた。すべての幹部がテーブルに着いた。私の従卒は外で待機していた。その会議にはフェフェグラやアンドリュー・ハーディンがいた。会議の中で私は昼の会議で何が話されたのかを聞いた。3回尋ねたが，誰もそれに答えなかった。言いたくないのだろうと思い，もう忘れることにした。……ある瞬間，フェフェグラはリボルバー（回転式拳銃）を取り出し，机の上に置いた。

　私は言った。「フェフェグラ，君はそんな銃を使っているのか。その銃は君のような司令官が持つべきではない。その銃は安全装置がついていない。何があっても不思議ではない。こんな銃を使うべきだ」。私は自分の自動式拳銃を取り出し，安全装置について彼に説明した。フェフェグラは自分の拳銃の弾倉を確認した。2発の弾が装填されていた。私は自分の銃をホルスターに戻した。

　会議が終わった。そこで私は席から立ち上がった。その瞬間，フェフェグラが私を撃った。彼は胸を撃とうと思ったのだろう。私が立ち上がったため，弾は太ももの付け根に入り，体の中を通り，背中から抜けた。銃声を聞き，外にいた従卒やECOMOGの兵士がやってきた。覚えているのは，這ってドアまで逃げようとしたことだ。そこで気を失った。昏睡状態に陥ったんだ。ここから先は私の従卒や仲間から聞いたことだ。

　フェフェグラは2発目を撃つチャンスを失った。ECOMOGや私の従卒が駆け付けたからだ。ECOMOGは私を〔リベリア領内の〕テニ（Teni）の駐屯地に連れて行った。テニまでは7マイル〔約12km〕だ。しかし，私はリベリア政府に入国拒否されていたため，緊急の手術を終えた後は早急にジェンデマへと戻された。ジェンデマにいたタッカー〔ジェンデマ・カマジョーの幹部〕は，フリータウンにヘリコプターを要請した〔当時，タッカーはプジュン県で第二大隊長の地位にあった〕。しかし，断られた。仕方なくケネマまで車で輸送することになった。従卒は彼らがわざとゆっくり運転しているように見えたと言っている。ケネマで手術が試みられたがうまくいかず，フリータウンまで運ぶ必要があるとされた。タッカーらは飛行機かヘリコプターを要請をしたが，ノーマン

はそれを無視した。輸送の目途が立たなかった。数日後，ノーマンがチャーター機でケネマに立ち寄った。経由してどこかに行く途中だった。タッカーらが飛行場へ行った。そして，ノーマンに私をフリータウンに運ぶことを要求した。しかし，彼は「急ぎの用事がある」と言い，断った。タッカーや私と近い関係にある司令官らはノーマンを脅した。

「スパローをこの飛行機で今日，フリータウンへと運べ。さもなければ今日，我々は暴動を起こす」。

こうした経緯を経て私はフリータウンへ運ばれることになった。国境なき医師団の医者がおり，手術を受け，助かった。このことは，すべて私が昏睡状態の時に起こったことだ。

スパローは一命を取り留めた。しかし，事件はこれで終わりではなかった。スパローが撃たれた後，各地に配置されていた特別部隊の幹部が逮捕されたのである。その時，逮捕されたひとりの中隊長は以下のように述べている。

私はジンミにいた。プジュン県のトップ〔事務長〕であるエディ・マサレーが「大統領が君たちに会いたいと言っている。政権復帰のために戦った君たちに敬意を表したい」とフリータウンに行くように命じた。彼にエスコートされ，〔ジンミにいる特別部隊の幹部〕数名がフリータウンへと向かった。しかし，その途中，ボーでECOMOG部隊に逮捕された。謀反の容疑だった。特別部隊からあわせて16人が逮捕された。ECOMOGが本当のことを知っているはずがない。ECOMOGは利用されたのだ。我々は90日拘留されたが，回復したスパローが政府と掛け合った結果，解放された。[*208]

彼らが逮捕された時，エディもその場にいたという。プジュン県の事務長であったエディにとって共同事務長であったスパローは邪魔だったのかもしれ

＊208　筆者によるインタビュー。2010年12月24日，モンロビア。

ない。

　フリータウンに運ばれたスパローは一命を取り留めた。部下の逮捕を知っ
たスパローは，回復するのも待たずに，彼らの解放のために奔走することに
なった。

　　私の部下たちが逮捕された4日後，私はそのことを知った。その頃，少しは
　　回復していた。私は病院から防衛省（ministry of defense）までノーマンに会
　　いに行った。ノーマンは「逮捕された特別部隊の戦闘員をどうしようか」と
　　切り出した。私は言い返した。
　　「そのことで私は来たのだ。なぜ逮捕されなければならないのか」と問い詰
　　めたが，けがもあり，途中で諦めた。休息が必要だった。
　　　2週間後もう一度行ったが，冷たくあしらわれた。そこで，知り合いを介
　　し，副大統領にコンタクトを取った。副大統領に面会し，特別部隊が作られ
　　る経緯から逮捕されるまでのいきさつを話した。副大統領は，もしそれが本
　　当なら文章に起こしてもらえないかと言った。書類を作り，副大統領とコー
　　ベ〔国軍参謀長〕，そしてノーマンに届けた。コーベには直接持って行ったが
　　不在だった。彼の副司令官（second-in-command）であるタンコ中佐（Lieutnant
　　Colonel Tanko）に渡した。それが功を奏し，ようやく部下たちは解放された。
　　私がフリータウンにいる間，私の部隊の面倒を見る者は誰もいなかった。彼
　　らが解放された後，ようやく余裕ができた。8袋の米を部下に届けさせた。
　　……フェフェグラは，事件の後に間違い（mistake）だったと認めた。間違い
　　だったで済む問題じゃない。もし私の命が失われていたら，彼の命もなかっ
　　たはずだ。[209]

スパローの経験はCDFで見られた権力闘争の一部を示している。都合の悪
い人物をいかに排除するかを物語っている。また，「私がフリータウンにい

　＊209　筆者によるインタビュー。スパロー，2012年9月17日。

る間，私の部隊の面倒を見る者は誰もいなかった」というスパローの言葉は
PC ネットワークの機能を示している。特別部隊の物資供給はパトロンであ
るスパローに依存していた。さらに上記の例では，スパローはノーマンを迂
回し，副大統領とコンタクトを取っている。このことから，リゾーム状の人
脈ネットワークを通じて物事を達成しようとする試みが読み取れる。

(3)スパローの入院中の世話をすることで従卒となったマーダ

　スパローがフリータウンで入院している時のことを記そう。入院中，ス
パローは有能な部下を見つけ，退院後，彼を従卒にした。従卒はボディー・
ガードであると同時に身の回りの世話をする雑用係でもある。従卒となった
男，マーダ（Maada Gleh）の経験は，カマジョー/CDF の PC ネットワーク
の流動性を示す。マーダはスパローと知り合った経緯を次のように述べた。

　　　撃たれたスパローが飛行機で運ばれる時，同じ飛行機で他の重症者もいっしょ
　　　に運ばれることとなった。重傷を負った僕の上官もフリータウンに運ばれる
　　　ことになった。僕は彼に付き添った。彼はフリータウンに頼る親族がいなかっ
　　　たため，僕が面倒を見た。その病院にスパローも入院していた。[210]

この上官は怪我のために障害が残り，もはや戦闘員を率いることができなく
なった。この上官は自分の村に帰った。マーダはパトロンを失った。一方，
スパローは同じ病院で6か月の療養が必要だった。マーダはスパローの面倒
を見るようになった。日々の雑用をこなすのである。スパローはマーダにつ
いて以下のように語った。

　　　私の従卒はフリータウンに来た途端，気が抜けてしまって役に立たなかった。

　＊210　筆者によるインタビュー。マーダ・グレ，2011 年 10 月 3 日，フリータウン。ちなみに，
　　　　ホフマンもマーダに対して聞取調査を行っている（Hoffman 2011a: 137-149）。

必要な時，いないんだ。マーダは私の従卒2人分の仕事をこなした。彼はとても効率がよかった。

病院でスパローの世話をした結果，マーダはスパローの従卒となった。マーダはパトロンを乗り換えたのである。スパローは療養を終えた後，ジンミの行政事務所へと帰った。マーダもそれについて行った。特別部隊の司令官という地位はそのままであったが，フリータウンに赴くことを避け，目立たないように過ごしたという。

4　後期カバー政権にあった大きな戦闘

カバー政権後期，フリータウン周辺では大きな戦闘が2つあった。1999年1月6日に発生した「16事件」（January-six），および，2000年5月に起こったAFRC/RUFの侵攻である（この戦闘には名前がついていないため，便宜的に「2000年5月事件」とする）。それぞれの事件とCDFの対応を見ていく。

(1) 16事件

16事件とは，1999年1月6日に発生したAFRC/RUFによるフリータウンへの攻撃である。進軍のきっかけとなったのは，RUFのリーダー，サンコーに死刑判決が下されたことである。サンコーは，前期カバー政権期にナイジェリアで武器の不法所持で逮捕された。カバー大統領復帰の後にその身柄はシエラレオネ政府に渡された。そのサンコーに死刑判決が下ったのである。1998年10月のことであった。

サンコーに対する死刑判決を受けてRUFのサム・ボッカリ（Sam Bockarie）司令官はカイラフン県で体勢を立て直した。そして，BBCラジオを通して，フリータウンへと侵攻を始めることを宣言した。その道すがら「最後の鶏一匹まで殺す」というのだ。AFRC/RUFはこの侵攻を「生存者殲滅作戦」（Operation No Living Things）と銘打った。地方に散らばっ

ていた AFRC/RUF の部隊はラジオの宣言を聞いたことで，命令を「受け取った」。そして，次々とフリータウンへと向かったのである（Gberie 2005: 121-122)。ジュンタとの戦いでカマジョー /CDF がラジオを利用したのと同様，AFRC/RUF もまた，ラジオを通して命令を伝えたのだ。各地からフリータウンへと向かった AFRC/RUF は，年明けにはフリータウン郊外，ヘイスティングスやウォータールーを襲撃した（図9-1)。郊外の町を襲撃した後，彼らはブッシュを用いて移動したり，平服で一般人に紛れたりすることで，ひそかにフリータウンへと向かい，身を潜めた。

1月6日午前3時，AFRC/RUF はフリータウンへの攻撃を始めた。銃を隠し持っていた戦闘員が市内の各所で乱射を始めた。山の手からは戦闘員が下りてきた（フリータウンには山が迫っている）。彼らはサンコーが収監されているパデンバ通り刑務所に直行した。ECOMOG の警備兵を追い払い，囚人を解放した。しかし，その中にサンコーはいなかった。政府側はこの事態を予測しており，すでに別の場所にサンコーを移していたのだ。午前7時には大統領官邸も襲撃された。カバー大統領は安全を確保するためルンギ国際空港へと移動した。[211]

その後，フリータウンでは2週間にわたる市街戦が展開された。AFRC/RUF は1か月以上をかけて進軍をしてきたにもかかわらず，カバー政権側は十分な準備がなかった。ブルックフィールズ・ホテルの CDF も十分な武器を持ち合わせていなかった。カバー大統領は CDF に信頼を置いておらず，できるだけ武装したくなかった。そのため，必要な時のみ CDF の戦闘員に武器が配られていた。ECOMOG の準備も万端ではなかったという。ブルックフィールズ・ホテルの運営を担っていた国家基地司令官（national base commander）は，16事件について以下のように述べた。

＊211 16事件にはリベリアのテイラー大統領による支援があった。カイラフン県では，サム・ボッカリ司令官の部隊が，テイラー大統領によって派遣された元南アフリカ軍人による軍事訓練を受けている（Gberie 2005: 124)。また，フリータウンの襲撃に使われた武器・弾薬は，モンロビアから運ばれ，フリータウン近郊の漁村に荷揚げされた（Hirsch 2001: 62)。

反徒は山から下りて襲撃してきた。彼らは一般人を装いストリートを歩き，突然，銃を取り出し発砲してきた。迎え撃つ準備ができないままブルックフィールズ・ホテルは襲われた。本当にたくさんの人が死んだ。[212]

また真実和解委員会は 16 事件時の CDF について以下のように述べている。

> ブルックフィールズ・ホテルは AFRC/RUF の侵攻から 24 時間もたたないうちに攻撃され，荒らされた。多くのカマジョーが捕まり殺された。そのため，カマジョーがフリータウンの防衛に果たした役割は大きなものではない。〔カマジョーの〕経験や彼らが受けた訓練は，彼らが市街戦に向いていないことを示している。……この時，ヒンガ・ノーマンは戦場から遠く離れたジンミにエディ・マサレーとともにいた。この時，ヒンガ・ノーマンはフリータウンの CDF を十分に調整しているとはいえなかった。ECOMOG からは若干の武器が渡されたに過ぎなかった。ただ，司令官を名乗るカマジョーが思い思いに部下を「前線」と思われ場所に派遣するだけであった。（TRC 3A 2004: 328）

CDF はブルックフィールズ・ホテルから撤退を余儀なくされた。そして彼らは，新国軍や ECOMOG とともに国軍本部であるウィルバーフォース駐留地（Wilberforce Barrack）に 3 日間立てこもった。

AFRC/RUF の戦闘員はフリータウンを熟知していた。迂回路を利用したり建物の内部を通ったりすることで思わぬところに出没した。地理に不案内な ECOMOG は苦戦を強いられた。それが ECOMOG を残虐行為に走らしめることになった。ECOMOG の兵士は AFRC/RUF やその協力者と思しき人物を無差別に殺害した。住民に対して執拗な取り調べを行い，反徒と思われる者を容赦なく撃ち殺した。CDF もそれに加わっている。

フリータウンで展開する ECOMOG の様子は，ドキュメンタリー映画「フ

＊212　筆者によるインタビュー。モハメド・ドゥアイ，2009 年 11 月 27 日，フリータウン。

リータウンは泣く」(Cry Freetown) で知ることができる。シエラレオネ人ジャーナリスト，ソリウス・サムラ（Sorius Samura）が 16 事件の中，ビデオカメラを持って走り回ったのである。映画の中では，住民を拷問し，背後から子どもを撃ち殺す ECOMOG の姿が映されている。街角に隠れる住民の前で ECOMOG とともに銃撃戦を展開するカマジョーの姿も映されている。容赦なく人を撃ち殺す現場が次々と登場する映画の中で，サムラは語っている。「カメラを向けたからこそ，救われた命もたくさんあった」。

ECOMOG の増員によって 16 事件は収束した。ナイジェリアはフリータウンの陥落とカバー政権の崩壊を何としても阻止しようと数千人規模の兵力増員を断行した。ガーナやマリからの援軍も加わった。その結果，ECOMOG の兵力は約 2 万人にまで膨れ上がった。ECOMOG の増員により，一度はフリータウンを制圧しかけた AFRC/RUF も首都からの撤退を余儀なくされた（落合 2001b: 210-211）。

CDF がフリータウンの防衛に果たした役割は少ないと指摘されているものの，CDF も各地からカマジョーを空輸した。真実和解委員会によると，ジュイに 200 名のカマジョーが空輸された。しかし，後方支援および武器弾薬の準備不足から，ちりぢりになったという。筆者はケネマからジュイへと運ばれたカマジョーに会った。

> 〔カバー大統領が復帰してから〕1998 年中はケネマを起点とし前線とケネマを行き来する生活であった。1998 年末にはフリータウンに行くことになった。突然，フリータウンに急行せよと言われた。そのまま，〔前線から〕ケネマに戻らず，フリータウンへと行った。しかし，16 事件でフリータウンのカマジョーはちりぢりになった。ポッパー丘（Popper Hill）〔フリータウン郊外〕で再編し，フリータウンへと加勢に向かった。[213]

---

*213 筆者によるインタビュー。アブ・バカール・カマラ，2012 年 9 月 11 日，モンロビア。

この語りから，16事件の時に CDF が各地からフリータウンへと戦闘員を運んだことがわかる。いずれにせよ ECOMOG の増派により，AFRC/RUF は再び農村部へと敗走した。サンコーは再びパデンバ通り刑務所に収監された。

　16事件の後，シエラレオネ政府は武力による内戦の鎮静化には限界があることを悟った。また，ECOMOG の主勢力を提供してきたナイジェリアは政策を転換し，シエラレオネからの撤退を模索し始めた。さらに，ECOWAS 加盟国，イギリス，アメリカ，国連が和平交渉のセッティングに乗り出した。新たな和平交渉が始められることになった。1999年5月，サンコーは保釈され，和平交渉のテーブルにつくためトーゴのロメへと移った。

　この交渉は7月にロメ和平合意として結実する。ロメ和平合意では，即時停戦，サンコーをはじめ RUF 関係者に対する恩赦，DDR（武装解除・動員解除・社会再統合）の推進，RUF の政党化，RUF メンバーの入閣，鉱物資源を一元管理する CMRRD（戦略資源管理国家再建開発委員会）の新設と同委員長職へのサンコーの就任が，定められた。この和平合意によってサンコーは閣僚となったのである。以来，サンコーはフリータウンに住むことになった。

　和平プロセスの監視のため，UNAMSIL（国連シエラレオネ派遣団）の派遣も決定された。それまでカバー政権の肩を持ち，AFRC/RUF に対する軍事行動をとっていた ECOMOG の役割も平和維持と治安維持に限定された。すなわち，カバー政権側にたった軍事行動が許されなくなった。さらに漸次的な撤退が決められ，2000年4月には完全撤退した。

(2)スパローとブルックフィールズ・ホテル

　16事件の後，CDF は首都の戦力を増強した。スパローや特別部隊の一部はフリータウンに移り，ブルックフィールズ・ホテルに住むこととなった。そこでスパローはさらに高次のパトロンとしての地位を確立する。スパロー

はフリータウンでノーマンと競合するパトロンの地位になる。

　16事件で危機感を強めたCDFは，再び多くの加入儀礼を行うようになった。新しいカマジョーが多く動員された結果，CDFは統制を失っていった。市民からCDFの規律が問題視された。CDFの管理運営のために「CDF国家調整委員会」（National Coordinating Committee: NCC）が作られた[214]。その議長には副大統領のジョー・デンビー（Joe Demby）が就任し，5人の「政治家」がメンバーに含まれた。ノーマンもNCCのメンバーとなった。

　NCCの目的は，CDFの規律を律することとされたが，じつはその真の目的は，ノーマンによるCDFの私的な利用を防ぐことだったともいわれている。恣意的にCDFを利用するノーマンにシエラレオネ政府は牽制をかけたのである。しかし，ノーマンはNCCの意向を無視し，自らの意思に基づいてCDFを利用し続けた。

　そこで，シエラレオネ政府はノーマンとは別のチャンネルで国軍の物資をCDFへ提供しようとした。そうすればノーマンを通さずにCDFの戦闘員を動員することができる。そこで目をつけられたのがスパローだった。スパローは参謀長コーベのもとでCDFに対する物資の提供を受けることになった。それ以降，スパローはコーベの意向でCDFを動かすことになる。そもそもコーベは，厳密に組織化され，ECOMOGからの軍事訓練も受けていたジェンデマ・カマジョーに注目していた。スパローは述べる。

　　16事件の時もコーベはジェンデマからのカマジョーを欲しがった〔ジェンデ
　　マ・カマジョーはジンミに駐留している〕。しかし，ノーマンが空輸したのはベー
　　ス・ゼロのカマジョーだった。

＊214　国家調整委員会に言及した資料はほとんどない。シエラレオネ特別裁判所に提出
　　　された，モイニナ・フォファナの弁護資料では国家調整委員会が言及されてい
　　　る。"Statement of Simon Arthey re Moinina Fofana" Supplement for the Fofana
　　　Sentencing Brief, SCSL-04-14-T, Special Court for Sierra Leone.

ジェンデマ・カマジョーを重視していたため，コーベはスパローに目をつけたのだろう。国軍の参謀長であるコーベは，国軍の物資をCDFへと回した。その仲介役となったスパローのもとには多くのカマジョーが従属するようになった。スパローは述べる。

> それ以降，私のもとに多くのカマジョーが集まるようになった。ノーマンも国家調整官として物資を提供したが，私はそれ以上の物資を提供できた。サンコーが逮捕された時〔後述の2000年5月事件〕，大半の武器は私の手を通ってCDFに分配された。アブは自分の戦闘員を引き連れて私のところへ流れてきた。西部州をコントロールしていたアリも同様だ。

アブとアリは，以前にスパローが筆者に紹介した戦闘員である。スパローはCDFの資源を有する高次のパトロンへと躍り出る。

(3) 2000年5月事件

　では，2000年5月事件の時，スパローはどのような役割にあったのかを見ていこう。

　じつは，1999年7月のロメ和平合意後も，戦闘は続いていた。和平合意に同意しないAFRC/RUFの一部により戦闘が継続されたのである。2000年5月，地方に展開していたUNAMSIL（国連シエラレオネ派遣団）の要員約500名がRUFに拘束される事件が起こった。それを受けて，サンコーの自宅前で平和を求めるデモ行進が行われた。サンコーのボディ・ガードがデモ隊に発砲し，銃撃戦へと発展した。その混乱の中でサンコーは失踪した。10日ほどたった頃，彼は自宅近辺で発見され，逮捕された。それを受けて地方のRUFは再びフリータウンへと侵攻した。この侵攻が，本研究が便宜的に「2000年5月事件」と呼ぶ事件である。

　ブルックフィールズ・ホテルにいたカマジョーは，RUFの侵攻を止めるべく，その掃討作戦に向かった。この事件までにスパローは大規模な人員

を抱えるパトロンとなっていた。しかし当時，国軍の参謀長コーベはすでに亡き人となっていた。突然体調を崩し，そのままナイジェリアへと空輸された。そして，4月19日に亡くなったのである。ほんの一週間ほどの出来事であった。その後，新しい参謀長としてトム・ケル少将（Major General Tom Carew）が就任した。2000年5月事件はケル少将の就任直後に発生した。スパローは言う。

> この事件はケルを試す試金石となった。彼はブルックフィールズ〔ホテル〕に来て，マンパワーがいると言った。そこで我々はとりあえず人を送った。その後，ケルと私で交渉を重ね，詳細を詰めていった。

この時の作戦に同行したヨーロッパ人ジャーナリストがいる。彼はその時の様子を以下のように述べている。

> ピックアップトラックの荷台にカマジョーや国軍兵士が満載されていた。彼らは完全武装していた。酔っ払い，マリファナを吸い，ハイになっていた。反徒が隠れていると思われる場所に着くと，彼らは待ち伏せに入った。
>
> (Voeten 2000: 285)

筆者は調査中，このジャーナリストの著作をスパローの自宅で何気なく読んでいた。そこに，ひとりの元カマジョーが訪ねてきた。前に聞取調査をしたことのあるアブである。本を見せるとパラパラとめくり，写真のところで手を止め，嬉しそうにいった。「俺はこの作戦に参加したんだ」。彼は，銃を手にした少年の写真を指差した。

> この写真のガキがいるだろ。こいつは俺が拾ってやったんだ。最初，彼は人民軍〔AFRC/RUF〕にいた。CDFに捕まり殺されるところだったが，助けてやった。それで我々の仲間になった。今は〔内戦後は〕，国軍で働いている。

ここでみなが手にしている武器は，我々の知らない武器だった。この作戦で
初めて配られた新しい武器だった。[215]

　彼は本をめくり，別の写真でも手を止めた。その写真には戦闘員を荷台に乗
せたトラックが写っている。そのトラックについて彼は以下のように述べた。

　　この時，俺たちはブルックフィールズ〔ホテル〕からウォータールーまで
　　行った。しかし，その日のうちに食べ物がなくなった。その日のうちに他の
　　者と交代し，フリータウンへと戻った。その次の日にマシアカを経てルンサ
　　〔Lunsar〕まで行った。そこでジュンタはこのトラックを真っ二つにしたんだ。

　そのトラックは，フリータウンと前線を往復し，人や物を運んだという。彼
は家の中にいるスパローを呼んだ。「スパロー，オカ（筆者）の本を見たか？
懐かしいものが写ってるぜ」と（写真10-1）。
　著作権の都合でその写真を載せることはできない。関心のある読者は
ボーテンによる著作を手にとってほしい（Voten 2000: 148-149）。この本では
AFRC政権期以降のシエラレオネ内戦の様子を知ることができる。
　結局のところAFRC/RUFの侵攻はイギリス軍の介入によって食い止めら
れ，フリータウンの陥落は免れた。この介入は500名ほどの在留イギリス人
の保護を名目として行われたが，その派遣規模はあまりにも大規模であっ
た。「フォー・ツー・コマンド」（42 commando）と呼ばれる700名の海兵隊
特殊部隊やパラシュート部隊第一大隊などが含まれていた。また，7隻の戦
艦，7機の大型ヘリコプター，8機の輸送機も派遣されている（カーボ 2011,
Hirsch 2001: 87）。こうした大規模な介入により，RUFは和平合意の履行を
余儀なくされた。それ以降，首都をめぐる大規模な戦闘は行われておらず，
シエラレオネは正常化の道を歩んでいく。

＊215　筆者によるインタビュー。アブ・バカール・カマラ，2012年9月13日，モンロビア。

写真 10-1　本を指し，スパローと会話をする元カマジョー（2012 年，筆者撮影）

5　CDF の解体——PC ネットワークの消失

　内戦が収束する中で，CDF という PC ネットワークは解体に向かった。CDF の中には，自らの立場を維持するために CDF を維持しようとする者が見られる一方，CDF から離れ，新たな活動を行う者も見られた。本節では，櫛の歯が抜けるように，CDF から離脱する戦闘員の様子や，自らの PC ネットワークを維持しようとするノーマンやコンデワの姿を描く。

(1) 武装解除・動員解除・社会統合

　2000 年 5 月に起こったサンコーの拘束事件以降，RUF の指導者は不在であったが，2000 年 8 月 21 日に暫定指導者としてイッサ・セサイが指名された。セサイは穏健派であり，和平プロセスの進展は比較的順調に進展した。

第 10 章　政府系勢力 CDF という PC ネットワークの確立と解体　333

UNAMSIL 主導のもとで，DDR（武装解除・動員解除・社会再統合）が本格的に再開された。

　DDR の様子を記しておこう。一般戦闘員の DDR への参加は，上官が説得することで行われた。戦闘員の説得にあたる上官は，その代価として，報酬が与えられたという。ブルックフィールズ・ホテル基地司令官だったモハメド・ドゥアイは以下のように述べる。

　　〔内戦が収束する頃〕私は DDR のために働いていた。各地を回り，DDR に応じるように説得するのだ。DDR の代価として，〔カマジョーの〕上級将校（senior officer）にはそれなりの額の金銭と家が与えられた。214 名の軍人が恩恵にあずかっているはずだ。[*216]

　CDF の上級将校の中には，CDF に見切りをつけた者もいた。その中には平和構築の業務に雇われる者もいた。無線係だったカマジョーは以下のように自らの経験を語った。

　　私は 2001 年に CDF を離れた。DDR 国家委員会（National Commission of DDR: NCDDR）で仕事を見つけたんだ。DDR のオフィサーは平等でなければならない。だから私自体は DDR を受けていない。私の武器は誰かが武装解除するために使われたのだろう。NCDDR に入ったのは，そこで仕事をしないかと誘われたからである。NCDDR でも同様に無線を担当した。すでに無線を扱うことができたからね。NCDDR の活動を始めるにあたり，私はヘリコプターで各地に無線機を運び，設置した。[*217]

この語りからは解体を待つ CDF に留まるよりも，新しいチャンスを見つけ

　＊216　筆者によるインタビュー。モハメド・ドゥアイ，2009 年 11 月 27 日，フリータウン。
　＊217　筆者によるインタビュー。2011 年 10 月 4 日，フリータウン。

てそこで活躍することを選んだカマジョー達がいたことがわかる。

　人類学者ホフマンの論文には，多くの武器を所有し，持て余していたジョー（Joe）という司令官が登場する。内戦が収束する中で，武器はもはやクライアントを繋ぎとめるための「資源」ではなくなっていた。ジョーはその武器を使ってなんとか儲けようとした。

　　DDR センターにやってきた戦闘員は，武器や一定量の弾薬を差し出すことを
　　要求される。また，ひとつの武装勢力にいたことを証明しなければならない。
　　自分たちの司令官や仲間について説明したり，ID カードを見せたりする必要
　　があった〔引用者注——カマジョーには ID カードが発行されていた〕。DDR の恩
　　恵として与えられるのは，武器との交換として現金，生活用品（石鹸，サンダ
　　ル，バケツなど），そして，職業訓練だった。多数の武器を有する CDF の上官
　　は，DDR を受けたがる戦闘員と取り引きした。戦闘員に武器を提供するのと
　　引き換えに，武器の対価の半分から全額を受けとるのである。
　　　ジョーは多くの武器を抱えていたが，それを捌くだけの戦闘員を有してい
　　なかった。ジョーは弾薬を満載した車で，毎日 DDR センターに乗り付けた。
　　そして，近隣からやってくる戦闘員と交渉した。周辺の村や町からやってき
　　た戦闘員に弾薬を配り，彼らに DDR を受けさせた。彼らから現金の一部を
　　受け取ることで，もはや不要となった武器から利益を得たのである。

　　　　　　　　　　　　　　　　　　　　　（Hoffman 2011a: 149-151. 引用者による要約）

無用な武器を捌くジョーの行動は，CDF という PC ネットワークの解体プロセスを物語る。CDF という PC ネットワークは内戦を前提としたものであった。その前提が崩れつつある中で，クライアントに分配するはずであったかつての「資源」は無用となったのである。

(2)リベリアへの戦闘員の流出

　DDR（武装解除・動員解除・社会再統合）によって戦闘員は CDF から離れ

ていった。CDF を離れた戦闘員の中には，隣国リベリアへと移動し，そこで
第二次リベリア内戦に参加した者もいる。彼らが参加した武装勢力とは，テ
イラー政権に反旗を翻す LURD（リベリア民主和解連合）である。LURD は
2000 年にギニアから国境を越えてリベリアへと侵攻した。それにより第二次
リベリア内戦（2000 ～ 03 年）が開始する。

　LURD が結成されたのはシエラレオネであった。リベリア人政治家の連
合体として始まっている。ひとりの卓越した指導者がいるわけではない。
1997 年にテイラーが大統領に就任して以降，リベリアでは強権政治により
多くの政治エリートが国外への逃亡を余儀なくされた。そうした政治家が
協力することで組織されたのが LURD である。シエラレオネは LURD の
結成と蜂起の準備に使われた。情報発信型の NGO「国際危機グループ」
(International Crisis Group: ICG) は，LURD の結成について以下のように報
告している。

　　シエラレオネの和平プロセスが頓挫する中〔引用者注―ロメ和平合意から 2000
　　年 5 月事件までの間〕，2000 年 2 月にミーティングが開かれた。そこに参加し
　　たのは「リベリア正義連合」(the Justice Coalition of Liberia: JCL)，「リベリア
　　人避難民組合」(the Organisation of Displaced Liberians: ODL)，「リベリア民主
　　部隊連合」(the Union of Democratic Forces of Liberia: UDL) である。UDL は
　　シエラレオネにいるリベリア人反体制派の連合である……。これらの反テイ
　　ラー勢力はミーティングで連合し LURD の結成を発表した……。シエラレ
　　オネが LURD の活動にあたり基地となるのは自然な成り行きといえる。す
　　でに戦闘員がおり，シエラレオネ国境はモンロビアから 120km と近いからだ。
　　LURD はシエラレオネの地を攻撃の足場とすることについての了承を，ナイ
　　ジェリア軍やシエラレオネ国軍の上層部，およびカマジョーの司令官から得
　　ていた。しかし，カバー大統領はそれを許さなかった。　　　　(ICG 2002a: 4)

ICG が記したこの経緯について筆者はさらに詳細を追った。その結果，明ら

かになったのは以下の通りである。

　上述の報告書では UDL を「シエラレオネにいるリベリア人反体制派の連合」としている。じつは，そこに CDF 特別部隊が参加していた。UDL では，リベリア人政治家（「L 氏」とする）がリーダーであったが，実戦部隊は CDF 特別部隊が担っていたのだ（特別部隊の大半はリベリア人戦闘員である）。

　UDL が作られたきっかけは，L 氏がシエラレオネの政治家（「S 氏」とする）に秘書を派遣し，蜂起の計画を持ちかけたことにある。L 氏は資金を持ち込み，その資金を元手に武装勢力を作り，政治的リーダーシップを担おうとした。L 氏の秘書が S 氏へとその話を持ち込み，S 氏がそのことをシエラレオネ国軍の参謀長マックスウェル・コーベに相談した。コーベはかねてからシエラレオネ内戦を終わらせるためには，AFRC/RUF を支援するテイラー政権をつぶす必要があると考えていた（実際，16 事件の際もテイラー政権からの支援があった）。そこでコーベは L 氏の計画を支援することにした（cf. ICG 2002a: 3-4）。その計画を実行するためスパローが呼ばれた。コーベは，CDF 特別部隊を L 氏の蜂起計画に利用しようと考えたのである。

　スパローおよび特別部隊第二位であるイブラヒム・ジャロは作戦を考えるようコーベから指示されたという。ジャロは言う。「72 時間以内に作戦を練り，その概要を報告するように指示された」と。[218] CDF 特別部隊がリベリアの武装蜂起に加担することを，シエラレオネ人戦闘員は以下のように語った。

　　ある日，スパローが我々のミッションをテイラー政権の打倒に変えると言った。特別部隊の大半はリベリア人であり，彼らもそろそろ帰る頃だと思っていた。私をはじめシエラレオネ人戦闘員も異論はなかった。[219]

L 氏以外にも，何人かのリベリア人政治家が賛同し，UDL は ODL に再編さ

　＊218　筆者によるインタビュー。イブラヒム・ジャロ，2010 年 12 月 31 日，ボトル。
　＊219　筆者によるインタビュー。2011 年 1 月 2 日，ボー。

れた。しかし，ODL の計画は実行には至らなかった。ODL に参加したひとりのリベリア人政治家が資金を持ち逃げしてギニアへと逃亡したのだ。その政治家は，ギニアで自分が糸を引く戦闘員を動員し，その資金を用いることで，JCL（リベリア正義連合）として蜂起を試みた。しかし，その蜂起は散発的な攻撃として認識されたに過ぎなかった。その後，自力での蜂起を諦めたその政治家は，シエラレオネへ戻った。その他，各国に散らばったリベリア人政治家もシエラレオネへと集まった。彼らが連合することによって 2000年 2 月に LURD が作られることになった。

　LURD はその活動にあたり，シエラレオネ国軍や CDF から了承を得ている。さらに，彼らはギニア政府の支援も取り付けていた。ギニア国内のマセンタ（Macenta）に後方基地が作られた。当初は，シエラレオネをベース・ワン，ギニアをベース・ツーとして 2 国からリベリアへと侵攻する予定であったという。

　リベリア人政治家たちは LURD が作られると，その実戦部隊となる戦闘員を集め始めた。スパローや特別部隊もその計画に関わっている。ブルックフィールズ・ホテルは 2000 年頃から LURD の戦闘員を滞在させるようになった（Hoffman 2007a）。CDF の戦闘員だけではなく，シエラレオネ内戦のその他の勢力からも戦闘員が集められた。スパローは言う。

　　　LURD が戦闘員を動員していることは公然の秘密だった。参加したい者はブ
　　　ルックフィールズ・ホテルか，私の家に来るように情報を流した〔スパローは家
　　　を与えられていた〕。カマジョーだけでなく，RUF や AFRC だった者も訪れた。

ブルックフィールズ・ホテルに戦闘員を滞在させ，蜂起の準備をしていたLURD であったが，その計画は途中で頓挫する。コーベが死亡したのだ。それによりシエラレオネ政府で LURD を支援する中心人物がいなくなった。コーベの死亡後，LURD がシエラレオネの地を利用することで蜂起を計画していることが，カバー大統領の耳に入った。カバーはそれを許さず，

LURD の幹部のいっせい検挙を命じた。彼らは逮捕された。スパローは彼らの解放のために副大統領と掛け合ったという。その努力により LURD の幹部は解放された。しかし，LURD がシエラレオネの地を使うことは許されなくなった。そこで LURD の幹部や戦闘員はギニアへと移動した。シエラレオネをベース・ワンとすることを諦め，ギニアに戦闘員を集中させたのである。

　とくに，2000 年 7 月からは武装解除が本格的に始まったため，戦闘員の輸送を急いだ。[220] 以下に，コナクリへと移動したカマジョーの経験をあげておく。

　　CDF としてフリータウンに滞在した。スパローが政府から薬や飯を調達してきた。500 人くらいの面倒を見ていたんじゃないかと思う。〔今度は LURD に参加することになった。〕マックスウェル・コーベ参謀長は我々がリベリアへと行くのを助けてくれるはずだった。しかし，彼は死んでしまった。そこで，〔シエラレオネから直接，リベリアへ侵攻するのではなく〕まずギニアに向かうことになった。ギニアには海路で入った。ギニア軍のパムパム〔クリオ語でボートのこと〕でコナクリへと渡った。コナクリでは 2 か月ほど待った。その間，シエラレオネから次々と人がやってきた。ギニア軍につれられてマセンタまで行った。[221]

特別部隊のリベリア人戦闘員や，志願したカマジョーはこのように海路でコナクリへと送られた。2000 年のうちに LURD はギニアからリベリアへと侵攻した。そこにはシエラレオネ人も参加している。こうした戦闘員は，CDF の PC ネットワークが解体されつつある中，そこから抜け出し，新たな PC ネットワークへと乗り換えたといえる。

＊220　筆者によるインタビュー。スパロー，2011 年 1 月 19 日。
＊221　筆者によるインタビュー。2008 年 10 月 8 日，モンロビア。

(3)ブルックフィールズ・ホテルの解体

　CDF の解体に伴いブルックフィールズ・ホテルにいるカマジョーの数も減っていった。このホテルは内戦終結宣言が出された 2002 年 1 月以降もカマジョーの暮らす場所であった。しかし，2002 年 8 月には住民の強制撤去が実施された。2000 年以降，ブルックフィールズ・ホテルで調査を続けていたホフマンは以下のように記す。

　〔内戦終結宣言が出された 2002 年〕1 月までにホテルの人口は劇的に減っていた。しかし，数百人が，いまだにホテルを占拠していた。強制撤去の噂も流れ始め，CDF のエリートはホテルを離れ始めた。ノーマンと関係の深かった広報担当長のチャールズ・モニウォもそのひとりである。彼はクリスマス前にエアコン付きの部屋を去った。CDF 輸送担当長が所有する黒塗りのベンツも数週間見ていない。普通の戦闘員たちも次々と抜けて行った。ある者はギニア国境を越え LURD へと参加した。ある者はいまだに緊張状態にある東部のコノやトンゴへとダイヤモンドを採掘しに行った。……2002 年 8 月，国連平和維持軍のナイジェリア派遣団がホテルに残留する CDF 戦闘員を退去させた。ホテルを離れることができる戦闘員は数か月前からホテルを出ていた。ホテルに残っている人々は必死だった。彼らは強制退去させるならホテルを焼き払うぞと脅し，暴力を用いて建物と自分たちの居場所を守ろうとした。とはいえ，撤去は比較的順調に行われた。ナイジェリア軍の兵員輸送車が駐車場に入ってくると若者たちはホテルの裏口からストリートへとこっそり逃げていった。何人かは政府が用意したバスに乗った。そのバスでボーやケネマに向かうのだ。5 年間占拠されたホテルは終わりを告げた。落書きとゴミが残された。カマジョーがいた痕跡はもはや残っていない。

　　　　　　　　　　　　(Hoffman 2011a: 183, 199-200。引用者による要約)

　ブルックフィールズ・ホテルは，その後，改修され，真実和解委員会のオ

フィスとして使われるようになった。

(4)パトロンとしての力を失うイニシエーター

CDF という PC ネットワークから恩恵を受けていたパトロンは，CDF が解体する中でもその地位をなんとか保ち，現状を維持しようとした。

イニシエーターは，後期カバー政権になると，パトロンとしての影響力を失っていった。カバー大統領が復帰して以降，CDF の軍事活動は軍事部門と行政事務所を通して実施されるようになった。加入儀礼部門として独立していたイニシエーターの部隊は戦闘に動員されることが少なくなった。戦闘員にとって，戦闘に出る機会が少なくなることは，略奪物資を手にする機会が少なくなることを意味する。イニシエーターの下にいたカマジョーは，経済的利益やそれを得る機会を提供できないイニシエーターに見切りをつけ，別のパトロンを見つけたり，一般住民に戻ったりした。

また，イニシエーターは新たなカマジョーを動員する機会も失っていった。カバー大統領が復帰した直後には，引き続き加入儀礼が行われ，新たなカマジョーが動員されていた。しかし，内戦が沈静化するに従って，新たなカマジョーは必要とされなくなった。イニシエーターの役割は「再儀礼」に限定されるようになった。再儀礼とは，一度，加入儀礼を受けたカマジョーが，失われつつある能力を補強するために受ける儀礼である。

コンデワは新しい儀礼を次々と考案することで金銭を獲得し，クライアントをつなぎとめようとした。以下はホフマンからの引用である。

1998 年後半から 99 年頃には短期間の加入儀礼が見られるようになった。……アリウ・コンデワは「伝統的なカマジョーの加入儀礼」よりもさらに有効な新しい結社に多くの男たちを加入させた。その結社は審査が緩く，儀礼も楽で，掟も少なかった。しかし，加入儀礼のために徴収した金額だけは高かった。1999 年 1 月 6 日〔16 事件〕までにコンデワはボンス県バサスト（Bathurst），およびボー県ブンペ（Bumpe）で加入儀礼を行った。CDF の内部

資料によると，5000〜1万名が加入儀礼を受けたという。コンデワはこの結社を「アヴォンド」(Avond) と呼んだ。メンデ語で「汗」という意味である。コンデワはアヴォンドが従来のカマジョーを越える力を持つと触れ回った。

コンデワのアヴォンド儀礼に対して，コミュニティの指導層も CDF の幹部層も怒りをあらわにした。国軍がにわか仕立ての若者と従来のカマジョーを同等に扱ってしまいかねないからである。アヴォンドの男たちが，準正規治安部隊の名を語り，地元住民を餌食にすることにもなりかねない。CDF の事務幹部はアヴォンドの解散を命じた。……

以来，コンデワは数百名程度の小さな部隊を次々と作り出した。それは CDF の悩みの種となった。2000 年 5 月 8 日の事件〔2000 年 5 月事件〕の後，コンデワは「バニャモリ」(Banya Moli) と呼ばれる部隊をモヤンバ県で組織した（メンデ語で「私に聞くな」という意）。赤いバンダナや布を巻いているのがバニャモリのしるしである。コンデワはアヴォンドと同様，バニャモリに対して従来のカマジョーを越える力を約束した。……コンデワは横柄に振る舞ったが，自分の部隊もコントロールできなかった。バニャモリは CDF の幹部によりまもなく解体された。

次にコンデワは「ボベボイ」(Ngbogbegeboyei) という儀礼を始めた（メンデ語で「すべて終わった」の意）。この儀礼を受けるには高額の料金を支払わなければならない。ただし，掟を破っても，〔超自然的な〕能力は衰えず，将来も再儀礼を受ける必要がないという。

ノーマンは，カマジョーにボベボイが浸透する前にコンデワを司祭長の座から引きずり下ろした。カマジョーの呪術的側面を代表する男は，お荷物となった。ローカルリーダーの悩みの種となりメディアの笑いの種となった。コンデワに代わり司祭長となったのがラハイ・バングラであった。ラハイ・バングラは読み書きができ，コスモポリタンな感覚を持ち，強い自己主張も行わなかった。CDF の解体が進んでいる中で司祭長となった彼は，儀礼部門のトップとして，CDF のヒエラルヒーにうまくなじんだ。

(Hoffman 2011a: 237-238。引用者による要約)

342

アリウ・コンデワは，CDF が解体される中でもベース・ゼロの頃と同様，加入儀礼を利用することで，自らの権力を保とうとした。しかし，その試みは内戦が収束する中ではうまくいかなかった。CDF ではすでに加入儀礼を必要としなくなっており，イニシエーターの役割は低下した。コンデワは環境の変わる中で自らの地位が維持できなくなり，CDF の高次のパトロンの座から降りていった。

(5)失われるノーマンの求心力

ノーマンの求心力も内戦の収束とともに失われていった。ノーマンは，恣意的な命令を発し，CDF を利用することで権力を維持してきた。しかし，CDF は解体していった。2002 年 4 月には CDF の事務所も閉鎖された。

ノーマンの求心力の低下について語る時，多くの幹部が口にすることがある。それは CDF を「領土防衛隊」(Territorial Defense Force: TDF) として CDF を再編する計画である。情報発信型 NGO の ICG（国際危機グループ）は，TDF の計画について報告書の中で記している (ICG 2002b)。それによると，TDF とは軍や警察を補助する 7500 人規模の治安維持部隊であるという。

CDF の幹部らによる説明は共通して以下のようなものである。

> 内戦が収束した頃，CDF の一部を存続させるため TDF として再編し，チーフダムや県レベルでの治安維持にあたらせようとする計画があった。ブルックフィールズ・ホテルで会議を開き，CDF の主要メンバーおよびカバー大統領の合意も取れていた。イギリスや国連といったドナーからの支援も約束された。実際に，TDF の実現に向けてイギリス軍による訓練が行われてもいた。3300 着の制服もすでに準備されていた。[222]

＊222 TDF についてはホフマンも記している (Hoffman 2011b: 100)。

しかし，その計画はノーマンが民兵の訓練をしていたことから反故となったという。何人かのCDF幹部は筆者に同じ説明をした。

> ノーマンは内戦が終わったにもかかわらず，カマジョーに軍事訓練を施していた。自分の故郷であるモンゲレ〔バルニア・チーフダム〕で隠れて行っていたんだ。彼は大統領になりたいという願望があった。クーデターを計画していたのかもしれない。

ノーマンの行いにより，イギリス軍の援助が打ち切られ，TDFの構想は水泡に帰したという。

　この出来事が示しているのは，内戦が終結したことにより，ノーマンはこれまでのように戦闘員を恣意的に利用することで権力を維持することができなくなったことである。ノーマンは，シエラレオネの人々の間で，反徒からシエラレオネを守った英雄として尊敬されていた。一般のカマジョーもノーマンを神聖視していた。しかし，CDFの幹部の中には，ノーマンに対して否定的な感情を持つ者も多い。いうまでもなく，スパローもそのひとりだ。

> シエラレオネの人々は，ノーマンに対して敬意を表している。けれども，そんなのウソだ。我々は彼の権力欲求に振り回された。彼は大統領になりたかったんだ。CDFはノーマンの権力欲に振り回された。私は自分の経験を本にするつもりだ。そこにはノーマンの行動も描かれている。彼が権力に固執した結果，内戦はより混沌としたものになった。彼がいかに自己中心的で権力まみれだったかを，私は白日の下にさらすつもりだ。

前述のようにスパローはCDFから抜け出しLURDに参加した。とはいえ，その後もシエラレオネに残り，LURDの連絡係を担ったという。目立った仕事もあまりなかったことから，仲良しであったタッカー（ジェンデマ・カマジョーの大隊長）とともに新しい事業を始めた。ローカルNGOを立ち上

げ，DDR 事業の下請けとして職業訓練校を開いたのだ。こうして彼らも紛争後に新しい生活の糧を見出した。

2003 年 3 月，ノーマンはシエラレオネ特別裁判所に訴追されるために逮捕された。この逮捕は，カバー大統領が，権力欲を持つノーマンを排除するためだったとの噂もある。いずれにせよ，シエラレオネ特別裁判所に逮捕されたことによってノーマンの権力は潰えた。

国家基地司令官であるモハメド・ドゥアイはノーマンが逮捕された時，蜂起を企てたという。

> ノーマンが逮捕された時，私は CDF の上官（senior officer）を尋ねて回り，支援を求めた。DDR の時，214 名の上官はまとまった金額と家が与えられた。彼らの今の生活はノーマンのおかげだ。しかし，私が支援を求めても，誰も注意を払わなかった。私はみんながグルだったことに気づいた。[223]

戦闘員が従うのは，直接の上官のみである。戦闘員を直接動員し，かつ資金を集めることができる司令官が動かなければ，CDF の戦闘員が行動することはできない。モハメド・ドゥアイは協力を集めることができず，計画を実行に移せなかった。

ノーマンの逮捕時，CDF による暴動を防ぐため，CDF の幹部にはあらかじめ了承が取られていたといわれている。もはや解体された CDF に対して既得権益を持つ者はほとんどいなかった。そのため，ノーマンの逮捕に対する反対は強くなかったという。ノーマンが逮捕されても，彼らが失うものは特になかったのである。

ノーマンはシエラレオネ特別裁判所で係争中の 2007 年，病気療養中のセネガルにて病死した。ノーマンの腹心であったコンデワやフォファナも

＊223 筆者によるインタビュー。モハメド・ドゥアイ，2009 年 11 月 27 日，フリータウン。彼はブルックフィールズ・ホテル国家基地司令官（National Base Commander of Brookfield's Hotel）でもあった。

2003 年 5 月に逮捕された。彼らは CDF とは別の場所でそれぞれ新しい居場所を見つけていた。モイニナ・フォファナはノンゴバ・ブロム・チーフダムのスピーカーとなっていた。コンデワは呪医に戻った。[224] その新しい生活も逮捕によって奪われた。この 2 人の公判は，すでに終了している。フォファナには 15 年，コンデワには 20 年の禁固刑が言い渡された。2015 年 2 月現在，彼らはルワンダにて服役している。[225]

＊　　＊　　＊

　後期カバー政権期は，カバー政権と AFRC/RUF の対立を軸に内戦が展開した。国軍の大半を失ったカバー政権の主戦力は ECOMOG および CDF であった。CDF は AFRC/RUF との対立の中で政府系勢力としての組織を整えていった。そして組織のトップだけでなくあらゆるレベルで権力維持の道具として利用された CDF はゆるやかな死を迎えた。以下に，その中で確認できる事項を列挙する。

① 　CDF の組織が整えられる時に中心となったのは，ベース・ゼロの PC ネットワークであった。中央で幹部となった者，あるいは地方に設置された行政事務所で重役となった者は，ベース・ゼロ時代にノーマンの PC ネットワークに取り込まれた者である。彼らの下にその地域のカマジョー，あるいはその他民族の狩人民兵が組み込まれていった。
② 　フリータウンでは CDF の駐留地が作られ，そこに CDF の戦闘員が住むことになった。彼らは AFRC/RUF の掃討作戦に動員されるほか，

＊ 224 "SCSL-2003-14-I: The Prosecutor v. Samuel Hinga Norman, Moinina Fofana and Allieu Kondewa Indictment（PDF）". Special Court for Sierra Leone, 5 February 2005.

＊ 225 The Prosecutor vs. Sam Hinga Norman, Moinina Fofana and Allieu Kondewa, Special Court for Sierra Leone/Residual Special Court for Sierra Leone. [Cited at 18th October, 2014]〈http://www.rscsl.org/CDF.html〉

ノーマンによって私的な目的にも利用された。

③　スパローが撃たれた時のストーリーが示すのは，政府系勢力としての組織が整備されてもなお，部隊への物資の供給はパトロンによる個人の影響力のもとで行われているということである。

④　2000 年頃からは和平プロセスが軌道に乗り，内戦が徐々に収束していくと，CDF の構成員は次々と組織を離れていった。すなわち，CDF という PC ネットワークから離れていったのである。その一方で，ノーマンやコンデワの行動に見られるように，状況が変わる中でも内戦中のロジックで自らの権力を維持しようとする者もいた。

本章で確認したプロセスを仮説に照らし合わせると，優位となった PC ネットワークを中心に，各 PC ネットワークが接合され，ひとつの政府系勢力に PC ネットワークが組み上がるプロセスといえる。しかし，内戦が収束するにつれ，その PC ネットワークからは構成員が抜け出していった。

第 **11** 章

内戦を生きる人々
カマジョーたちのライフヒストリー

第5章から第10章では，カマジョー /CDF の変容を示してきた。カマ
ジョーは内戦の中で CDF として組みあげられ，内戦の収束とともに解体した。
第8章以降は，スパローの CDF 特別部隊について詳細に記すことで，カマ
ジョー /CDF が PC ネットワークとして機能しており，かつ，その PC ネット
ワークが流動的であることを示した。しかし，ここまでの記述でカマジョー /
CDF が流動的な PC ネットワークであることを十分に示せたとはいえない。
CDF という組織が大きすぎるため，個々の人脈が見えてこないからである。
本章は，その問題点を埋めるために3名のライフヒストリーを提示する。

　筆者は，それぞれの人物にライフヒストリーを聞き取った。本章ではそれ
らを示す。ただし，それを紙面上で提示する際，カマジョー /CDF の変容
やその流動性を示す部分を抜き出して編集した。すなわち，それぞれのライ
フヒストリーは，カマジョー /CDF の変容を考えるという本研究の目的に
沿って再構成している。ゆえに，以下で提示する語りは，語りをそのまま書
き起こしたものではない。

　なお，ライフヒストリーで示される経験は，本研究が第5章から第10章で
付与した解釈とは異なる場合もある。ライフヒストリーでは，個々の経験とそ
の経験に対する彼ら自身の解釈が主観として示されている。それを意図通り
に記そうとした。いわば，「主観的なリアリティ」を描こうと試みた。本章で
提示する語りは，編集してあるものの，解釈をゆがめてはいない。語った内
容が嘘だと思われる部分，曖昧にしたと思われる部分，事実とはそぐわない
部分もあえてそのまま記してある。

　第1節で，PC ネットワークの特性を確認した後，第2節でライフヒスト
リーを提示する。

1　CDF 特別部隊から見る PC ネットワークの機能

本章でライフヒストリーを提示する目的は，カマジョー /CDF が流動的な

PC ネットワークで機能していることを示すためである。そのため，まずは詳細に検討した CDF 特別部隊から読み取れる PC ネットワークのあり方を示す。

第一に，資源を調達できる者がパトロンとなる。第8章では CDF 特別部隊の結成について記した。スパローは，リベリアの武装勢力で軍事訓練を受けた経験を持ってはいるものの，実戦経験はない。それでも，特別部隊の長となることができた。スパローは CDF/ カマジョーの資源を分配することができたからこそ特別部隊の長になったといえる。

第二に，PC ネットワークは流動的であり，クライアントは資源を持つパトロンの元に集まる。第10章で確認したように，スパローは多くの資源を分配できるようになったことでさらに多くの戦闘員を部下として有するようになった。また，他のカマジョーの部隊もスパローに忠誠を尽くすようになった。このことは PC ネットワークの流動性を示している。クライアントは自由にパトロンを選ぶことができる。資源の分配があってこそパトロンはクライアントをつなぎとめることができる。

第三に，戦闘員は人脈を通して動員される。第9章ではカマジョー /CDFによるフリータウンへの侵攻を確認した。その際，CDF 特別部隊はカマジョーを吸収していった。その多くは，CDF 特別部隊の戦闘員の親類だったり，知り合いだったりしている。こうしたつながりを通して特別部隊へと動員される戦闘員は，リゾーム状の人脈ネットワークを利用することで，PC ネットワークへと取り込まれている存在と解釈することができる。

2　3人のライフヒストリー

本節では，上述のような PC ネットワークのあり方がカマジョー /CDF 全体に通しても当てはまることを，3人のライフヒストリーを通して示す。

(1)ジェンデマ・カマジョーの幹部イブラヒム・タッカー

最初に提示するのは，ジェンデマ・カマジョーの幹部であるイブラヒム・

タッカー（Ibrahim Tucker）である。タッカーは1977年にボンス県ノンゴバ・ブロム・チーフダムで生まれた。父親はこのチーフダムのパラマウント・チーフだった。このチーフダムは，内戦が始まった後，カレ村のカマジョー集団に加わっている。また，内戦後，シエラレオネ特別裁判所に逮捕されるまでモイニナ・フォファナがスピーカーを務めたチーフダムでもある。筆者はタッカーに2回の聞取調査を行った。[226] 以下は2つの聞き取りに基づいて再構築したものである。

　1991年7月，反徒が私の村にやってきて父を殺した。父は裕福だった。反徒は父に単発銃を差し出すことを要求した。父がそれを断ると，「我々には時間がないんだ」と言って殺した。私はブッシュへと逃げ込んだ。そのまま海軍（navy）〔沿岸警備隊〕に報告した。

　その後，私はヤシ油を買い付け，フリータウンへと運ぶ仕事をするようになった。しかし，待ち伏せに遭い，すべてを奪われた。もう内戦中に商売はしないと決意した。内戦中は，国軍の検問所でしばしば止められる。RUFの地域に入ると国軍に撃たれそうになる。これでは商売はできない。

　1995年頃，ボンス県では反徒の脅威が再び増してきた。私も〔ノンゴバ・ブロム・チーフダムで〕動員され，AG〔Action Groupの略，行動班〕のリーダーとなった。AGとは，町やセクションの若者を組織した自警組織である。次第にAGはチーフダムを越えて組織されるようになった。それぞれのチーフダムは，リーダーとなるチーフ・カマジョーを置き，彼らが国軍とのコーディネーションを担うようになった。もし国軍が人員を必要とすれば，レターで連絡が来る。その指示に従って人々を集めるのだ。私は2〜3回，海軍とともに反徒の掃討に従事した。

　反徒は我々の村を襲い，我々を追い出した。そこで，カレ村のカマジョー

＊226　2009年11月23日マトゥルにて聞き取り，および，2011年10月2日フリータウンにて聞き取り。

へと参加することになった。カレ村ではサダム・シェリフの遠征に参加し，ボーへ行った。ボーでしばらく過ごした。カレ村で加入儀礼を受けたわけではないので，ボーで加入儀礼を受けた。イニシエーターはラハイ・バングラであった。その頃から私は国軍と共同作戦を行うカマジョーに参加するようになった。エディがその長であった。エディは国軍との調整役であった。私はそのカマジョーで野戦司令官（battle front commander）の役割を果たした。525事件の時も国軍とともに行動していた。その時，私はジンミにいた。我々と国軍の関係は良好であったが，525事件を契機に国軍と袂を分かつことになった。我々はジェンデマへと移動した。……ジェンデマでは第一大隊長となった。しかし，ノーマンが新しい基地を作った時，第二大隊長となった。

〔出身チーフダムがベース・ゼロに参加しているにもかかわらず〕ベース・ゼロには行ったことがない。ヘリコプターでECOMOGの支援物資を運ぶ際，ベース・ゼロに着陸したことがあるが，決してヘリコプターから降りなかった。我々〔ジェンデマ・カマジョー〕と彼ら〔ベース・ゼロ〕はよい関係とはいえなかった。降りたら殺される恐れがあった。

我々はジェンデマでカマジョーを厳密に組織した。それに対して，ベース・ゼロでは命令系統が混乱していた。フリータウン奪還作戦の時，ベース・ゼロのカマジョーは我々より先にボーに着いた。彼らは苦戦していた。我々が来たことによってボーを掌握することができたのだ。

フリータウン掌握後は，病気をし，数か月フリータウンで入院生活を送った。その後は，ジンミに駐留することとなった。スパローも特別大隊の長としてジンミにいた。我々は仲がよく，何をするのも一緒だった。

武装解除の後，私はいくらかの金銭を手にすることができた。それを元手に，DDRプログラムを実施するローカルNGOを立ち上げた。そのNGOは国連に承認された。ボーにて，バイク整備士，大工，洋服の仕立てなどの訓練を実施した。スパローもその運営に携わっていた。

タッカーの経験からは，さまざまなカマジョー集団を移り歩くカマジョーの

姿が読み取れる。タッカーは，出身チーフダムで狩人民兵となった後，反徒に追われ，カレ村のカマジョーへと参加した。このことは人脈を通じた移動ではない。しかし，その後，タッカーは自分の意思で部隊を渡り歩いている。まず，サダム・シェリフの遠征に随伴し，ボーへと赴いた。次に，ボーでは，国軍と共同で作戦を展開するエディのカマジョー集団に参加した。そのまま，ジェンデマのカマジョーで大隊長の地位にあったが，紛争が終結するまでにNGOを運営するようになり，CDFから離れた。

(2)アルバート・ナロ

2人目の人物はアルバート・ナロ（Albert Nallo）である。ナロは，ベース・ゼロのPCネットワークにいたものの，その後はPCネットワークの周縁へと追いやられた。彼は聞取調査時57歳であり，比較的高齢である。彼はボー県出身で，1991年の内戦勃発時，カイラフン県で農業指導員をしていた。彼はシエラレオネ特別裁判所でも証言しており，その内容は第9章でも多く紹介している（2011年10月8日，フリータウンにて）。

> 私は内戦発生時，カイラフン県で農業指導員として働いていた。私は反徒が侵攻してきた後，反徒とともに2か月いた。最初は共感を覚えたが，インチキだと思うようになった。RUFは住民にダイヤモンドや金を差し出すように命じた。コーヒー，カカオ，ヤシ油も「革命」のために差し出せという。これは違うと思い，逃げようと妻に提案した。一度，ギニアへと渡り，コノ県を抜け，ボーへとたどり着いた。ボーでは商売を始めた。魚の干物（dried fish）やヤシ油を南部〔プジュン県やボンス県〕で買い付け，ボーへと運んだ。カレ村にも行ったことがある。その頃，サダム・シェリフが反徒を追い払ったので，南部には危険がなかった。カレ村のカマジョーの噂は火事のように広がった。私もカレ村で仕入れた情報をボーで話し，噂を広げた一員だといえる。
>
> 　内戦がひどくなってきたため私もカマジョーになることにした。私は自分の出身チーフダムへ行き，面談を受けてカマジョーになった。イニシエーター

は自分で選んだわけではない。チーフがママ・ムンダを選んだ。彼女は力があると知っていたので異論はなかった。そのままママ・ムンダの部隊にいることになった。

525事件の後，東部のカマジョーはジェンデマに行き，南部のカマジョーはタリアに集結した。モイニナ・フォファナが戦争担当長に任命され，ノーマンが国家調整官となり，組織作りが行われた。私はジェンデマへと命令を受け取りに行き，ニュースを持ち帰ったことがある。ママ・ムンダのアイディアで，ボー周辺に基地を作ろうとしていた。人員を集めるためにモヤンバ県やボー県を回った。

しかしノーマンが，すべてのカマジョーはベース・ゼロに集まれという命令を発した。そこで，200〜300人とともにベース・ゼロに移った。ママ・ムンダは老齢であったため残った。当時はティフンがベース・ゼロと呼ばれ，ノーマンもコンデワもそこにいた。トラブルのためベース・ゼロはすぐにタリアへと移された。……。私はタリアでノーマンに副作戦担当長（deputy director of operation），および南部作戦担当長（director of operation for the southern region）に任命された。

カバー大統領が帰国するきっかけとなったフリータウンの攻撃の際，私はボーに留まった。そこでボーのオフィス〔後の行政事務所〕を設立した。……カバー大統領が復帰した後もボーに留まった。

ある時ノーマンが，私に話があると言ってきた。ECOMOGに対して攻撃しろというのだ。それはまずいと思い，断った。すると，ノーマンは行政事務所を迂回して，現地の司令官と直接コンタクトを取り出した。オフィス〔行政事務所〕は放置された。オフィスは迂回されて作戦が伝達された。戦争担当長のモイニナ・フォファナに相談すると，そのままボーに留まれと言われた。それからは米の支給も減った。

……DDR後もボーに留まった。私はECOMOGとの仲介を行っていたので，人々は内戦後も私の存在を知っていた。……アメリカ人がやってきてシエラレオネ特別裁判所で証言するように言われた。弁護のつもりで証言台に立った

のに誘導されて余計なことをたくさん言ってしまった〔9章で確認できるように，彼はベース・ゼロでの人権侵害について多くの証言をしている〕。一般のカマジョーはノーマンを英雄と見なしている。ノーマンに不利な発言をしたため，ボーに居続けると殺される可能性もあった。そのため証言後は証人保護プログラムを受け，ガーナで過ごした。しかし，ガーナには知り合いがいない。寂しすぎた。今はカイラフン県に戻って材木の輸出をしている。カイラフン県は反徒の支配地域だったので，カマジョーは少ない。今はボーに帰っても夜中は出歩けない。殺されてもおかしくはない。

　ナロの語りを見ると，ナロは，まずママ・ムンダの部隊に参加した。その部隊は，ジェンデマでノーマンの傘下に従属することになる。その後，ノーマンがベース・ゼロに移った後，彼は呼びかけに応じ，ベース・ゼロへと渡った。ナロはそこで高い地位についた。しかし，CDFが国家としての組織を整える中でノーマンの命令を聞かなかった。その結果，資源の分配にあやかることができなくなった。彼は優位に立つPCネットワークにいたにもかかわらず，その中で周縁に置かれるようになった。

　筆者は，彼とフリータウンで会った。カイラフン県からわざわざ出てきてくれたのだ（スパローは「私が命令した」と言う）。私が宿泊代，交通費（および，謝礼数十ドル）を払った。スパローもこっそりとお金を渡していた。

　ナロへの聞き取りは宿のテラスで夕方から行った。彼はビールを片手にCDFについて何時間も語った。気づくと夜中の11時だった〔マラリアの後，病み上がりの筆者にとって，少々身体にこたえるものだった〕。確かに，ナロはよく喋るおじさんであった。気のいいおじさんという印象である。「せっかく来たからには全部知ってから帰ってもらう」と5時間近くも語ってくれた。その中にはシエラレオネ特別裁判所で語られたのと同じ住民に対する残虐行為も含まれていた。

　その翌日，フリータウンにやってきたナロをスパローの弟が訪ねてきた。彼も，ナロと同様，材木商を営んでいる。彼らは宿のテラスで会話をしてい

た。カマジョーからの復讐を恐れているナロに対して，スパローの弟はこう告げた。「もう内戦は終わった。あなたがボーに住んでも，もはや迫害を受けることはないと思う」。ボーからわざわざ車でやってきたスパローの弟は，その後，ナロに共同ビジネスの話をもちかけていた。

(3)アブ・バカール・カマラ

最後のライフヒストリーは，後期カバー政権に自分の小隊を引き連れてCDF特別部隊へと入ったアブ・バカール・カマラ（Abu Bakar Kamara）である。1978年生まれであり，カマジョーに参加した時は17～18歳だった。彼は，16事件の後，自分の部隊を引き連れてスパローの下に入った（2012年9月11日，モンロビアにて）。

私はガリナス・ペリ・チーフダムで生まれ，父母のもとで育った。4歳の時，プジュン県パカ・チーフダムのカラモコ〔イスラム知識人〕に預けられた。イスラムを学ぶためだ。1991年に初めて戦争が来た。反徒は緑のベレー帽をかぶったり，ヤシの葉を頭に巻いたりしていた。彼らは町に侵入すると，町のすべての人を集めた後，「我々はAPC〔全人民会議党〕を打倒するために来た」と語った。そして，タウン・チーフに対し「お前はもはやタウン・チーフではない」と言い渡し，ひとりの人間をランダムに選び，タウン司令官（town commander）に任命した。この男もそれを断ると殺されることになる。引き受けざるをえなかったのだろう。それ以降，この男がRUFと町の人々との仲介役となった。

　最初に反徒が来た時には誰も殺されなかったが，後から人が殺されるようになる。住んでいた町には川が流れている。そこを渡ってきた者は敵だとして殺されるようになった。

　1992年に国軍が近隣の町を再掌握しているという噂が入ってきた。もうすぐ我々の町にも来そうだというのでブッシュへと駆け込んだ。[227]我々は農耕を

＊227　安全を確保するため村を離れ，ブッシュに住むことをメンデ語で「サクイフン」という。

358

している。畑はブッシュの中にあり，そこで暮らすことができた。その間に国軍は反徒を撃退し，以前のタウン・チーフは復帰することができた。その後も，しばしば反徒が現れた。国軍は道案内のためにしばしば人々を動員した。

1993年3月，たくさんの国軍兵士が来た。彼らは反徒の攻撃があるため，住民はここにいてはいけないと命じた。我々は〔ボー近郊にある〕ゴンダマ避難民キャンプまで行くことになった。服とか生活物資を頭に乗せて歩いた。1週間以上かかった。

避難民キャンプでは私の先生〔カラモコ〕とともに生活していたが，1995年7月に病気で亡くなった。そのあとは同じゴンダマで暮らす父母のところへ移った。1994年12月にゴンダマ避難民キャンプが襲撃された時，私もその場所にいた。橋があり，逃げようとした人々が殺到した。人々は橋から落ちたり，川べりから転落したりした。たくさんの人が亡くなった。ECOMOGや国軍兵士はボーへショーを見に行っており，治安要員がいなかったんだ。RUFはその夜に撤退していった。

この頃，複数のチーフダムが国軍と共同で作戦をするようになった。ボンス県の人々もカマジョー結社を作り始めていた。その噂を聞いて私は友達とともにカマジョーになることにした。最初，〔サダム・シェリフがいた〕プジュン県バンダペに行った。しかし，「もう彼はいない。カレ村へと行け」と言われた。そのままカレ村へと向かった。

カレ村では，サダム・シェリフ，アリウ・コンデワ，ママ・ムンダが共同で加入儀礼を行っていた。我々は加入儀礼を受けた3番目のグループであった。その後，コンデワはティフンへ移り住んだ。サダム・シェリフはボーへと遠征した。私もサダム・シェリフとともにボーへと行くことになった。この時，イブラヒム・タッカー〔後のジェンデマ・カマジョーの第2位〕もいっしょだった。ボーへ至ると，ゴンダマ避難民キャンプの父母のもとでしばらくすごした。

サダム・シェリフはボーに来た後，社を設け，加入儀礼を行った。サダム・

第11章　内戦を生きる人々　359

シェリフが最初にボーで加入儀礼を行ったイニシエーターである。ノーマンやテルの人々は，サダム・シェリフに最初に加入儀礼を受けた者たちである。その他のチーフダムの人々も加入儀礼を受けた。私は，キャンプにいたガリナス・ペリ・チーフダムの若者をサダム・シェリフに紹介し，加入儀礼を受けさせた。その後，彼らはガリナス・ペリ・チーフダムを取り戻し，チーフダムへと戻っていった。私は，その後，ボーとガリナス・ペリ・チーフダムを行き来するようになった。ボーではサダム・シェリフとともにいた。私はノーマンがサダム・シェリフの社にしばしば訪れているのを知っている。

ゾゴダ〔RUFの本拠地〕攻略作戦は，各地のチーフダムからカマジョーが参加して行われた。国軍との共同作戦だった。ダルに駐留するひとつの中隊が我々〔カマジョー〕とともに行軍をした。ゾゴダから帰ってきた頃，ケネマで社を設けていたサダム・シェリフが殺されたことを聞いた。その後は，ママ・ムンダのもとに出入りするようになった。

ある時，国軍とともにカイラフン県へと進軍していた。ペンデンブからゲフンに至ったあたりで国軍は我々にダルへ戻れという命令を下した。ダルに着くと，カマジョーは解散しろと言われる。我々はそれを拒否しブッシュへと逃げた。その後，村人からカバー政権が亡命し，AFRC政権が成立したことを聞いた。プジュン県の故郷へ帰ろうとしたが，途中で別のカマジョーと落ち合った。彼らはジェンデマでカマジョーが再編されていると教えてくれた。私も彼らに加わり，ジェンデマに参加した。

ジェンデマでは県野戦司令官（district battle field commander）であった。戦略を考え，何人の戦闘員が必要かを「B・C・タッカー」〔Battalion Commanderの略。大隊長イブラヒム・タッカーの通称〕に報告する役割である。フリータウンを奪い返した後は，ケネマに駐留し，前線を転々とすることになった。〔16事件直前である〕1998年末にはフリータウンに行くことになる。その頃，カマジョーはジュイでジュンタを迎え撃つため体制を整えていた。しかし，反徒の攻撃を受け，ちりぢりになった。我々はポッパー丘で再集結しフリータウンへと加勢に向かった。

360

2000 年 5 月の事件〔サンコーに対する死刑判決を契機に AFRC/RUF がフリータウンに進軍した事件〕までには，私は特別部隊に入っていた。彼が国軍から調達してきた武器は我々にとって新しいものだった。……フリータウンで武装解除した後，ブルックフィールズ・ホテルからフリータウンに移り住んでいた母の元へ移った。

彼は，カマジョー /CDF の変容の中で複数のカマジョー集団を渡り歩いている。最初はカレ村へと渡り，その後，サダム・シェリフの遠征に参加し，ボーへと行った。ボーからは，国軍と共同で軍事作戦を実施するカマジョー集団に入った。525 事件を契機にジェンデマ・カマジョーへ入り，カバー大統領復帰後はフリータウンに滞在し，そこで CDF 特別部隊に入った。彼の経験は PC ネットワークの構成員が入れ替わるさまを示している。複数の PC ネットワークが組み代わり統合される中で，彼はさまざまな PC ネットワークを渡り歩いた。

＊　　＊　　＊

　以上，本章では，複数のライフヒストリーを提示した。第 5 章から第 10 章ではカマジョー /CDF 全体の変容を記述した。その変容とは，小さいネットワークが大きいネットワークへと統合される過程である。その中で戦闘員が部隊を渡り歩いていることが，ライフヒストリーから読み取れる。PC ネットワークは流動性を保ちながら，統合されていったのである。

終　章

人脈ネットワークとしての武装勢力

1 仮説の検証

本研究では，それぞれのチーフダムで作られたカマジョーが統合を重ね，変容し，ひとつの政府系勢力CDFへと変容する過程を確認した。その変容を説明する仮説として，小さなPCネットワークが組み上げられ，それが統合を重ねながらひとつの大きなPCネットワークへと収斂していくと考えた。

カマジョー/CDFは大きな組織である。ゆえに全体像を考慮しているだけでは，PCネットワークの中にある人と人との関係は見えにくい。そこで，本研究では2つのレベルからカマジョー/CDFを考察している。第一のレベルとして，カマジョー/CDFの全体を考察した。そして第二のレベルとして，CDF特別部隊の経験を記述した。CDF特別部隊を考察することにより，第一のレベルでは大きすぎて見えてこない，人と人との関係を読み取ろうとした。本節では，この2つのレベルに分けて，カマジョー/CDFの変容を検証する。

(1)第一のレベル——カマジョー/CDFの全体像の検証

第一のレベルは，カマジョー/CDFの全体像，すなわち，ノーマンを頂点としたPCネットワークである。このレベルからは，複数の小さなPCネットワークが統合されることで大きなPCネットワークへと発展していく姿が窺える。そのプロセスの中で，各レベルのパトロンおよびクライアントは組み換えられていった。組み換えを繰り返しながら，ひとつのPCネットワークへと収斂していったといえよう。

カマジョーはチーフダムを基盤として作られ，パラマウント・チーフをはじめとする伝統的権威がリーダーシップを握った。すなわち，チーフダムを単位にPCネットワークが出現した。内戦が長期化するにつれて，カマジョーはチーフダムを越えたまとまりを見せるようになった。本研究でいう

終章　人脈ネットワークとしての武装勢力　365

「カマジョー集団」が形成されたのである。これらのカマジョー集団でリーダーシップを取ったのは，エディ・マサレーのようにカマジョーの司令官として頭角を現した者や，ブリマ・バングラといったイニシエーターであった。チーフダムを基盤にしたPCネットワークは，統合・再編され，より大きなPCネットワークに組み換えられた。その過程でカマジョーはパラマウント・チーフの手を離れていった。

ノーマンも，当初はひとつのチーフダムでカマジョーを率いるチーフに過ぎなかった。だが，カバー政権下で国防副大臣という地位を得たことにより，カマジョー全体のリーダーとしての地位を確立することになる。複数のカマジョー集団が，ノーマンからの支援を受けることで彼に従属することになった。ただし，前期カバー政権の頃，ノーマンは各地のカマジョー集団に支援を与える存在に過ぎなかった。各地のカマジョー集団はそれぞれ独自に活動していた。

AFRC政権期，ノーマンを中心とし，カマジョーが1つの目的のもとにまとめあげられるようになる。ジュンタとの戦いの中で，カバー政権を復帰させ民主主義を取り戻すという大義が共有され，市民の戦いであることを強調するためCDF（市民防衛軍）という呼称が使われるようになった。その大義に基づき，各地のカマジョー集団はジュンタとの対決姿勢を示した。とくに，国境の町ジェンデマに集まったカマジョー集団（ジェンデマ・カマジョー）は，ノーマンを呼び寄せ，ECOMOGから提供を受けた。ノーマンはリベリア国境へと物資を取りに来る各地のカマジョー集団に物資を提供した。こうしてジェンデマ・カマジョーは最も優位なカマジョー集団となった。

その後，ノーマンはベース・ゼロへ移った。ノーマンはECOMOGからの物資をジェンデマ・カマジョーから奪い，ベース・ゼロから他のカマジョー集団に分配するようになった。こうしてベース・ゼロのカマジョーは，ジェンデマ・カマジョーにとって代わり中心的な存在となった。カバー大統領復帰後は，政府系勢力CDFが組織として整備された。ベース・ゼロのカマジョーが中心となり，他のカマジョー集団はその傘下に置かれるという形で

組織が整えられた。

　ノーマンは，PCネットワークの中で，命令系統を明確にせず，皆が司令官と名乗るような状況で，トップに君臨した。ノーマンは，統制のなさを利用し，恣意的に部隊を利用することで，権力を強めた。

　この支配のあり方は，シャバルとダロー（Chabal and Daloz）が論じる政治手腕と類似している。彼らは「無秩序の政治的道具化」という概念を用い，アフリカにおける政治主体が，混乱・不確実性・混沌という状況を利用することで，自らの利益が最大限になるようにふるまっていると指摘している。そのふるまいは，さらなる混乱を招き，不確実性を助長するようなものであった（Chabal and Daloz 1999）。ノーマンは内戦状態を維持し，CDFの活動に必要な資源を獲得し，それを分配することで権力を手にした。しかし内戦が終息し，CDFの維持が不可能となった時，その従属者はノーマンの元を離れていった。彼の築き上げたPCネットワークは，内戦の終結とともに崩れていった。

　ベース・ゼロでの活動以降，ノーマンの腹心として活躍したイニシエーターのアリウ・コンデワや戦争担当長のモイニナ・フォファナは，ノーマンの直接のクライアントとなり，資源の分配にあたった。しかし，彼らはノーマンと近すぎた。彼らがシエラレオネ特別裁判所に逮捕されたのは，ノーマンの権力が崩れた時，その巻き添えを食らったからだと理解することもできよう。彼らはCDFのPCネットワークから降りられなかったのだ。それに対して，その他の幹部はCDFのPCネットワークから次々と抜け出していった。

　カマジョーがCDFへと変容するプロセスを，複数のPCネットワークが統合を重ね，ひとつのPCネットワークへと収斂していくプロセスだと捉える本研究の仮説は，大まかに妥当であるといえよう。

⑵第二のレベル──スパローを中心としたPCネットワーク

　第二のレベルは，スパローを頂点とするCDF特別部隊のPCネットワークである。このPCネットワークはカマジョー/CDFを構成する一部といえ

る。この PC ネットワークを見ることで，カマジョー /CDF の全体を考察するだけでは見えてこない PC ネットワークの特性が見ることができる。

　リベリアに住んでいたスパローは，AFRC 政権期，ジェンデマ・カマジョーの活動に参加することになった。リベリア人戦闘員を集め，CDF 特別部隊を結成したのである。特別部隊のリベリア人は，リベリアの武装勢力 ULIMO に参加したイブラヒム・ジャロ（特別部隊第二位）によって集められた。彼のもとに，リベリア人戦闘員は集まった。

　彼らが特別部隊を結成するプロセスは，新たな PC ネットワークがリゾーム状の人脈ネットワークを駆使することによって組み上げられるプロセスだといえる。この PC ネットワークは資源を分配する者（スパロー）を長とし，資源の分配により維持された。

　スパローは，ジャロの上に立つ「議長」である。豊富な軍事経験を有し，多くの人員を引っ張ってきたジャロよりもスパローの方が地位は上である。スパローがジャロの上に立ったのは，パトロンにとって必須である資源の分配が可能であったからである。彼は，ジャロほどには戦闘経験はない。しかし，民主主義復興運動や ECOMOG から支給される物資を特別部隊に分配することができた。スパローは資源の分配者であるからこそ，CDF 特別部隊という PC ネットワークの頂点に立った。

　スパローは，リベリア人戦闘員のパトロンとして特別部隊の頂点に立つ一方で，自らもクライアントとしてジェンデマ・カマジョーのネットワークに結びついている。いわば，CDF 特別部隊はノーマンを頂点とする PC ネットワークの一部として形成されたのである。

　しかしノーマンは，ベース・ゼロを設立して以降，ジェンデマ・カマジョーを PC ネットワークの周縁に押しやった。ただし敵対者としてつぶすのではなく，生かさず殺さずの立場を与えていた。それはカバー政権が復帰した後も同様であった。スパローも，ノーマンを頂点とする PC ネットワークの周縁で生き延びてきた。

　カバー政権復権後，ノーマンの権力欲を抑制しようとするシエラレオネ政

府は，スパローに目を付けた。ノーマンを介さずにカマジョーを動員できるチャンネルとしてスパローを利用した。国軍から分配される資源を手にしたスパローは，従属者を増やしていった。シエラレオネ政府は資源の流れを操作することで CDF の PC ネットワークの再編を促したといえる。

　スパローに従属した戦闘員も PC ネットワークのあり方を示している。特別部隊が作られた時に動員されたリベリア人戦闘員は，資源の分配にありつくために動員に応じ，新たな PC ネットワークに参加した。リベリア人戦闘員にとってカマジョー／CDF は見ず知らずの存在であった。しかし，ジャロによって動員され，そこに参加することになる。CDF 特別部隊は，ジャロの有しているリゾーム状の人脈ネットワークを駆使して集められた。その PC ネットワークは，ノーマンを頂点とする PC ネットワークに接合されることになった。その様子はいわば，リゾーム状の人脈ネットワークを通して人と人とが接合することで，これまで接点を持たなかった人々が PC ネットワークの構成員として接合されていくプロセスといえよう。

　特別部隊は結成された後も人員を吸収していった。人類学者ウタス（Mats Utas）がいうように，クライアントはパトロンを自由に選び取ることができる（Utas 2012）。国軍の資源を CDF へと流すことができるようになったスパローの下には，戦闘員が次々と従属していった。また，スパローが入院中に，彼の世話をし，そのまま従卒となったマーダは，新たなパトロンを探すクライアントだといえる。マーダは，スパローの従卒となる前，別の上官についていた。その上官が怪我を負い，従属者の面倒を見ることが難しくなった後，マーダはスパローの世話をし，その従卒となった。

　ノーマンらが CDF のリーダーとなっていくプロセス（第一のレベル），そして，スパローの経験（第二のレベル），この 2 つのレベルを組み合わせて考えると，カマジョー／CDF の PC ネットワークが見えてくる。

2 政治科学でのアフリカ紛争研究に対する貢献

　まず，この2つのレベルのPCネットワークの考察から政治科学の知見として一般化しうることを記しておく。本研究は，PCネットワークをはじめとした人脈ネットワークに関する先行研究の知見を利用し，カマジョー／CDFの変容を論じた。その作業から抽出できる知見を本節では提示する。

　第一に，PCネットワークはリゾーム状の人脈ネットワークから浮き出てくるといえる。内戦に対応しようとする者は，人脈を駆使し，状況を乗り越えようとする。それにより新しいPCネットワークが形を現してくる。内戦中，RUFによるゲリラ戦および国軍による略奪から自衛をするためにカマジョーというPCネットワークが出現した。複数現れた小規模なPCネットワーク（チーフダムを単位としたPCネットワーク）は徐々に組み上げられることで，ひとつの勢力CDFへと変容していった。その過程では，各レベルでパトロンもクライアントも組み変えられ続け，ネットワークは再編を繰り返している。

　第二に，PCネットワークが組み上げられる中で，パトロン同士は資源を求めて争い，権力闘争を展開している。従来の説明モデルに基づくと，武装勢力は，既に存在している政治エリートを頂点とする既存のPCネットワークが組み換えられることで作られると考えられる（cf. 武内 2009）。すなわち，すでに政治エリートである者が大衆を動員し，武装化する。この理解では，PCネットワークという枠組みはすでに存在しており，その構成員が入れ替わることで武装勢力が立ち現れると考えられている。それに対して本研究では，PCネットワークが内戦の中に組み上げられ，特定の人物が武装勢力のリーダーとして，のしあがっていくプロセスを描いている。のしあがるためには資源を獲得し，それをうまく分配し，クライアントを従属させなければならない。

　PCネットワークが作り上げられる中で，あるパトロンは，さらに高次の

370

パトロンへとのしあがり，さらに多くのクライアントを従属させることになる。その一方，別のパトロンは没落し，誰かに従属したり，ネットワークから排除されたりする。たとえば，エディはECOMOGからの資源を用いて優位な立場に立ったが，ノーマンにその資源を奪われ，その地位は相対的に下落した。またスパローは，ノーマンに業を煮やすシエラレオネ政府から資源の提供を受けることにより，ノーマンと競合しうるパトロンとなった。ここからいえることは，PCネットワーク内での権力闘争は資源の獲得と不可分だということだ。

　第三に，内なる敵，あるいは権力闘争の相手を完全にPCネットワークから葬り去るのは難しい。ノーマンはイエスマンをそばに置き，彼らに資源の分配を委ねることで権力を盤石なものとした。一方，スパローの経験に代表されるように，ノーマンは政敵となる可能性のある人物あるいは自分の思い通りにいかない人物を排除したり周縁化したりすることも忘れなかった。とはいえ，内なる敵を完全に排除することは難しい。スパローが暗殺されかかった時，スパローの友人たちは重体となったスパローを，飛行機でフリータウンへと運ぶことを要求した。「飛行機に乗せろ，さもなければここで暴動を起こす」とノーマンを脅したのだ。すなわち，内なる敵を排除することは，自らのPCネットワークを不安定化させる危険も伴う。ゆえに，内なる敵は，生かさず殺さずにしておくのが好都合なのである。そのことを示すように，スパローは暗殺未遂事件の後もプジュン県の共同事務長であり続けた。また，ジェンデマ・カマジョーのエディがプジュン県の事務長となったのも，政敵を完全に排除するわけにはいかないことを示している。

　第四に，PCネットワークは，国境を越えて再編されている。従来の議論でPCネットワークが論じられる際，一国にとどまった分析がなされていた。それに対して本研究では，PCネットワークが再編される中で国境を越えていることが明らかになった。その事例といえるのが，リベリア人戦闘員がCDF特別部隊としてカマジョー/CDFに組み込まれたことである。隣国リベリアに住んでいたスパローは，リベリア人戦闘員のパトロンとなった。

スパローを介すことでカマジョー/CDF の PC ネットワークは国境を越えたといえる。その後，スパローはリベリアの武装勢力 LURD の結成に関わり，シエラレオネ人戦闘員を参加させた。国境を超えた PC ネットワークは隣国の武装勢力が作られる際に，役立っているのである。

近年，現代アフリカの武力紛争に関する研究では，国境を越えた内戦の連動を問題視するものも出てきている（Bøås and Dunn（eds.）2007, Salehyan 2009）。そうしたメカニズムは，人脈ネットワークが国境を越えて存在していることに起因しているのかもしれない。

3　文化 / 社会人類学に対する貢献

(1)本研究の記述方法——人脈ネットワークの民族誌

本研究での序論では，本研究が「人脈ネットワークの民族誌」ともいえることを記した。現在の諸相を描き出すツールとして民族誌的記述を用いる場合，①研究対象を設定し，②その中の特定の現象に注目し，③その現象に対して記述する方法を決めなければならない。本研究では，①シエラレオネ内戦の中で台頭したカマジョー/CDF を研究対象として設定し，その中でも②カマジョーという各チーフダムの自警組織がひとつの政府系勢力に統合されていくという現象に注目し，③その現象を描くために人脈ネットワークに注目して記述した。

近年の人類学では，グローバル化やトランスナショナル，国家と関わる現象というものに対する記述が問題となっている。集団を内と外に区切ることによって見落としている現象があることも指摘されている。もしかすると，人脈ネットワークに注目することは，記述方法としてひとつの妥当性を持つのかもしれない。一般的な民族誌では，グローバルな影響，あるいは国家からの影響は，外部からやってくるものとして捉えられている。しかし，そうした影響は，ある特定の人物からもたらされることも多く，無条件に外から「降ってくる」ものとは限らない。そうした外部からの影響をもたらした

特定の人物の役割を知るためにも，人脈ネットワークを記述の対象とするの
も，ひとつの方法として有用であろう。

(2)内戦を生き抜くための「狡知」

　文化人類学（社会人類学）の中では，庶民の生活を民族誌として描いた研
究が多くある。その中では，法をかいくぐり，制度を迂回し，人脈を用いて
日常生活に対処する人々に対して肯定的な評価がされてきた。松田素二は，
ケニアのナイロビで生活する出稼ぎ民を調査し，上述のような彼らの日常生
活への対処方法を「都市を飼い慣ら」していると表現した（松田 1996）。ま
た，タンザニアの路上商人を研究した小川さやかは，嘘や騙しを含む熾烈な
駆け引きを展開しながら古着を売り歩く路上商人の生活戦略を「狡知」と表
現した（小川 2011）。マッツ・ウタスも，第一次リベリア内戦後に強盗や闇
取引などと関わりながらも，モンロビアの都市を巧みに生き抜いている元戦
闘員の姿を肯定的に描いている（Utas 2003; 2008）。

　筆者も調査の中でカマジョー /CDF の戦闘員について同様の印象を持っ
た。特別部隊の戦闘員は自身の持つ戦闘技術を生かすためにシエラレオネへ
と渡った。スパローへと従属することになった戦闘員も，自らの損得を考え
てスパローを選んでいる。彼らが筆者に語るライフヒストリーからは，金を
持たない若者が生き延びるために「狡知」を駆使し，内戦を「飼い慣らす」
姿が見えてくる。

　しかし，狡知を駆使し，内戦を飼い慣らしたのは戦闘員だけではない。カ
マジョー /CDF の幹部たちもまた，内戦を飼い慣らしてきたといえよう。
いかに資源を獲得し，自らの地位を保ち，組織の中で成り上がっていくの
か。そのことを考えながら世の中を渡り歩くノーマンの姿は，狡知を駆使し
てパトロンを渡り歩く一般の戦闘員の戦略とさして変わらないようにも見
える。違うのは立場だけである。ノーマンをはじめとしたカマジョー /CDF
の幹部もまた，法をかいくぐり，制度を迂回し，人脈を用いて状況に対処し
ているのだ。

終章　人脈ネットワークとしての武装勢力　373

その姿は，彼らが「政治エリート」と呼ばれることで否定的な様相を帯び
る。彼らの行いは，新家産制国家やリゾーム国家などで論じられてきたよ
うに，汚職や縁故主義，透明性の欠如，資源の収奪，バッド・ガバナンスと
いった言葉で語られている。だが，彼らも庶民と同様のことを行っているに
過ぎない。しかし，そうした政治エリートの行動が内戦を泥沼化させたとい
う評価もまた確かである。

4 シエラレオネ内戦研究への貢献

次に，シエラレオネ内戦の研究において，議論となっているいくつかの論
点について，本研究の考察から得られた知見をもとに論じていく。序論で
論じたように，シエラレオネ内戦の研究は，RUF の考察を中心としていた。
ゆえに，シエラレオネ内戦に対する解釈も RUF の考察から得られたものが
多い。本節では，そうした論点に対して，カマジョー /CDF の考察から指
摘できることを提示したい。

第一に，従来の研究では，伝統的権威による住民に対する横暴が内戦に
つながったと指摘されている (Fanthorp 2001, Peters and Richards 1998; 2011,
Richards 1996; 2005, Richards et al. 2004)。そのことに対して若干の見解を加え
る。

従来の理解では，伝統的権威による不当な罰金や，強制的な公益労働に
よって，若者が農村にいられなくなり，そうした若者が RUF に吸収された
と考えている。一方，カマジョー /CDF から見えてくるのは，住民を守るた
めにリーダーシップを取ったパラマウント・チーフの姿である。内戦前，住
民がチーフに対していかなる感情を持っていたのかはわからない（おそらく
チーフの支配は恣意的だったため，チーフダムによって異なるだろう）。ただし，
内戦後の調査では，チーフはある程度の信頼を置かれていることが示されて
いる (Fanthorp 2005, Manning 2009, Sawyer 2008)。たとえ内戦前にチーフに対
する住民の信頼が低かったとしても，内戦中にリーダーシップを取ることに

より，伝統的権威は信頼を取り戻していったのではないだろうか。

　一方，住民から信頼をされていなかったチーフは，内戦中に淘汰されていった。内戦前，APC（全人民会議党）はチーフダムへの支配を強めるために，支配家系ではない人物を外部から持ち込み，チーフに据えた（代理チーフの職がそれにあたる）。こうしたチーフは住民のことを考えておらず，搾取に走る者が多かったという指摘がある（Fanthorp 2005）。こうしたチーフは内戦中，住民からの復讐を恐れ，自らを守るためにピストルやボディガードを政府に要求する場合もあった（Keen 2005: 132）。住民をないがしろにするチーフは内戦の混乱の中で淘汰され，その一方で住民からの信頼を得たチーフが権威を取り戻していった。こうした流れを，内戦は作り出したのではないかと考えることができる。

　第二に，シエラレオネ内戦で見られた過度の残虐性についてである。序章で言及したようにシエラレオネ内戦は一般市民に対する過度な残虐性で有名となった。先行研究では，それに対していくつかの解釈が提示されている。リチャーズはRUFの暴力を目的達成のための戦略として捉えた（Richards 1996a）。アブドゥラーは根なし草でドラッグ文化になじんだ都市の若者が暴走した帰結だと考えている（Abdullah 1998, Abdullah ed. 2004）。また，キーンによると，抑圧されてきた若者が，自らを誇示するために，かつての抑圧者に過度な暴力を振るったと論じている（Keen 2005: 60-62）。さらに落合は，RUFの暴力性をラスタ（ラスタファリアン）の反体制思想に見出している（落合 2003b; 2003c）。ジャマイカで生まれたラスタ思想では，一般的なジャマイカ人は体制側に洗脳されていると考えている。洗脳された人々は，自分たちが抑圧された黒人であることさえ忘れてしまっている愚者であり，体制に対して抵抗を試みないばかりか，それに協力さえしようとする裏切り者だと考えられている（落合 2003b）。その考え方がレゲエ音楽を通してシエラレオネの若者に浸透したことで，RUFの戦闘員は一般市民を，政府に協力的な裏切り者とみなすようになったのではないかと落合は論じている。

　これらの解釈に加えて，筆者は，地理的特性がシエラレオネ内戦の暴力性

を高めたと指摘したい。シエラレオネ内戦では，ブッシュ小道を通じた戦闘が行われた。その結果，各勢力の支配地域は混在することとなった。どこからどこまでが，どの勢力の支配地域かを区別する明確な境界がなかった。しかもブッシュ小道を通れば，戦闘員は人目に触れず行き来できる。ゆえに，各武装勢力は民間人が他勢力とコンタクトを取ることを固く禁じ，その取り締まりを厳しく行った。各武装勢力の戦闘員にとって敵勢力が支配地域へと侵入することは，自らの生命を脅かすことにつながるからだ。いいかえると，シエラレオネ内戦では，勢力ごとの支配地域が互いに混在しているという特性によって，各勢力は民間人に対して疑心暗鬼にならざるをえなかった。そのため，各勢力は，人の移動をコントロールしようという不可能に近い要請に迫られ，その結果，戦闘員による民間人の暴力が蔓延することになったものと考えられる。とくに，地縁を持つカマジョー/CDFとは異なり，地縁を持たないRUFにとっては，住民からの情報を得ることが難しい。そのため住民に対して疑心暗鬼になり，過度な暴力を行使する結果となったと考えられる。

　第三に，内戦によって社会的地位を向上させた若者が少なからずいることを指摘したい。カマジョー/CDFで活躍した者の中には若い男性が多くいた。彼らは内戦中にカマジョーとして活躍することで社会的な地位を高めた。そうした者の中には，内戦後も高い社会的地位を維持し続けた者も多い。彼らは実力でその地位を勝ち取ったといえる。そのことを論じるためにもまずはRUFに対する研究を見てみよう。

　RUFの研究をする人類学者リチャーズは，RUFの内部は実力主義だったと主張している（Richards 2002）。前述のようにシエラレオネでは，個人は必ず誰かに面倒を見られており，個人の社会的地位は誰に従属しているのかで決まる。いわば，縁故主義なのだ。それに対して，RUFは平等主義と実力主義を掲げ，武装勢力内でそれを実現したというのである。その結果，有能な若い男性がRUFの司令官になっていったという（Fithen and Richards 2005, Richards 2002）。ペーターズも同様の見解を示している。

RUF は〔従来のシステムとは〕まったく異なるシステムを作り上げた。そのシステムでは地位や昇進は，戦闘や指令能力，RUF の活動への貢献度に則していた。そのシステムにより，若い司令官が仲間の戦闘員や自分の何倍も年上の市民をコントロールすることとなった。RUF での昇進や地位は，年齢や経済的資源，あるいは，「誰を知っているか」で決まってくるものではない。何ができるかで決まってくるのだ。いいかえれば，このシステムでは実績が問われるのであり，縁故主義や世襲ではない。この側面は，多くの周縁化された若者を引き付ける結果となった。 (Peters 2004: 27)

こうした実力主義はカマジョー /CDF でも例外ではない。確かにカマジョーは伝統的権威の下で作られている。しかし，カマジョーの中で実働的な役割を果たしたのは若い男性であった。こうした者はカマジョーの司令官として台頭していくことになる。ジェンデマ・カマジョーの幹部も，1970 年代前半に生まれた当時 20 代の若者が多い。エディは年配であったものの，タッカー，シュアヒブ・シェリフ，スパローは，AFRC 政権期に 20 代半ばであった。その他にも，多くのカマジョーの司令官は，内戦当時 20 代だった者が多い。カマジョー /CDF も，RUF と同様に，若者に平等主義的な活躍の機会を与えたといえる。

　現地調査の中で筆者にとって印象的だったことがある。それは，幹部だった者の多くが論理的かつ明快に話すことだ。彼らは，筆者の発する質問から，筆者が内戦やシエラレオネについてどこまで知っており，何を知りたいのかを的確に読み取り，筆者がわかるように理路整然と説明をしてくれた。筆者が，カマジョー /CDF の幹部が聡明であるという印象を持ったのは，カマジョー /CDF に実力主義があった証左といえるかもしれない。

　ただし，カマジョー /CDF が RUF と異なるのは，その幹部層の多くは伝統的権威の出自を持つということである。カマジョー /CDF の幹部自身はカマジョー /CDF は実力主義だったと主張する。しかし，英語でコミュニケーションをとったり，会議や議論を行ったりするためには，ある程度の教

育や経験が必要である。また，指導層の家系に属することは指導者としてふるまうことを期待される。こうしたことから，伝統的権威の出自を持ち，ある程度の教育を受けてこそ，実力主義の世界に参入できたのかもしれない。

カマジョー /CDF でのし上がった者の中には，内戦後に政治の世界へと飛び込む者もいた。地方議会の議員や国会議員になったのである[228]（それに対してRUF の司令官は社会進出を果たすことはできなかった）。カマジョーに貢献した者は，地域住民に支持された。それを足がかりに，政治の世界へと飛び込んだのである。その意味で，シエラレオネ内戦やCDF/ カマジョーは，支配家系や伝統的権威の世代交代を促したのだという解釈もできよう。

5 本研究の問題点

最後に本研究の問題点を記しておこう。もちろん，それらの問題を承知の上で，筆者は本研究を書き上げた。

第一に，本研究の記述は後づけである。本研究では，カマジョー /CDF の変容を，ひとつの勢力として収斂していくプロセスとして描いた。その記述の中心にあるのは，最終的にCDF で幹部となった者たちである。

しかし，ノーマンやコンデワが最初からカマジョーの中心にいたわけではない。本研究の記述手法では，ノーマン，コンデワ，フォファナといった人物が最終的にCDF の上層部となったことを筆者が知っており，彼らが台頭したプロセスを後づけするという形をとっている。このような作業では，彼らとは関係のないカマジョー /CDF 内の動きを見落としているに違いない。

第二に，本研究は，シエラレオネ特別裁判所に訴追された3 人に対して過度に焦点を当て過ぎている。本研究は，この3 人が高次のパトロンに登っていくプロセスを明らかにした。この3 人を選んだ理由は，彼らがシエラレオ

＊ 228 シエラレオネでは内戦後に地方行政改革が実施された。2004年1月に地方自治法（Local Government Act）が国会で成立し，同年3月に施行され，5月には地方選挙が実施された（落合 2007）。

378

ネ特別裁判所に訴追されており，CDF において高い地位を占めていたのが
明白だったからである。とはいえ，この３人が最上位の３人というわけでは
ない。ノーマンは最上位として疑いないが，残りの２人はそうではない。ゆ
えに，コンデワやフォファナがパトロンとしての地位を登りつめていくプロ
セスは，上部のパトロンが台頭するプロセスを示す事例を表しているに過ぎ
ない。

　第三に，ジェンダーの問題点がある。本研究は，カマジョー /CDF の戦
闘員に中心を論じた。カマジョーの戦闘員の97％は男性である。ゆえに，
本研究では，男性中心の聞取調査となった。彼らには，家族やガールフレン
ドがいる。銃後では女性たちが，調理や洗濯に当たっていたという話も聞い
た。しかし，それらについて十分掘り下げられたとはいえない。[229]

6　本研究の展望

　シエラレオネ内戦を論じた本研究の記述からわかるのが，シエラレオネ
内戦が第一次リベリア内戦（1989 ～ 96 年），第二次リベリア内戦（2000 ～ 03
年）に大きく影響を受けていることである。シエラレオネに注目した本研究
では，リベリアとシエラレオネの両国で与え合った相互の影響を十分に分析
できたとはいえない。今後は，両国の内戦がいかに互いに影響を与え合って

＊ 229　本研究では，成人男性に焦点を当てたからこそ，彼らの「犠牲者」像を見ることがで
　　　きたともいえる。通常，内戦の犠牲者としては，女性や子ども，老人が注目される。
　　　成人男性という区分が犠牲者として強調されることは稀である。
　　　　戦闘員の大半は成人男性であるため，成人男性も一般的に社会的強者とみなされが
　　　ちである。しかし，本研究で明らかになったのは，成人男性は潜在的な強者であるか
　　　らこそ，弱者になっているという側面である。第６章で確認したように，ボンス県では，
　　　カマジョーの検問で言いがかりをつけられるのを防ぐために，成人男性がカマジョー
　　　となっている。また，525 事件の後，ボーでは成人男性がいると，カマジョーではな
　　　いかと迫害を受けたという。このことが語るのは，成人男性は，潜在的な強者である
　　　からこそ，犠牲者となっていることである。内戦で女性や子ども，老人が弱者である
　　　ことはいうまでもない。ただし，成人男性だからこそ弱者となっている側面にも，目
　　　を向ける必要がある。

いるかを考察する必要があろう。

　内戦に見られる隣国からの影響はシエラレオネとリベリアだけの問題ではない。1990年代のアフリカでは世界の注目を集めるような大規模な武力紛争が頻発している。中でもいくつかの地域では，一国の紛争が隣国の紛争を誘発する「紛争の連鎖」が見られた。こうした地域では，内戦が大規模化・長期化している。その背景には内戦が相互に与える影響があると思われる。多くの場合，武装勢力は隣国の政府や武装勢力，隣国にある当該国人コミュニティなどから支援を受けて形成され，国境を越えて蜂起している（支援には物資や資金の提供，戦闘員の動員，領土の使用許可が含まれる）。また，蜂起後も，物資調達の経路や軍事基地として隣国を用いる場合が多い。シエラレオネ，リベリアという2つの国の内戦が，いかに連動しているかを明らかにすることは，アフリカで見られる内戦の連鎖を理解することにもつながる。

7　本研究が投げかける倫理上の問題

　本研究はシエラレオネ内戦のプロセスにひとつの解釈を与えた。解釈を付与することは，理解の枠組みを固定化することにつながる。人類学者の岡崎彰は，筆者が行ったような内戦に解釈を付与する作業を問題視している。岡崎はいう。「戦争研究をすること自体，そして戦争を解決しようとすること自体が，実は戦争というでたらめで無秩序な行為に対して制度としてある一定のリアリティを作り出してしまい，『戦争』というものがあたかもそこに存在」するという「思い込みを作ってしまう」のではないかという（岡崎 2010: 311）。さらに岡崎は，戦争を研究し解釈を付与することは，その戦争を助長するとまで主張する。

　　　紛争の当事者たちは……紛争初期の本人の個人的動機がなんであれ，外部からもたらされた……明確な図式で描かれた役割を次第に「演じ」るようになる。その理由は，外部からの武器支援や生活維持資金，あるいは海外脱出支

援や留学資金援助などさまざまな恩恵を外部の支援団体から得られる可能性
があることに気付くからである。外部から〔もたらされた，自らが加担する紛
争にあてはめられた〕対立図式を身に着け，それを明確に体現した者が戦争で
リーダーシップをとるようになる。　　　　　　　　　　　　　（岡崎 2010: 309）

確かに紛争を説明することは，岡崎が指摘するような弊害が伴う。

　しかし，岡崎の主張があてはまるのは現在進行形の内戦のみであろう。シ
エラレオネの内戦は終わった。岡崎の指摘するような外部からあてはめられ
た図式を演じる者はもはや存在しない。終わった内戦に対しては，理解を
し，その出来事とは何だったのかを積極的に考察する必要があるのではない
かと筆者は考える。使い古されたフレーズではあるが，人は経験からだけで
はなく歴史からも学ぶことができる。歴史から学ぶためには，文章化が必要
となる。文章化には解釈の付与が必須の作業といえよう。

　ただし，指摘しておきたいのは，筆者がカマジョー /CDF の一部の人々
の価値観に左右されながら解釈を付与しているに違いないことである。本研
究はカマジョー /CDF の構成員からの聞取調査に基づいて紡ぎ出されたも
のである。そのため，カマジョー /CDF の構成員が持つ価値観に左右され
ている。もしかすると，この研究はシエラレオネ内戦の経験者の中でもほん
の一握りの人物の内戦観や意見を代弁しているだけかもしれない。とくに，
筆者はジェンデマ・カマジョーに多く接した。そのため，本研究の記述は
ジェンデマ・カマジョー寄りである。

　紛争を認識することは研究者にとって困難を伴う。ユーゴスラヴィア紛争
を現地調査も交えて行っている経済学者の岩田昌征は，紛争を研究する際の
認識の困難さについて以下のように述べている。

　　紛争認識は，紛争当事者の社会，民族集団，人物に対する認識者の好悪や宗
　　教的，文化的親疎の関係に左右されやすく，一面的になりがちである。旧ユー
　　ゴスラヴィアの悲劇の場合，セルビア側（あるいはクロアチア側）の文献（新

聞・雑誌・書物）を読んでいくと，それなりに説得力を持つ主張に心が動かされ，やがては感情移入も生じて，その方向以外の文献が心理的にも読み難くなって来る。そんな時に，自分自身に喝を入れて，クロアチア側（セルビア側）の文献に切換える。　　　　　　　　　　　　　　　　　　　　　　　　（岩田 1999: 21-22）

　岩田の主張はもっともである。しかし，現地調査は文献調査のようにはいかない。研究をするにあたり研究者は，調査地や研究対象を選定し，調査対象となった人々と向き合うことが迫られる。人々との付き合いは A から B へとスイッチすることはできない（栗本 2001: 116）。

　筆者の調査はカマジョー /CDF と交わり，彼らの声に耳を傾けることで，可能となった。その過程で私は，残虐行為を行った戦闘員に対して，ある種，好意的な感情移入をしてしまっている。アルゼンチンの政治的暴力を考察した人類学者ロビンは，拷問や超法規的処刑に関わった軍関係者へのインタビューを重ねるうちに，加害者に対してある種の好意的な感情移入を持ったという（Robben 1996）。その気持ちが筆者には理解できる。内戦後に生活する元戦闘員は，普通の人間である。久しぶりに調査地に行くと歓迎してくれる。そして，たまには数ドルもかけて日本に住む筆者の携帯電話に連絡を入れてくれる。いわば，普通の人類学者が調査地の人々と接するように，筆者もまたかつて残虐行為を行ったのであろう元戦闘員と接している。

　筆者は，カマジョー /CDF の面々が語りたがらない側面を，常に意識しながら調査に及んだ。カマジョー /CDF が設けた検問所には，生首が並んでいた所もあったという。また，食人が行われたという話もあった。調査地に行くといつも歓迎してくれる人物は，それを見てきた（もしかしたら加担してきた）のかもしれない。

　もちろん，自分が加担した残虐行為・人権侵害行為について戦闘員は語りたがらない。語りたくないことを聞くのは調査倫理に反する（それに，調査に応じてもらえなくなるかもしれない）。否定的な側面については信頼関係を築いた（と筆者が思っている）者だけに対してのみ聞くことにしていた。も

ちろん，その口は堅い。本研究ではカマジョー /CDF の否定的な部分に対して十分光を当てることができたとはいえない。

おわりに

筆者が調査を始めたのは，内戦が終結してから 5 年が経過した 2007 年からである。シエラレオネ特別裁判所の審理もほとんど終わりを迎えたというタイミングでもあった。聞取調査に多くの人が応じてくれたのは，そのタイミングがうまく作用したのかもしれない。語った内容から新たに訴追される心配がないからである。聞取調査では多くの人から語りを得ることができ，人によっては次々と書けないようなことも話してくれた。その中には政治家もいる。書くことによって政治生命が危険に曝される可能性もあるような内容もあった（そうした内容は掲載しないことにした）。

もしかすると人によっては自分の足跡を残しておきたかったのかもしれない。あるいは，当事者ではない第三者（しかも外国人）であるという筆者の立場が話しやすさにつながっているのかもしれない。また，スパローを介した場合，かつての戦友の紹介ともあって「悪いことにはならないだろう。まあ，話してやるか」というような気分になったのかもしれない。いずれにせよ，人によっては多くのことを語っていただいた。そうした「語り」からまとめあげたのが本研究という成果である。

参考文献

《外国語文献》

Abdullah, Ibrahim (1998) "Bush Path to Destruction: The Origin and Character of the Revolutionary United Front/ Sierra Leone," *The Journal of Modern African Studies*, Vol.36, No.2, pp.203-235.

—— (ed.). (2004) *Between Democracy and Terror: The Sierra Leone Civil War*. Dakar: Council for the Development of Social Science Research in Africa.

Abdullah, Ibrahim and Patrick Muana (1998) "The Revolutionary United Front of Sierra Leone: A Revolt of the Lumpenproletariat," in Clapham, Christopher (ed.). *African Guerrillas*. Oxford: James Curry, Kampala: Fountain Publishers, Bloomington and Indianapolis: Indiana University Press, pp.172-193.

Abraham, Author (1978) *Mende Government and Politics under Colonial Rule*. Freetown: Sierra Leone University Press.

Adeshima, R. A. (2002) *The Reversed Victory: Story of Nigerian Military Intervention in Sierra Leone*. Ibadan: Heinmann Educational Books.

Alie, Joe (2005) "The Kamajor Militia in Sierra Leone: Liberator or Nihilists?" in Francis, David J. (ed.). *Civil Militia: Africa's Intractable Security Menace?* Burlington: Ashgate, pp.51-70.

Amnesty International (1995) "Human Rights Abuses in a War against Civilians," 13 Sep. Amnesty International.

Bach, Daniel C. (2012) "Patrimonialism and Neopatrionialism: Comparative Reception and Transcription," in Bach, Daniel C. and Mamoudou Gazibo (eds.). *Neopatrimonialism in Africa and beyond*. London and New York: Routledge, pp.23-45.

Bakker, J. I. (Hans) (2006) "Patrimonialism," in Beivre, Mark (ed.). *The Encyclopedia of Governance*. Thousand Oaks: Sage, pp.668-670.

Bangura, Yusuf (2000) "Strategic Policy Failure and Governance in Sierra Leone," *The Journal of Modern African Studies*, Vol.38, No.4, pp.551-577.

Bates, Robert H. (1984) *Markets and States in Tropical Africa: The Political Basis of Agricultural Policies*. Berkley: University of California Press.

—— (2008) *When Things Fell Apart: State Failure in Late-Century Africa*. Cambridge, New York, Madrid, Cape Town, Singapore, São Paulo, Delhi: Cambridge University Press.

Bayart, Jean-François (1993) *The State in Africa: The Politics of the Belly*. London: Longman.

Bledsoe, Caroline H. and Kenneth M. Robey (1986) "Arabic Literacy and Secrecy among the Mende of Sierra Leone," *Man*, Vol.21, No.2, pp.202-226.

Bøås, Morten and Kevin C. Dunn (eds.). (2007) *African Guerrillas: Raging Against the Machine*. Boulder: Lynne Rienner.

Bratton, Micahel and Nicolas van de Waal (1994) "Neopatrimonial Regime and Political Transition in Africa," *World Politics*, Vol.46, No.4, pp.453-489.

Chabal, Patrick and Jean-Pascal Daloz (1999) *Africa Works: Disorder as Political Instrument*. Oxford: International African Institute in association with James Currey, Bloomington: Indiana University Press.

Clapham, Christopher (1972) *Liberia and Sierra Leone: An Essay in Comparative Politics*. Cambridge, New York, Melbourne: Cambridge University Press.

—— (1982) "The Politics of Failure: Clientelism, Political Instability and National Integration in Liberia and Sierra Leone," in Clapham,

Chiristopher (ed.). *Private Patronage and Public Power: Political Clientelism in the Modern State*. London: Frances Pinter, pp.76-92.

Cole, Gibril R. (2013) *The Krio of West Africa: Islam, Culture, Creolization, and Colonialism in the Nineteenth Century*. Athens: Ohio University Press.

de Waal, Alexander (1989) *Famine that kills: Darfur, Sudan, 1984-1985*. Oxford: Clarendon Press: New York, Tokyo: Oxford University Press.

Due, Jean M. and Gerald L. Karr (1973) "Strategies for Increasing Rice Production in Sierra Leone," *African Studies Review*. Vol.16, No.1, pp.23-71.

Ellis, Stephen (1999) *The Mask of Anarchy: The Destruction of Liberia and the Religious Dimension of an African Civil War*. New York: New York University Press.

Erdmann, Geo and Ulf Engel (2006) "Neopatrimonialism Revisited: Beyond a Catch-All Concept," GIGA working papers No.16. German Institute of Global and Area Studies.

Fanthorp, Richard (2001) "Neither Citizen nor Subject?: 'Lumpen' Agency and the Legacy of Native Administration in Sierra Leone," *African Affairs*, Vol.100, No.400, pp.363-386.

—— (2005) "On the Limits of Liberal Peace: Chiefs and Democratic Decentralization in Post-War Sierra Leone," *African Affairs*, Vol.105, No.418, pp.27-49.

—— (2007) "Sierra Leone: The Influence of the Secret Societies, with Special Reference to Female Genital Mutilation," A Writenet Report commissioned by United Nations High Commissioner for Refugees, Status Determination and Protection Information Section (DIPS).

Ferme, Mariane C. (2001) *The Underneath of Things: Violence, History, and the Everyday in Sierra Leone*. Berkley, Los Angeles, London: The

University of California Press.

Ferme, Mariane C. and Danny Hoffman (2004) "Hunter Militias and the International Human Rights Discourse in Sierra Leone and Beyond," *Africa Today*, Vol.50, No.4, pp.73-95.

Fithen, Casper (1999) "Diamond and Wars in Sierra Leone: Cultural Strategies for Commercial Adaption to Endemic Low-Intensity Conflict." Unpublished PhD Dissertation, University College.

Fithen, Casper and Paul Richards (2005) "Making War, Crafting Peace: Militia Solidarities and Demobilization in Sierra Leone," in Richards, Paul (ed.). *No Peace, No War: An Anthropology of Contemporary Armed Conflicts*. Athens: Ohio University Press, Oxford: James Currey, pp.117-136.

Frost, Diane (2012) *From the Pit to the Market: Politics and the Diamond Economy in Sierra Leone*. Suffolk: James Currey.

Gberie, Lansana (2002) "War and Peace in Sierra Leone: Diamonds, Corruption and the Lebanese Connection," Occasional Paper 6, The Diamonds and Human Security, Partnership Africa Canada, International Peace Information Service, Network Movement for Justice and Development.

—— (2005) *A Dirty War in West Africa: The RUF and The Destruction of Sierra Leone*. Bloomington and Indianapolis: Indiana University Press.

—— (2011) "Maada Bio: Profile Interview," *The Patriotic Vanguards*. 7 Jan.

Godwin, Ebow (1999) "The Interview: I Don't Want You to Join the Police and Become a Criminal," *New Africa*, No.397, pp.42-46.

Gwynne-Jones D. R. G., P. K. Mitchell, M. E. Harvey and K. Swindell (1978) *New Geography of Sierra Leone*. London: Longman.

Harris W. T. and Harry Sawyerr (1968) *The Springs of Mende Belief and Conduct: A Discussion of the Influence of the Belief in the Supernatural among the Mende.* Freetown: Sierra Leone University Press.

Heath, Elizabeth (2005) "Sierra Leone (at Glance)," in Appiah, Kwame Anthony and Henry Louis Gates, Jr. (eds.). *Africana: The Encyclopedia of the African American Experience.* Second Edition. Oxford, New York: Oxford University Press, p.754.

Hirsh, John L. (2001) *Sierra Leone: Diamond and Struggle for Democracy.* International Peace Academy Occasional Paper Series, London: Lynne Rienner.

Hoffman, Danny (2004a) "The Kamajor in Sierra Leone." Unpublished PhD Dissertation, Duke University.

―― (2004b) "The Civilian Target in Sierra Leone and Liberia: Political Power, Military Strategy, and Humanitarian Intervention," *African Affairs*, Vol.103, No.411, pp.211-226.

―― (2005a) "Violent Events as Narrative Blocs: The Disarmament at Bo, Sierra Leone," *Anthropological Quarterly*, Vol.78, No.2, pp.329-353.

―― (2005b) "The Brookfields Hotel (Freetown, Sierra Leone)," *Public Culture*, Vol.17, No.5, pp.55-74.

―― (2006) "Disagreement: Dissent Politics and the War in Sierra Leone," *Africa Today*, Vol.52, No.3, pp.3-22.

―― (2007a) "The City as Barracks: Freetown, Monrovia and the Organization of Violence in Postcolonial African Cities," *Cultural Anthropology*, Vol.22, No.3, pp.400-428.

―― (2007b) "The Meaning of a Militia: Understanding the Civil Defense Forces of Sierra Leone," *African Affairs*, Vol.106, No.425, pp.639-662.

―― (2011a) *The War Machines: Young Men and Violence in Sierra Leone and Liberia.* Durham: Duke University Press.

―― (2011b) "Violence, Just in Time: War and Work in Contemporary

West Africa," *Cultural Anthropology*, Vol.26, Iss.1, pp.34-57.

—— (2011c) "Violent Virtuosity: Visual Labor in West Africa's Mano River War," *Anthropological Quarterly*, Vol.84, No.4, pp.949-976.

Human Rights Watch (1999) *Getting away with Murder, Mutilation, Rape: New Testimony from Sierra Leone*. New York: Human Rights Watch.

Humphrey, Macartan and Jeremy Weinstein (2004) "What the Fighters Say," Interim Report, A Survey of Ex-combatants in Sierra Leone, June-August 2003, Freetown: PRIDE (The Post-conflict Reintegration Initiative for Development and Empowerment), New York: The Earth Institute, Columbia University, Freetown: DDR Coordinate Section, UNAMSIL.

Ibrahim, Amira (2009) "Libiya: A Critical Review of Tripoli's Sub-Saharan African Policies," ISS Situational Report. Pretoria: Institute for Security Stidies (ISS)

Innes, Gordon (1969) *A Mende-English Dictionary*. London: Cambridge University Press.

International Crisis Group (ICG) (2001) "Sierra Leone: Time for a New Military and Political Strategy," ICG Africa Report No.28. April, 11. Freetown, London, Brussels: International Crisis Group.

—— (2002a) *Liberia: The Key to Ending Regional Instability*. Freetown, Brussels: International Crisis Group.

—— (2002b) *Sierra Leone after Elections: Politics as Usual?* Freetown, Brussels: International Crisis Group.

Jackson, Michael (2004) *In Sierra Leone*. Durham: Duke University Press.

Jackson, Robert H. (1990) *Quasi-States: Sovereignty, International Relations, and the Third World*. Cambridge, New York, Victoria: Cambridge University Press.

Jackson, Robert H. and Carl G. Rosberg (1982) *Personal Rule in Africa:*

Prince, Autocrat, Prophet, Tyrant. Berkley, Los Angeles, London: University of California Press.

James, Wendy (2007) *War and Survival in Sudan's Frontier Lands: Voices from Blue Nile.* New York: Oxford University Press.

Johnson, Alex C. (1986) "Multilingualism and Public Policy in Sierra Leone," Brenner Louis, Jean Boyd et al. *Language and Education in Africa.* Bayreuth: Eckhard Breitinger and Reinhard Sander, pp.115-143.

Joseph, Richard A. (1987) *Democracy and Prebendal Politics in Nigeria: The Rise and Falls of the Second Republic.* Cambridge, New York: Cambridge University Press.

Kaldor, Mary with James Vincent (2006) "Case Study, Sierra Leone: Evaluation of UNDP Assistance to Conflict-affected Countries," Evaluation Office, United Nations Development Program.

Kandeh, Jimmy D. (1992) "Politicization of Ethnic Identities in Sierra Leone," *African Studies Review,* Vol.35, No.1, pp.81-99.

Kaniki, Martin H. Y. (1973) "Attitudes and Reaction towards the Lebanese in Sierra Leone during the Colonial Period," *Canadian Journal of African Studies,* Vol.71, No.1, pp.97-113.

Keen, David (2008 [1994]) *The Benefits of Famine: A Political Economy of Famine and Relief in Southwestern Sudan 1983-89.* Oxford: James Currey, Athens: Ohio University Press.

—— (2005) *Conflict and Collusion in Sierra Leone.* Oxford: James Currey.

Kelsall, Tim (2009) *Culture under Cross-Examination: International Justice and the Special Court for Sierra Leone.* Cambridge, New York, Melbourne, Madrid, Cape Town, Singapore, São Paulo, Delhi, Tokyo and Mexico City: Cambridge University Press.

Kilson, Martin (1969) *Political Change in a West African State: A Study of*

Modernization Process in Sierra Leone. New York: Atheneum.

Labonte, Melissa T. (2012) "From Patronage to Peacebuilding?: Elite Capture and Governance from below in Sierra Leone," *African Affairs*, Vol.111, No.442, pp.90-115.

Lemarchand, René (1972) "Political Clientelism and Ethnicity in Tropical Africa: Competing Solidarities in Nation-building," *American Political Science Review*, Vol.66, No.1, pp.68-90.

Leonard, David K. and Titi Pitso with contributions from Anna Schmidt (2009) "The Political Economy of Democratisation in Sierra Leone: Reflections on the Elections of 2007 and 2008," *Journal of African Elections*, Vol.8, No.1, pp.49-70.

Little, Kenneth (1948) "The Function of 'Medicine' in Mende Society," *Man*, Vol.48, No.48, pp.127-130.

—— (1965) "The Political Function of the Poro, Part 1," *Africa*, Vol.35, No.4, pp.349-365.

—— (1967) *Mende of Sierra Leone*. Revised Edition. London: Routledge and Kegan Paul.

Longhurst, Richard and Samura Kamara (1988) "Sierra Leone: Food Aid and the Currency Float," *Food Policy*, Vol.13, No.1, pp.109-111.

Malkki, Lisa H. (1995) *Purity and Exile: Violence, Memory, and National Cosmology among Hutu Refugees in Tanzania*. Chicago and London: The University of Chicago Press.

Mamdani, Mahmood (1996) *Citizen and Subject: Contemporary Africa and the Legacy of Late Colonialism*. Princeton: Princeton University Press.

Mannning, Ryann Elizabeth (2009) "The Landscape of Local Authority in Sierra Leone: How "Traditional" and "Modern" Justice Systems Interact," Justice and Development Working Paper Series, Vol.1, Iss.1. The World Bank.

Médard, Jean-François (1982) "The Underdeveloped State in Tropical Africa: Political Clientelism or Neo-patrimonialism?," in Clapham, Christopher (ed.). *Private Patronage and Public Power: Political Clientelism in the Modern State*. London: Frances Pinter, pp.162-192.

Muana, Patrick K. (1997) "The Kamajoi Militia: Civil War, Internal Displacement and the Politics of Counter-Insurgency," *Africa Development*, Vol.22, Nos.3/4, pp.77-100.

Murphy, William P. (2003) "Military Patrimonialism and Child Soldier Clientelism in the Liberian and Sierra Leonean Civil Wars," *African Studies Review*, Vol.46, No.2, pp.61-87.

Olson, James S. (1996) *The Peoples of Africa: An Ethnohistorical Dictionary*. West Port, London: Greenwood Press.

Oyètádé, B. Akíntúndé and Fashole-Luke, Victor (2008) "Sierra Leone: Krio and the Quest for National Integration," in Simpson, Andrew (ed.). *Language and National Identity in Africa*. Oxford: Oxford University Press, pp.122-140.

Peters, Krijn (2004) "Re-Examining Voluntarism: Youth Combatants in Sierra Leone," Monographs for the African Human Security Initiative No.100. Pretoria: Institute for Security Studies.

—— (2006) "Footpath to Reintegration: Armed Conflict, Youth and the Rural Crisis in Sierra Leone." Unpublished PhD Dissertation, Wageningen University.

—— (2011) *War and the Crisis of the Youth in Sierra Leone*. New York: Cambridge University Press.

Peters, Krijn and Paul Richards. (1998) "Why We Fight': Voices of Youth Combatants in Sierra Leone," *Africa*, Vol.68, No.2, pp.183-210.

—— (2011) "Rebellion and Agrarian Tensions in Sierra Leone," *Journal of Agrarian Change*, Vol.11, No.3, pp.377-395.

Pham, Peter J. (2005) *Child Soldiers, Adult Interests: The Global Dimensions of the Sierra Leonean Tragedy.* New York: Nove Science Publishers.

Pitcher, Anne, Mary H. Moran and Michael Johnston (2009) "Rethinking Patrimonialism and Neopatrimonialism in Africa," *African Studies Review*, Vol.52, No.1, pp.125-156.

Prince, J. H. (1967) *Political Institutions of West Africa.* London: Hutchinson Educational.

Reeck, Darrell (1972) "Islam in a West African Chiefdom: An Interpretation," *The Muslim World*, Vol.62, No.3, pp.183-194.

—— (1976) *Deep Mende: Religious Interactions in a Changing African Rural Society.* Leiden: E. J. Brill.

Reno, William (1995a) "Reinvention of an African Patrimonial State: Charles Taylor's Liberia," *Third World Quarterly*, Vol.16, No.1, pp.109-120.

—— (1995b) *Corruption and State Politics in Sierra Leone.* Cambridge, New York: Cambridge University Press.

—— (1996) "Ironies of Post-cold War Structural Adjustment in Sierra Leone," *Review of African Political Economy*, Vol.23, No.67, pp.7-18.

—— (1998) *Warlord Politics and African State.* Boulder, London: Lynne Rienner.

Richards, Paul (1996) *Fighting for the Rain Forest: War, Youth and Resources in Sierra Leone.* Oxford: James Currey, Portsmouth: Heinemann.

—— (2002) "Green Book Millenarians? The Sierra Leone War from the Perspective of an Anthropology of Religion," in Kastfelt, Niels (ed.). *Religion and Civil War in Africa.* London : C. Hurst, pp.119-146.

—— (2003) "The Political Economy of Internal Conflict in Sierra

Leone," Working Paper 21. Netherlands Institute of International Relations 'Clingendael.'

—— (2005) "To Fight or To Farm?: Agrarian Dimension of the Mano River Conflict (Liberia and Sierra Leone)," *African Affairs*, Vol.104, No.417, pp.571-590.

Richards, Paul, Khadija Bah and James Vincent (2004) "Social Capital and Survival: Prospects for Community-Driven Development in Post-Conflict Sierra Leone," Social Development Papers No.12, World Bank.

Robben, Antonius C. G. M. 1996 "Ethnographic Seduction, Transference, and Resistance in Dialogue about Terror and Violence in Argentina," *Ethos*, Vol.24, No.1, pp.71-106.

Roth, Guenther (1971 [1968]) "Personal Rulership, Patrimonialism and Empire-building in the New State," in Bendix, Reinhard and Guenther Roth. *Scholarship and Partisanship: Essays on Max Weber*. Berkley, Los Angeles, London: University of California Press, pp.156-169.

Sahlins, Marshall D. (1963) "Poor Man, Rich Man, Big-Man, Chief: Political Types in Melanesia and Polynesia," *Comparative Studies in Society and History*, Vol.5, No.3, pp.285-303.

Salehyan, Idean (2009) *Rebels without Borders: Transnational Insurgencies in World Politics*. Ithaca: Cornell University Press.

Sandbrook, Richard (1985) *The Politics of Africa's Economic Stagnation*. Cambridge, New York: Cambridge University Press.

—— (1998 [1972]) "Patrons, Clients, and Functions: New Dimensions of Conflict Analysis in Africa" in Lewis, Peter (ed.). *Africa: Dilemmas of Development and Change*. Boulder: Westview Press, pp.64-83.

Sawyer, Edward (2008) "Remove or Reform?: A Case for (Resctucturing) Chiefdom in Post-Conflict Sierra Leone," *African Affairs*, Vol.107, No.428, pp.387-403.

Scott, James C. (1972) "Patron-Client Politics and Political Change in Southeast Asia," *The American Political Science Review*, Vol.66, No.1, pp.91-113.

"Sierra Leone" (1992) in Kurian, George Thomas (ed.). *Encyclopedia of the Third World*. Fourth Edition. Volume III. New York, Oxford: Facts On File, pp.1711-1728.

Skinner, David E. (1976) "Islam and Education in the Colony and Hinterland of Sierra Leone (1750-1914)," *Canadian Journal of African Studies*, Vol.10, No.3, pp.499-520.

Smith, L. Alison, Catherine Gambette and Thomas Longley (2004) "Conflict Mapping in Sierra Leone: Violation of International Humanitarian Law from 1991 to 2002," No Peace without Justice. 10 March.

Strauss, James (2006) *The Order of Genocide: Race, Power and War in Rwanda*. Ithaca, London: Cornell University Press.

Szeftel, Morris (2000) "Clientelism, Corruption and Catastrophe," *Review of African Political Economy*, Vol 27, No 85, pp.427-441.

Thusi, Thokozani and Marah Meek (2003) "Disarmament and Demobilization" in Marks, Malan, Sarah Meek, Thokozani Thusi, Geremy Ginifer and Patrick Coker. *Sierra Leone: Building the Road to Recovery*. Monographs for the African Human Security Initiative. Pretoria: Institute for Security Studies.

Toki, Hinako (2004) "Peace-building and the Process of Disarmament, Demobilization, and Reintegration: the Experience of Mozambique and Sierra Leone, " Institute for International Cooperation, Japan International Cooperation Agency.

Truth & Reconciliation Commission (TRC), Sierra Leone. (2004) *Witness to Truth: Report of the Sierra Leone Truth Commission*. Vol.1.

―― (2004) *Witness to Truth: Report of the Sierra Leone Truth*

Commission. Vol.3A.

United Nations (1992) *Demographic Yearbook 1990.* New York: United Nations.

United Nations Development Programme (UNDP) (1991) *Human Development Report 1991.* New York, Oxford: Oxford University Press.

Utas, Mats (2003) *Sweet Battlefield: Youth and Liberian Civil War.* Uppsala: Uppsala University Dissertations in Cultural Anthropology.

—— (2008) "Abject Heroes: Marginalized Youth, Modernity and Violent Pathway of the Liberian Civil War," in Hart, Jason (ed.). *Years of Conflict: Adolescence, Political Violence and Displacement.* Oxford: Berghahn Books, pp.111-138.

—— (2012) "Introduction," in Mats Utas (ed.) *African Conflicts and Informal Power: Big Men and Networks.* London: Zed Books, pp.1-31.

Voeten, Teun (2000) *How de Body?: One Man's Terrifying Journey through an African War.* New York: St. Martin's Press.

von Soet, Christian (2010) "What Neopatrimonialism Is - Six Questions to the Concept," Background Paper for GIGA-Workshop "Neopatrimonialism in Various World Regions," GIGA German Institute of Global and Area Studies. Hamburg, 23 August.

Wai, Zubairu (2012) *Epistemologies of African Conflicts: Violence, Evolutionalism, and War in Sierra Leone.* New York: Palgrave Macmillan.

Waugh, Colins M. (2011) *Charles Taylor and Liberia: Ambition and Atrocity in Africa's Lone Star State.* London, New York: Zed Books.

Wlodarczyk, Nathalie (2009) *Magic and Warfare: Appearance and Reality in Contemporary African Conflict and Beyond.* New York: Palgrave Macmillan.

Zolberg, Aristide R. (1966) *Creating Political Order: The Party-States of West Africa.* Chicago: University of Chicago Press.

《日本語文献》

赤阪賢（2000a）「メンデ」綾部恒雄監修『世界民族事典』東京：弘文堂，923
　　頁。

―　（2000b）「クリオ」綾部恒雄監修『世界民族事典』東京：弘文堂，
　　228頁。

石井正子（2002）『女性が語るフィリピンのムスリム社会――紛争・開発・社
　　会的変容』東京：明石書店。

伊藤隆（2007）「歴史研究とオーラルヒストリー」『大原社会問題研究所雑誌』
　　585号，1-10頁。

岩田昌征（1999）『ユーゴスラヴィア多民族戦争の情報像――学者の冒険』東
　　京：御茶の水書房。

江頭説子（2007）「社会学とオーラル・ヒストリー――ライフ・ヒストリーと
　　オーラル・ヒストリーの関係を中心に」『大原社会問題研究所雑誌』585
　　号，11-32頁。

遠藤貢（2000）「変革期世界とアフリカ」『国際関係論研究』14号，1-25頁。

―　（2007）「内と外の論理からみたアフリカ国家とその変容」『アフリカ
　　研究』71号，107-118頁。

オーツ，ジョン・F（浦本昌紀訳）（2006）『自然保護の神話と現実――アフリ
　　カ熱帯雨林からの報告』東京：緑風出版。

大林稔（1996）「アフリカにおける国家とは何か――J・F・バヤールの『アフ
　　リカの国家』」日本国際問題研究所編『アフリカ諸国の「国家建設」と課
　　題』東京：日本国際問題研究所，121-133頁。

岡崎彰（2010）「持続可能な戦争――スーダンの内戦を通して考える」足羽與
　　志子・濱谷正晴・吉田裕編『平和と和解の思想をたずねて』東京：大月
　　書店，300-314頁。

岡野英之（2011a）「新家産制」東長靖・石坂晋哉編『持続型生存基盤論グロッ
　　サリー』京都大学東南アジア研究所グローバルCOEプログラム，74頁。

―　（2011b）「シエラレオネ革命統一戦線（RUF）の形成と軍事活動の展

開——紛争前史から 1993 年まで」大阪大学グローバル COE プログラム・
コンフリクトの人文学国際教育拠点編『コンフリクトの人文学』3 号,
159-202 頁。

小川さやか（2011）『都市を生きぬくための狡知——タンザニアの零細商人マ
チンガの民族誌』京都：世界思想社。

落合雄彦（2001a）「アナーキカル・ソサイエティ——現代アフリカ紛争をめ
ぐるイメージの諸相」『敬愛大学国際研究』7 号, 21-59 頁。

—— （2001b）「シエラレオネ」総合研究開発機構（NIRA）・横田洋三編
『アフリカの国内紛争と予防外交』東京：国際書院, 206-212 頁。

—— （2002）『西アフリカ諸国経済共同体（ECOWAS）』（平成 13 年度国
際協力事業団準客員研究員報告書）, 国際協力総合研修所。

—— （2003a）「アフリカ国家論とリアリズム——アナロジーが示唆するパ
ララックス」『龍谷法学』37 巻 4 号, 930-955 頁。

—— （2003b）「シエラレオネ紛争における一般市民への残虐な暴力の解剖
学——国家, 社会, 精神性」武内進一編『国家・暴力・政治——アジア・
アフリカの武力紛争をめぐって』千葉：日本貿易振興会アジア経済研究
所, 337-370 頁。

—— （2003c）「シエラレオネ紛争における民間人への暴力の解剖学——国
家, 社会, 精神性」龍谷大学社会科学研究所共同研究プロジェクト「ア
フリカン・イニシアティブとその展望」2003 年 7 月 5 日。

—— （2007）「分枝国家シエラレオネにおける地方行政——植民地期の史
的展開」『アフリカ研究』71 号, 119-127 頁。

—— （2008）「シエラレオネにおける地方自治制度改革とチーフ」武内進
一編『戦争と平和の間』千葉：アジア経済研究所, 251-278 頁。

—— （2011a）「藪の中——語られるシエラレオネ小屋税戦争のリアリティ
へ」井野瀬久美惠・北川勝彦編『アフリカと帝国——コロニアリズム研
究の新思考にむけて』京都：晃洋書房, 183-203 頁。

—— （2011b）「国連武器禁輸とイギリスのサンドライン事件」落合雄彦編

参考文献　399

『アフリカの紛争解決と平和構築』京都：昭和堂，55-71 頁。

―― （2011c）「紛争関連年表」落合雄彦編『アフリカの紛争解決と平和構築』京都：昭和堂，205-260 頁。

落合雄彦・金田知子（2008）「植民地期シエラレオネにおける狂気の歴史」『龍谷法学』41 号 3 巻，531-550 頁。

勝俣誠（2000）「グローバリゼーションの中のアフリカと国内紛争――構造調整と民主化」『NIRA 政策研究』13 巻 6 号「予防外交――アフリカに見るその課題」，12-15 頁。

カーボ，マイケル（岡野英之訳）（2011）「ブレア・ドクトリン――なぜ，イギリスは介入したのか」落合雄彦編『アフリカの紛争解決と平和構築』昭和堂，41-54 頁。

栗本英世（1996）『民族紛争を生きる人々――現在アフリカの国家とマイノリティ』京都：世界思想社。

―― （2000a）「国家，パトロン・クライアント関係，紛争――現代アフリカ論の試み」『NIRA 政策研究』13 巻 6 号「予防外交――アフリカに見るその課題」，24-27 頁。

―― （2000b）「『エスニック紛争』の理論と現実――アフリカを中心に」『国際問題』483 号，2-14 頁。

―― （2001）「紛争研究と人類学の可能性」杉島敬志編『人類学的実践の再構築――ポストコロニアル転回以降』世界思想社，102-122 頁。

坂井信三（2003）『イスラームと商業の歴史人類学――西アフリカの交易と知識のネットワーク』京都：世界思想社。

桜井厚（2002）『インタビューの社会学――ライフストーリーの聞き方』東京：せりか書房。

高沢紀恵（1998）「家産国家」大学教育社編『新改訂版現代政治学事典』東京：ブレーン出版，132 頁。

高橋基樹（1998）「現代アフリカの『部族』主義再考――経済的資源配分の観点から」『国際問題』460 号，32-53 頁。

高橋基樹・正木響（2004）「構造調整政策——枠組み，実施状況と帰結」北川
　　勝彦・高橋基樹編『アフリカ経済論』ミネルヴァ書房，95-116 頁。

武内進一（2000）「アフリカの紛争——その今日的特質についての考察」武内
　　進一編『現代アフリカの紛争——歴史と主体』アジア経済研究所研究双
　　書 No.500，千葉：日本貿易振興会アジア経済研究所，3-52 頁。

───（2001）「『紛争ダイヤモンド』問題の力学——グローバル・イシュー
　　化と議論の欠落」『アフリカ研究』58 号，41-58 頁。

───（2003）「アフリカのダイヤモンドをめぐってどのような利権争いが
　　あるのか」「月刊みんぱく」編集部編『キーワードで読みとく世界の紛争』
　　東京：河出書房出版社，264-266 頁。

───（2005）「冷戦後アフリカにおける政治変動——政治的自由化と紛争」
　　日本国際政治学会編『国際政治』140 号「国際政治研究の最先端 2」，90-
　　107 頁。

───（2009）『現代アフリカの紛争と国家——ポストコロニアル家産制国
　　家とルワンダ・ジェノサイド』東京：明石書店。

竹沢尚一郎（1988）「西アフリカのイスラム化に関する一考察——歴史主義批
　　判」『アフリカ研究』32 号，19-43 頁。

中村弘光（1989）「経済，シエラレオネ」伊谷純一郎・小田英郎・川田順造・田
　　中二郎・米山俊直監修『アフリカを知る事典』東京：平凡社，189-190 頁。

羽田正（2007）『東インド会社とアジアの海』東京：講談社。

ブラ・オスマン，落合雄彦（2011）「西アフリカ諸国経済共同体による軍事介入」
　　落合雄彦編『アフリカの紛争解決と平和構築』京都：昭和堂，3-21 頁。

布留川正博（2006）「イギリスのアボリショニズムとシエラ・レオネ植民地」
　　『同志社大学経済学論叢』57 巻 4 号，77-105 頁。

───（2008）「19 世紀前半シエラ・レオネにおける解放アフリカ人」『同志
　　社大学経済学論叢』60 巻 3 号，39-70 頁。

真島一郎（1997）「西大西洋中央地域（CWA）とポロ結社の史的考察——シ
　　エラレオネ，リベリア，ギニア，コートディヴォワール」『アジア・アフ

リカ言語文化研究』53 号，1-81 頁。

―― (n.d.)「人名」，アトリエⅣリベリア内戦史資料，Bienvenue á l'atelier de MAJIMA（最終アクセス日 2012 年 3 月 1 日）。

<http://www.aa.tufs.ac.jp/˜imajima/atl_4.html>

増原綾子（2010）『スハルト体制のインドネシア――個人支配の変容と一九九八年政変』東京：東京大学出版会。

松田素二（1996）『都市を飼い慣らす――アフリカの都市人類学』東京：河出書房出版社。

松本仁一（2004）『カラシニコフ』東京：朝日新聞社。

御厨貴（2002）『オーラル・ヒストリー――現代史のための口述記録』東京：中央公論新社。

宮本正興（1997）「大西洋交史」宮本正興・松田素二編『新書アフリカ史』東京：講談社，249-278 頁。

向井守・石尾芳久・筒井清忠・居安正（1979）『ウェーバー　支配の社会学』東京：有斐閣。

望月康恵（2011）「真実和解委員会と特別裁判所」落合雄彦編『アフリカの紛争解決と平和構築』京都：昭和堂，119-140 頁。

《定期刊行物》

Concord Times

For di People

New Citizen

Vision

《ウェブサイト他》

Sierra Leone Web. http://www.sierra-leone.org

Cox, Ben（2012）"Experiences of a Former General of the Civil Defense Forces: Humanitarian Issues in Sierra Leone and Liberia, Then and

Now," Critical Investigations into Humanitarianism in Africa（CIHA）Blog. Posted in Septermber 8（sited at 12th December 2012）<http://www.cihablog.com/experiences-of-a-former-general-of-the-civil-defense-forces-humanitarian-issues-in-sierra-leone-and-liberia-then-and-now/>

"Moinina Fofana"（n.d.）Track Impunity Always（TRIAL）[Cited at 22nd November, 2012] <http://www.trial-ch.org/en/ressources/trial-watch/trial-watch/profils/profile/400/action/show/controller/Profile.html>

《映像資料》

"Cry Freetown"（2000）Dir. Sorius Samura

謝　辞

　研究を進めるにあたり，多くの方からご教示を賜った。博士論文審査の主査である石井正子先生には，調査対象に対し寄り添う気持ちを持つことを教わった。彼女はフィールドについて語る時，常に対象者の立場に立って語っているように見える。学生に対しても暖かい態度が感じ取れた。よい教育者にめぐりあったと思う。栗本英世先生には，公私ともにお世話になった。研究指導を通して民族誌を書く時に注意しなければならないことを教わった。また，栗本先生の人間社会に対するまなざしは参考になった。栗本先生の目は鋭い。町を歩く時，町に残っているさまざまなものに目を向ける。広島であった学会の後，一緒に町を散歩したが，瓦の形や建物の形，街道の作られ方に注目していた。それらは町の歴史を語っているのだ。栗本先生には大学生活や研究生活の中でフィールドワーカーとしての目のつけどころを教えてもらった。

　また，中村安秀先生には，分野が異なるものの私の指導教官を一時期引き受けていただいた。当時の指導教員が転学したための緊急の措置であったが，会うたびに声をかけていただき，研究発表の際にはアドバイスをいただいた。研究に埋没してしまう私に対して，問題関心の異なる中村先生からのアドバイスは新鮮だった。よい出会いだったと思う。峯陽一先生には，先行研究を検討する態度を学んだ。先人の考えを読み取り，整理する術は，峯先生の指摘から学んだことが多い。

　その他，研究会で発表するたびにアドバイスをいただいた武内進一先生（アジア経済研究所），進学で悩んでいる時に話を聞いていただき，その後も，たびたび勉強する機会を作っていただいた落合雄彦先生（龍谷大学），修士課程の時にリサーチ・メソッドを叩き込んでくれた毛利勝彦先生（国際基督

教大学），修士課程の時にグローバルに活躍する知識人としての態度を教え
ていただいた高橋一生先生にも感謝を示したい。毛利先生に教えていただい
た国際政治の分析方法は広く社会科学に応用できるものであり，私が研究す
る上での基礎となった。その他にも，ここには書ききれないが多くの先生方
にアドバイスをいただいた。多くの学友にも恵まれた。

　また，本書が読者にとって読むに耐えうるものになるまでには，松井久見
子氏をはじめ昭和堂のスタッフに相当助けていただいた（読みやすいように
アドバイスもいただいた）。誤字脱字（＋α）だらけの原稿が，読者に届けら
れるようになったのも彼らのおかげである（字が汚くてすいませんでした！）。

　なお，本研究に関連する現地調査は以下の助成によって実現した。

　　大阪大学グローバル COE プログラム「コンフリクトの人文学国際研究拠点」
　　　　平成 20 年度大学院生調査研究助成（研究課題「シエラレオネ，リベリア
　　　　の紛争発生，継続，越境の要因分析――『青年層』を中心とした考察」）
　　松下国際財団 2008 年度研究助成（研究課題「シエラレオネ，リベリア紛争
　　　　の紛争発生，継続，越境の要因分析――『青年層』を中心とした考察」）
　　　　（2009 年 3 月まで）
　　若手研究者派遣助成，科学研究費補助金　基盤研究 S「アフリカの潜在力を
　　　　活用した紛争解決と共生の実現に関する総合的地域研究」（現地調査のた
　　　　めの助成）

　また，上記の助成金の他に，日本学術振興会の特別研究員として研究に
専念する立場に恵まれた。2009 年度から 10 年度まで DC2 として，2012 年
度から現在まで PD としてお世話になっている。また，日本学術振興会から
は本書の出版にあたる助成も受けている（平成 26 年度科学研究費補助金・研
究成果公開促進費）。私は日本政府による研究者育成事業の恩恵を受けること
で，研究者として成長する機会が与えられた。研究者育成事業が有意義なも
のであるか否か，税金が無駄に使われているか否かの判断は本書を読んだ読

者の判断に委ねたい。

　こうして振り返る機会が与えられると，今までの研究生活が多くの人に支えられていたことがわかる。みなさま，ありがとうございました。そして，本書をここまで読んでくださった読者の方もありがとうございます。

　通常ならば，最後に妻や子どもにあててのメッセージが入るのだろうが，残念ながら私はそのような機会にまだ恵まれていない。その代わり，ある人に対するささやかな感謝の念をここに記しておきたい。

2015 年 1 月 5 日　京都にて

索　引

あ行

アーサー・コロマ…305

合言葉…147

アヴォンド…342

アキリオ…17

厚い記述…93

アハマド・テジャン・カバー…35, 36,
　38, 40, 84, 207, 209, 214, 219, 220,
　224, 227, 229-231, 248, 268, 279, 295-
　297, 306, 308, 315, 317, 325, 327, 336,
　338, 341, 343, 345, 356

アバチャ、サニ…226, 296

アビジャン和平合意…36, 81, 199, 208,
　211

アブドゥル・ワン・モハメド准将…224

アブ・バカール・カマラ…358

アフメド・コロマ…303

アブラヤシ・ブッシュ…23

アフリカ（サブ＝サハラ＝アフリカ）…
　57, 58, 380

アフリカ国家論…57-59

アフリカ統一機構（OAU）…214, 232,
　234, 296

アフリカ紛争研究…57

アメリカ…328, 356

アラビア文字…118

アリウ・コンデワ…81, 98, 159-163, 167,

176, 177, 179-184, 260, 262, 263, 265-
267, 273, 274, 278, 290, 308, 316, 341-
343, 345, 346, 356, 359, 367, 378, 379

アリウ・セサイ…180, 237

アリカラ…137

アリスティッド・ゾルバーグ…60, 61

アルバート・カーペー将軍…128, 129

アルバート・ナロ…265, 271, 275, 276,
　278, 315, 355, 357

アルバート・マーガイ…110

アルハジ・ダラミー・ロジャーズ…271,
　278

アルファ・ウマル・コナレ…296

アルファ・ラバリー…139, 140

アレックス・デワール…10

暗号…243, 244

アンドリュー・ハーディン…229, 268,
　300, 301, 303, 320

アンブロセ・ナビウ…303

イェフィン…137

イギリス…313, 328, 332, 343, 344

イスラム学校…118, 119, 177, 185

イスラム知識人…113, 115, 117-119, 162,
　163, 166, 176, 185, 358

イスラム NGO…301

イッサ・セサイ…40, 333

一党支配…110, 120

イニシエーター…44, 45, 83, 113, 115,

409

119, 159, 160, 164, 166, 167, 171, 175, 176, 178, 179, 181-187, 189, 191, 192, 194, 195, 198, 200, 202, 203, 221-223, 237, 262, 263, 266, 273, 277, 307-309, 313, 341, 343, 354, 355, 360, 366, 367

イブラヒム・ジャロ…133, 245-247, 249, 254, 337, 368, 369

イブラヒム・タッカー…165, 166, 222-224, 226, 242, 252, 262, 268, 285-287, 306, 320, 321, 344, 352-355, 359, 360, 377

イブラヒム・バレ・マイナサラ…296

医療サービス担当長…302

岩田昌征…381

インテリ層…122

インフォーマル・ネットワーク…70

ヴァイ人…18, 196

ヴァレンタイン・ストラッサー大尉…32, 34, 35, 145, 182

ヴィクター・マル少将…224, 226

ウィリアム・レノ…77

ウィルバーフォース駐留地…326

ウーディ…266

ウェーバー、マックス…60, 61

ウォータール…325, 332

ウタス、マッツ…70, 71, 369, 373

内なる敵…371

うわべだけの国家…58

ウンデ・チーフダム…154, 200

英語…19, 20, 90, 95, 249, 274, 377

英国放送協会（BBC）…20, 125, 260, 279, 286

エグゼクティブ・アウトカムズ社（EO

社）…34, 36

エディ・マサレー…173, 195-198, 200, 203, 218-224, 226, 228, 232, 234, 240, 248, 261, 269, 306, 317, 319, 321, 326, 354, 355, 366, 371

沿岸警備隊…126, 353

縁故主義…377

王国…103

王立西アフリカ前線部隊シエラレオネ大隊…30

オーガスティン・ガウジャ…305, 315

岡崎彰…380, 381

小川さやか…373

オケロ、フランシス…296

落合雄彦…375

オリンコ、モハメド・ムサ…272, 300

か行

ガーナ…37, 224, 327, 357

カーペー、アルバート（将軍）…128, 129

カール・ハラー…59

ガールフレンド…313, 379

カイ、B・A・フォディ…275

解放奴隷…15, 16, 19

カイラフン…286, 287

カイラフン県…22, 94, 127, 135, 137, 139, 140, 147, 151, 173, 186, 196, 220, 221, 286-288, 307, 325, 355, 357, 360

カイラフン県戦争運動…151

ガウジャ、オーガスティン…305, 315

学生運動…30, 31

革命統一戦線（RUF）…3, 5, 6, 31, 33-

36, 39, 40, 43, 52, 80, 84, 113, 122, 125, 127, 129-131, 133, 142, 145-147, 154, 160, 164-167, 171, 172, 175, 180, 198, 199, 201, 207, 208, 213, 216, 217, 224, 235, 239, 240, 243, 244, 260, 261, 277, 282, 287, 307, 311, 324, 328, 330, 333, 338, 355, 358, 370, 374-376

家産制国家…59, 61

仮説…7, 57, 72, 74, 75, 80, 291, 347, 365, 367

カッセラ…183

カッセラ戦争委員会…191

寡頭支配層…59

家内奴隷…116

加入儀礼…44, 84, 113, 114, 136, 159, 161-164, 166, 167, 171, 175-182, 184-187, 189, 191-194, 197, 203, 221, 237, 262, 266, 307-329, 341, 343, 354, 359, 360

加入儀礼部門…299, 308, 309, 341

カマラ、アブ・バカール…358

カマラ、ジャヤ…263, 272

カヌ大佐…140

カバー、アハマド・テジャン…35, 36, 38, 40, 84, 207, 209, 214, 219, 220, 224, 227, 229-231, 248, 268, 279, 295-297, 306, 308, 315, 317, 325, 327, 336, 338, 341, 343, 345, 356

カバー（シェイク・カバー）…185, 193

カバラ…139, 290

家父長的…49, 60

カプラ…47, 306, 310

カマジェイ・チーフダム…189

カマジョイ（狩人カマジョー）…27, 28,

33

カマジョー…175, 182, 264, 271

カマジョー結社…28, 29, 34, 44, 119, 159-162, 165, 166, 171, 175, 186, 211, 359

カマジョージア…27

カマジョー集団…195-198, 200, 202, 203, 207, 208, 217-220, 222, 227, 232, 234, 236, 254, 259, 260, 262, 266-270, 272, 273, 276, 277, 279, 283, 288, 290, 295, 308, 353-355, 366

カマジョー待ち伏せ…265

ガマンガ（マダム・ガマンガ）…155

カモ（敬称）…119

カモ・コワ…184

カモ・ブリマ・バングラ…177, 191, 201-203, 237, 277, 366

カモ・フワード…180, 266

カモ・ボニ…180, 237, 266

カモ・モアレム・サダム・シェリフ…162-164, 176-178, 180-182, 184, 191, 200, 202, 203, 222, 223, 354, 355, 359-361

カモ・モニュル…191, 237, 313

カモ・ラハイ・バングラ…163, 182, 184, 188, 192, 197, 222, 262, 263, 342, 354

カラモコ…118, 119, 358, 359

ガリ…235, 241

狩人カマジョー…27-29, 40-43, 139, 140, 160

狩人結社組織団（OBHS）…310, 311

狩人民兵…28, 29, 33, 38, 40, 42, 43, 84, 112, 141, 145, 151-156, 158, 159, 164, 166, 167, 171-180, 185, 186, 203, 306,

308-311, 346, 355

ガリナス人…19

ガリナス・ベリ・チーフダム…177, 358, 360

カレ村…160-165, 167, 175-178, 180, 182, 184-186, 191, 193, 203, 222, 262, 353-355, 359

カロン、M・S…231, 235, 303

間接統治…101, 103, 106

カンデ・G・サマイ…307

カンボ大尉…138

キーン、デヴィッド…10, 375

キッシ人…18, 139

ギニア…37, 84, 126-128, 172, 207, 213, 214, 217, 224, 227-231, 253, 279, 296, 307, 336, 338, 339, 355

キャスパー・ファイセン…41, 190, 195, 197, 198, 200, 202, 210

キャビネット…176, 177, 266

キューバ…126

ギュンター・ロート…60, 61

行政事務所…303-305, 307, 318, 341, 346, 356

狡知…373

共同事務長…318

協力者…276, 277, 284

クィバ、センスィ…307

空挺師団…135, 136

クーデター…32, 35-37, 62, 65, 84, 126, 137, 152, 207, 208, 212-215, 219, 231, 254, 344

クライアント…49, 50, 63-65, 67, 68, 71, 75, 76, 83, 122, 135, 273, 335, 341,

352, 365, 367-371

クラブハム、クリストファー…77

クランコ人…18, 47, 52, 136, 138, 185, 310

クリオ…17-19, 104, 105, 108, 109, 310

クリオ語…19, 90, 296, 339

クリジン・ペーターズ…78, 80, 376

クリストファー・クラブハム…77

クリム市民防衛部隊…151

クリム人…18

栗本英世…9, 382

クルアーン…117, 185, 186

クル人…19

グレ、マーダ…323, 324, 369

クレオール言語…19

黒い12月作戦…279-281, 297

クワメバイ・クリム・チーフダム…159-162, 164, 165

軍事訓練…250, 251, 270, 352

軍事訓練担当長…302

軍事部門…299, 300, 308, 341

経済制裁…214

ケイタ、マリー…138, 139

ゲウォ…114

ケープ・シエラ…296, 316

結社…28, 42-44, 52, 181, 192, 341

結節点…71

ケッセベ、ソリー…105

ケネマ…22, 24, 129, 132, 139-141, 149, 173, 180, 181, 184, 185, 197, 198, 200-202, 210, 237, 283, 286, 305, 308, 318, 320, 321, 327, 360

ケネマ県…22, 140, 147, 154, 155, 173,

186, 221

ケネマ県カマジョー戦争委員会…201

ケネマ旅団…140

ゲフン…220, 360

ゲリラ戦…145, 147, 150, 166, 172, 302, 370

ケル、トム（少将）…331

県事務長…315

現場司令官…166

検問所…190, 210, 353

権力…259, 261, 273

権力闘争…75, 77, 295, 315, 322, 370, 371

コイドゥ…24

コイナドゥグ県…137-139, 307, 310

コインドゥ…286, 287

構造調整プログラム…67, 121

行動班（AG）…165, 166, 353

後方支援担当官…304

広報担当長…298, 300, 303, 316, 340

コーカー、チャールズ…278

コーベ、ミティキシ・マックスウェル…297, 322, 329-331, 337-339

国軍革命評議会（AFRC）…36, 84, 207, 213, 215, 216, 220, 224, 226-228, 239, 281-283, 287, 297, 338

国際関係論…9, 10

国際危機グループ（ICG）…336, 343

国際社会…214, 227

国内治安維持部隊（ISU）…126

国際通貨基金（IMF）…67, 121

国際テグロマ連合…232

国内避難民…154, 158, 165

国内避難民キャンプ…34, 171-174, 177,

178, 187, 198, 203, 359

国防大臣（シエラレオネ）…137, 209

国防大臣（リベリア）…128

国防副大臣（シエラレオネ）…35, 174, 180, 181, 198, 201, 209, 298, 366

国連…37, 328, 343

国連安全保障理事会…214

国連シエラレオネ派遣団（UNAMSIL）…39, 40, 328, 330, 334

コセ・ヒンドゥワ…305

国家基地司令官…325

国家暫定統治評議会（NPRC）…32-35, 126, 137-139, 149, 153, 158

国家調整官…81, 216, 271, 298, 330, 356

国境…260, 261, 287, 318, 336, 366, 371, 372

国境なき医師団（MSF）…215

コックリル…212, 289

コナクリ…214, 217, 228, 229, 264, 339

コナレ、アルファ・ウマル…296

コノ…340

コノ県…137, 139, 186, 307, 355

コノ人…18, 47, 110, 307

護符…47, 117-119, 184, 192

コポソワイ…160

米…122, 209, 235, 304, 307, 315, 319, 322, 356

コモンウェルス…37, 214

ゴラ人…18

ゴラ森林…42

コリボンド…275, 283, 305

コロマ、アーサー…305

コロマ、アフメド…303

索引　413

コロマ、ジョセフ…300

コロマ、ジョニー・ポール（少佐）…
36, 207, 212, 213

コワ（カモ・コワ）…184

ゴンダマ避難民キャンプ…172, 173, 177,
178, 359

コンテ、ランサナ…296

コンデワ、アリウ…81, 98, 159-163, 167,
176, 177, 179-184, 260, 262, 263, 265-
267, 273, 274, 278, 290, 308, 316, 341-
343, 345, 346, 356, 359, 367, 378, 379

コンバ＝カンボ、サムエル（大尉）…
137, 139

コンボイ…216, 279, 312

コンボヤ・チーフダム…174

さ行

再儀礼…341

最高首長…103, 104

サウ、ボボ…314

作戦担当長…300, 302

サダム・シェリフ…162-164, 176-178,
180-182, 184, 191, 200, 202, 222, 223,
354, 355, 359-361

サニ・アバチャ…226, 296

サブ＝サハラ＝アフリカ…57, 58, 380

サフル・ブファ…307

サマイ、カンデ・G…307

サムエル・コンバ＝カンボ大尉…137,
139

サムエル・ヒンガ・ノーマン…35, 47,
81, 98, 152-154, 156, 158, 166, 174,
178-181, 198, 201, 208, 209, 216, 217,

226-230, 232, 234-237, 240, 245, 248,
253, 254, 259-264, 267-271, 273, 275-
278, 280, 290, 298, 300-305, 308, 310,
314-317, 319-323, 326, 329, 342-345,
347, 356, 357, 360, 365-369, 371, 373,
378

サム・ボッカリ…324, 325

サムラ、ソリウス…327

サムラ、デンバソ…138, 139

サリム・アフメド・サリム…296

残虐性…375

サンコー、テジャン…231, 306, 317

サンコー、フォディ…30, 31, 38-40, 125,
199, 213, 324, 325, 328, 330, 333, 361

サンコー、ムスタファ…302

サンデ…43

サンドブルック、リチャード…65

参謀長（シエラレオネ）…297, 322, 329-
331, 337, 339

参謀長（リベリア）…128, 224

シアカ・スティーブンズ…32, 77, 109-
111, 120, 121, 152

シェイク・カバー…185, 193

シェイク・ボンボワイ…266

シェイク・A・T・セサイ…306

ジェームス・スコット…63

シエラレオネ学生同盟…316

シエラレオネ会社…16

シエラレオネ人民党（SLPP）…35, 108-
110, 113, 139, 152, 228, 303

シエラレオネ大学ファラー・ベイ校…
30, 139, 229

シエラレオネ放送サービス…30, 215

シェリー・ブジャマ…316

シェリフ、サダム…162-164, 176-178, 180-182, 184, 191, 200, 202, 222, 223, 354, 355, 359-361

シェリフ、シュアヒブ…184, 191, 222, 223, 226, 237, 377

シェルブロ人…18, 22

シェンゲ…277

シェンゲ・チーフダム…276

ジェンデマ…207, 208, 218-224, 227, 230, 234-238, 240, 242-244, 247, 254, 259, 261, 263, 267-270, 272, 273, 275, 286, 287, 302, 303, 305-307, 309, 317, 319, 320, 329, 354-357, 360, 366

ジェンデマ・カマジョー…218, 220, 222-224, 226, 228-230, 232, 234, 237-242, 244, 247-249, 251, 252, 254, 259, 261-263, 268, 269, 283, 285, 286, 290, 291, 306, 317, 318, 329, 330, 352, 354, 361, 366, 368, 371, 377, 381

市街戦…325, 326

死刑判決…324, 361

資源…62, 67, 75, 120, 121, 248, 308, 315, 330, 335, 352, 357, 367-370, 371, 373

司祭長…273, 274, 308, 316, 342

自然精霊…114, 119

実力主義…261, 376-378

ジノ…199, 200

支配家系…102, 107, 108, 112, 113, 165, 266, 375

私物化…59, 62

ジブリラ…266

ジベオ（ドクター・ジベオ）…177, 180,

316

市民防衛軍（CDF）…329

事務長…304-307, 310, 319, 321, 371

ジム・バヤマ…274

事務部門…299-301

社…45, 164, 178, 181, 184, 187, 237, 359, 360

シャーリア…117

ジャイマ・チーフダム…275

ジャイマ・ボンゴ・チーフダム…152-154, 156, 179, 236, 275

社会サービス担当長…303

ジャクソン、ロバート…58, 59, 62

シャバル、パトリック…75, 367

ジャヤ・カマラ…263, 272

ジャロ、イブラヒム…133, 245-247, 249, 254, 337, 368, 369

ジャン・パスカル・ダロー…75, 367

ジャンバワイ、ジョージ…271

ジャン＝フランソワ・バヤール…69, 70

ジャン＝フランソワ・メダール…61

シュアヒブ・シェリフ…184, 191, 222, 223, 226, 237, 377

呪医…113-115, 119, 138, 139, 159-163, 166, 176, 182, 185, 346

ジュイ…289, 327, 360

集合的歴史…92

従卒…319, 320, 323, 324, 369

主観的なリアリティ…91, 92, 351

首長国…103, 104, 106, 116-118, 196

ジュニサ、ムサ…273

呪物…47, 115

ジュリアス・マーダ・ビオ…35, 182

索引　415

ジュンタ…216, 217, 219, 231, 238, 240,
　242, 247, 254, 261, 268, 277, 284, 286,
　287, 290, 291, 309, 325, 360, 366
条約…105
ジョージ・ジャンバワイ…271
ジョー・デンビー…329
ジョセフ・コロマ…300
ジョゼフ・サイドゥ・モモ…32, 121
ジョセフ・フェフェグラ…303, 319, 320,
　322
ジョセフ・ラピア…301
ジョニー・ポール・コロマ少佐…36,
　207, 212, 213
ジョル…286, 305
ジョン・スワレイ…223, 224, 226
ジョン・チーフダム…160
ジョン・バングラ准将…30
ジレフン…172, 187
新家産制国家…57, 59, 61, 62, 64, 65, 67,
　77, 107, 111, 112, 374
人事担当長…300, 301
『真実の証言』…96
シンバル・チーフダム…154, 155
ジンミ…129, 218, 219, 223, 237, 238, 240,
　244, 285, 286, 306, 318, 319, 321, 324,
　326, 329, 354
人脈ネットワーク…7, 11, 48, 49, 68-70,
　74, 76, 127, 370, 372, 373
人民軍…213, 331
人類学（文化／社会人類学、文化人類学）
　…7, 9, 10, 373
スコット、ジェームス…63
スス人…18, 118, 306

スタジアム…296
スティーヴン・ウィニー・ビオ4世…
　265
スティーブンズ、シアカ…32, 77, 109-
　111, 120, 121, 152
ストラッサー、ヴァレンタイン（大尉）
　…32, 34, 35, 145, 182
砂嵐作戦…281
スパロー…82, 83, 94, 132, 164, 208, 226,
　228, 232, 244-246, 248, 251, 254, 260,
　262, 300, 301, 303, 315-319, 321-324,
　328-330, 337-339, 352, 354, 357, 358,
　368, 369, 371-373, 377, 383
スピーカー…102, 153, 346, 353
スモール・ボー・チーフダム…200
スリマ…240
スリム商人…116
スワレイ、ジョン…223, 224, 226
スンブヤ・ジャンクション…263
正義なければ平和なし（NPWJ）…97
政治科学…6, 8-10, 58, 370
聖職禄政治…59
聖水…314
生存者殲滅作戦…324
西部州…101, 103, 330
西部州司令官…310
精霊…114
セヴェマ…135, 286
世界銀行…67
赤十字国際委員会…238
石油危機…66
セクション…138, 165, 166, 187, 353
セクション司令官…166

セクション・チーフ…102, 106, 112, 137, 154, 186, 201

セサイ、アリウ…180, 237

セサイ、イッサ…40, 333

セサイ、シェイク・A・T…306

セサイ、ニャマコロ…307, 310

セサイ、モハメド…302

世襲…377

説明モデル…7

セネガル…345

セネフン…189

セベ…47

セワ、ファラー（少佐）…149

全人民会議党（APC）…30, 32, 110, 120, 152, 358, 375

センスィ・クィバ…307

前線…326, 327

戦争委員会…201, 277, 278

戦争担当長…81, 274, 300, 302, 356, 367

戦略資源管理国家再建開発委員会 （CMRRD）…39, 328

相互防衛協定…127

総督…101

ゾゴダ…35, 198-200, 208, 220, 360

組織のあり方…75-77

祖先霊…114, 119

ソビニ・チーフダム…182, 265

ソベル…34, 149, 166

ソリー・ケッセベ…105

ソリウス・サムラ…327

ゾルバーグ、アリスティッド…60, 61

ソロ・ヴェマ・チーフダム…196, 238

ソンガイ帝国…116

た行

タイアマ…172

第一次リベリア内戦…31, 126-129, 142, 196, 214, 223, 228, 232, 234, 245, 246, 260, 373, 379

第一大隊…252, 268, 269, 354

第一のレベル…81, 365, 369

大規模儀礼…193

大隊…305, 360

大隊長…305

第二次リベリア内戦…336, 379

第二大隊…268, 269, 286, 306, 318, 354

第二大隊長…286, 320

第二のレベル…82, 365, 367, 369

ダイヤモンド…26, 31, 78, 120, 121, 129, 135, 196-198, 201, 210, 221, 269, 340, 355

代理チーフ…112, 152-154, 158, 166, 179, 275, 375

タウン・チーフ…102, 137, 165, 187, 189, 201, 358, 359

タオマ・ベース…128, 130

タオマ村…128

武内進一…66, 68, 70, 72, 79

タッカー、イブラヒム…165, 166, 222-224, 226, 242, 252, 262, 268, 285-287, 306, 320, 321, 344, 352-355, 359, 360, 377

タッカー、ボボ…274

奪還奴隷…17

ダニー・ホフマン…48, 49, 77, 95, 311, 313, 340, 341

タマボロ…47, 52, 136-139, 142, 307, 310

タリア…85, 265-270, 272, 302, 356

ダル …127, 129, 136, 201, 220, 286, 287, 289, 360

ダロー、ジャン・パスカル…75, 367

タンコ中佐…322

担当長…298-301, 304

単発銃…28

チー、J・ウイリアム…278

チーフ…102, 353

チーフ司令官…165

チーフダム…3, 74, 80, 83, 84, 97, 101-103, 108, 111-113, 137-140, 145, 151, 153, 154, 156, 158, 164-167, 171-175, 178, 179, 186-189, 191, 193, 195, 198, 200, 202, 203, 217, 221, 248, 252, 266, 268, 270, 275, 353, 355, 359, 360, 365, 366, 370, 375

地下組織…232, 235, 253, 267, 271

チャールズ・コーカー…278

チャールズ・テイラー…31, 97, 235, 253, 260, 325, 336, 337

チャールズ・モニウォ …299-301, 303, 316, 340

諜報官…304

諜報担当長…302

直轄植民地…17

通信担当官…304

通信担当長…303

ティフン…182, 184, 259, 260, 262-267, 309, 356

テイラー、チャールズ…31, 97, 235, 253, 260, 325, 336, 337

テイラー政権…316, 337

テヴィ…266

デヴィッド・キーン…10, 375

出稼ぎ…196

テジャン・サンコー…231, 306, 317

テニ…320

テムネ人…16, 18, 47, 110, 185, 190, 310

テル…153, 156, 236, 275, 360

テルの虐殺…156, 158, 174

デワール、アレックス…10

伝承…159-161

伝統的狩人…27, 28, 33, 40, 138, 307

伝統的権威…102, 106, 111-113, 137, 139-141, 145, 151, 152, 164, 166, 167, 172, 195, 203, 365, 374, 375, 377, 378

点の支配…216

デンバソ・サムラ…138, 139

デンビー、ジョー…329

東部州担当大臣…139

東部州防衛委員会（EREDCOM）…139-142

ドゥアイ、モハメド…155, 326, 334, 345

ドゥンブヤ、M・S…230, 231, 268, 278, 281, 290, 306, 308-310

ドクター・ジベオ…177, 180, 316

ドクター・マサレー…161, 176, 177, 179, 183-185, 237, 263, 308

特別大隊…354

特別治安軍（SSS）（リベリア）…196

特別治安部門（SSD）…126, 231

特別部隊…245-252, 288, 318, 319, 321, 322, 328, 338, 352, 368, 369, 373

都市部…187, 216, 279

徒弟…78, 115, 135, 136, 283

ドド・チーフダム…180

ドド村…276

トミー・バラ…266

トム・ケル少将…331

トム・ニュマ…139

虎の頭作戦…281

虎の尾作戦…290

奴隷…116

奴隷貿易禁止法…17

トロ…237

トンゴ採掘場…197, 210, 340

トンコリリ県…185

ドンソ…47, 307

な行

ナイジェリア…8, 37-39, 104, 127, 172, 213, 215, 220, 224, 226, 239, 281, 296, 297, 313, 314, 324, 327, 328, 331, 336, 340

ナイジェリア軍…290

ナイジェリア大隊総司令部（リックス学園）…234, 235, 253, 269, 271

内務大臣…158

ナビウ、アンブロセ…303

ナモイ、ハリー…266

ナロ、アルバート…265, 271, 275, 276, 278, 315, 355, 357

南部作戦担当長…275, 356

難民キャンプ…307

ニアワ・チーフダム…200

ニエニ・チーフダム…137

西アフリカ…214

西アフリカ経済共同体（ECOWAS）… 37, 214, 215, 223

ニジェール…296

ニャマコロ・セサイ…307, 310

ニュートン…289

ニュマ、トム…139

農耕ブッシュ…23

農村開発のためのリベリア・イスラム連合…229

ノーマン、サムエル・ヒンガ…35, 46, 81, 98, 152-154, 156, 158, 166, 174, 178-181, 198, 201, 208, 209, 216, 217, 226-230, 232, 234-237, 240, 245, 248, 253, 254, 259-264, 267-271, 273, 275-278, 280, 290, 298, 300-305, 308, 310, 314-317, 319-323, 326, 329, 342-345, 347, 356, 357, 360, 365-369, 371, 373, 378

ノンゴア…307

ノンゴバ・ブロム・チーフダム…162, 165, 222, 263, 346, 353

ノンゴワ・チーフダム…140, 186

は行

ハーシュ大尉…135, 136

ハーディン、アンドリュー…229, 268, 300, 301, 303, 320

パカ・チーフダム…358

パ結社…43

バサスト…341

パデンバ通り…266

パデンバ通り刑務所…212, 213, 325, 328

バド…184

パトリック・シャバル…75, 367

パトリック・ムアナ…160, 161

パトロン…49, 63-67, 71, 75, 76, 78, 80,
83, 122, 201, 236, 254, 273, 288, 290,
323, 324, 328-331, 341, 343, 347, 352,
365, 368-371, 373, 378

パトロン＝クライアント関係…49, 54,
62-65, 70, 72, 77-80, 248, 251

パトロン＝クライアント・ネットワーク
（PCネットワーク）…62-72, 74-76,
79, 80, 82-85, 107, 113, 120, 122, 145,
167, 171, 175, 191, 195, 203, 207, 208,
246, 254, 259, 260, 288, 291, 295, 305,
306, 315, 323, 333, 335, 339, 346, 347,
351, 352, 355, 357, 361, 365-372

バニャモリ…342

バベ・チーフダム…153, 198

パムパム…339

パ・メンデ首長国…105

バヤマ、ジム…274

バヤール、ジャン＝フランソワ…69, 70

ハラー、カール…59

バラ、トミー…266

パラマウント・チーフ…46, 74, 102, 103,
106-113, 137, 140, 150, 152, 154, 155,
167, 171, 174, 175, 180, 186-189, 191,
193, 195, 203, 210, 265-268, 270, 274,
277, 278, 353, 365, 366, 374

ハリー・ナモイ…266

バルニア・チーフダム…152, 153, 198,
280, 344

ハレ…114, 115, 118, 119

パンガ・カボネ・チーフダム…162

バングマ…273, 305

バングラ、ジョン（准将）…30

バングラ、ブリマ…177, 191, 201-203,
237, 277, 366

バングラ、モハメド・O…303, 304

バングラ、ラハイ…163, 182, 184, 188,
192, 197, 222, 262, 263, 342, 354

バンダウォ…198, 199

バンダジュマ…185

バンタ・チーフダム…266

バンダペ…162, 178, 359

反徒…132, 133, 158, 160, 164, 165, 177,
178, 187, 190, 221, 242, 262, 276, 277,
287, 288, 326, 353, 355, 358-360

バンバトゥ…266, 267

ピーター・リトル…114, 119

ビオ、ジュリアス・マーダ…35, 182

ビオ（4世）、スティーヴン・ウィニー
…265

ビッグマン…70-72

避難民キャンプ…34, 171-174, 177, 178,
187, 198, 203, 359

秘密結社…43

平等主義…376, 377

ヒンドゥワ、コセ…305

ファイセン、キャスパー…41, 190, 195,
197, 198, 200, 202, 210

ファラー・セワ少佐…149

フェフェグラ、ジョセフ…303, 319, 320,
322

フェルメ、メリアン・C…41, 45, 46

フォディ・サンコー…30, 31, 38-40, 125,
199, 213, 324, 325, 328, 330, 333, 361

420

フォファナ、モイニナ…81, 98, 263, 273, 274, 276, 291, 300, 302, 345, 346, 353, 356, 367, 378, 379

武器弾薬…264, 272

副作戦担当長…275, 278, 356

副参謀…248

副事務長…304

複数政党制…68

副戦争担当長…272, 300

副大統領…322, 323, 339

副担当長…300

副輸送担当長…303

副ロジスティックス担当長…301

ブジャマ、シェリー（ブジャマ女史）…316

プジュン県…22, 147, 151, 172-174, 178, 185, 190, 191, 196, 218, 222, 223, 285, 306, 313, 318-321, 355, 358, 360, 371

プジョー・ガレージ…228, 253

武装解除・動員解除・社会統合（DDR）…39, 40, 328, 334, 335, 345, 354

部族当局令…102

ブッシュ…23, 24, 41, 45, 146, 183, 197, 199, 200, 216, 220, 276, 289, 325, 353, 358, 360

ブッシュ小道…24, 33, 41, 134, 136, 146, 376

ブファ、サフル…307

フムイ結社…43

フラ人…18, 118, 138

ブラワ…199

フランシス・オケロ…296

フリータウン…149, 155, 158, 182, 207, 213, 216, 220, 221, 224, 231, 267, 281-285, 287-291, 295-297, 302, 313, 317, 318, 320--330, 332, 339, 346, 352-354, 356, 357, 360, 361, 371

「フリータウンは泣く」…326

ブリマ・バングラ…177, 191, 200-203, 237, 277, 366

プリンス・ベン＝ハーシュ大尉…135

ブルックフィールズ・ホテル…302, 311-313, 325, 326, 328, 330, 331, 334, 338, 340, 343, 361

プロパガンダ…218, 231, 248, 309

フロンティア警察隊…105

フワード（カモ・フワード）…180, 266

文化／社会人類学、文化人類学（人類学）…7, 9, 10, 373

紛争の連鎖…380

ブンペ・チーフダム…276

ヘイスティングス…281, 283, 289, 325

平和維持…328

平和維持軍…340

平和維持部隊…283, 313, 314

ベース・ゼロ…259-262, 264, 268-276, 279, 283, 285-287, 289-291, 295, 300-308, 315, 317, 318, 329, 343, 346, 354-357, 366-368

ベース・ツー…338

ベース・ワン…338, 339

ペーターズ、クリジン…78, 80, 376

ヘッドマン…102, 106, 112

ペテウォマ…276

ヘリコプター…264, 267, 269, 271, 272, 276, 281, 289, 290, 320, 332, 334, 354

索引　421

ベンテ…47, 185, 306, 310

ペンデンブ…220, 360

ベン＝ハーシュ、プリンス（大尉）…135

ボアジブ…154, 155

ボアマ・チーフダム…153, 154, 187, 198, 200

防衛省…322

防衛副大臣…216

ボー…22, 24, 132, 133, 149, 151, 158, 172-174, 177, 178, 180-182, 184, 187-189, 197, 198, 202, 222, 237, 270, 279, 283-286, 305, 308, 315, 318, 321, 354-360

ボー・ウォーターサイド…234, 235

ボー学校…107, 108

ボーキサイト…121

ボー＝ケネマ幹道…199, 236

ボー・ケネマ地域…23, 33, 145, 151, 166, 175

ボー県…22, 147, 173, 174, 217, 221, 280

ボー市民防衛委員会…151

ボー＝フリータウン幹道…279

ポール・リチャーズ…41, 42, 77, 79, 80, 93, 111, 112, 122, 375, 376

ボーン・ネイキッド大隊…191, 313

北部（シエラレオネ）…185, 290, 306, 308-311, 318

北部司令官…309, 310

北部担当大臣…149

保護領…18, 101, 105-107, 109, 112, 120

補佐役…177, 179, 184, 185

ボッカリ、サム…324, 325

ボッパー丘…327, 360

ホテル・アフリカ…232

ポトル…134

ボニ（カモ・ボニ）…180, 237, 266

ボニ、モアレム…164, 191

ホフマン、ダニー…48, 49, 77, 95, 311, 313, 340, 341

ボベボイ…342

ボボ・サウ…314

ボボ・タッカー…274

ポロ／ポロ結社…43, 44, 135

ボンゴ・チーフダム…275

ボンス県…22, 147, 151, 173, 175, 182, 203, 211, 259, 262, 263, 305, 353, 355, 359

ボンス・タウン…164, 216

ボンス地域…23, 34, 145, 159, 166, 181, 190

ボンバリ県…306

ボンボワイ（シェイク・ボンボワイ）…266

ま行

マーガイ、アルバート…110

マーガイ、ミルトン…109, 110

マーダ・グレ…323, 324, 369

マイナサラ、イブラヒム・バレ…296

マイル 91…210, 211

マクペレ・チーフダム…240

マケニ…24, 149, 290

マコシ…262

マコシ（C・O・マコシ）…266

マサレー、エディ…173, 195-198, 200, 203, 218-224, 226, 228, 232, 234, 240, 248, 261, 269, 306, 317, 319, 321, 326, 354, 355, 366, 371

マサレー、モハメド（ドクター・マサレー）…161, 176, 177, 179, 183-185, 237, 263, 308
マシアカ…210, 290, 318, 332
マシンビ…139, 185
マセンタ…338
マダム・ガマンガ…155
マダム・ヨーコ…105
マックス・ウェーバー…60, 61
松田素二…373
マッツ・ウタス…70, 71, 369, 373
マトゥル…305
マノ河橋…234, 239
マノ・サクリム・チーフダム…160
マノ・ジャンクション…141
ママ・ムンダ…182-184, 188, 189, 191, 193, 194, 270, 356, 357, 359, 360
マリ…327
マリー・ケイタ…138, 139
マリ帝国…116
マリファナ…197, 237, 331
マル、ヴィクター（少将）…224, 226
マルキ、リサ…91, 92
マンダング人…21
マンデ…115-118
マンディンゴ人…18, 118, 138
ミティキシ・マックスウェル・コーベ…297, 322, 329-331, 337-339
ミルトン・マーガイ…109, 110
民主化…35, 110, 113, 139
民主主義…199, 218-220, 248, 366
民主主義復興運動…227-230, 368
民族誌…8, 9, 372, 373

ムアナ、パトリック…160, 161
ムサ・ジュニサ…273
ムスタファ・サンコー…302
ムスタファ・ルメ…229, 232, 236, 268, 271, 272, 278, 300, 301, 316
ムスリム商人…115-118
ムスリム知識人…119
無線…243, 244, 303, 318, 334
無秩序の政治的道具化…75, 367
ムンダ（ママ・ムンダ）…182-184, 188, 189, 191, 193, 194, 270, 356, 357, 359, 360
命令系統…251, 268, 275, 290, 354, 367
メダール、ジャン＝フランソワ…61
メリアン・C・フェルメ…41, 45, 46
メンデ化…21, 22, 196
メンデ語…20, 21, 90, 94, 132, 190, 196, 243, 342, 358
メンデ人…15, 18, 20-22, 27, 28, 33, 42, 47, 50, 52, 84, 108-110, 113, 115, 118, 131, 175, 176, 186, 196, 211, 218, 230, 270, 290, 306, 310
メンデ・ランド…22, 24, 26, 42, 50, 52, 84, 107, 118, 139, 142, 147, 159, 166, 171, 172, 175, 181, 185, 186, 189, 203, 271, 308, 318
モアレム（敬称）…119
モアレム・シュアヒブ・シェリフ…184, 191, 222, 223, 226, 237, 377
モアレム・ボニ…164, 191
モイニナ・フォファナ…81, 98, 263, 273, 274, 276, 291, 300, 302, 345, 346, 353, 356, 367, 378, 379

索引　423

モカンジ…211, 212

モニウォ、チャールズ…299-301, 303, 316, 340

モニュル（カモ・モニュル）…191, 237, 313

モハメド、アブドゥル（准将）…224

モハメド・セサイ…302

モハメド・ドゥアイ…155, 326, 334, 345

モハメド・ムサ・オリンコ…272, 300

モハメド・O・バングラ…303, 304

モモ、ジョゼフ・サイドゥ（モモ大統領）…32, 121

モヤンバ…216, 283, 306

モヤンバ県…22, 147, 173, 174, 221, 266, 270, 306, 342, 356

モリメン…119

モンゲレ…152, 280, 344

モンロビア…94, 131, 132, 223, 224, 226-230, 232, 235, 239, 240, 247, 267, 271, 325, 336, 358, 373

や行

薬草…41

野戦司令官…138, 139

ヤルンカ人…18, 138

ユーゴスラヴィア紛争…381

輸送担当長…302, 303, 340

夢…115, 159

ゆるやかな統合体…47

ヨーコ（マダム・ヨーコ）…105

ヨベコ・チーフダム…165, 265, 267

ら行

ライオンの丘…15

ライフヒストリー…10, 85, 89, 351, 352, 358, 361, 373

ラゴ…190

ラジオ…219, 279, 325

ラスタ…375

ラハイ・バングラ…163, 182, 184, 188, 192, 197, 222, 262, 263, 342, 354

ラバリー、アルファ…139, 140

ラピア、ジョセフ…301

ラベヨー、レビー…174

ランゴラマ・チーフダム…200

ランサナ・コンテ…296

リサ・マルキ…91, 92

リゾーム…70

リゾーム国家…69, 374

リゾーム状の人脈ネットワーク…70, 72, 74, 76, 254, 291, 323, 352, 368-370

リチャーズ、ポール…41, 42, 77, 79, 80, 93, 111, 112, 122, 375, 376

リチャード・サンドブルック…65

リックス学園（ECOMOGナイジェリア大隊総司令部）…234, 235, 253, 269, 271

立法評議会…108, 109

リトル、ピーター…114, 119

リベリア愛国戦線（NPFL）…31, 125, 128, 130, 133, 235, 260, 288

リベリア英語…90, 131, 132

リベリア国軍…127-129, 155

リベリア人戦闘員…125-128, 130, 131, 134, 244-248, 251, 252, 254, 270, 288, 368, 369, 371

リベリア人難民…125, 127-129, 131, 133, 142

リベリア人避難民組合（ODL）…336-338

リベリア人連合防衛軍（LUDF）…127-129, 132, 134, 245, 254

リベリア正義連合（JCL）…336, 338

リベリア民主統一解放運動（ULIMO）…129-134, 142, 245, 246, 249, 368

リベリア民主部隊連合（UDL）…336, 337

リベリア・ムスリム救済運動（MRM）…129

リベリア和解民主連合（LURD）…95, 336, 338-340, 344, 372

略奪…146-149, 160, 192, 276, 341

領土防衛隊（TDF）…154, 343, 344

リンバ人…18, 110, 138, 185, 230, 290

ルメ、ムスタファ…229, 232, 236, 268, 271, 272, 278, 300, 301, 316

ルンギ／ルンギ国際空港…214, 215, 231, 264, 279, 281, 289, 296, 297, 316, 317, 325

ルンサ…332

レノ、ウィリアム…77

レバノン商人…77, 120

レバノン人…41, 120, 121

レビー・ラベヨー…174

連絡将校…196-198

ロート、ギュンター…60, 61

ロコ人…18

ロジスティックス担当長…300, 301

ロジャーズ、アルハジ・ダラミー…271, 278

ロティファンク…105

ロバート・ジャクソン…58, 59, 62

ロメ和平合意…39, 328, 330

ロンコ…47, 197

わ行

ワールド・ビジョン…284

若　者…80, 120, 148, 151, 153, 154, 164, 165, 167, 187, 284, 353, 374, 376

和平交渉…328

和平プロセス…328, 333, 336, 347

ワンド・チーフダム…155, 179

ん行

ンジャイエイ結社…43

ンジャラ・タウン…148

数字

16事件…39, 324, 325, 327-329, 337, 360

525事件…36, 37, 84, 207, 208, 212, 214, 216-218, 223, 227, 245, 254, 260, 262, 266, 270, 273, 311, 361

2000年5月事件…324, 330, 342, 361

Ａ・Ｂ・Ｃ

AFRC（国軍革命評議会）…36, 84, 207, 213, 215, 216, 220, 224, 226-228, 239, 281-283, 287, 297, 338

AFRC/RUF…37, 38, 84, 207, 208, 213, 214, 241, 279, 282, 283, 289, 290, 295, 297, 311, 318, 324-328, 330-332, 337, 346, 361

AG（行動班）…165, 166, 353

APC（全人民会議党）…30, 32, 110, 120, 152, 358, 375

B・A・フォディ・カイ…275

BBC（英国放送協会）…20, 125, 260, 279, 286

CDF（市民防衛軍）…329

CDF国家調整委員会（NCC）…329

CDF特別部隊…208, 244-246, 248, 251, 254, 286, 288, 291, 337, 352, 358, 365, 367-369, 371

CMRRD（戦略資源管理国家再建開発委員会）…39, 328

C・O・マコシ…266

D・E・I

DDR（武装解除・動員解除・社会統合）…39, 40, 328, 334, 335, 345, 354

DDR国家委員会（NCDDR）…334

ECOMOG（ECOWAS監視団）…37-39, 126, 127, 207, 220, 223, 224, 226, 230-232, 235, 236, 240, 242, 247, 254, 259-261, 267, 269-271, 279-286, 289-291, 295, 297, 310, 314, 317, 319-321, 325-329, 346, 354, 356, 359, 366, 368, 371

ECOMOGシエラレオネ司令官…297

ECOMOG大隊総司令部…253

ECOMOGナイジェリア大隊…234, 264

ECOMOGナイジェリア大隊総司令部（リックス学園）…234, 235, 253, 269, 271

ECOWAS（西アフリカ経済共同体）…37, 214, 215, 223

ECOWAS監視団（ECOMOG）…37-39, 126, 127, 207, 220, 223, 224, 226, 230-232, 235, 236, 240, 242, 247, 254, 259-

261, 267, 269-271, 279-286, 289-291, 295, 297, 310, 314, 317, 319-321, 325-329, 346, 354, 356, 359, 366, 368, 371

EO社（エクゼクティブ・アウトカムズ社）…34, 36

EREDCOM（東部州防衛委員会）…139-142

ICG（国際危機グループ）…336, 343

IMF（国際通貨基金）…67, 121

ISU（国内治安維持部隊）…126

J・L・M

J・ウイリアム・チー…278

JCL（リベリア正義連合）…336, 338

LUDF（リベリア人連合防衛軍）…127-129, 132, 134, 245, 254

LURD（リベリア和解民主連合）…95, 336, 338-340, 344, 372

MRM（リベリア・ムスリム救済運動）…129

M・S・カロン…231, 235, 303

M・S・ドゥンブヤ…230, 231, 268, 278, 281, 290, 306, 308-310

MSF（国境なき医師団）…215

N・O・P

NCC（CDF国家調整委員会）…329

NCDDR（DDR国家委員会）…334

NPFL（リベリア愛国戦線）…31, 125, 128, 130, 133, 235, 260, 288

NPRC（国家暫定統治評議会）…32-35, 126, 137-139, 149, 153, 158

NPWJ（正義なければ平和なし）…97

OAU（アフリカ統一機構）…214, 232, 234, 296

OAU ヴィラ…232, 234

OBHS（狩人結社組織団）…310, 311

ODL（リベリア人避難民組合）…336-338

PC ネットワーク（パトロン＝クライアント・ネットワーク）…62-72, 74-76, 79, 80, 82-85, 107, 113, 120, 122, 145, 167, 171, 175, 191, 195, 203, 207, 208, 246, 254, 259, 260, 288, 291, 295, 305, 306, 315, 323, 333, 335, 339, 346, 347, 351, 352, 355, 357, 361, 365-372

R・S・T・U

RUF（革命統一戦線）…3, 5, 6, 31, 33-36, 39, 40, 43, 52, 80, 84, 113, 122, 125, 127, 129-131, 133, 142, 145-147, 154, 160, 164-167, 171, 172, 175, 180, 198, 199, 201, 207, 208, 213, 216, 217, 224, 235, 239, 240, 243, 244, 260, 261, 277, 282, 287, 307, 311, 324, 328, 330, 333, 338, 355, 358, 370, 374-376

SLPP（シエラレオネ人民党）…35, 108-110, 113, 139, 152, 228, 303

SSD（特別治安部門）…126, 231

SSS（特別治安軍）（リベリア）…196

TDF（領土防衛隊）…154, 343, 344

UDL（リベリア民主部隊連合）…336, 337

ULIMO（リベリア民主統一解放運動）…129-134, 142, 245, 246, 249, 368

ULIMO-J…246

UNAMSIL（国連シエラレオネ派遣団）…39, 40, 328, 330, 334

■著者紹介

岡野英之（おかの・ひでゆき）

1980年三重県生まれ。大阪大学大学院人間科学研究科博士後期課程修了。博士
（人間科学）。現在，日本学術振興会特別研究員PD。途上国の国家・政治・武
力紛争をテーマに研究している。特に，サブ・サハラ・アフリカを専門地域とし，
西アフリカにおける紛争の越境ついてフィールドワークに基づいた研究を進め
ている。

アフリカの内戦と武装勢力
──シエラレオネにみる人脈ネットワークの生成と変容

2015年2月27日　初版第1刷発行

著　者　岡野英之

発行者　齊藤万壽子

〒606-8224　京都市左京区北白川京大農学部前
発行所　株式会社昭和堂
振込口座　01060-5-9347
TEL(075)706-8818／FAX(075)706-8878
ホームページ　http://www.showado-kyoto.jp

© 岡野英之　2015　　　　　　　　　　印刷　モリモト印刷

ISBN 978-4-8122-1429-9

＊落丁本・乱丁本はお取り替え致します。
Printed in Japan

本書のコピー，スキャン，デジタル化等の無断複製は著作権法上での例外を
除き禁じられています。本書を代行業者等の第三者に依頼してスキャンやデ
ジタル化することは，たとえ個人や家庭内での利用でも著作権法違反です。

内藤直樹
山北輝裕 編

社会的包摂／排除の人類学
——開発・難民・福祉

本体2500円

内海成治 編

はじめての国際協力
——変わる世界とどう向きあうか

本体2800円

落合雄彦 編

アフリカの紛争解決と平和構築
——シエラレオネの経験

本体3800円

日本アフリカ学会 編

アフリカ学事典

本体16000円

山本太郎 著

ハイチ いのちとの闘い
——日本人医師の300日

本体2400円

荒木徹也
井上真 編

フィールドワークからの国際協力

本体2500円

—— 昭和堂 ——
（表示価格は税別です）